Reihe Passagen

Raymond Williams, Fellow of Jesus College in Cambridge, ist Kulturkritiker, Essayist und Romanautor.
In diesem Buch versucht Williams, die Bedeutung fünf zentraler Begriffe (Industrie, Demokratie, Klasse, Kunst und Kultur) unseres politischen Daseins zu analysieren. Die Quellen, die Williams verwendet, sind vornehmlich literarischer, philosophischer und staatsrechtlicher Art. Die Sachverhalte, die in dem Terminus Kultur miteinander variieren, zur Deckung kommen oder antagonistisch sich gegenüberstehen, sind Williams' Untersuchung zufolge derart bedeutend, daß »Kultur« eine zentrale Bedeutung beizumessen ist.
Einerseits versteht es Williams, sich von dem Korsett herkömmlicher englischer, positivistischer Wissenschaft zu befreien — andererseits gründet seine eigene Position nicht in einer schlechten marxistischen »Orthodoxie«, die nicht begreift, daß es heute wichtiger ist, aufzuzeigen, wo die vorgestellten Autoren recht haben, als zu beweisen, wo sie unrecht haben.

Raymond Williams

GESELLSCHAFTSTHEORIE
ALS BEGRIFFSGESCHICHTE

Studien zur historischen
Semantik von »Kultur«

Deutsch von
Heinz Blumensath

München 1972: Rogner & Bernhard

Reihe Passagen
Editor: Axel Matthes

Erste Auflage 2000 Exemplare
Alle Rechte der deutschen Ausgabe vorbehalten
© Verlag Rogner & Bernhard GmbH., München
© der Originalausgabe »Culture and Society 1780−1950«
by Raymond Williams c/o Chatto & Windus Ltd., London 1958
Satz in der 10 und 8 Punkt Concorde mit Kursiv
Gesamtherstellung Druckerei Ludwig Auer, Donauwörth
Printed in Germany, Mai 1972
ISBN 3 920802 89 6

INHALT

Vorwort 7
Zeittafel 10
Einleitung 13

TEIL I EINE TRADITION DES NEUNZEHNTEN JAHRHUNDERTS 25

Kapitel I   *Kontraste*
          1. *Edmund Burke und William Cobbett*   25
          2. *Robert Southey und Robert Owen* 44

Kapitel II   *Der romantische Künstler* 55

Kapitel III   *Mill über Bentham und Coleridge* 76

Kapitel IV   *Thomas Carlyle* 100

Kapitel V   *Der soziale Roman* 117
          Mary Barton (1848) 117
          North and South (1855) 122
          Hard Times (1854) 123
          Sybil or the two Nations (1845) 128
          Alton Locke, Tailor und Poet (1850) 132
          Felix Holt (1866) 134

Kapitel VI   *J. H. Newman und Matthew Arnold* 144

Kapitel VII   *Kunst und Gesellschaft* 166
          A. W. Pugin, John Ruskin, William Morris . . 166

TEIL II INTERREGNUM 201

1. W. H. Mallock 202
2. Die »Neue Ästhetik« 206
3. George Gissing 213
4. Shaw und die Fabier 221
5. Kritiker am Staat 228
6. T. E. Hulme 233

TEIL III MEINUNGEN DES ZWANZIGSTEN JAHRHUNDERTS 243

Kapitel I   *D. H. Lawrence* 243

Kapitel II   *R. H. Tawney* 262

Kapitel III   *T. S. Eliot* 274

Kapitel IV   *Zwei Literaturwissenschaftler* 293
          1. *I. A. Richards* 293
          2. *F. R. Leavis* 303

Kapitel V   *Marxismus und Kultur* 317

Kapitel VI   *George Orwell* 340

SCHLUSS 353

Masse und Massen 356
Massen-Kommunikation 359
Massen-Beobachtung 365
Kommunikation und Gemeinschaft 374
Kultur: aber welche? 382
Der Begriff »Gemeinschaft« 393
Die Entwicklung einer alle Schichten umfassenden Kultur 398

Register 409
Nachweise 415

Vorwort

Dem vorliegenden Buch liegt die Entdeckung zugrunde, daß der Begriff und das Wort Kultur im heutigen Wortsinne dem Englischen in der Zeit zuwuchs, die wir gemeinhin die Industrielle Revolution nennen. Das Buch stellt den Versuch dar, das »Wie und Warum« dieses Ereignisses zu zeigen und den Begriff (idea) bis in unsere Zeit zu verfolgen. Es berichtet über die Reaktionen des Denkens und Fühlens auf den Wandel der englischen Gesellschaft seit Ausgang des 18. Jahrhunderts und versucht zugleich, diese zu interpretieren. Nur innerhalb dieses Kontextes kann unser Wortgebrauch von »Kultur« und die Bereiche, auf die das Wort sich bezieht, angemessen verstanden werden.

Das Buch setzt die Untersuchungen fort, die mit der Gründung der von mir, Clifford Collins und Wolf Mankowitz von 1946 bis 1948 herausgegebenen Zeitschrift *Politics and Letters* begonnen wurden. Damals bestand unser Ziel in der Erforschung und womöglich der Neuinterpretation derjenigen Tradition, die das Wort ›Kultur‹ vom Erfahrungshorizont unserer eigenen Generation her beschreibt. Ich bleibe meinen früheren Mitherausgebern für das, was ich zusammen mit ihnen bei diesem ersten Versuch gelernt habe, stets verpflichtet. Bei der Abfassung dieses Buches — seit 1950 — verdanke ich Herrn Collins ebenso wie meinem Kollegen Anthony McLean außerordentlich viel. Ich habe durch Diskussionen über die im Entstehen begriffene Arbeit mit Humphry House und Francis Klingender viel gelernt; ihre wertvolle Arbeit wird ihren vorzeitigen Tod überleben. Neben den vielen, die mir im besonderen Maße halfen, muß ich besonders F. W. Bateson, E. F. Bellchambers, Henry Collins, S. J. Colman und H. P. Smith erwähnen. Meine Frau hat mit mir das Manuskript Zeile für Zeile so gründlich diskutiert, daß sie im Grunde genommen Mitautorin bestimmter Kapitel geworden ist. Jedoch zeichne ich für Urteil oder Irrtum letztlich allein verantwortlich.

Aufgrund der Anlage dieses Buches konnte ich keine detaillierten Darlegungen über die Wortentwicklungen und die ihrer Bedeutungen, auf die ich mich beziehe, machen. Ich werde dies als zusätzlichen Beleg später in einer gesonderten, den *Changes in English during the Industrial Revolution* gewidmeten Arbeit publizieren. Die im vorliegenden Text diesbezüglichen knappen Angaben sind den typischen Gefahren einer Zusammenfassung ausgesetzt, und der vorwiegend philologisch interessierte Leser muß auf die erwähnte Arbeit verwiesen werden, die dem schon Gesicherten neue Evidenz hinzufügt.

In der Zeit der Drucklegung dieses Buches habe ich über die Forschungsrichtungen nachgedacht, innerhalb derer sich die Arbeit auf diesem Gebiet sinnvollerweise bewegen könnte, und es mag nützlich sein, das Ergebnis hier anzumerken. Mir scheint, daß wir aus den verschiedensten Richtungen kommend, an einen Punkt gelangt sind, der uns erlaubt, eine neue allgemeine Kulturtheorie zu entwickeln. Im vorliegenden Band habe ich versucht, die Tradition zu klären. Aber möglicherweise wird man von hier ausgehend zu einer umfassenden Neuformulierung der Prinzipien (principles) kommen können, die es erlaubt, die Kulturtheorie als eine Theorie der zwischen den Elementen einer ganzen Lebensweise bestehenden Beziehungen aufzufassen. In diesem Sinne müssen wir auch den Begriff einer expandierenden Kultur ebenso untersuchen wie deren detaillierte Prozesse. Leben wir doch in einer expandierenden Kultur und verwenden aber zugleich einen guten Teil unserer Energie darauf, dieses Faktum zu bedauern, statt ihre Natur und ihre Bedingungen zu verstehen zu suchen. Ich meine, eine umfassende sachliche Revision unserer überkommenen Kulturgeschichte ist auf den Gebieten der Bildung, des Bildungsniveaus und der Presse dringend notwendig. Wir brauchen ferner Einzelstudien über sozioökonomische Probleme der gegenwärtigen kulturellen Expansion als Mittel für eine angemessene Politik. Schließlich werden wir auf dem Spezialgebiet der Kritik unsere analytischen Methoden in bezug auf neue Definitionen kreativen Handelns und der Kommunikation erweitern können, die ihrerseits die unterschiedlichsten Untersuchungen ermöglichen. All dies wird schwierig sein, aber durch kontextuales Verständnis unseres gegenwärtigen Vokabulars für diese Fragen unterstützt werden können. Dazu soll dieses Buch beitragen.

Teile davon sind schon früher in anderer Form unter den Titeln: *Essays in Criticism* und *Universities and Left Review* erschienen.

R. W.

Zeittafel

Die angegebenen Daten der behandelten Autoren geben das Jahr an, in dem sie 25 Jahre alt waren

Edmund Burke	1754
Jeremy Bentham	1773
William Blake	1782
William Cobbett	1787
William Wordsworth	1795
Robert Owen	1796
S. T. Coleridge	1797
Robert Southey	1799
Lord Byron	1813
P. B. Shelley	1817
Thomas Arnold	1820
John Keats	1820
Thomas Carlyle	1820
J. H. Newman	1826
Benjamin Disraeli	1829
F. D. Maurice	1830
John Stuart Mill	1831
Elizabeth Gaskell	1835
A. W. Pugin	1837
Charles Dickens	1837
John Ruskin	1844
George Eliot	1844
Charles Kingsley	1844
Matthew Arnold	1847
William Morris	1859
J. A. McN. Whistler	1859
Walter Pater	1864
W. H. Mallock	1874
Bernard Shaw	1881
Oscar Wilde	1881
George Gissing	1882
Hilaire Belloc	1895
R. H. Tawney	1905
T. E. Hulme	1908
D. H. Lawrence	1910
T. S. Eliot	1913

I. A. Richards	1918
F. R. Leavis	1920
George Orwell	1928
Christopher Caudwell	1932

Einleitung

In den letzten Jahrzehnten des 18. und in der ersten Hälfte des 19. Jahrhunderts werden eine Anzahl von heute außerordentlich wichtigen Wörtern zum ersten Mal in der englischen Alltagssprache gebräuchlich, oder sie erhalten dort, wo sie schon allgemein benutzt wurden, neue und wichtige Bedeutungen. Dem Bedeutungswandel dieser Wörter liegt eine allgemeine Struktur zugrunde. Diese Verschiebung kann als eine Art Spezialkarte benutzt werden, durch die wiederum die weitreichenden Veränderungen im Leben und Denken betrachtet werden können, auf die sich der Sprachwandel offensichtlich bezieht.

Fünf Wörter begrenzen diese Landkarte als Schlüsselpunkte: *industry* — Industrie, *democracy* — Demokratie, *class* — Klasse, *art* — Kunst und *culture* — Kultur. Die Relevanz dieser Wörter in ihrer modernen Bedeutungsstruktur ist offensichtlich. Ihr Bedeutungswandel in jener kritischen Periode legt Zeugnis von einer allgemeinen Veränderung der charakteristischen Denkweisen über das öffentliche Leben ab: über unsere sozialen, politischen und wirtschaftlichen Institutionen, über die Zwecke, die diese Institutionen verkörpern, über die Beziehungen zu den Institutionen und die Zwecke unserer Anstrengungen in bezug auf Gelehrsamkeit, Erziehung und die Künste.

Das erste wichtige Wort ist *industry* und die Zeit, in der sein Gebrauch sich verändert, ist die Epoche, die wir heute als »Industrielle Revolution« bezeichnen.

Vor dieser Periode stand *industry* für eine spezifisch menschliche Eigenschaft, die mit Geschicklichkeit, Fleiß, Beharrlichkeit, Sorgfalt umschrieben werden könnte. Dieser Sprachgebrauch ist in *industry* lebendig geblieben. Aber in den letzten Jahrzehnten des 18. Jahrhunderts kam noch eine andere Bedeutung hinzu. *Industry* wurde zum Sammelbegriff für unsere Manufakturen und Produktionsstätten sowie für deren allgemeine Tätigkeiten. Adam Smith benützt in »*The Wealth of Nation*« (1776) als erster das Wort in diesem Sinn und seither ist diese Verwendung bestätigt. Industry mit einem großen I ist ein Ding an sich — mehr eine Institution, ein System von Tätigkeiten als eine rein menschliche Eigenschaft. Dem Menschen kennzeichnenden *industrious* — *fleißig* gesellte sich im 19. Jahrhundert *industrial* — *industriell* als Attribut der Institutionen zu. Diese gewannen rapide an Bedeutung und bewirkten das Entstehen eines neuen Systems, das kurz nach 1830 *Industrialismus* genannt wurde.

Zum Teil bezeichnet das die Anerkennung einer Reihe von sehr wichtigen technischen Veränderungen und ihrer Wirkung auf die Umwandlung der Produktionsmethoden. Es hat sich aber auch die Erkenntnis über die Wirkung dieser Veränderung auf die vergleichbare Umgestaltung der Gesellschaft als Ganzes durchgesetzt. Das Schlagwort von der *Industrial Revolution* — der *Industriellen Revolution* — bestätigt dies deutlich, denn der um 1820 zuerst von französischen Schriftstellern benutzte und im Laufe des Jahrhunderts allmählich von englischen Autoren übernommene Ausdruck wurde bewußt in Analogie zur französischen Revolution von 1789 gebildet. Wie jene Frankreich veränderte, so hat diese England umgestaltet. Die Mittel sind verschieden, doch die Art der Umgestaltung ist ähnlich: die Strukturveränderung brachte eine neue Gesellschaft hervor.

Das zweite wichtige Wort *democracy,* seit der griechischen Antike als ein Begriff für Herrschaft des Volkes bekannt, ist im englischen Sprachgebrauch erst seit der Zeit der amerikanischen und französischen Revolution geläufig. Weekley schreibt in *Words Ancient and Modern:*

Erst seit der französischen Revolution ist *democracy* nicht mehr nur ein rein literarischer Begriff — es wurde Bestandteil des politischen Vokabulars[1].

Im wesentlichen hat er damit recht. Gewiß, die Beispiele, die sich auf Amerika und Frankreich beziehen, lassen sich am Ende des 18. Jahrhunderts vervielfachen. Es lohnt den Hinweis, daß die große Mehrzahl dieser Beispiele das Wort in einer negativen Bedeutung verwenden: entweder in naher Verwandtschaft zu dem gehaßten *Jakobinertum* oder der vertrauten *Herrschaft des Pöbels*. England mag seit der Magna Charta, seit dem Commonwealth oder seit 1688 eine Demokratie gewesen sein (das Wort selbst besitzt so viele moderne Definitionen), aber sicherlich hat es sich nicht selbst als eine bezeichnet. *Democrats* — *Demokraten* wurden am Ende des 18. und zu Beginn des 19. Jahrhunderts im allgemeinen als gefährliche und subversive Massenagitatoren angesehen. So wie *industry* und seine Derivate das, was wir heute die Industrielle Revolution nennen, erfassen, verzeichneten *democracy* und *democrat* bei ihrem Eintritt in die Alltagssprache die Wirkungen der amerikanischen und französischen Revolutionen und eine entscheidende Phase des Kampfes in England um das, was wir heute die demokratische Repräsentation nennen.

Industry als Bezeichnung für eine Institution tritt etwa ab 1776 auf; *democracy* als ein praktisches Wort ist etwa gleichzeitig datierbar. Das dritte Wort *class* kann in seinem außerordentlich wichtigen modernen Sinn auf 1772 datiert werden. Davor bezeichnete der gewöhnliche Wortgebrauch von *class* im Englischen eine Abteilung oder Gruppe in Schulen und Colleges: »The usual Classes in Logic and Philosophy.« Erst gegen Ende des 19. Jahrhunderts kommt die moderne Bedeutungsstruktur von *class* im gesellschaftlichen Sinne auf. Als erstes tritt *lower classes* — *niedrige Klassen* als Pendant von *lower orders* — *niedrige Stände* auf — ein Ausdruck, der schon früher im 18. Jahrhundert entstand.

Dann erhalten wir in den neunziger Jahren des 18. Jahrhunderts *higher classes*— *höhere Klassen, middle* — und *middling classes* — *Mittel-* und *mittelmäßige Klassen* folgen stehenden Fußes; *working classes* — *Arbeiter Klassen* etwa um 1815; *upper classes* — *höhere Klassen* in den zwanziger Jahren. *Class prejudice* — *Klassenvorurteil, class legislation* — *Klassengesetzgebung, class consciousness* — *Klassenbewußtsein, class conflict* — *Klassenkonflikt* und *class war* — *Klassenkampf* folgen im Laufe des 19. Jahrhunderts. Die *upper middle classes* — *obere Mittelklassen* treten erstmals in den neunziger Jahren auf, die *lower middle classes* — die untere Mittelklasse in unserem Jahrhundert. Es liegt natürlich auf der Hand, daß diese aufsehenerregende Geschichte des neuen Wortgebrauches von *class* nicht den *Anfang* der gesellschaftlichen Schichtung in England bezeichnet. Aber es zeigt recht deutlich eine Veränderung in der Art dieser Schichtungen, der Wahrnehmung davon und gleichermaßen deutlich einen Wechsel in der Einstellung zu ihnen. *Class* ist ein ungenaueres Wort als *rank* — *Rang;* das war wahrscheinlich einer der Gründe für seine Einführung. Die dann darauf errichtete Struktur besteht aus Begriffen des 19. Jahrhunderts: aus Begriffen, so ist zu formulieren, der veränderten Sozialstruktur und der veränderten gesellschaftlichen Fühlweisen eines England, das die Industrielle Revolution gerade durchstand und das sich in einer entscheidenden Phase der Entwicklung politischer Demokratie befand.

Das vierte Wort *art* — *Kunst* weist eine bemerkenswerte Ähnlichkeit zu *industry* in seinem Veränderungsschema auf. Von seinem ursprünglichen Sinn eines menschlichen Attributes, einer »Fertigkeit«, veränderte es sich in der Zeit, mit der wir uns beschäftigen, zu einer Art Institution, zu einem Bündel von Aktivitäten einer bestimmten Art. *Art* bedeutete früher jede menschliche Fertigkeit; aber jetzt bezeichnete *art* eine besondere Gruppe von Fertigkeiten, die »imaginativen« oder »kreativen« Künste. *Artist* — *Künstler* bedeutete, wie auch *artisan* — *Mechaniker,* einen kunstfertigen Menschen; aber jetzt bezog sich *artist* — *Künstler* allein auf diese ausgewählten Fähigkeiten. Weiterhin entwickelt sich *art* höchst bedeutsam zur Bezeichnung einer besonderen Art von Wahrheit, »der imaginativen Wahrheit« und *artist* — *Künstler* zu einer besonderen Art von Mensch, wie das die kurz nach 1840 neuen Wörter *artistic* — *künstlerisch* und *artistical* — *kunstverständig,* um Menschen zu beschreiben, zeigen. Ein

neuer Begriff *aesthetics* — *Ästhetik* wurde gefunden, um das Beurteilen von Kunst zu beschreiben, und dieser brachte wiederum seinerseits einen Namen für eine besondere Art von Mensch hervor, den *aesthete* — *Ästheten*. *Arts* — *die Künste* — Literatur, Musik, Malerei, Skulptur und Theater — wurden zusammen gebracht in dieser neuen Wendung unter dem Aspekt eines wesentlich Gemeinsamen, das sie von anderen menschlichen Fertigkeiten unterschied. Die gleiche Unterscheidung, wie sie auch zwischen *artist* — *Künstler* und *artisan* — *Mechaniker* auftrat, entstand auch zwischen *artist* — *Künstler* und *craftman* — *Handwerker*. *Genius* — *Genie*, einst »eine charakteristische Disposition« bezeichnend, stand für »exaltiertes Können«; und es wurde ein Unterschied zwischen *genius* — *Genie* und *talent* — *Talent* gemacht. So wie *art* — *artist* den *Künstler* in einem neuen Sinne hervorgebracht hatte und *aesthetics* — *aesthete* den *Ästheten*, so brachte dies *a genius* — *ein Genie* hervor zur Bezeichnung einer besonderen Art von Menschen. Diese Veränderungen, die zeitlich zu der Periode der schon erörterten Umwandlung gehören, legen Zeugnis von einem erstaunlichen Wandel im Denken über Natur und den Zweck von Kunst sowie ihrer Beziehungen zu anderen menschlichen Tätigkeiten und zur Gesellschaft ab.
Das fünfte Wort *culture* — *Kultur* verändert sich in der gleichen kritischen Epoche ganz ähnlich. Vor dieser Zeit bezeichnete es hauptsächlich »die Pflege um ein natürliches Wachsen« und dann in Analogie einen Prozeß menschlichen Übens. Aber der letztere Gebrauch, der gemeinhin das Kultivieren *von* etwas meinte, wechselte im 19. Jahrhundert zu *culture* — *Kultur* an sich. Zunächst bedeutete es »einen allgemeinen Geisteszustand oder eine geistige Gewohnheit«, eng bezogen auf die Idee der menschlichen Vollendung. Dann bezeichnete es »den allgemeinen Stand der geistigen Entwicklung einer Gesamtgesellschaft«. Ferner umfaßte es »die Künste insgesamt«. Und schließlich erhielt es im Verlauf des Jahrhunderts die Bedeutung »einer ganzen Lebensweise, materiell, intellektuell und geistig«. Es wurde aber auch, wie wir wissen, ein Wort, das oft Feindschaft oder Verlegenheit provozierte.

Die Entwicklung des Wortes *culture* stellt vielleicht die überraschendste unter den genannten dar. Es könnte natürlich eingeworfen werden, daß die sich jetzt auf die Bedeutung von *culture* konzentrierenden Fragen direkt durch die großen historischen Veränderungen, die durch den Bedeutungswandel von *industry, democracy* und *class* auf ihre eigene Art und Weise dargestellt werden, verursacht wurden, und daß die Veränderungen in *art* eine damit eng verbundene Antwort darstellen. Die Entwicklung des Wortes *culture* ist Zeugnis einer Anzahl wichtiger und noch anhaltender Reaktionen auf diese Veränderungen in unserem gesellschaftlichen, ökonomischen und politischen Leben; sie kann als ein Leitfaden der Analyse dieser Veränderungen angesehen werden.

Ich habe das Faktum der Veränderungen bei diesen wichtigen Wörtern kurz festgehalten. Als ihren Hintergrund muß ich aber auch auf eine Anzahl neuer Wörter hinweisen oder auf solche, die neue Bedeutungen in dieser entscheidenden Periode annahmen. Unter diesen neuen Wörtern finden wir z. B. *ideology* — *Ideologie, intellectual* — *intellektuell, rationalism* — *Rationalismus, scientist* — *Wissenschaftler, humanitarian* — *Humanist, utilitarian* — *Utilitarist, romanticism* — *Romantik, atomistic* — *atomistisch; bureaucracy* — *Bürokratie, capitalism* — *Kapitalismus, collectivism* — *Kollektivismus, commercialism* — *Kommerzialismus, communism* — *Kommunismus, doctrinaire* — *doktrinär, equalitarian* — *Gleichmacher, liberalism* — *Liberalismus, masses* — *Massen, medieval* — *mittelalterlich* und *mediaevalism* — *Mediävistik, operative* — *Fabrikarbeiter, primitivism* — *Primitivismus, proletariat* — *Proletariat* (ein neues Wort für »Mob«), *socialism* — *Sozialismus, unemployment* — *Arbeitslosigkeit; cranks* — *komische Käuze, highbrow* — *Intellektueller, isms* — *Ismen, pretentious* — *prätentiös*. Unter den Wörtern, die damals ihre jetzt gebräuchlichen Bedeutungen erwarben, befinden sich: *business* (= trade) — *Geschäft, common* (= vulgar) — *gemein, earnest* (= derisive) — *ernst, education* — *Erziehung* und *educational* — *Erziehung bzw. Bildung betreffend, getting-on* — *vorwärts kommen*, *handmade* — *handgearbeitet*, *idealist* (= visionary) — *Idealist*, *progress* — *Fortschritt*, *rank-and-file* (other than military) — (nicht militärische) *soziale Rangordnung*, *reformer* — *Reformer* und *reformism* — *Reformismus*, *revolutionary* — *revolutionär* und *revolutionize* — *revolutionieren*, *salary* — *Gehalt* (im Gegensatz zu »wages« — »Löhne«), *science* — *Wissenschaft* (als Naturwissenschaften), *speculator* (financial) — *Spekulant* (finanziell), *solidarity* — *Solidarität*, *strike* — *Streik* und *suburban* — *kleinstädtisch* (als Beschreibungen von Einstellungen/Haltungen). Das Gebiet, über das sich diese Veränderungen erstrecken, ist wiederum ein Bereich allgemeinen Wandels, der viele Elemente einführte, die wir heute als besonders modern empfinden. Es sind die Beziehungen innerhalb der Struktur der allgemeinen Veränderung, die zu beschreiben meine besondere Aufgabe sein wird. Das Wort, das stärker als alle anderen diese Beziehungen in sich vereinigt, ist *culture* in seiner ganzen Komplexität von Idee und realem Bezug. Meine durchgängige Absicht in diesem Buch ist, diesen Komplex zu beschreiben und zu analysieren sowie Rechenschaft von seinem historischen Zustandekommen abzulegen. Aufgrund ihres weiten Bezugsrahmens muß die Untersuchung von Anbeginn auf eine breite Basis gestellt werden. Ursprünglich beabsichtigte ich, mich sehr eng an *culture* selbst zu halten; aber je genauer ich den Begriff untersuchte, desto weiter mußte der Bezugsrahmen gesteckt werden. Denn — und das erblicke ich in der Geschichte dieses Wortes — in seiner Bedeutungsstruktur ist eine weitläufige und allgemeine Bewegung im Denken und Fühlen enthalten. Ich hoffe, diese Bewegung detailliert zeigen zu können. Zusammengefaßt: ich möchte das Hervortreten von *culture* als eine Abstraktion und als ein Absolutum zeigen, ein Hervortreten, das auf eine sehr komplexe Weise zwei allgemeine Einsichten vermittelt — erstens, das Erkennen einer praktischen Nennung bestimmter moralischer und intellektueller Aktivitäten durch die treibende Kraft einer neuartigen Gesellschaft; zweitens, das Betonen dieser Aktivitäten als Berufungsinstanz humanitärer Interessen (court of human appeal), die über die Vorgänge des praktischen gesellschaftlichen Urteilens zu setzen sind und doch sich selbst als eine mildernde und alles in sich vereinigende Alternative anbieten. Aber in diesem Doppelsinn war Kultur nicht nur eine Antwort auf neue Methoden der Produktion, d. h. der neuen *Industrie*. Kultur war darüber hinaus mit neuartigen personalen und sozialen Beziehungen verbunden und das wiederum in doppelter Weise: als Erkenntnis einer faktischen Trennung und als Betonung von Alternativen. Die Bedeutung von *culture* wäre weniger komplex, wäre sie lediglich die Antwort auf die Industrialisierung, aber sie war ganz offensichtlich ebenso eine Antwort auf die neuen politischen und sozialen Entwicklungen, die der *democracy* — Demokratie. In bezug auf diese ist sie wiederum eine komplexe und radikale Antwort auf die neuen Probleme der gesellschaftlichen Klasse. Weiterhin gab es, während diese Antworten die Bedeutungen innerhalb eines gegebenen und überschaubaren äußeren Bereichs bestimmen, auch bei der Bildung der Bedeutungen von *culture* einen evidenten Bezug nach rückwärts in eine Zeit persönlicher und offensichtlich privater Erfahrung, die die Bedeutung und Praxis von Kunst beträchtlich beeinflussen sollte. Dies sind die frühesten Stadien des sich bildenden Kulturbegriffs, aber seine historische Entwicklung ist mindestens ebenso wichtig. Denn die Anerkennung eines getrennten moralischen und intellektuellen Vermögens und das Angebot einer Berufungsinstanz humanitärer Interessen, die die frühen Bedeutungen des Wortes ausmachen, werden vereint und durch wachsende Bestätigung einer umfassenden Lebensweise in sich selbst verändert, und zwar nicht allein als ein Maßstab der Integrität, sondern auch als eine Weise, uns allen gemeinsame Erfahrungen zu interpretieren und sie damit zu verändern. Wo *culture* einst den Zustand oder die Gewohnheit eines Geistes meinte oder die Gesamtheit des intellektuellen und moralischen Vermögens, bedeutet *culture* jetzt auch eine ganze Lebensweise. Diese Entwicklung, wie jede der ursprünglichen Bedeutungen und Beziehungen zwischen ihnen, ist nicht zufällig, sondern allgemein und höchst bedeutsam.

Meine Bezugsbegriffe dienen nicht nur zur Unterscheidung der Bedeutungen, sondern auch dazu, sie mit ihren Quellen und Auswirkungen zu verbinden. Ich werde dies zu tun versuchen, indem ich nicht etwa eine Reihe abstrahierter Probleme untersuche, sondern Äußerungen von Individuen. Ich sehe in einer persönlich verifizierten Äußerung nicht nur aufgrund meines Temperaments und meiner Übung mehr Sinn als in einem System bedeutender Abstraktionen, sondern auch deshalb, weil ich mich angesichts eines solchen Themas dem Studium der tatsächlich gesprochenen Sprache verpflichtet fühle: d. h. den Wörtern und Wortfolgen, die hervorragende Männer und Frauen bei ihrem Versuch, ihren Erfahrungen Sinn zu verleihen, gebraucht haben. Es ist richtig, daß ich besonders an den allgemeinen Bedeutungsentwicklungen der Sprache interessiert sein werde, und diese gehen immer über nur persönliche hinaus. Aber meine Forschungsmethode besteht nicht darin, bestimmte Überschriften zu registrieren und besondere Äußerungen zu ihnen zusammenzutragen. Vielmehr habe ich mich in der Regel auf besondere Denker und ihre tatsächlichen Aussagen konzentriert und versucht, sie zu verstehen und auszuwerten. Der Rahmen der Untersuchung ist allgemein, doch die Methode ist das genaue Studium der tatsächlichen individuellen Äußerungen und Beiträge.
In meinem ersten Teil betrachte ich eine Reihe von Denkern des 19. Jahrhunderts, von denen viele — wenn nicht alle — dem informierten Leser vertraut sein werden, aber deren jeweiliger Rang von diesem Standpunkt aus in einem etwas anderen Licht gesehen werden kann. Als nächstes betrachte ich etwas weniger ausführlich bestimmte Autoren um die Jahrhundertwende, die nach meiner Ansicht eine besondere Art von Interregnum bilden. Dann beschäftige ich mich in meinem dritten Teil mit einigen Denkern und Autoren unseres eigenen Jahrhunderts, wobei ich versuche, die Bedeutungsstrukturen und die in den hier interessierenden Fragen gemeinsame Sprache als völlig zeitgenössisch zu erweisen. Schließlich biete ich in meinem Schlußkapitel meine eigene Stellungnahme über einen Aspekt dieser gemeinsamen Erfahrung an: natürlich

nicht als ein Urteil über die Tradition, sondern als Versuch, diese in die Richtung bestimmter Meinungen und Werte auszudehnen.
Das Zeitalter der Erfahrung, auf die das Buch sich bezieht, hat seine eigenen Schwierigkeiten hinsichtlich der Methode hervorgebracht. Diese werden indessen im Verlauf der Untersuchung besser verstanden und beurteilt werden. Ich sollte vielleicht darauf hinweisen, daß ich erwarte, daß das Buch Kontroversen auslösen wird: nicht, daß ich es um der Kontroverse willen geschrieben hätte, sondern, weil jede Untersuchung dieser Art die Diskussion und den Vorschlag einer Bewertung impliziert, die völlig zu Recht auf unterschiedlichen Auffassungen beruhen, und die selbst das tangieren, was wir gewöhnlich die bekannten Tatsachen nennen. Ich werde mich auf jeden Fall freuen, eine Antwort zu bekommen, unter welchen Vorzeichen auch immer, denn ich erforsche unsere gemeinsame Sprache in Fragen von gemeinsamem Interesse und wenn wir überlegen, wie die Dinge nun stehen, so können unser anhaltendes Interesse und unsere Sprache nicht lebendig genug sein.

TEIL I

EINE TRADITION DES NEUNZEHNTEN JAHRHUNDERTS

Kapitel 1

Kontraste

Zur Zeit der Industriellen Revolution herrschte in England eine Stimmung der Widersprüche. Der Titel *Contrasts,* der Pugin berühmt machen sollte, beschreibt die Denkgewohnheit der frühen industriellen Generationen. Wir können unsere eigene Studie angemessen mit einem Essay über die Widersprüche noch immer einflußreicher Männer und Ideen beginnen. Einen ersten Gegensatz bilden Edmund Burke und William Cobbett, einen zweiten Robert Southey und Robert Owen.

1. Edmund Burke und William Cobbett

Edmund Burke ist »der erste moderne Konservative« und William Cobbett »der erste große Tribun des Industrieproletariats« genannt worden. Doch Cobbett begann seine politische Karriere unter dem Patronat von William Windham, der sich als enger Freund von Burke dessen Prinzipien zum Maßstab der eigenen Politik machte. Windham verstand sich bewußt als politischer Erbe von Burke und hieß 1880 den berühmten jungen antijakobinischen Pamphletisten bei dessen Rückkehr aus den Vereinigten Staaten willkommen. Mit von Windham aufgebrachten Geldern begann Cobbett die Herausgabe seines berühmten *Political Register,* das sich zum einflußreichsten Publikationsorgan der Radikalen entwickelte und diesen Einfluß bis zu Cobbetts Tod im Jahre 1835 behielt. Der feurige junge Antijakobiner starb als ein großer, von den anderen politischen Erben Burkes unter der Anklage der Volksverhetzung vor Gericht und ins Gefängnis gebrachter Radikaler. Aber die über Windham zustande gekommene Verbindung zwischen Burke und Cobbett dient lediglich als Einführung für die weitaus wichtigere Verbindung, die wir jetzt herstellen wollen. In dem durch den Kampf um politische Demokratie und das Fortschreiten der industriellen Revolution erschütterten England erhoben sich viele Stimmen, die die neuen Entwicklungen im Sinne und in der Sprache eines älteren England verdammten. Zwei davon, die beiden wichtigsten, haben überlebt: Burke und Cobbett. Trotz der großen Unterschiede zwischen ihnen ist dieses Faktum maßgeblich. Sie griffen das neue England aufgrund ihrer Erfahrung mit dem alten England an; ihr Werk wurde dabei ein mächtiger Ausgangspunkt für ganze Traditionen der Kritik an der neuen Demokratie und des neuen Industrialismus. Sie sind noch in der Mitte des 20. Jahrhunderts wirksam und von Bedeutung.

Burkes Angriff galt — so wie wir es heute gemeinhin verstehen — der Demokratie. Das Ereignis, das seine ganze Leidenschaft entflammte, war die Französische Revolution, aber seine Sorge galt nicht Frankreich allein, vielmehr befürchtete er das Anschwellen einer ähnlichen Flut in England. Er glaubte nicht, daß sie sich würde eindämmen lassen, doch sein Standpunkt war unerschütterlich:

Ihr seht, mein werter Lord, daß ich nicht auf irgendwelche Unterschiede bezüglich der besten Methode aus bin, das Entstehen eines Systems zu verhindern, das wir beide, wie ich meine, gleichermaßen wenig schätzen. Ich kann überhaupt keine andere Position als Sie einnehmen, da ich nicht glaube, daß irgendeine Methode es verhindern kann. Das Unglück ist einmal geschehen, im Prinzip und als [historisches] Beispiel durchexerziert; wir müssen auf die gute Laune einer Höheren Hand als der unsrigen warten für die Zeit ihrer vollkommenen Verwirklichung in diesem Lande und anderswo. Alles, was ich für einige Zeit in der Vergangenheit getan habe und alles, was ich später noch machen werde, wird allein dazu dienen, klarzustellen, daß ich weder aktiv noch passiv meine Hand bei dieser großen Veränderung im Spiel hatte[1].

Jetzt, wo sie stattgefunden hat oder vielmehr angenommen wird, daß sie stattgefunden hat, ist ein Mann mit dieser Einstellung offensichtlich isoliert. Die Widerlegung von Burkes Ansichten über die Französische Revolution stellt heute eine Einfingerübung in den Wissenschaften von Politik und Geschichte dar. Wir prüfen, ob das Wasser kocht, indem wir kaltes Wasser dazu gießen. Seine Schriften über Frankreich werden mit einem Vermerk versehen, den ich in bezug auf die

Schöpfungsgeschichte der Bibel in einem Warteraum der Eisenbahn gesehen habe: »historisch unwahr«. Das ist tatsächlich so einfach, daß wir Gefahr laufen, einen allgemeineren Punkt zu verfehlen, der weniger mit seiner Mißbilligung als mit seiner Zuneigung zu tun hat und auch weniger mit seiner Einstellung als mit seiner Art zu denken. Matthew Arnold nennt in seinem Burke-Kommentar *The Function of Criticism at the Present Time* Burkes positive Eigenschaften:

Es ist ihm beinahe allein zu verdanken, daß sich in England die wissenschaftliche Reflexion auf die Politik ausdehnt, er durchtränkt Politik mit Denken[2].

Arnold ist selbst einer der politischen Erben Burkes, aber wieder ist das weniger bedeutsam als die Denkweise, die Arnold mit dem Verb »durchtränken« bezeichnet. Es handelt sich nicht um »Denken« als dem gängigen Gegensatz zu »Fühlen«, sondern vielmehr um eine besondere Unmittelbarkeit der Erfahrung, die sich selbst in der Tiefe ausformt zu einer besonderen Verkörperung von Ideen, die ihrerseits zu dem ganzen Mann werden. Die Richtigkeit dieser Ideen steht nicht als erstes zur Debatte, und ihr Wahrheitsgehalt wird erst in zweiter Linie nach Maßgabe ihrer Verwertbarkeit für historisches Verstehen oder politische Einsicht bemessen. Burkes Schriften stellen eine artikulierte Erfahrung dar, und als diese besitzen sie einen Wert, der sogar das Zerstörerische seiner verallgemeinernden Schlüsse überleben kann. Nicht, daß die Beredsamkeit dort überlebt, wo die Sache selbst gescheitert ist. Die Beredsamkeit würde, handelte es sich lediglich um den äußeren Anschein eines Streites, jetzt wertlos sein. Was überlebt, ist eine Erfahrung, eine besondere Art zu lernen. Schreiben ist allein insofern wichtig, als es dies vermittelt. Letztlich ist es eine zum Wahrzeichen geronnene Erfahrung.

Was ich sagen will, kann auf eine sehr einfache Weise illustriert werden. In der Politik ist Burke vor allem derjenige, der Vernunft als vorzügliche Tugend für das Regieren empfiehlt. Wir wissen das — empfangen es als Idee. Burkes akademische Gegner glauben trotz dieses Wissens, daß sie ihn zugrunde richten können, wenn sie gegen das Prinzip einen Satz wie den folgenden aus der Huldigung eines Bewunderers setzen:

Seine Fähigkeiten waren übernatürlich; nur ein Mangel an Klugheit und politischer Weisheit hätte ihn innerhalb des Ranges von Sterblichen zu halten vermocht[3].

So wie wir heute Burkes politische Karriere sehen, bestätigen wir das Urteil der Unzulänglichkeit. Erforderliche Umsicht mangelte bei einer Krise nach der anderen, und seine praktische politische Weisheit war unbedeutend oder unzuverlässig. Dennoch vermag dies nicht seine Wertschätzung politischer Tugend zu tangieren. Burke gehört zu den Männern, die Tugend aus der Zahl ihrer Irrtümer, die Dummheit an sich selbst erfahren. Daß dies die wichtigste Art zu lernen ist, kann am allerwenigsten bezweifelt werden. Burke sagt von den Führern der Nationalversammlung:

Ihr Ziel scheint überall gewesen zu sein, *Schwierigkeiten* zu vermeiden oder ihnen auszuweichen. So gehörte der Ruhm, sich Konfrontationen zu stellen und Hindernisse zu überwinden, den großen Meistern in allen Künsten; und wenn sie die erste Schwierigkeit überwunden hatten, das in ein Mittel zur Besiegung neuer zu verwandeln. So setzten sie sich in die Lage, ihr Reich der Wissenschaft zu erweitern und sogar weiter — über den Bereich ihres ursprünglichen Denkens hinaus — das Wahrzeichen menschlichen Verstehens, voranzutreiben. Schwierigkeit ist ein strenger Lehrmeister, der uns auf höchsten Befehl von einem väterlichen Hüter und Gesetzesgeber vorgesetzt wurde und der uns besser kennt, als wir uns selbst kennen, wie er uns auch mehr liebt... Er, der mit uns ringt, kräftigt unsere Geisteskräfte und schärft unsere Geschicklichkeit. Dieser freundschaftliche Konflikt mit der Schwierigkeit verpflichtet uns zu einer genauen Bekanntschaft mit unserem Gegenstand und zwingt uns, ihn in all seinen Bezügen zu betrachten. Er läßt keine Oberflächlichkeiten zu. Der Wunsch unserer Geisteskräfte und die abartige Vorliebe für täuschende gedankliche Kurzschlüsse sowie die kleinen trügerischen Gelegenheiten haben in so vielen Teilen der Welt Regierungen mit unumschränkter Macht hervorgebracht[4].

Die Wahrheit des Gesagten kann generell neu bestätigt werden — auch ist das Ringen keinesfalls von geringerer Bedeutung oder weniger fruchtbar, wenn im Schatten der großen Schwierigkeit unter gewissen Gesichtspunkten ein Mensch sein eigener Gegenspieler ist. Darüber hinaus ist die Verbindung zwischen der Qualität dieses Prozesses bei Individuen und der einer bürgerlichen Gesellschaft wichtiger und unanfechtbar. Wir brauchen nicht Burkes Unterstützung der Bourbonen gegen die Nationalversammlung zu teilen, um die Gültigkeit des folgenden zu erkennen:

Wenn Umsicht und Vorsicht dort Bestandteile der Weisheit sind, wo wir uns nur mit unbelebten Dingen befassen, so werden sie gewiß auch Bestandteile der Pflicht, wenn Gegenstände unseres Analysierens und Konstruierens nicht Ziegelsteine und Balken, sondern fühlende Wesen sind, von denen ganze Massen durch die plötzliche Veränderung ihres Status', ihrer Lebensbedingungen und -gewohnheiten dem Elend überantwortet werden können. Der wahre Gesetzgeber muß ein Herz voller Sensibilität besitzen. Er sollte seine Art lieben und achten, sich selbst aber fürchten. Seinem Temperament mag es gestattet sein, sein fernes Ziel in einem intuitiven Blick zu erfassen, aber seine Anstrengungen zu dessen Verwirklichung sollen wohl bedacht sein. Da politisches Arrangement Bemühen mit gesellschaftlicher Zielsetzung darstellt, dürfen sie nur durch soziale Mittel bewerkstelligt werden. Dabei muß Geist sich mit Geist verbünden. ... Wenn ich einmal wagen dürfte, das auszusprechen, was in Paris in so hohem Maße erfahrungsgemäß außer Mode ist, so würde ich Ihnen sagen, daß ich in meinem Leben große Männer gekannt habe und mit ihnen nach Maßgabe meiner Leistungsfähigkeit zusammengearbeitet habe, und doch habe ich niemals auch nur einen Plan gesehen, der nicht durch die Beobachtungen von Leuten verbessert worden ist, deren Verständnisniveau wesentlich geringer war als das derjenigen, die diese Angelegenheit führend vorangetrieben hatten. Die Wirkung eines jeden Schritts wird in einem langsamen, aber gut durchgehaltenen Fortschritt beobachtet; Erfolg oder Mißerfolg des ersten gibt uns beim zweiten Licht, und so werden wir von Licht zu Licht sicher durch die ganzen Serien geführt. Wir sehen, daß die Einzelteile des Systems kollidieren. Für die Übel, die auch in dem vielversprechendsten Plan angelegt sind, sind, sobald sie auftauchen, Gegenmittel bereit. Ein Vorteil wird so wenig wie möglich für einen anderen geopfert. Wir kompensieren, wir versöhnen, wir balancieren[5].

Nichts ist dümmer, als anzunehmen, wie es Reformer verschiedenster Couleurs getan haben, daß dies lediglich eine Empfehlung des Konservativismus darstellt. Für Konservative ist es gleichermaßen dumm, anzunehmen, solche Schlüsse stellten auch nur irgendeine Art von Argument gegen die radikalsten gesellschaftlichen Reformen dar. Burke beschreibt lediglich einen auf der Einsicht in die notwendige Komplexität und Schwierigkeit menschlichen Lebens beruhenden und sich selbst formulierenden Prozeß konsequent als eine wesentlich gesellschaftliche und kooperative Anstrengung zur Kontrolle und Reform. Keine politische Richtung kann sich solcher Einsichten entledigen, keine Be-

schreibung von Politik kann sie mit Hilfe eines täuschenden Gedankenkurzschlusses für sich in Anspruch nehmen.
Doch bleibt, wenn dies gesagt ist, die Zielrichtung der Anstrengung, die Entscheidung über das, was notwendig ist, zu diskutieren. Hier gehört Burke mit Sicherheit zu denen, die nach Arnold eine »Epoche der Konzentration« bildeten. Es ist nicht wahr, daß er jeglicher Reform Widerstand geleistet hat, aber sein größter Eifer galt allen Schemata von Ausverkauf-Neuerungen oder radikalen Neukonstruktionen:

Reform ist kein Wechsel in der Substanz oder primär Veränderung des Objekts, sondern eine unmittelbare Anwendung eines Heilmittels gegen Beschwerden, über die man klagt[6].

Politik ist das Geschäft der praktischen Zweckmäßigkeit, nicht das der theoretischen Ideen. Sein Kommentar über den unglücklichen Dr. Price kann als ein allgemeiner Kommentar über die gesamte philosophische und literarische Tradition angesehen werden, die gesellschaftliche Veränderungen vorantrieb:

Gänzlich unbekannt mit der Welt, mit der sie sich so gerne einlassen, und unerfahren in all ihren Angelegenheiten, über die sie sich mit so viel Zuversicht auslassen, haben sie doch nichts von der Politik als die Leidenschaften, die sie wecken[7].

Das Thema ist von Tausenden kleineren Formats wiederholt worden und jetzt Gemeinplatz in den Hetztiraden; doch die im letzten Satz enthaltene Kritik hat ihre Kraft bewahrt und könnte sogar auf Burke selbst angewandt werden. Sogar da, wo der Wert einer Tradition, Vernunft mit Politik zu verbinden, ganz sicher begrüßt werden muß, darf diese wichtige Einschränkung nicht vergessen werden.
Burke diente der Sache seiner Zeit und insbesondere der Sache der Gegner der Demokratie. Er vertrat die Ansicht, daß Demokratie zur Tyrannei tendiere und beobachtete, daß darüber hinaus

die, die unter vielen zum Bösen verurteilt sind, allen äußeren Trostes beraubt sind. Sie scheinen von der Menschheit verlassen, von einer Verschwörung ihrer ganzen eigenen Art überwältigt[8].

Dies ist wieder eine aus Erfahrung gewonnene Beobachtung. Sie bedurfte nicht der vollendeten Demokratie für ihre Formulierung. Sie entsprach angesichts der schlechten Zeiten Burkes eigenem Gefühl von sich selbst unter dem übermächtigen Eindruck der gegen ihn gerichteten Mehrheitsmeinung. Unbestreitbar: diese Beobachtung über Demokratie kann vernünftig sein. Doch scheint inzwischen seine Position, so wie seit Burke argumentiert wurde, paradox geworden zu sein. Diese Art der Demokratiekritik behauptet gemeinhin, daß das Individuum von der Masse unterdrückt wird und daß — verallgemeinernd gesprochen — die ursprünglich individuellen Tugenden durch die Massengesellschaft bedroht werden. Burke verfügte über keinerlei Erfahrung mit dem, was in irgendeinem Sinne angemessen als Massengesellschaft bezeichnet werden könnte, doch ein solches Argument hätte er auf gar keinen Fall anerkennen können. Sein Standpunkt war gleichbleibend: der auf sich selbst als Individuum beschränkte Mensch ist böse; jegliche menschliche Tugend ist Produkt der Gesellschaft und in diesem Sinne nicht »natürlich«, sondern »künstlich«: »Kunst ist die Natur des Menschen«. Die Verwirklichung und Garantie der wahren Humanität ist die historische Gesellschaft (community). Die Rechte des Menschen schließen das Recht ein, eingeschränkt zu werden:

> Regierung ist das Kunstmittel menschlicher Weisheit, um für die menschlichen Bedürfnisse zu sorgen. ... Darunter ist das aus der zivilisierten Gesellschaft hervorgegangene Bedürfnis nach hinreichender Einschränkung der Leidenschaften ihrer Mitglieder zu rechnen. Eine Gesellschaft erfordert nicht nur die Kontrolle der Leidenschaften ihrer Individuen, sondern auch, daß wie in ihrer Masse und Gesamtheit und auch bei den Individuen, den Neigungen der Menschen entgegengearbeitet werden muß, ihr Wille kontrolliert und ihre Leidenschaften unterworfen werden müssen. Dies kann nur *mittels einer aus ihnen selbst hervorgehenden Kraft* vollbracht werden und nicht in Ausübung der Funktion als Objekt dieses Willens, dieser Leidenschaften, wo es doch seine Aufgabe ist, sie zu zügeln und zu unterwerfen. In diesem Sinne müssen die den Menschen auferlegten Beschränkungen ebenso wie ihre Freiheiten ihren Rechten zugerechnet werden[9].

Insoweit, als Demokratie als ein System verstanden wird, das Individuen zur Entscheidung darüber befähigen soll, wie sie sich selbst regieren wollen (das ist nicht ihre einzige Definition, aber sie war es in Verbindung mit der Lehre des ökonomischen Individualismus zu der Zeit, als Burke schrieb), ist dies eine wesentliche Kritik. So sagt Burke im Gegensatz zu einer Hauptströmung des Denkens im 18. Jahrhundert:

> Wir fürchten uns, die Menschen lebendig sein zu lassen (put in live) und (be)handeln einen jeden nach Maßgabe seines je eigenen Grundkapitals an Vernunft, weil wir vermuten, daß es bei jedem gering ist und daß die Individuen besser beraten wären, machten sie Gebrauch von der allgemeinen Bank und dem Kapital der Nationen und Generationen[10].

Siebzig Jahre später war dies die Basis für Matthew Arnolds Empfehlung von »Culture«.

Als Gegenbild zu der Idee einer Demokratie der Individuen stellte Burke die Volksidee:

> In einem *ungebildeten* Staat gibt es kein Volk. Eine bloße Anzahl von Menschen bildet keine kollektive Kapazität. Die Idee eines Volkes ist die Idee einer Korporation. Sie ist gänzlich künstlich und wie alle anderen legalen Fiktionen durch wechselseitige Übereinkunft gebildet. Worin die besondere Art dieser Übereinkunft bestand, wird aus der Form, in die die jeweilige Gesellschaft gegossen worden ist, geschlossen[11].

Der ganze Fortschritt der Menschheit ist so nicht allein von der historischen Gesellschaft im abstrakten Sinne abhängig, sondern auch von der Art des besonderen, jeweiligen Gemeinwesens, in das er geboren worden ist. Kein Mensch kann sich davon ausnehmen noch liegt es an ihm allein, Veränderungen zu bewirken:

> Eine Gesellschaft ist in der Tat ein Kontrakt. Untergeordnete Verträge für Gegenstände von rein gelegentlichem Interesse können nach Belieben gelöst werden, aber der Staat sollte doch als etwas Besseres als eine partnerschaftliche Übereinkunft im Pfeffer- und Kaffee- oder Kaliko- bzw. Tabakhandel oder aufgrund irgendeiner anderen derart niedrigen Bedeutung zugunsten eines kleinen vorübergehenden Interesses eingegangenen Handels angesehen werden, der je nach Laune der Parteien gelöst werden darf. Er muß mit anderer Ehrfurcht betrachtet werden, da er keine Partnerschaft in Angelegenheiten bedeutet, die nur der groben animalischen Existenz einer zeitlichen und vergänglichen Natur förderlich ist. Es handelt sich bei ihm vielmehr um eine Partnerschaft in allen Wissenschaften und Künsten, um eine Partnerschaft in jeder Tugend und in jeder Vollendung. Da die Ziele einer solchen Partnerschaft auch in vielen Generationen nicht erreichbar sind, wird sie nicht nur zu einer zwischen den Lebenden, sondern auch zu einer zwischen denen, die leben und denen, die tot sind, sowie denen, die noch geboren werden[12].

Es wird jetzt deutlich, daß Burke in seiner Argumentation von der *Gesellschaft* zum *Staat* übergeht und daß die grundsätzliche Achtung, die er für die Gesellschaft aufbringt, nicht, wie es bei Burke der Fall zu sein scheint, mit der besonderen Form der Gesellschaft, die der Staat jeder Zeit zu sein scheint, verwechselt werden darf. Diese Beobachtung ist wichtig, doch wäre Burke durch sie nicht beeindruckt worden. Für ihn gab es nichts Akzidentelles an irgendeiner besonderen Form. Die Idee der Gesellschaft war den Menschen nur in der Form, in der sie auf sie gekommen ist, verfügbar. Ferner galt als Fortschritt der menschlichen Gesellschaft »der bekannte Gang der ordentlichen göttlichen Vorsehung«, die ererbte Form war göttlichen Ursprungs und unter göttlicher Führung, ja sie war das Werkzeug von Gottes Willen, damit die Menschheit vollkommen werde:

Ohne ... die zivilisierte Gesellschaft vermag der Mensch weder überhaupt sich der Vollendung zu nähern, zu der seine Natur fähig ist, noch auch nur eine schwache und kaum merkliche Annäherung zu vollziehen. ... Er, der unsere Natur durch unsere Tugend vollenden hieß, gebot auch die für ihre Vollendung notwendigen Mittel. — Er bestimmte uns daher den Staat. — Er bestimmte seine Verbindung mit der Quelle und dem originalen Archetyp jeder Vollendung[13].

Die dieser Position immanente Schwierigkeit zeigt sich, wenn — wie in Frankreich — die Staatsform sich verändert und doch in ihrer neuen Form als Zerstörer der zivilisierten Gesellschaft angesehen wird. Wenn die Schaffung von Staatsformen als »der bekannte Gang der ordentlichen göttlichen Vorsehung« verstanden wird, dann können auch die großen Veränderungen, denen Burke sich widersetzte, jenseits menschlicher Kontrolle liegen. Er erkannte das am Ende seines Lebens selbst, ohne indessen seinen Widerstand zu modifizieren:

Diejenigen, die diesem mächtigen Strom menschlicher Angelegenheiten weiterhin Widerpart bieten, scheinen eher den Beschlüssen der Vorsehung selbst Widerstand zu leisten, als bloß menschlichen Entwürfen[14].

Diese Schwierigkeit illustriert erneut Burkes Epoche. Seine Lehren beruhen auf der Erfahrung einer Stabilität, die durch die in ihr enthaltenen Unvollkommenheiten nicht wirklich bedroht wurde. Beim Anschwellen des Stromes der Veränderungen wurde die

Affirmation verzweifelte Verteidigung. Und selbst in der Zeit, in der Burke schrieb, brach die Flutwoge des ökonomischen Wandels mit Macht herein und führte viele politische Veränderungen mit sich, denen entgegenzutreten Burke so bestrebt war. Er spricht von der relativen Stabilität des 18. Jahrhunderts und gegen die ersten Zeichen des Wandels und der Konfusion des 19., aber er wendet sich auch ebenso gegen die vom 18. Jahrhundert hervorgebrachten und gerade im Entstehen begriffenen Doktrinen, die zur charakteristischen Philosophie der Veränderung selbst werden sollten. Damit bereitete er im englischen Geistesleben eine Position vor, von der her die Entwicklung zur Industrialisierung und zum Liberalismus immer wieder attackiert werden sollte. Er brachte die Idee des Staates als des für die menschliche Vervollkommnung notwendigen Agenten auf, und in der Sprache dieser Theorie mußte der aggressive Individualismus des 19. Jahrhunderts verurteilt werden. Auch führte er die Vorstellung von dem, was eine »organische Gesellschaft« genannt wurde, ein, bei der die wechselseitige Beziehung und die Kontinuität der menschlichen Tätigkeiten stärker betont wurden als die Abgrenzung in je von eigenen Gesetzen bestimmten Interessensphären.

Eine Nation ist nicht bloß eine Idee mit geographischer Ausdehnung und einer einzelnen, momentanen Zusammenkunft, sondern sie besitzt Kontinuität in der Zeit, der Zahl und dem Raum. Und das ist nicht die Wahl eines beliebigen Tages oder einer Gruppe von Leuten, keine tumultuarische und leichtfertige Wahl. Sie ist vielmehr eine Konstitution, zehntausende Mal besser als jegliche Wahl. Sie wird durch die je eigenen Umstände, Gelegenheiten, Stimmungen, Dispositionen, die moralischen, zivilen und sozialen Gewohnheiten des Volkes gebildet, die sich ihm nur über einen langen Zeitraum hinweg enthüllen[15].

Unmittelbar nach Burke wurde der von ihm beschriebene Komplex der »Geist einer Nation« genannt; gegen Ende des 19. Jahrhunderts wurde daraus dann der Begriff »National-Kultur«.
Die Untersuchung des Einflusses und die Entwicklung dieser Vorstellungen gehört in meine späteren Kapitel. Hier genügt es, Burkes eigene Definition zu notieren. In diesen Begriffen hat Burke überlebt, aber nur um

den Preis einer Trennung dieser Ideen von den übrigen seiner Darlegungen. Wir sehen ihn jetzt, betrachten wir ihn als Ganzes, als eine von vielen Mißverständnissen verkrüppelte Gestalt. Wir setzen seine Polemiken gegen den darauffolgenden »bekannten Gang«. Er scheint uns vielen Veränderungen gegenüber blind zu sein, die schon, als er schrieb, England verwandelten. Wie könnte er sonst, so fragen wir, in der Mitte einer sechzigjährigen Zeitspanne, in der 3209 Einfriedungsgesetze (Acts of Enclosure) traditionell öffentlichen Lands sich ereigneten, einen Satz wie diesen geschrieben haben?

Das Pachtrecht eines Kohlfeldes, die Jahresmiete eines Schuppens, die Kundschaft einer Bierkneipe oder eines Bäckerladens, ja der bloße Anschein eines Hauseigentums werden in unserem Parlament mit größeren Zeremonien behandelt als Du selbst und mit Dir die wertvollsten Landbesitztümer[16].

Von allen englischen Denkern hätte Burke am klarsten erkennen müssen, daß es sich bei den vier Millionen Morgen, die das Parlament durch Privatisierung aufteilte, um durch Steuern und Verordnungen zu Gemeineigentum gewordenes Land handelte. Das stellt keine Polemik gegen Burke dar, sondern ein Anzeichen für den Fluß der Geschichte und der Urteile. Die »organische Gesellschaft«, mit der Burkes Name assoziiert werden sollte, brach schon aufgrund neuer ökonomischer Kräfte unter seinen Augen auseinander; er protestierte dagegen an anderem Ort. Hier in seinem eigenen brillanten Scharfsinn das Epitaph zu seiner ganzen Polemik:

Weise Männer werden ihre Heilmittel auf die Laster selbst und nicht auf deren Namen anwenden, auf die beständigen Ursachen des Übels und nicht auf die zufälligen Organe, durch die sie wirken, oder deren transitorischen Erscheinungsformen. Sonst wirst Du allein für die Nachwelt ein Weiser, für die Praxis aber ein Tor sein. Selten eignet zwei Zeitaltern die gleiche Mode in ihren Vorwänden und die gleiche Art ihres Unglücks. Das Laster ist ein wenig erfinderischer... Es entfernt sich und setzt seine Zerstörungswerke fort, während Du seinen Leichnam an den Galgen bringst oder sein Grab verwüstest. Du terrorisierst Dich selbst mit Geistern und Erscheinungen, derweil Dein Haus Beute der Räuber ist[17].

Der Nachdruck dieser Einsicht unterstreicht noch die Ironie, wird sie auf Burke selbst angewandt.

Hier wird meiner Ansicht nach Cobbett bedeutsam. Er war hinreichend jünger als Burke, um nach Durchstehen der Napoleonischen Kriege und ihrer Folgen die Auswirkungen des ganzen Komplexes von Veränderungen, die wir die Industrielle Revolution nennen, auf Stadt und Land sehen zu können. Er besaß in nichts die Geistesgröße Burkes, doch, was in derart aufgewühlten Zeiten mindestens ebenso wichtig war, einen außerordentlich sicheren Instinkt. Zwischen Burke, dem Antijakobiner, und Cobbett, dem Radikalen, gibt es mehr Gemeinsamkeiten als oft vermutet wird. Sie besitzen die gleiche Arroganz, Unreife und den gleichen Hunger nach einer bestimmten Art von Menschen, die sie hassen konnten. Seiner instinktiven Sicherheit beraubt, stellt Cobbett großenteils die übelste Art des populären Journalisten dar. Seitdem hat es natürlich Tausende kleine, die Laster dieser Position imitierende Cobbetts gegeben, seine Tugenden aber fehlten ihnen. Diese Tatsache weist nicht nur auf die Kontinuität, sondern auch auf Cobbetts Qualität, denn sein sicherer Instinkt war nichts Zufälliges, sondern eine vitale und unbesiegbare echte Verkörperung von Wert.

»Weise Männer werden ihre Heilmittel auf die Laster selbst und nicht auf deren Namen anwenden« — das ist im wesentlichen Cobbetts Motto, und in diesen besonders verwirrenden Zeiten half ihm in seiner Weisheit seine relative Gleichgültigkeit Ideen gegenüber. Er konnte mit Burke wettern gegen

eine Menge schrecklicher Barbarei, wie sie bis zu Beginn der Französischen Revolution das Auge niemals gesehen, die Zunge niemals ausgesprochen oder die Vorstellung je ausgemalt hatte[18].

1800 konnte er sich selbst beim Verlassen der Vereinigten Staaten gratulieren — anläßlich seiner Rückkehr in die

Heimat, wo weder der Krebsschaden der *Demokratie* noch der *Rostfraß* des Föderalismus ihr korrumpierendes Werk betreiben[19].

Aber, als er Englands Zustand und an seinem Beispiel das Vermieten der Arbeitskraft der Armen sah, hat er seine Reaktion nicht auf irgendwelche vorgegebenen

Kategorien bezogen oder auf die Angst zurückgeführt, Namen zu nennen:

Wahrlich! Ihr mögt aufstampfen und Jakobiner und Gleichmacher schreien, solange es Euch beliebt. Ich möchte die armen Leute Englands wieder als die sehen, die sie waren, als ich geboren wurde; von dem Streben zur Verwirklichung dieses Wunsches wird mich nichts als der Mangel der Mittel abhalten[20].

Er sah und begriff die Veränderungen auf dem Lande:

Das Steuer- und Fundationssystem ... hat das reale Vermögen der Nation in immer weniger Hände gebracht, hat das Land und seine Bestellung zum Gegenstand der Spekulation werden lassen und in jedem Teil des Königreichs viele einzelne Bauernhöfe zu einem einzigen zusammengelegt. Es hat beinahe gänzlich den Stand der Kleinbauern ausgelöscht. Von einem Ende Englands zum anderen sieht man nun, wo einst die Häuser Kleinbauern und ihre glücklichen Familien beherbergten, diese Häuser zu Ruinen verfallen, alle Fenster außer ein oder zwei zerschlagen, gerade noch Licht genug für irgendeinen Arbeiter hindurchlassend, dessen Väter vielleicht einmal Kleinbauern waren, der rückwärts auf seine halbnackten und halbverhungerten Kinder sieht, während er von seiner Tür aus das Land umher überblickt, wie es von Luxusgütern seines äußerst wohlhabenden und übermächtigen Herrn strotzt... Wir kommen täglich dem Tag näher, an dem es nur noch zwei Klassen von Menschen geben wird: *Herren* und *servile Abhängige*[21].

Sein Hauptthema war:

Ein Arbeiter mit einer Frau und drei Kindern kann in England, obwohl er niemals auch nur einen Tag Arbeit versäumt, obwohl er und seine Familie ökonomisch, genügsam und fleißig im weitesten Sinne dieser drei Worte haushalten, durch seine Arbeit nicht einmal sich selbst mit einer einzigen Fleischmahlzeit über das ganze Jahr hindurch versorgen. Ist das ein Zustand, in dem der Arbeiter sich befinden sollte[22]?

Er stellte offensichtliche Prosperität der akuten Armut gegenüber:

Hier sind die Geldmittel! Hier ist Reichtum. Hier finden sich all die Mittel nationaler Macht und individueller Fülle und Glück! Aber dann am Ende dieser zehn schönen, mit allen Mitteln des verschwenderischen Luxus, der Nahrung und Kleidung ausgestatteten Meilen betraten wir die Stadt Coventry, die unter den *zwanzigtausend Einwohnern* zu dieser Zeit mehr als *achttausend elende Arme* beherbergte[23].

So steigerte sich die Anklage und wurde verallgemeinert:

England hat lange unter einem *kommerziellen System* gestöhnt, das das Unterdrückendste aller möglichen Systeme ist. Gleichzeitig aber bewirkt es auch eine ruhige, leise und Ersticken machende Unterdrückung, die abscheulicher als alle anderen ist[24].

Die Sprache von Cobbetts Sozialkritik ähnelt so stark späteren differenzierteren Kritiken, daß man leicht vergißt, von welcher Erfahrungsbasis aus er arbeitete und nach welchen Werten er urteilte. Er nannte das neue Klassensystem sehr bezeichnend »unnatürlich«. Bei einer Kontroverse beschuldigte er seinen Gegner des Versuchs,

das Verbindungsglied zwischen Arm und Reich zu zerschneiden. Sie wollen alle kleinen Händler ruinieren. Sie wollen das Gemeinwesen auf zwei Klassen reduzieren: *Herren* und *Sklaven*. ... Als es sich noch um eine Frage von *Herren* und *Menschen* handelte, war jeder an seinem Platz und alle waren frei. Jetzt aber geht es um die Frage: *Herren* und *Sklaven*...[25]

Die alten sozialen Bezüge in der produktiven Arbeit waren durch auf ihre »Hände« reduzierte Menschen ersetzt worden, die im Dienste der

Herren des Zwirns, den Beherrschern der Spinnmaschine, der großen Freisassen des Garns[26],

standen. Das neue Industriesystem war unnatürlich, und Cobbett sah »viel Unheil« durch solche Dinge, wie die neuen Eisenbahnen, entstehen:

Sie sind unnatürliche Ergebnisse, aus den Schätzen des unnatürlich in große Brocken zusammengezogenen Landes entstanden[27].

Unnatürlich, das wird ständig betont — das Wort ist der Schlußstein einer kontinuierlichen Tradition der Kritik an der neuen industriellen Zivilisation.

Cobbetts Reaktion bestand im wesentlichen aus zwei Momenten. Da ist die Reaktion des Bauern, die zu einer bedeutenden englischen Tradition wurde. Konfrontiert mit der neuen, industriellen Ökonomie und ihren Erzeugnissen sowie der Art der Bedürfnisbefriedigung, gab er ein Handbuch von dem England heraus, wie er es in seiner Erinnerung hatte:

Ökonomie im Bauernhaus: sie umfaßte Kenntnisse des Bierbrauens, des Brotbackens, des Haltens von Kühen, Schweinen, Bienen, Schafen, Ziegen, Geflügel und Kaninchen und anderer in der Lebensbewältigung einer Landarbeiterfamilie für nützlich erachteten Dinge.

Es war natürlich ein Zeichen der Zeit, daß so viele dieser Kenntnisse in gedruckter Form überliefert werden

sollten, aber das Buch stellt den Epitaph dieses Teils von Cobbetts positiver Reaktion dar. Er wollte vom heimatlichen Fleiß und den tradierten alltäglichen Fertigkeiten retten, was er nur konnte.
Aber es gibt auch Cobbetts andere Reaktion, die weit kontroverser war und es immer noch ist. Angesichts des Elends, das Englands Arme befallen hatte, stand Cobbett fest gegen jede Art von »Trost«. Er wollte nichts mit Wohlfahrtsunternehmen, der Verbreitung religiöser Traktate und selbst nichts mit der Art Volks-Erziehung, wie sie damals empfohlen wurde, zu tun haben:

Das »Trostspenden«-System impliziert notwendig *Eingreifen* auf der einen Seite und *Abhängigkeit* auf der anderen[28].

Er wollte keine Gewalttätigkeit, doch Widerstand erwartete er. Er erwartete und verfolgte mit Anteilnahme all die Anstrengungen der arbeitenden Armen, ihre Lage durch eigene Aktionen zu verbessern:

Ich wußte, daß all das Palaver in der Welt, alles Schmeicheln, Beschwatzen und Beten, daß all das Poltern und Drohen, daß alle Belehrungen der Traktatgesellschaften, daß das ins Gefängniswerfen, Peitschen und Einspannen vor Wagen und Karren — ich wußte, all dies würde den ehrlichen, sensiblen und fleißigen englischen Arbeiter nicht dazu überreden können, daß er kein *unantastbares Recht zu leben* besäße... Es gibt niemanden, keine teufelsähnliche Kreatur, die nicht die Destruktion des Eigentums, wie sie jetzt sich in den südlichen Landesteilen vollzieht, mit dem allergrößten Schmerz betrachten müßte. Aber ich bleibe dabei: es ist der strenge, natürliche Gang der Dinge, bei dem der Arbeiter und Produzent *nicht verhungern wird*[29].

Folglich opponierte er mit beträchtlichem persönlichen Risiko gegen jegliche Form staatlicher Repression.

Von ihnen [den Aufständischen] als einem organisierten Pöbelhaufen zu sprechen, der leicht von den Soldaten besiegt werden kann, wie es etwa die *Times* tat, und weiterhin zu sagen, es sei wünschenswert, daß dieser Geist sofort überall losbrechen möge, damit das Geschäft seiner Unterwerfung um so rascher erledigt sei, in dieser leichtfertigen und großtuerischen Weise daherzureden, ist die kühle Berechnung, Unzufriedenheit in Wut und Verzweiflung anschwellen zu lassen[30].

Er lehnte die orthodoxe Erklärung von Unruhen, als durch »Verschwörungen« und »Rädelsführer« verursacht, ab:

Dies ist ein Umstand, der die Verwaltung äußerst verwirren wird. Sie können keine *Rädelsführer* ausfindig machen. Es ist eine reine *Volksbewegung*[31].

Er verurteilte die Einrichtung der Combination Acts* als Waffe gegen die Gewerkschaftsbewegung:

> Als sich herausstellte, daß die Männer ihre Familien mit den Löhnen, die ihre reichen Herren ihnen zu geben für gut befanden, nicht anständig ernähren konnten und daß die Männer *nicht arbeiten* wollten und planten, sich zusammenzuschließen, um so für einige Zeit ohne Arbeit leben zu können, da wurde es für die zur Debatte stehenden Zwecke als notwendig erachtet, dieses Zusammenschließen als Verschwörung zu bezeichnen — es wurde weiter für notwendig gehalten, *die Gesetze* dermaßen zu *strapazieren*, daß man Männer dafür bestrafen konnte, weil sie forderten, was sie für den Wert ihrer Arbeit hielten[32].

Er sah Arbeit als den einzigen Besitz der Armen an und forderte dafür die gleichen Rechte wie sie für anderes Eigentum galten:

> Das Prinzip, auf dem jedes Eigentum beruht, ist: jeder hat das Recht, damit zu tun, was ihm beliebt. Er hat das Recht, es zu verkaufen oder es zu behalten. Er hat ein Recht zu verweigern, es mit allen zu teilen oder, will er es veräußern, auf dem Preis zu beharren, den zu fordern er für richtig hält. Ist das nicht der Fall, so hat er kein Eigentum[33].

Das Prinzip ist direkt aus dem individualistischen Denken des 18. Jahrhunderts abgeleitet. Aber bei seiner Ausweitung auf eine neue Art von Eigentum und damit auf eine ganze, neue Klasse bedrohte es die ökonomische Basis einer gerade auf diesem Prinzip aufgebauten Gesellschaft. Der neue Arbeitgeber beanspruchte sein Recht, mit dem Seinen so zu verfahren, wie er es wünschte. Cobbett beanspruchte im Namen des gleichen Prinzips dasselbe Recht für die Arbeiter.

So wie Cobbett das Entstehen der Klassenstruktur der neuen Gesellschaft gesehen hatte, so sah er auch die Klassenkonflikte als deren Konsequenz:

> Sie [die Arbeiter] schließen sich zusammen, um eine Lohnerhöhung durchzusetzen. Die Herren schließen sich gleichfalls zusammen — gegen sie. Eine Seite beklagt sich über die andere, aber beide erkennen nicht den *Grund* der Unruhe, und die Unruhe hält

---

* Anm. d. Übers.: In Deutschland auf der parteipolitischen Ebene — allerdings wesentlich später — mit den Sozialistengesetzen vergleichbar.

an. Die verschiedenen Zünfte schließen sich zusammen und nennen ihren Zusammenschluß A GENERAL UNION — eine Einheitsgewerkschaft. So wird eine Gesellschaftsklasse vereinigt, um Widerpart der anderen Klasse zu sein[34].

Cobbett sah dies aufgrund der von ihm formulierten und der von den Arbeitern selbst bestätigten Prinzipien als unausweichlich an. Er glaubte nicht, daß das Problem durch die Entwicklung einer besseren Haltung der Arbeitgeber ihren Arbeitern gegenüber gelöst werden könnte. Dies galt ihm als Bestand des »Trost-Systems« und wurde selbst von Sklavenhaltern ihren Sklaven gegenüber angewandt. Die Arbeiter würden keinen höheren Status als die Sklaven besitzen, wenn nicht die traditionellen Eigentumsrechte auch auf deren einziges Eigentum, ihre Arbeit, ausgedehnt werden würden. In diesem Sinne sollte die Arbeiterklasse ihre Lage einschätzen. So sagte er 1830 über die Ereignisse in Frankreich:

Mir ist die Revolution insbesondere deswegen willkommen, weil sie die Arbeiterklassen ihre reale Macht ebenso sehen läßt wie die, die sie verachten[35].

Cobbett hatte in der Tat die wesentliche Schwäche, den in den Theorien des ökonomischen Individualismus immanenten Widerspruch entdeckt. Etwas näher an der Wahrheit mag sogar sein, daß er über ihn gestolpert ist aufgrund des Zusammenkommens zweier Faktoren: seines Erbteils am 18. Jahrhundert und seiner Zuneigung zu den arbeitenden Armen durch Instinkt und Erfahrung. Er sah und begrüßte so das Entstehen der in ihren Kinderschuhen steckenden Arbeiterbewegung und wußte, daß sie durch Gesetze nicht zu besiegen sein würde:

Man rufe eher nach einem Gesetz, um solche unbequemen Ereignisse wie Sturmfluten zu verhüten[36].

Es liegt heute auf der Hand, daß seine Einschätzung dieser Position realistisch war, realistischer als die der Mehrzahl seiner Zeitgenossen.

Als Zentralpunkte der Kritik am neuen Industriesystem stellen sich Cobbett, der Landmann, mit seiner Vorliebe für eine andere Lebensart dar und Cobbett, der Tribun, der die sich entwickelnde Arbeiterbewegung ermutigt. In der Rolle des letzteren hat er zahllose Nachfolger gefunden und ist im Wechsel der Umstände auch ersetzt worden. In der Rolle des ersteren ist er unersetzbar geblieben: die *Rural Rides* und die in ihnen verkörperten Werte bilden immer noch einen Markstein. Bleiben noch zwei weitere Aspekte seiner Arbeit kurz zu erwähnen: der eine war zu erwarten, der andere ist ziemlich überraschend. Beim ersten handelt es sich um eine Einstellung zur Volks-Erziehung, die sehr der von Dickens in *Hard Times* proklamierten entspricht. Er glaubte, daß das Arbeitervolk aus politischen Gründen für seine Erziehungsbewegung selbst verantwortlich sein muß, denn jede andere Lösung wäre Bestandteil des »Trost-Systems«, der unaufhörlichen Überredung, doch »ruhig zu sein«. Dickens war hieran nicht interessiert, doch glaubte er wie Cobbett, daß ein von einer ganzen Lebensweise abstrahiertes Wissen in Formen gegossen, nach denen alle jungen Leben geformt werden sollten, inhuman und gefährlich war. Cobbett insistierte darauf, daß Lernen und Tun nicht voneinander getrennt werden dürften und daß eine gute Erziehung aus einer ganzen Lebensweise hervorgeht und für die Teilnahme an ihr vorbereite —, nicht aber, daß sie eine isolierte »buchgelehrte« Abstraktion sei. Diese Einstellung ist, obwohl mit ihr Mißbrauch getrieben wurde, richtig. Cobbett ist selbst oft einfach ein Philister. Denn genau die ökonomischen und sozialen Veränderungen, die Cobbett angriff, erzwangen eine Trennung von Lernen und anderen menschlichen Tätigkeiten. Die Kritik an der Trennung war wertvoll, aber sie hätte sorgfältiger, als Cobbett sie zu formulieren imstande war, vorgebracht werden müssen, statt in der negativen Sprache eines Vorurteils gegen »Buchgelehrsamkeit« in der positiven Forderung nach der Einheit menschlicher Tätigkeit. Wir werden die späteren Stadien dieses Arguments bei anderen Schriftstellern wiederfinden.

Der andere überraschende Aspekt von Cobbetts Werk ist seine Mitverantwortung für die in der Gesellschaftskritik des 18. Jahrhunderts so charakteristische Idealisierung des Mittelalters. Als literarische Bewegung wuchs die Vorliebe für das Mittelalter seit Mitte des 18. Jahrhunderts. Für Cobbett lag ihr wichtiger Aspekt in der Tatsache, daß sie Klöster als Beispiele für soziale Institutionen gebrauchte: das Bild des Arbeitens einer Gemeinschaft als willkommene Alternative zu den Ansprüchen des Individualismus. Burke betonte dies in den *Reflections*. Später sollten das auch Pugin, Carlyle, Ruskin und Morris explizit und mit großem Einfluß tun. Es erstaunt ein wenig, Cobbett in dieser Gesellschaft zu finden. Sein Maßstab war im allgemeinen »das England, in dem ich geboren wurde«. Indessen hat er nicht nur diese Ansicht herausgestellt, sondern war auch sehr stark für seine Verbreitung verantwortlich. Er las Lingards *History of England*, das Werk eines katholischen Gelehrten, und benutzte es mit einer kennzeichnenden Freiheit als Grundlage für seine *History of the Protestant Reformation*. Dieses Buch besaß für zeitgenössische Verhältnisse einen riesigen Verbreitungsgrad, und es muß für einige Zeit Tausende von Lesern gegeben haben, die dadurch mit diesen Ideen eher in Berührung gekommen waren als durch andere verläßlichere Quellen. Für Cobbett handelte es sich dabei, wie bei vielen anderen, um eine instinktive Vorliebe. Der gefühlsmäßige Grund dafür war einfach ein Zurückschrecken vor den sehr unterschiedlichen Ideen der im Aufstieg begriffenen Industrialisierung.

Bei Burke und Cobbett handelt es sich, verfolgt man einmal ihre Gedanken gründlich, um sehr verschiedene, beinahe antagonistische Gestalten. Burke lebte nicht lange genug, um ein Urteil über Cobbett abgeben zu können, doch hätte er wahrscheinlich Coleridges Eindruck von 1817 geteilt:

Ich hege den Cobbetts ... und all diesen Kreaturen — sowie den Anhängern von Fox, die die Schlangenbrut nährte —, gegenüber ein Gefühl, das in stärkerem Maße Haß ist, als ich jemals anderem Fleisch und Blut gegenüber hegte[37].

Der ebenso dogmatische Cobbett hat uns einen bezeichnend engstirnigen Bericht über Burke hinterlassen:

Wie amüsant ist es doch, die Welt disputieren und über die Motive, Prinzipien und Meinungen von *Burke* streiten zu hören. Er besaß bei Abfassung seines berühmten Werkes überhaupt keine eigenen Begriffe, Prinzipien, Meinungen ... Er war ein armer, bedürftiger Vasall eines Mannes, der mit Wahlstimmen Geschäfte machte, dem zu dienen und zu gefallen er schrieb, zu keinem anderen wie auch immer gearteten Zweck. ... Und doch, wie viele Leute lasen dieses Mannes Schriften, als wären sie seinem *eigenen Kopfe* entsprungen ...[38]

Die Namen von Burke und Cobbett zusammen zu nennen, ist indessen wichtig — nicht allein als Kontrast, sondern weil wir diese Tradition der Kritik an der neuen, industriellen Gesellschaft nur verstehen können, wenn wir begreifen, daß sie aus sehr unterschiedlichen und zeitweilig einander direkt widersprechenden Elementen gebildet wird. Das Wachsen der neuen Gesellschaft verwirrte sogar die besten Köpfe, so daß Positionen im Sinne der überkommenen Kategorien bezogen wurden, die dann unerwartete und sogar widersetzliche Implikationen bargen. Es gab eine Reihe von Überschneidungen selbst bei einander konträren Positionen, wie bei denen eines Cobbett oder Burke, und der anhaltende Angriff auf den Utilitarismus, der treibenden Philosophie des neuen Industrialismus, sollte noch viel mehr merkwürdige Verwandtschaften herstellen: Marx sollte zum Beispiel in seinen Frühschriften in einer Coleridge, Burke und — Cobbett sehr ähnlichen Sprache den Kapitalismus angreifen. Der Utilitarismus sollte selbst unvermutete Implikationen haben, und der Liberalismus sollte in eine Konfusion der Meinungen zerfallen. Nichts anderes würde man in den frühen Stadien einer so großen Veränderung erwarten. Die Anstrengung, welche die Menschen auf sich zu nehmen hatten, um zu verstehen und zu bestätigen, war in der Tat enorm. Und dieses Bemühen, durch Erfahrung zu lernen, ist für uns wichtig zu kennen. Wir können noch heute dankbar sein, daß es damals Männer von der Qualität Burkes und Cobbetts — bei allen ihren Unterschieden — gab, die zu lernen und zu berichten versuchten und die derart großartig mit aller Bestimmtheit sprachen bis zum Ende ihrer Kräfte.

2. Robert Southey und Robert Owen

Wenn Du vorschlägst, der Zivilisation ihre Vollendung dadurch zu geben, daß sie auf diejenigen Klassen, die durch die Institutionen dieser Gesellschaft brutalisiert worden sind, ausgedehnt wird, wird Dich die eine Hälfte der von Dir angesprochenen Leute fragen, wie soll das initiiert werden? und die andere Hälfte, wo wird das enden? Beides sind zweifelsohne schwerwiegende Fragen. Owen of Lanark würde natürlich beide beantworten[1].

Das ist Southey in seiner Gestalt des Montesinos aus den *Colloquies (Sir Thomas More: or, Colloquies on the Progress and Prospects of Society;* 1829). Der Kommentar skizziert uns den berühmten Mr. Owen of Lanark, der, anders als die Mehrheit seiner Zeitgenossen, die Ungleichheiten der neuen Gesellschaft erkannt hatte und dort Antworten gab, wo andere Fragen stellten: der dort Zuversicht anbot, wo andere Schwierigkeiten sahen, der durch praktische Erfolge unterstützte Pläne anbot, die klar zeigten, wo der Prozeß der Vollendung der Zivilisation beginnen müßte und wo er enden würde. Southey fügt hinzu:

Aber da er zu viel verspricht, wird kein Versuch gemacht zu überprüfen, was seine Pläne möglicherweise Gutes ausrichten könnten[2].

Es gibt vielleicht noch andere Gründe.

Southey fährt fort, Owen zu preisen und zu kritisieren. Er beschreibt ihn als »einen der drei Männer, die in dieser Generation der moralisch denkenden Welt einen Impuls gegeben haben« und fährt fort:

Clarkson und Dr. Bell sind die beiden anderen. Sie haben erste Erfolge gesehen. Das hätte Owen, wie ich meine, schon früher, hätte er nicht den besseren Teil der Nation in Alarm versetzt, indem er Meinungen zum folgenschwersten aller Themen verbreitete, die sich gleichermaßen verheerend für das Glück des einzelnen wie für das Wohl der Allgemeinheit auswirkten. Trotz allem bewundere ich diesen Mann. ... Ein Phrenologe, wage ich zu behaupten, würde verkünden, daß in Owens Kopf das Organ der Gottergebenheit fehlte, da das der Güte so groß entwickelt war, daß dafür kein Platz mehr übrig blieb[3].

Southey hat mit seiner Behauptung recht, daß Owens 1817 begonnene Angriffe auf die Religion — wie er selbst sehr wohl wußte — zu einer radikalen Umgestaltung seiner Ansichten führten und daß sie gerade den in früheren Zeiten vorbereiteten Erfolg, ein aktives Wohlfahrtssystem übertriebener Art, verhinderten. Aber der heute als einer der Begründer des englischen Sozialismus und der Genossenschafts-Bewegung geltende Mann ist einer eingehenderen Analyse als der eines Phrenologen würdig. Es gab noch andere Organe nicht nur in Owens Körper, sondern in der Gesellschaft, die seinen tatsächlichen Weg bestimmten.

Aus der Retrospektive gesehen, stehen Southey und Owen ebenso weit voneinander entfernt wie Burke und Cobbett in offensichtlichen Grundsatzfragen. Dabei scheint uns Southey die farblosere Gestalt zu sein: ein Lebenswerk, verdünnt zu einigen wenigen Anthologie-Gedichten und für die Ewigkeit durch Byrons *Vision of Judgement* abgefaßt:

> He said — (I only give the heads) — he said,
> He meant no harm in scribbling; 'twas is way
> Upon all topics; 'twas, besides, his bread,
> Of which he butter'd both sides; 'twould delay
> Too long the assembly (he was pleased to dread)
> And take up rather more time than a day,
> To name his works — he would but cite a few —
> 'Wat Tyler' — 'Rhymes on Blenheim' — Waterloo'[4].

In diesen wie in hundert schwächeren Passagen war Southey Zielscheibe des Spottes als Überläufer und als Reaktionär — aber eine Karikatur erfaßt kein Leben und an Southey ist mehr als nur dies, ebenso wie an Byron und Shelley mehr ist als (in Southeys Sprache) ihre Mitgliedschaft in »der Schule des Satans«. Zumindest in seinem sozialen Denken ist Southey eine einflußreiche, wenn auch nicht anerkannte Gestalt. Sein Lob Owens erinnert uns an die Komplexität dieser schwierigen Zeit. Cobbett verhöhnte Owens »Parallelogramme der Armen«, Southey schätzte sie mit vielen anderen der neuen Generation von englischen Industriearbeitern. In einer Bewegung wie der des Christlichen Sozialismus kann Southeys wie Owens Einfluß deutlich unterschieden werden. Owen führte in seiner Haupttendenz zum Sozialismus und zu den Genossenschaften; Southey zusammen mit Burke und Coleridge zum neuen Konservativismus. Darüberhinaus spielte Southey im letzteren nicht die geringste Rolle. So erklärte zum Beispiel Smythe die *Colloquies* als eine Hauptquelle für die Ideen des Jungen England und nannte Southey »den wirklichen Begründer der Bewegung«[5]. Das von Southey Gesagte hätte ebenso von vielen seiner Generation und selbst von seinen Gegnern gesagt werden können:

Das große Übel liegt im Zustand der Armen, der uns ständig dem Schrecken eines *bellum servile* aussetzt und der früher oder später auch, falls er nicht geheilt wird, in einem solchen enden wird[6].

Die *Colloquies* bleiben sein wichtigstes Werk auf diesem Gebiet, aber schon 1807 drang er in den *Letters from England by Don Manuel Alvarez Espriella* zu der Art von Kritik am neuen Manufaktur-System vor, die später für eine Reihe von Schulen axiomatisch wurde, und die beinahe identisch mit den späteren Beobachtungen Owens ist. In diesem wesentlichen Punkt änderte er seine Ansichten nicht, und die *Colloquies* stellen nur eine von vielen Tausenden übernommene, ausführliche Darstellung einer Position dar. In den *Colloquies* läßt er Sir Thomas More fragen: »Kann eine Nation zu wohlhabend sein?« Southey antwortet in der Gestalt Montesinos':

Ich kann diese Frage ohne die Einführung einer Untersuchung des Verhältnisses von Volk und Staat nicht beantworten. Ein Staat kann nicht mehr Reichtum zu seiner Verfügung haben als für das Wohl der Allgemeinheit gebraucht werden kann. Eine liberale Ausgabenpolitik für nationale Aufgaben stellt eines der sichersten Mittel zur Erreichung nationaler Prosperität dar; die positiven Folgen werden aber noch offensichtlicher, wenn die Ausgaben für nationale Verbesserungen verwandt werden. Aber ein Volk kann zu wohlhabend sein, denn es ist die Tendenz des kommerziellen oder genauer des Manufaktur-Systems, Reichtum eher zu horten als zu verstreuen. ... Große Kapitalisten werden zum Hecht im Karpfenteich, der die schwächeren Fische verschlingt. Auch ist es nur zu offensichtlich, daß die Armut von einem Teil des Volkes in gleichem Maße den Reichtum des anderen zu erhöhen scheint[7].

Wo die natürlichen Tätigkeiten des Handels insgesamt wohltuend wirken und Nationen und Menschen miteinander verbinden, da besitzt das Manufaktur-System in der Tendenz geradezu entgegengesetzte Wirkung:

Der unmittelbare und hier zu beobachtende Effekt des Manufaktur-Systems, so wie es heute in großem Maßstab betrieben wird, besteht in der Hervorbringung physischen und moralischen Übels in demselben Maße, wie es Reichtum schafft[8].

Die Menschen werden auf Maschinen reduziert, und

derjenige, der am Anfang seiner Karriere seine Mitmenschen als körperliche Maschinen zur Produktion von Reichtum benutzt, wird nicht selten am Ende selbst ein Intellektueller, der immer stärker mit dem befaßt ist, dessen sich zu erfreuen für ihn unmöglich ist[9].

Inzwischen

stehen die neuen Hütten der Manufakturarbeiter ... nach dem Manufakturmuster erbaut ... kahl in einer Reihe. Wie kommt es, frage ich, daß alles, was mit Manufakturen zu tun hat, sich in derart unqualifizierter Häßlichkeit zeigt? ... Die Zeit kann das kaum mildern, die Natur wird sie weder kleiden noch sie verbergen, und sie werden stets für Auge und Sinne eine Beleidigung bleiben[10].

Die Punkte seiner gerafften Anklage und bestimmte aktuelle Wendungen werden viele, die Southey lediglich als »Renegaten« kennen, als vertraut wiedererkennen. Sie gehört zu den frühesten, allgemeinen Urteilen dieser Art.

Das Affirmative ist ebenso charakteristisch für Southey wie sein Verurteilen und stellt wiederum ein sehr frühes Beispiel für eine bald allgemein eingenommene Haltung dar. Die Kontrastierung mit der mittelalterlichen Gesellschaft gehört zu ihren Elementen, wenn sie auch nicht sonderlich akzentuiert wurde. Die ganze Anlage der *Colloquies* — durch More die neue Gesellschaft in Frage zu stellen — bezeugt eine bewußte Fortführung der ersten Phase der humanistischen Herausforderung, in der viele Ideen, die nun in der Bedeutung von »culture« konzentriert sind, ursprünglich niedergelegt worden sind. Southey handelt von diesem historischen Gegensatz in dem folgenden Kommentar von More:

Durch den gesamten kommerziellen Teil der Gemeinschaft hindurch ist ein jeder bestrebt, so billig wie möglich zu kaufen und so teuer wie möglich zu verkaufen, ohne daß auch nur einer auf eine Gleichheit achtet. So schlecht wie die feudalistischen Zeiten auch waren, sie waren für die Gefühle der Freundlichkeit und der Großmut der menschlichen Natur weniger verderblich als diese kommerziellen Zeiten[11].

Der Kommentar weist auch ein zentrales Kennzeichen von Southeys Haltung auf — ein Kennzeichen, das ihn fest mit der Stellung Owens verbindet. Bei der Kritik der orthodoxen politischen Ökonomie aufgrund ihres Ausschlusses von moralischen Überlegungen, fügt Montesinos hinzu:

die Ursache aller unserer Schwierigkeiten ... ist nicht die Konstitution der Gesellschaft, sondern die menschliche Natur[12].

Dazu komplementär insistiert Southey auf den positiven Funktionen einer Regierung:

Es kann keine Gesundheit, keine Solidarität in einem Staate geben, bevor nicht seine Regierung die moralische Besserung des Volkes als seine vordringlichste Pflicht ansieht. Für die Armen und Reichen ist das gleiche Heilmittel notwendig. ... Einige freiwillige Schiffsbrüchige wird es zu allen Zeiten geben, die keine treusorgende Freundlichkeit oder elterliche Fürsorge von ihrer perversen Selbstzerstörung abhalten kann; wenn aber irgend jemand aufgrund fehlender Sorgfalt oder Pflege (culture) verloren geht, dann herrscht die Sünde der Unterlassung in der Gesellschaft, zu der er gehört[13].

Das Wort *culture* zeigt hier die Linie an, die so extensiv fortgesetzt werden sollte: das Aufstellen der Idee einer aktiven und verantwortlichen Regierung, deren oberste Pflicht es war, im Gegensatz zu dem *laissez-faire* der politischen Ökonomen, die allgemeine Gesundheit der Gesellschaft zu fördern. Diese Idee wurde, wie es Gewohnheit werden sollte, mit einer gewissen Achtung vor dem »Gefühl« verbunden. — Mores Kommentar zu dem Aufstieg der neuen Gesellschaft lautete wie der Burkes:

Hinein kam das Kalkulieren, hinaus ging das Gefühl[14].

Southey brachte auch eine Ansicht über die humanisierenden Wirkungen der Literatur vor, die der Autor von *Utopia* erkannt haben würde. In Antwort auf Mores große Verurteilung der Sündhaftigkeit der Nation antwortet Montesinos:

Es kann Hoffnung aus den humanisierenden Wirkungen der Literatur geschöpft werden, die jetzt erst in allen Städten sich zu regen beginnt[15].

All dies wird von Southey sehr früh innerhalb dessen, was später eine Tradition des 19. Jahrhunderts genannt werden sollte, vorgebracht.

Southeys detaillierte Reformvorschläge sind nur von geringem Interesse, verglichen mit seiner allgemeinen affirmativen Haltung: sie schließen geplante Kolonisierung, eine verbesserte Kirchenordnung, eine effektivere Polizei, ein nationales Erziehungssystem, universale religiöse Belehrung, Sparkassen ein, und schließlich

werden vielleicht durch die Errichtung von Kommunen nach den Vorstellungen von Owen unter ihnen selbst die Bequemlichkeiten der Arbeiterklassen vergrößert und ihr Wohlstand sichergestellt, wenn ihnen nicht Klugheit und gutes Benehmen selbst abgehen[16].

Das ist das bekannte väterliche Programm, aber Owen — und das muß jetzt betont werden — wird zu Recht in diesem Kontext gesehen. Southey schließt mit einem Fragenaustausch zwischen Montesinos und More:

Montesinos: Sie wollten mir also verständlich machen, daß wir in unseren Entdeckungen in Chemie und Mechanik schneller vorangeschritten sind, als es der wahren Wohlfahrt der Gesellschaft zuträglich ist.
More: Man kann in ihnen nicht zu schnell voranschreiten, solange die moralische Kultur (culture) der Spezie mit dem Anwachsen ihrer materiellen Macht Schritt hält. Hat es sich so verhalten[17]?

Man kann in ihnen nicht zu schnell voranschreiten: das würde ganz gewiß für Owen verständlich sein. Das wahrhaft Originelle, Owens Werk Wert Verschaffende ist, daß er die durch die Industrielle Revolution immens gewachsene Macht akzeptiert und gerade in diesem Machtzuwachs die Möglichkeit einer neuen, moralischen Welt erblickt. Er ist der erfolgreiche Fabrikant und kein Gelehrter oder Dichter. Sein Temperament und seine Persönlichkeit teilt er mit den neuen Industriellen, die England transformierten, doch seine Vision der Transformation war human und materialistisch in eins. So wie die neue Generation von Fabrikanten ihre Arbeitsstätten für Produktion oder Profit organisieren wollten, so wollte er England für das Glück organisieren. Er ist strikt paternalistisch und im wesentlichen autoritär wie ein Tory-Reformer der Art Southeys, aber er akzeptiert ohne Doppelsinn die Vermehrung des Reichtums als Mittel der Kultur.

Owens *Observations on the Effect of the Manufacturing System* von 1815 bieten die inzwischen vertraute allgemeine Beurteilung an:

Die allgemeine Verwirrung der Manufakturen im ganzen Land bringt einen neuen Charakter bei seinen Bewohnern hervor. Da dieser Charakter auf einem dem individuellen wie dem allgemeinen Glück gänzlich zuwiderlaufenden Prinzip beruht, wird er, wenn seiner Tendenz nicht durch Eingreifen und Steuerung der Legislative entgegengearbeitet wird, die beklagenswertesten, permanenten Übel hervorrufen. Das Manufaktursystem hat seinen Einfluß schon so weit auf das Britische Empire ausgedehnt, daß es eine wesentliche Veränderung im allgemeinen Charakter der Masse des Volkes bewirkt hat. Diese Veränderung schreitet immer noch rapide voran, und binnen kurzem wird die relative Zufriedenheit des Bauern gänzlich unter uns abhanden gekommen sein. Sie kann schon heute ohne Beimischung der Abkömmlinge von Handel, Manufakturen und Verkehr kaum noch gefunden werden[18].

Owen hält es so bei der Wahrnehmung der »Ursachen für all unsere Schwierigkeiten« in der »Konstitution der Gesellschaft« und nicht in der menschlichen Natur mit Southey und nicht mit den politischen Ökonomen. Weiterhin stellt er mit einer bisher nicht erreichten Klarheit die beiden Positionen auf, die seitdem weithin bekräftigt worden sind:

1. daß eine Veränderung in den Produktionsverhältnissen eine wesentliche Veränderung bei den menschlichen Produzenten bewirkt und,
2. daß die Industrielle Revolution diese große Veränderung darstellt und daß sie dem Wesen nach eine neue Art von Mensch produziert.

Natürlich kritisiert er die Veränderung:

Alle Bindungen zwischen Arbeitgeber und Arbeitnehmern werden auf die Überlegung reduziert, welchen unmittelbaren Vorteil ein jeder von dem anderen erlangen kann. Der Arbeitgeber betrachtet die Arbeitnehmer als bloße Instrumente für seinen Gewinn, während diese eine ungeheure Wildheit des Charakters annehmen, die, falls nicht wohlüberlegte legislative Maßnahmen ergriffen werden, um dessen Anwachsen zu verhüten, und die Bedingungen dieser Klasse verbessert werden, früher oder später das Land in einen beträchtlichen und eventuell unauflösbaren Gefahrenzustand werfen wird[19].

Die Wahl, die Owen sieht, ist die zwischen Anarchie und der neuen moralischen Welt.
So wie es sich Owen darstellte, war das eine Frage des »social engineering«: diese Redewendung gibt exakt die richtige Betonung. Sein Grundprinzip drückte er folgendermaßen aus:

Bei Anwendung der richtigen Mittel kann jeder beliebige Charakter — der beste oder schlechteste, der unwissendste oder aufgeklärteste jeder Gemeinschaft oder selbst der Welt insgesamt gegeben werden. Diese Mittel stehen zumeist denen, die Einfluß auf menschliche Angelegenheiten nehmen, zur Verfügung und sie haben sie unter Kontrolle[20].

Zeitweilig, und das kommt insbesondere in seinen ganz frühen Schriften vor, erhebt er sich in der Formulierung dieses Prinzips nicht über die Sprache des platten Rationalismus, die man immer noch in Diskussionen über Industriefragen antrifft.

Was mag man, wenn man schon dank der Wartung Eurer unbelebten Maschinen so wohltuende Ergebnisse erzielen kann, nicht alles von Euren lebenden Maschinen erwarten, wenn Ihr ihnen nur gleiche Aufmerksamkeit widmet, wo sie doch weitaus wundervoller konstruiert sind? Wenn Ihr nur das richtige Wissen von ihnen und ihrem eigenartigen Mechanismus, von ihren sich selbst anpassenden Kräften erwerben würdet, wenn die richtige Haupttriebfeder mit ihren verschiedenen Bewegungen verbunden sein wird, dann werdet Ihr ein Bewußtsein von ihrem wirklichen Wert erhalten. ... Der feinere und komplexere Lebensmechanismus würde gleichermaßen durch Kraft- und Aktivitätstraining verbessert werden... Es würde ferner wahrhaft ökonomisch sein, ihn sauber und rein zu halten, ihn mit Freundlichkeit zu behandeln, damit seine geistigen Bewegungen nicht zu irritierende Reibungen erfahren müssen. ... Auf Grund von Erfahrung, die mich nicht täuschen kann, wage ich Ihnen zu versichern, daß nach Maßstab eines wahren Wissens vom Gegenstand, Ihre Zeit und Ihr Geld auf diese Weise investiert, nicht mit fünf-, zehn- oder fünfzehnprozentigem Gewinn, sondern häufig mit fünfzig und in vielen Fällen sogar mit 100% Gewinn zurückkommen wird[21].

Diesem Element Owens gegenüber enthüllt sich der plumpe Skeptizismus von Cobbett als eine weit überlegene menschliche Veredelung.

Doch wird Owens Geist bei seiner Niederlage solchem Argumentieren gegenüber insgesamt nicht angemessen dargestellt. Die Kinder-Schulen von New Lanark waren schon in ihren Erziehungstechniken originär, aber weit befruchtender waren sie in ihrer Menschlichkeit und Freundlichkeit. Wenn Owen davon sprach, menschliches Glück zu schaffen, so diente er keiner Abstraktion, sondern einer tätigen und tief beeindruckenden Erfahrung. Seine Errichtung der auf den Seiten 186—196 seiner Biographie eindrucksvoll beschriebenen Schulen gehört zu den großen persönlichen Errungenschaften des Jahrhunderts:

Die Kinder wurden ohne Bestrafung oder der Furcht vor ihr geschult und erzogen und waren während ihrer Schulzeit die glücklichsten Menschen, die ich je gesehen habe. ... Die menschliche Natur, ihre Fähigkeiten und Kräfte müssen noch von der Welt erkannt werden[22].

Das ganze Unternehmen bei New Lanark ist in der Tat eine so große positive menschliche Errungenschaft, daß es geradezu unglaublich erscheinen mußte, daß es in den Jahren zwischen den Ludditen und Peterloo so etwas geben konnte. Owens Erfahrung bleibt selbst stets beeindruckend — sie ist die gelebte Qualität seiner neuen Sicht der Gesellschaft:

Ich hatte gänzlich genug von Partnern, die nur darauf abgerichtet waren, billig zu kaufen und teuer zu verkaufen. Diese Beschäftigung verdirbt, ja zerstört oft die feinsten und besten Eigenschaften unserer Natur. Aufgrund der Erfahrung eines langen Lebens, in dem ich durch alle Abstufungen des Gewerbes, der Manufakturen und des Handels gekommen bin, bin ich durch und durch davon überzeugt, daß in diesem gänzlich selbstsüchtigen System kein höherer Charakter gebildet werden kann. Wahrheit, Ehrlichkeit und Tugend werden, wie sie es heute sind und wie sie es immer gewesen sind, bloße Namen sein. Unter diesem System kann es keine wahre Zivilisation geben, denn sie werden durch den anerzogenen Widerspruch ihrer Interessen von der Gesellschaft angehalten, Widerstand zu leisten und oft einander zugrunde zu richten. Dies ist eine niedrige, vulgäre, ignorante und schlechte Weise, die Angelegenheiten einer Gesellschaft zu regeln. Von ihr kann solange keine dauerhafte, allgemeine und substantielle Verbesserung ausgehen, als sie nicht von einer höheren Art, Charakter zu bilden und Wohlstand zu schaffen, aufgehoben worden ist[23].

Hazlitt hatte als erster gesagt, was andere mit oder ohne Anerkennung wiederholten, daß Owen »von einer Idee besessen war«. Dazu sagt Owen selbst nur:

Hätte er gesagt, daß mich nur ein fundamentales Prinzip sowie seine praktischen Konsequenzen beschäftigten, so wäre er der Wahrheit näher gekommen. Denn statt der Erkenntnis, daß »der Charakter eines Mannes, *für* und nicht *durch* ihn geformt wird« indem er »eine Idee« lebt, — so wird man sehen, daß er vielmehr befähigt ist, sich, wie das kleine Senfkorn, den Geist mit neuen und wahren Ideen zu füllen, die in ihren Konsequenzen alle ihnen entgegengesetzten Ideen verdrängen können[24].

Owens Ton ist häufig messianisch und wird in den späteren Jahren bei praktischen Enttäuschungen schrill. Doch hat es sich erwiesen, daß die »eine Idee« mit ihrer grundlegenden Hoffnung geeignet war, den Geist Englands zu erfüllen. Einerseits verschmolz Owens Idee von einer neuen moralischen Welt, die durch eine aktive Regierung und ein nationales Erziehungssystem geschaffen werden sollte, bezeichnenderweise mit der im Laufe des Jahrhunderts an Stärke und Anhängerschaft zunehmenden Idee einer positiven Kultur. Andererseits nahmen es die nachfolgenden Generationen der in der Industrie arbeitenden Leute unter Vernachlässigung des paternalistischen Prinzips auf sich, Owens »fundamentales Prinzip und seine praktischen Konsequenzen« zu verwirklichen. Wir brauchen eigentlich nur als dafür charakteristische Fußnote eine Frage und Antwort aus Owens *Catechism of the New View of Society* von 1817 anzufügen:

F: Muß man nicht befürchten, daß solche Arrangements wie die, über die Sie nachdenken, eine dumpfe Eintönigkeit des Charakters und die Unterdrückung des Genies bewirken würden sowie die Welt ohne Hoffnung auf eine zukünftige Verbesserung ließen?

A: Mir scheint gerade das Gegenteil einzutreten... Man kann sich kaum mit unseren gegenwärtigen Vorstellungen ausmalen, was nicht alles von so trainierten und in einer solchen Umgebung lebenden Menschen bewerkstelligt werden könnte. ... Nur wenn die, die jetzige Gesellschaft umfassende Düsternis bis zu einem gewissen Grade entfernt ist, ...kann überhaupt erst ein Teil der Wohltat erkannt werden[25].

Die teilweise überzeugende Antwort ist von einer Idee her abgefaßt, die Owen in dieser Tradition berühmt machen sollte: daß die menschliche Natur selbst Produkt einer »ganzen Lebensweise« einer »Kultur« ist.

Kapitel II

Der romantische Künstler

Es gab nur wenige fruchtbare Schriftstellergenerationen, die sich intensiver mit der Beurteilung und Kritik der Gesellschaft ihrer Zeit befaßten und in ihr selbst eine aktive Rolle spielten, als die Blakes, Wordsworth', Shelleys und Keats'. Diese offensichtliche und leicht zu bestätigende Tatsache steht jedoch in einem peinlichen Mißverhältnis zu jener populären und vorherrschenden Auffassung vom romantischen Künstler unserer Zeit, die — paradoxerweise — primär aus Untersuchungen über eben diese Dichter abgeleitet wurde. Nach dieser Konzeption nimmt der Dichter, der Künstler an der rohen Weltlichkeit und dem Materialismus der Politik und den sozialen Belangen von Natur aus keinen Anteil. Er widmet sich vielmehr wesentlichen Bereichen der Naturschönheit und den subjektiven Empfindungen. Die Grundzüge dieser Paradoxie lassen sich im Werk derselben romantischen Künstler sichtbar machen. Dabei stellt aber der angenommene Gegensatz zwischen einem Interesse am Naturschönen und einem an dem Staat oder dem zwischen subjektiver Empfindung und der menschlichen Natur als gesellschaftlichem Wesen insgesamt eine spätere Entwicklung dar. Was am Ende des 19. Jahrhunderts als unvereinbare Interessen angesehen wurde, zwischen denen ein Mensch wählen muß, um sich in der Wahl selbst zum Dichter oder Soziologen zu erklären, wurde zu Beginn jenes Jahrhunderts als ineinandergreifende Interessen betrachtet: ein Urteil über eine subjektive Empfindung wurde zu einem über die Gesellschaft und eine Beobachtung über Naturschönheit beinhaltete einen notwendigen moralischen Bezug zum ganzen, eine Einheit bildenden Menschenleben. Die spätere Dissoziation dieser Interessen verhindert es sicherlich, daß wir die ganze Bedeutung dieser bemerkenswerten Periode sehen, doch müssen wir hinzufügen, daß diese Dissoziation selbst zum Teil ein Produkt des spezifischen Charakters des romantischen Strebens ist. Wir können heute als eine Art Schutz gegen die Spuren der Dissoziation mit Erfolg daran erinnern, daß Wordsworth politische Pamphlete schrieb, daß Blake, ein Freund von Tom Paine, wegen Aufruhrs verhört wurde, daß Coleridge sich als politischer Journalist und Sozialphilosoph betätigte, ferner daß Shelley in den Straßen Flugblätter verteilte, daß Southey regelmäßig politische Kommentare verfaßte, daß Byron bei den Weberaufständen als Redner auftrat und als Freiwilliger in einem politischen Krieg starb. Darüber hinaus erhellt die Lyrik aller dieser Männer: ihre politische Aktivitäten waren für sie weder nebensächlich noch rein zufällig. Sie standen vielmehr in einer wesentlichen Beziehung zu einem Großteil der Erfahrungen, aus denen die Dichtung selbst entstand. Überdies finden wir eine solche Fülle von Aktivitäten nur dann überraschend, wenn wir vom Vorurteil der Dissoziation der Interessen geblendet sind. Denn diese beiden Dichtergenerationen lebten in der entscheidenden Periode, in der das gleichzeitige Aufkommen von Demokratie und Industrialisierung qualitative Veränderungen der Gesellschaft bewirkten: Veränderungen, deren Natur der einzelne wie die Allgemeinheit spürten. Im Jahr der Französischen Revolution waren Blake 32, Wordsworth 19, Coleridge 17 und Southey 15 Jahre alt. Im Jahr von Peterloo waren Byron 31, Shelley 27 und Keats 24 Jahre alt. Diese Daten stellen eine hinreichende Erinnerungshilfe an eine Epoche politischer Unruhe und Auseinandersetzungen dar, die es sogar dem Unsensibelsten schwierig machte, unbeteiligt zu bleiben. Von den langsameren, umfassenderen und schwieriger zu beobachtenden Veränderungen, die wir insgesamt die Industrielle Revolution nennen, sind die Marksteine schlechter sichtbar; doch gilt die Lebenszeit Blakes (1757 bis 1827) allgemein als die entscheidende Periode. Die Veränderungen, die wir nur aus Berichten kennen, wurden in diesen Jahren sinnlich erfahren: mit Hunger, Leiden, Konflikt und Entwurzelung, — mit Hoffnung, Energie, Weitsicht und Hingabe. Die veränderte Struktur erschien keineswegs als Hintergrund, als die wir sie zu studieren heute geneigt sein mögen —, sie war viel-

mehr die Form, in die die allgemeine Erfahrung gegossen wurde.
Man kann aus den Schriften dieser Dichter einen politischen Kommentar abstrahieren, aber das ist nicht sonderlich wichtig. Interessant ist jedoch, daß sich Wordsworth', Coleridges und Southeys graduell unterschiedlicher revolutionärer Eifer ihrer Jugend zu unterschiedlichen Graden eines Konservativismus Burkescher Prägung in ihrer Reifezeit entwickelt. Eine Unterscheidung zwischen den revolutionären Grundsätzen Shelleys und dem feinen, den freien Willen betonenden Opportunismus Byrons ist sinnvoll. Angebracht ist auch die Erinnerung, daß Blake und Keats in ihrer Bedeutung nicht zu irgendwelcher idealistischen Vagheit abgeschwächt werden dürfen, sondern daß sie als Menschen und Dichter leidenschaftlich in die Tragödie ihrer Zeit verstrickt waren. Jedoch ist heute in jedem Falle die politische Kritik weniger interessant als die umfassendere Sozialkritik: jene ersten Auffassungen über die Signifikanz der Industriellen Revolution, die alle fühlten und niemand widerrief. Darüberhinaus gibt es noch eine weitere Erwiderung, die als Hauptwurzel der Kulturidee gelten kann. Genau zu jener Zeit des politischen, sozialen und wirtschaftlichen Wandels findet auch eine radikale Veränderung in den Auffassungen über Kunst, die Künstler und ihren Platz in der Gesellschaft statt. Diese signifikante Veränderung möchte ich erläutern.
Hierfür gibt es fünf charakteristische Merkmale: erstens unterliegt die Art der Beziehung zwischen dem Schriftsteller und seinem Leser einer tiefgreifenden Veränderung; zweitens wird dem »Publikum« gegenüber eine andere Haltung üblich; drittens wird allmählich die künstlerische Produktion als eine spezialisierte Produktionsweise neben anderen angesehen, die unter denselben Bedingungen steht wie die Produktion im allgemeinen; viertens gewinnt die Theorie von der »überlegenen Wirklichkeit der Kunst«, Schauplatz einer imaginativen Wahrheit, wachsendes Ansehen; fünftens wird die Vorstellung vom Schriftsteller als unabhängig schaffendem, autonomen Genie beinahe zur Regel. Bei der Nennung dieser Gesichtspunkte muß notwen-

dig hinzugefügt werden, daß sie sehr eng miteinander verbunden sind und daß einige als Ursachen, andere als Wirkungen genannt werden könnten, wäre nicht durch die Komplexität des historischen Prozesses eine klare Trennung unmöglich.

Der erste Punkt ist offensichtlich sehr bedeutend. Mit dem dritten und vierten Jahrzehnt des 18. Jahrhunderts beginnend, war ein großes mittelständisches Lesepublikum herangewachsen; sein Anwachsen korrespondiert eng mit dem Aufstieg dieser Klasse zu Macht und Einfluß. Ergebnis dieser Entwicklung war der Übergang vom Patronage-System zum Subskriptionsverlag und dann der zum modernen allgemeinen Handelsverlag. Dies zog die Schriftsteller auf verschiedene Weise in Mitleidenschaft. Für den Sozialstatus und die Unabhängigkeit der Erfolgreichen war es ein Vorteil — der Schriftsteller wurde zum erfahrenen Profi. Aber die Veränderung brachte auch den »Markt« als die Weise seiner tatsächlichen Beziehungen zur Gesellschaft mit sich. Unter dem Mäzenatentum hatte der Schriftsteller zumindest eine direkte Beziehung zu einem unmittelbaren Kreis von Lesern, von denen er — entweder aus Klugheit oder freiwillig — Kritik als Zeichen der Gunst annahm, um gelegentlich auch danach zu handeln. Dieses System gab dem Schriftsteller, so kann wohl zu Recht gesagt werden, eine relevantere Freiheit als das darauf folgende. Gegen die Abhängigkeit, die gelegentliche Unterwürfigkeit und die Unterordnung unter die Kaprizen des Mäzens mußte in jedem Fall der Akt des Schreibens zumindest auf den Teil der Gesellschaft, den der Autor persönlich kannte, direkt bezogen werden und ebenso die Empfindung, daß, wenn die Beziehungen erfolgreich waren, er »dazugehörte«. Andererseits mußten gegen die durch den Markterfolg bedingte Unabhängigkeit und den gehobenen Status ähnliche Verpflichtungen und Kaprizen zu gefallen eingesetzt werden. Jetzt aber nicht mehr persönlich bekannten Individuen gegenüber, sondern der Arbeit einer weithin unpersönlich erscheinenden Institution gegenüber. Das Anwachsen des Literaturmarkts, der die Beziehungen eines Schriftstellers zu seinem Publikum typisch gestaltet, war für viele fundamentale

Verhaltensänderungen verantwortlich. Doch muß hinzugefügt werden, daß solch ein Wachstum sowohl im tatsächlichen Verlauf als auch in den Ergebnissen immer unterschiedlich verläuft. Vielleicht ist der Markt auch erst in unserem Jahrhundert so universal, ja beinahe alles beherrschend, geworden. Mit Beginn des 19. Jahrhunderts war die Institution etabliert, sie wurde jedoch durch das Überleben vieler früherer Traditionen modifiziert. Die wichtigen Reaktionen erfolgten darauf jedoch schon damals.

Eine solche Reaktion wird offensichtlich im zweiten Punkt genannt: die Entstehung eines anderen Verhaltens gegenüber der »Öffentlichkeit«. Schriftsteller hatten natürlich schon vorher oft ein Gefühl der Unzufriedenheit mit der Öffentlichkeit ausgedrückt, aber zu Beginn des 19. Jahrhunderts wurde dieses Gefühl scharf und beherrschend. Es findet sich bei Keats: »Ich habe nicht das geringste Gefühl von Demut gegenüber der Öffentlichkeit«, und bei Shelley: »Nimm keinen Rat von Leuten schlichten Sinnes an. Die Zeit verkehrt das Urteil der dummen Masse. Zeitgenössische Kritik stellt nicht mehr dar als die Summe des Unsinns, mit dem der Genius ringen muß«; am bemerkenswertesten und extensivsten findet man es jedoch bei Wordsworth:

Noch beklagenswerter ist der Irrtum dessen, der daran glauben kann, daß am Geschrei dieses kleinen und dennoch lauten Teils der Gemeinde, der sich immer durch künstlichen Einfluß unter dem Namen Öffentlichkeit den Gedankenlosen als das Volk aufdrängt, etwas von göttlicher Unfehlbarkeit ist. Der Schriftsteller hofft, daß er gegen die Öffentlichkeit so viel Ehrfurcht hegt, wie ihr zukommt, aber dem Volk — im philosophischen Sinne — und dem verkörperten Geist seines Wissens gegenüber ist ergebener Respekt und Ehrerbietung Pflicht[1].

Natürlich ist es leichter, dem Volk — im philosophischen Sinne — gegenüber respektvoll und ehrerbietig zu sein als einer Öffentlichkeit gegenüber, die lautstark den regsten Anteil nimmt. Wordsworth nähert sich in seiner Auffassung des »Volkes« stark der Gesellschaftstheorie von Burke und zwar aus ihm ganz verwandten Gründen. Wie auch immer der unmittelbare Gedanke verlief, welches auch immer die Reaktionen der tatsächlichen Leser waren, hiermit war ein letzter Aufruf an den »verkörperten Geist des Volkes«: das heißt an eine Idee, an einen idealen Leser, einen Standard, der über den Lärm der tatsächlichen Beziehungen des Schriftstellers zur Gesellschaft gesetzt werden könnte, zur Verfügung gestellt worden. Der »verkörperte Geist« — verständlich genug — war eine sehr willkommene Alternative zum Markt. Offensichtlich beeinflußt eine solche Haltung dann die Haltung des Schriftstellers zum eigenen Werk. Er will die Preisnotierung der Popularität auf dem Markt nicht akzeptieren:

> Weg mit der sinnlosen Wiederholung des Wortes »volkstümlich«, das auf neue Werke der Lyrik angewandt wird, als gebe es keinen anderen Test für Vollkommenheit in dieser, der ersten der Schönen Künste, als den, daß alle Menschen hinter ihren Produkten herlaufen sollten, so als wären sie vom Appetit verleitet oder durch einen Zauber dazu genötigt[2].

Er wird weiterhin tatsächlich auf einer Idee insistieren, einem Standard der Vollkommenheit, dem »verkörperten Geist« der Erkenntnisse eines Volkes, als dem tatsächlichen Lauf der Dinge und der tatsächlichen Nachfrage auf dem Markt gegenüber etwas Höherem. Es lohnt sich, darauf zu insistieren, stellt es doch eine der ursprünglichen Quellen der Kulturidee dar. »Culture«, der »verkörperte Geist eines Volkes«, das genuine Muster der Vollkommenheit, wurde im Lauf des Jahrhunderts als Berufungsinstanz benützt, in dem wahre Werte festgelegt wurden und zwar gewöhnlich im Gegensatz zu den »künstlichen« Werten, die vom Markt und ähnlichen gesellschaftlichen Kräften ausgeworfen wurden.

Die Unterordnung der Kunst unter die Marktgesetze und ihre Betrachtung als eine spezifische Weise der Produktion, die von fast den gleichen Bedingungen wie andere Arten der Produktion abhängig ist, war in vielen Gedanken des späten 18. Jahrhunderts vorgeformt worden. Adam Smith hatte geschrieben:

> In wohlhabenden und auf Handel sich gründenden Gesellschaften wird das Denken und Urteilen wie jede andere Beschäftigung zu einem besonderen Geschäft, das von einigen wenigen betrieben wird, die die Öffentlichkeit mit allen Gedanken und Urteilen versehen, die die riesigen arbeitenden Massen besitzen[3].

Dies ist als Beschreibung jener besonderen Klasse von Personen, die mit den zwanziger Jahren des 19. Jahrhunderts Intellektuelle genannt werden sollten, signifikant. Es beschreibt aber auch die neuen Bedingungen der Spezialisierung des Künstlers, dessen Werk, so wie es Adam Smith vom Wissen gesagt hat, nun tatsächlich

auf die gleiche Art wie Schuhe oder Strümpfe von jenen, die den Markt für diese besondere Art Ware vorbereiten und präparieren, erworben wurde[4].

Diese Position und derartige Spezialisierung der Funktion war als Folge der Einrichtung des kommerziellen Buchmarktes unvermeidlich. Besonders der Roman wurde schnell zum nützlichen Gegenstand. Seine Geschichte als literarische Form folgt präzise dem Wachstum dieser neuen Verhältnisse. Aber auch in der Lyrik waren die Wirkungen sichtbar, für die die Marktbindung ein unvermeidbar schwerer Stoß war. Zusammen mit dem Abweisen von Öffentlichkeit und Popularität als Normwerten vermehrten sich die Klagen, daß Literatur zur Handelsware geworden war. Beides wurde gewöhnlich zusammen gesehen. E. Brydges schrieb in den zwanziger Jahren des 19. Jahrhunderts:

Es ist ein schlimmes Übel, daß Literatur so sehr zum Handelsobjekt in ganz Europa wurde. Nichts ging so weit, einen korrupten Geschmack zu ernähren und den Nichtintellektuellen Macht über die Intellektuellen zu verschaffen. Verdienst wird jetzt danach geschätzt, wie groß die Menge der Leser ist, die ein Autor anziehen kann. ... Wird der unkultivierte Geist das bewundern, was den kultivierten erfreut[5]?

Ähnlich sprach 1834 Tom Moore von

der Senkung des Niveaus, die notwendig aus dem breiteren Richterzirkel resultieren muß; daraus, daß der Mob zur Wahl zugelassen wurde, besonders in einer Periode, in der der Markt solchermaßen zum Objekt für Autoren geworden ist[6].

Er fuhr fort, zwischen dem »Mob« und den »wenigen Kultivierten« zu unterscheiden. Es ist deutlich, wie hier das Adjektiv »kultiviert« zu den neuen notwendigen Abstraktionen »Kultivierung« und »Kultur« beitrug. Bei dieser Argumentation wurde »Kultur« die normale Antithese zum Markt.

Ich habe diese neue Art der Beziehung des Schriftstellers zu seinen Lesern besonders hervorgehoben, weil ich der Ansicht bin, daß solche Dinge immer im Zentrum jeder beliebigen literarischen Aktivität stehen. Ich wende mich nun einem sicherlich damit verwandten Gegenstand zu, der jedoch sehr schwerwiegende Probleme der Interpretation aufwirft. Es ist ein Fakt, daß in der gleichen Periode, als der Markt und die Idee der Kunst als einer besonderen Produktion wachsende Bedeutung erhielten, ein Gedankensystem über die Künste entstand. Dessen wichtigste Elemente waren erstens die Betonung der besonderen Natur der Kunstleistung als Mittel zur »imaginativen Wahrheit« und zweitens die Hervorhebung, daß der Künstler ein besonderer Mensch sei. Es ist verlockend, diese Theorie als direkte Erwiderung auf einen realen Wandel der Beziehungen zwischen Künstler und Gesellschaft zu verstehen. In den Dokumenten gibt es sicher einige deutliche Kompensationselemente. In einer Zeit, in der der Künstler nur als einer von vielen Warenproduzenten für den Markt beschrieben wird, charakterisiert er sich selbst als einen besonders begabten Menschen — als Leitstern des öffentlichen Lebens. Zweifellos heißt das, den Gegenstand simplifizieren, denn die Erwiderung ist nicht bloß als professionelle zu sehen. Die Betonung liegt auch darauf (und dies war von sehr weittragender Bedeutung), daß in der Kunst gewisse menschliche Werte, Fähigkeiten und Energien lebendig sind, die von der Entwicklung der Gesellschaft zu einer industriellen Zivilisation bedroht oder sogar zerstört zu werden scheinen. Der Bestandteil des berufsbedingten Protestes ist zweifellos da, aber der größere Einwand bestand in der Opposition aufgrund von allgemein menschlichen Erwägungen gegenüber der Art von Zivilisation, die gerade inauguriert wurde. Die Romantik ist eine allgemeine europäische Bewegung, und man kann die aufkommenden neuen Ideen ausschließlich in Beziehung zu dem großen Ideensystem des europäischen Denkens setzen. Der Einfluß von Rousseau, Goethe, Schiller und Chateaubriand kann sicherlich verfolgt werden. Wenn wir die Ideen in ihrer Abstraktheit betrachten, können wir die Idee des Künstlers als eines besonderen Menschen und die des »wilden« Genies bis zur sokratischen Definition des Dichters in Platos »Ion« zurückverfolgen. Eine »höhere Realität« der Kunst ist in einer Vielzahl von klassischen Texten vorhanden, und innerhalb unseres Zeitabschnittes steht sie in offensichtlicher Beziehung mit der deutschen idealistischen philosophischen Schule und ihrer englischen Verdünnung durch Coleridge und Carlyle. Diese Beziehungen sind wichtig; jedoch kann eine Idee vielleicht nur von einem besonderen Menschen in einer besonderen Situation abgewogen und verstanden werden. In England müssen diese von uns romantisch genannten Ideen in der Sprache jener Probleme, in denen fortschreitend Erfahrungen gesammelt wurden, verstanden werden.

Ein gutes Beispiel gibt eines der frühen Dokumente der englischen Romantik, Youngs *Conjectures on Original Composition* (1795):

> Von einem Original kann man sagen, daß es eine *pflanzliche* Natur besitzt, es entsteht spontan aus der Lebenswurzel des Genies, es wächst, es ist nicht gemacht; Imitationen dagegen stellen oft eine Art *Manufakturware* dar, die mit Hilfe dieser mechanischen Fertigkeiten wie *Kunst* und *Arbeit* aus bereits vorhandenen, ihr nicht zugehörigen Materialien gefertigt sind[7].

Dies ist ein Teil sehr vertrauter romantischer Literaturtheorie: es kontrastiert das spontane Werk des Genies mit dem formelhaft imitierenden Werk, das an eine Regelsammlung gefesselt ist. So schreibt Young auch:

> Moderne Schriftsteller müssen *wählen* ... sie dürfen sich in die Regionen der *Freiheit* erheben, oder sich in den sanften Fesseln leichter *Imitation* bewegen[8].

Wenn wir Youngs Worte genauer ansehen, so ist das, was er — ein »Original« definierend — ausdrückt, sehr eng mit einer ganz allgemeinen Bewegung der Gesellschaft verbunden. Gewiß ist es Literaturtheorie, aber ebenso gewiß wird diese nicht isoliert formuliert. Wenn er von einem Original sagt, »es wächst, es ist nicht gemacht«, benutzt er genau die gleichen Begriffe, auf denen Burke seine ganze philosophische Kritik der neuen Politik aufbaut. Der Gegensatz zwischen »wächst« und »gemacht« sollte zum Gegensatz zwischen »organisch« und »mechanisch« werden, ein Gegensatz, der im Zentrum einer bis in die Gegenwart reichenden Tradition steht. Wenn Young eine »Imitation« definiert, verurteilt er sie wiederum mit Begriffen der gleichen industriellen Prozesse, die die englische Gesellschaft umformen sollten: »eine Art der *Manufakturware, die* mit Hilfe dieser mechanischen Fertigkeiten ... *aus bereits vorhandenen, ihr nicht zugehörigen Materialien gefertigt sind.*« Dieser Gesichtspunkt mag in der Literaturtheorie standhalten oder nicht — es bleiben doch die Begriffe und mit ihnen die implizierten Werte, mit denen die kommende industrielle Zivilisation verurteilt werden sollte.

Burke verurteilt die neue Gesellschaft mit Begriffen, die aus seiner Erfahrung (oder seiner Idealisierung) der früheren Gesellschaft stammten. Als sich jedoch die gewaltigen Veränderungen in zunehmendem Maße manifestierten, wurde das negative Urteil spezifizierter und in gewisser Hinsicht abstrakt. Ein Teil dieser Spezifizierung bestand in dem Entstehen der Norm von Cultivation — Kultivierung oder Culture — Kultur, ein anderer damit eng verbundener Teil, später tatsächlich damit in Zusammenhang gebracht, stellte die Entstehung des neuen Begriffs von Art — Kunst dar. Diese neue Auffassung von einer höheren Realität und sogar einer höheren Macht wird von Blake treffend ausgedrückt:

> 'Now Art has lost its mental charms
> France shall subdue the World in Arms.'
> So spoke an Angel at my birth,
> Then said, 'Descend thou upon Earth.
> Renew the Arts on Britain's Shore,
> And France shall fall down and adore.
> With works of Art their armies meet,
> And War shall sink beneath thy feet.
> But if thy Nation Arts refuse,
> And if they scorn the immortal Muse,
> France shall the arts of Peace restore,
> And save thee from the Ungrateful shore.'
> Spirit, who lov'st Britannia's Isle,
> Round which the Fiends of Commerce smile...[9].

Bei Blake kann der berufsbedingte Druck leicht wahrgenommen werden, denn er litt schwer am »verlassenen Markt, wo niemand kaufen wollte«. Er erinnert uns an Young, wenn er

die Interessen des zum Monopol tendierenden Händlers angreift, der mit den Händen unwissender Handwerksgesellen Kunst herstellt, bis ... er zum größten Genie avanciert und eine unbrauchbare Ware zu einem hohen Preis verkauft[10].

Zugleich geht Blakes Kritik jedoch weit über die berufsständische Klage hinaus: die Imagination, die für ihn die Kunst lebendig macht, ist keine Ware, sondern

eine Darstellung dessen, was ewig wirklich und unveränderlich existiert[11].

In diesem Licht müssen die Ungleichheiten der bestehenden Gesellschaft und die von ihr geförderte Beschaffenheit des Lebens gesehen und verdammt werden.
Es ist wichtig, die Intensität dieses Anspruches zu erfassen, denn wir würden einem Mißverständnis erliegen, betrachteten wir nur einige spätere Abweichungen der Genieauffassung. Das ambivalente Wort in Youngs Definition lautet wie das in fast jeder romantischen Theorie sehr herabgewürdigte Wort: »Nachahmung«. Der Grund dafür ist, daß »Nachahmung« im Sinne von »Nachahmung bereits geschaffener Werke« verstanden wurde, das heißt: Konformität mit einer bestehenden Regelsammlung. Die Eloquenz, die gegen die Regelsammlung entfaltet wurde, ist ebenso bemerkenswert wie schließlich ermüdend. Technisch gesehen vollzog sich dabei nicht mehr als eine Veränderung der Konvention, die gewöhnlich, falls sie irgendeine Bedeutung besitzt, eine solche Eloquenz als Nebenprodukt mit sich bringt. Bis zu dem Grad, bei dem diese Wandlung mehr als eine Veränderung der Konvention darstellt —, ist das Wort »Nachahmung« besonders verwirrend. Denn in der besten »klassizistischen« Theorie ist »Nachahmung« tatsächlich der Begriff, der gewöhnlich benutzt wurde, um das von Blake eben Beschriebene zu charakterisieren und was alle romantischen Schriftsteller betonten: »eine Darstellung dessen, was ewig wirklich und unveränderlich existiert«. »Nachahmung« wurde im günstigsten Falle nicht als Festhalten an irgend jemandes Vorschriften verstanden, sondern eher als »Nachahmen der universalen Wirklichkeit«. Die Vorschriften eines Künstlers bestanden nicht so sehr in früheren Kunstwerken als in den »Universalien« (im Sinne Aristoteles') oder den ewigen Wahrkeiten. Dieser Gedankengang war schon in den Schriften der Renaissance vervollständigt worden.

Die Romantik besitzt eine auf vehemente Ablehnung methodischer Dogmen in der Kunst gerichtete Tendenz; sie erhebt aber auch sehr klar einen Anspruch, den jede gute klassische Theorie anerkannt haben würde: daß es des Künstlers Aufgabe ist, das »offene Geheimnis des Universums zu lesen«. Ein »romantischer« Kritiker wie Ruskin etwa baut seine ganze Kunsttheorie auf eben dieser »klassizistischen« Doktrin auf. Der Künstler begreift und stellt essentielle Wirklichkeit dar, und er tut es kraft seiner höchsten Befähigung, der Imagination. Tatsächlich waren die Lehren vom »Genie« (dem autonomen schöpferischen Künstler) und der »höheren Realität der Kunst« (Eindringen in eine Sphäre von universaler Wahrheit) im romantischen Denken zwei Seiten ein und desselben Anspruchs. Sowohl Romantik als auch Klassizismus sind in diesem Sinne idealistische Kunsttheorien. Sie finden beide gemeinsam ihren Gegensatz eher im Naturalismus als in sich selbst.

Dieser Zeit war die Betonung einer menschlichen Erfahrung und Aktivität, die der Fortschritt der Gesellschaft in steigendem Maß zu leugnen schien, wesentlich. Wordsworth hält vielleicht mit besonderer Überzeugung an der Idee des verfolgten Genies fest, aber in seiner Einstellung zu Lyrik und Kunst insgesamt zeigt sich eine allgemeinere Bedeutung.

> High is our calling, Friend! — Creative Art ...
> Demands the service of a mind and heart
> Though sensitive, yet in their weakest part
> Heroically fashioned — to infuse
> Faith in the whispers of the lonely Muse
> While the whole world seems adverse to desert[12].

Dies sind Verse (Dezember 1815) an den Maler Haydon. Sie erhalten zusätzliche Bedeutung dadurch, daß sie das Einschmelzen in die allgemeine »Sphäre der imaginativen Wahrheit« der beiden verschiedenen *Künste* oder Kunstfertigkeiten der Lyrik und der Malerei markieren. Während der Markt in einer Hinsicht die Künstler zur Spezialisierung zwang, suchten die Künstler selbst ihre Fertigkeiten durch den Besitz imaginativer Wahrheit zu erweitern. Diese Betonung sollte immer als Verteidigungsstrategie betrachtet werden:

der defensive Ton in Wordsworth' Zeilen ist offensichtlich, und sie lassen sich damit umfassend charakterisieren. Auf einer Ebene besitzt die Verteidigung kompensatorische Züge: der Größe des künstlerischen Anspruchs korrespondiert die der Verzweiflung der Künstler. Sie erklärten emphatisch ihre hohe Berufung, aber sie mußten dies tun und betonen aus der Überzeugung, daß die Grundsätze der neuen Gesellschaft sich den notwendigen Prinzipien der Kunst gegenüber feindselig verhielten. Doch: den Gegenstand auf diese Weise sehen heißt diese neue Wertschätzung erklären, ohne den Gegenstand selbst damit wegzuerklären. Als defensive Reaktion niedergelegt, wurde sie im Laufe der Zeit zu einem äußerst wichtigen positiven Prinzip, das mit all seinen Implikationen zutiefst human war.
Es gibt viele dieses Prinzip illustrierende Texte, aber der charakteristischste und zugleich auch einer der bekanntesten ist Wordsworth' Vorwort von 1800 zu den *Lyrical Ballads*. Hier ist es nicht nur die Wahrheit, sondern die allgemeine Menschlichkeit der Lyrik, die Wordsworth emphatisch betont und zwar zuerst dadurch, daß er jene attackiert,

die von Lyrik reden als von einem Gegenstand des Amusements und der eitlen Freude, die sich mit uns über den *Geschmack* in Bezug auf Lyrik, wie sie es ausdrücken, so heftig unterhalten als wäre sie etwas so Gleichgültiges wie das Geschmackfinden am Seiltanzen, Frontiniac oder Sherry[13].

Der Begriff des *Geschmacks* — der eine Art Beziehung zwischen Schriftsteller und Leser impliziert — ist inadäquat, weil

er eine Metapher darstellt, die aus einem *passiven* Sinn des menschlichen Körpers gebildet und übertragen wird auf Dinge, die ihrer wesentlichen Bedeutung nach *nicht* passiv sind — auf intellektuelle *Akte* und *Tätigkeiten* ... Aber weder das Profunde oder Exquisite der Empfindungen, das Luftige und Universale des Denkens und der Imagination ... sind, akkurat gesprochen, Gegenstände einer Fähigkeit, die jemals ohne ein Absinken des Geistes einer Nation mit der Metapher *Geschmack* hätten bezeichnet werden können. Und warum? Weil ohne die Anstrengung einer kooperierenden *Kraft* im Hirn des Lesers keine adäquate Sympathie mit einer dieser Emotionen da sein kann: ohne diesen unterstützenden Impuls kann keine erhabene oder tiefe Leidenschaft bestehen[14].

Dies konstatiert auf andere Weise eine bedeutende Kritik der neuen Art der gesellschaftlichen Beziehung zur Kunst: wenn Kunst eine Ware ist, ist Geschmack adäquat, aber, wenn sie etwas mehr ist, dann ist eine aktivere Beziehung unabdingbar. Das »etwas mehr« wird allgemein so definiert:

Man hat mir erzählt, daß Aristoteles gesagt habe, Lyrik sei die philosophischste aller Schreibweisen. Damit verhält es sich wie folgt: ihr Gegenstand ist die Wahrheit — keine individuelle und begrenzte, sondern eine allgemeine und wirksame, nicht auf äußerliches Zeugnis bauende, sondern durch Leidenschaft ins Herz getragene Wahrheit, die ihr eigenes Zeugnis ist, die dem Tribunal, das sie anruft, Kompetenz und Vertrauen verleiht und diese ihrerseits vom selben Tribunal erfährt.... Der Lyriker schreibt nur unter einer Einschränkung, nämlich der Notwendigkeit, dem menschlichen Wesen augenblickliche Freude zu geben, besessen von der Information, die von ihm erwartet werden kann, nicht als Rechtsanwalt, Arzt, Seemann, Astronom oder Naturphilosoph, sondern als Mensch. ... Auf dieses Wissen, das alle Menschen mit sich herumtragen, und auf diese Sympathien, kraft derer wir — ohne jede andere Disziplin als der unseres alltäglichen Lebens zur Freude befähigt sind, lenkt der Lyriker prinzipiell seine Aufmerksamkeit. Er ist der Verteidigungsfelsen der menschlichen Natur — ein Verteidiger und Bewahrer, der überall Verwandtschaft und Liebe mit sich bringt. Trotz der Unterschiede von Boden und Klima, von Sprache und Umgangsformen, von Gesetzen und Sitten: trotz der Dinge, die leise vergessen wurden und der Dinge, die gewaltsam zerstört wurden: der Lyriker bindet das weite Reich der menschlichen Gesellschaft, so wie es über die ganze Erde und über alle Zeit verstreut ist, zusammen[15].

Dies wurde im wesentlichen mit großer Eloquenz von Shelley in seiner *Defence of Poetry* neu formuliert. Es ist die Frage, die über Ruskin und Morris sich bis in unser Jahrhundert zieht, als Lyrik — so wie Wordsworth es gebilligt haben würde — generell zu Kunst ausgeweitet worden ist. Die ganze Tradition kann mit Wordsworth' Worten treffend zusammengefaßt werden: der Lyriker, der Künstler ist ein

Verteidiger und Bewahrer, der überall Verwandtschaft und Liebe mit sich bringt[16].

So betrachteten die Künstler sich kraft ihrer Fähigkeit, Träger der kreativen Imagination zu sein, allmählich als Agenten der »Revolution für das Leben«. Hier liegt wiederum eine der Hauptquellen für die Kulturidee: auf dieser Basis sollte die Assoziierung der Idee von der allgemeinen Vervollkommnung der Menschheit mit der Ausübung und dem Studium der Künste stattfinden. Denn mit dem Werk der Künstler — »Anfang und Ende alles Wissens..., so unsterblich wie das Herz des Menschen« — war hier eine praktikable Methode des Zugangs zu dem Ideal der menschlichen Perfekion gegeben, die zum Verteidigungszentrum gegen die desintegrierenden Tendenzen der Zeit werden sollte.

Die emphatische Betonung einer allgemeinen gemeinsamen Humanität war augenscheinlich in einer Periode notwendig, in der eine neue Art von Gesellschaft sich über den Menschen nur als eines spezialisierten Produktionsinstruments Gedanken machte. Die emphatische Betonung von Liebe und Verwandtschaft war nicht nur gegen das plötzliche Leiden, sondern auch gegen den aggressiven Individualismus und die primär ökonomischen Beziehungen, die die neue Gesellschaft verkörperte, notwendig. Die emphatische Betonung der kreativen Imagination kann dementsprechend als alternative Konstruktion des menschlichen Antriebs und seiner Energie, im Gegensatz zu den Vermutungen der hier herrschenden politischen Ökonomie, angesehen werden. Hier das Interessanteste an Shelleys *Defence:*

Während der Mechaniker die Arbeit verkürzt und der politische Ökonom sie kombiniert, laß sie darauf achten, daß ihre Spekulationen aus Mangel an Korrespondenzen mit jenen Hauptprinzipien, die zur Imagination gehören, nicht dahin tendieren, wie sie es im modernen England gemacht haben, die Extreme von Luxus und Mangel zu verschlimmern.... Die Reichen sind reicher und die Armen ärmer geworden; und das Staatsschiff wird zwischen die Scylla und Charybdis von Anarchie und Despotismus manövriert. Solcherart sind die Wirkungen, die aus einer ungeschmälerten Ausübung des kalkulierenden Vermögens stets resultieren müssen[17].

Dies die allgemeine Anklage. Sie formt sich schon zur Tradition und sie bietet sich mit denselben Worten als Heilmittel an:

Es gibt kein Bedürfnis nach einem Wissen darüber, was am weisesten und besten ist für Sitten, Regierung und politische Ökonomie oder zumindest, was weiser und besser als das ist, was Menschen heute praktizieren oder erdulden. Aber ... wir wollen, daß die kreative Begabung das imaginiert, was wir wissen, daß der edle Impuls der Imagination gemäß handelt, kurz — wir wollen die Poesie des Lebens: unsere Kalkulationen haben unser

Fassungsvermögen besiegt, wir haben mehr gegessen, als wir verdauen können. ... Lyrik und das Prinzip der Selbstsucht, dessen lebendige Inkarnation das Geld darstellt, sind der Gott und Mammon der Welt[18].

Die folgende Kritik an einer Position, wie sie Shelley innehat, liegt auf der Hand: Obwohl insgesamt verdienstvoll, ist eine umfassendere und substantiellere Darstellung menschlicher Antriebe und Energie zu geben als in der Philosophie des Industrialismus enthalten ist, gibt es doch korrespondierende Gefahren, wenn diese substantiellere Energie auf den Akt der Dichtung oder der Kunst insgesamt eingeengt werden. Gerade diese Spezialisierung neutralisierte später diese Kritik zum größten Teil. Dies wird in den nachfolgenden Studien unserer Untersuchung deutlicher werden, wenn es darum gehen wird, zwischen Kultur als Kunst und Kultur als einem ganzen Lebensstil zu unterscheiden. Die positive Konsequenz der Idee von Kunst als einer höheren Realität war, daß sie eine unmittelbare Basis für eine wichtige Kritik des Industrialismus darstellte. Die negative Konsequenz war, daß sie, als die Lage und auch der Widerstand härter wurden, zur Isolation der Kunst drängte und die Fähigkeit zur Imagination auf diese eine Aktivität begrenzte, um so die dynamische Funktion, die Shelley für sie vorschlug, zu schwächen. Wir haben schon gewisse Faktoren, die zu dieser Spezialisierung drängten, untersucht. Nun bleibt noch, die Entstehung der Vorstellung vom Künstler als einer »besonderen Art von Person« zu untersuchen.

Das Wort *Art* — *Kunst*, das allgemein »Kunstfertigkeit« bedeutet hat, wurde im Laufe des 18. Jahrhunderts in seiner Bedeutung eingeengt, zuerst auf »Malerei« und dann auf die imaginativen Künste generell. Der Sinngehalt von *Artist* — *Künstler* veränderte ganz analog seine allgemeine Bedeutung einer entweder in den »freien« oder »nützlichen« Künsten kunstfertigen Person in die gleiche Richtung. Er unterschied sich wiederum von *artisan* — *Mechaniker* (früher Synonym für *artist,* das später zu dem, was wir noch in seiner im gegenteiligen Sinne eingeengten Bedeutung »skilled worker« — einen handwerklich geschickten Arbeiter nennen — wurde) und natürlich von *craftman* — *Handwerker*. Die Betonung der Kunstfertigkeit in dem Wort »skill« wurde allmählich durch die Betonung der darin enthaltenen Sensibilität ersetzt. Dieser Vorgang wurde durch die parallelen Veränderungen in Wörtern wie *creative* — *kreativ* (ein Wort, das nicht auf Kunst hatte angewendet werden können, bevor nicht die Idee der »höheren Wirklichkeit« geformt wurde), *original* — *Original* (mit seinen wichtigen Implikationen von Spontaneität und Vitalität; ein Wort, das — wir erinnern uns — Young im Grunde genommen mit *art* im Sinne von *Kunstfertigkeit* kontrastiert hatte) und *genius* — *Genius* (das aufgrund seiner Hauptassoziation mit dem Begriff der *Inspiration* sich von »charakteristischer Disposition« zu »erhabener Sonderbefähigung« gewandelt hatte und seine Betonung in diesem Sinn von den anderen affektiven Wörtern erhielt), unterstützt. Aus Artist in diesem neuen Sinne wurden *artistic* — *künstlerisch* und *artistical* — *künstlich* geformt, und am Ende des 19. Jahrhunderts hatten diese sicherlich mehr Beziehungen zu »Temperament« als zu »Kunstfertigkeit« oder Praxis. *Aesthetics* — *Ästhetik*, selbst ein neues Wort und ein Produkt der Spezialisierung, diente als Stamm für *aesthete* — *Ästhet*, was wiederum eine »besondere Art von Person« bezeichnete.

Der Anspruch, der Künstler offenbare eine höhere Wahrheit, ist, wie wir gesehen haben, der Romantik nicht neu. Sie hat diesen Anspruch nur verstärkt. Eine wichtige Begleiterscheinung dieser Idee war jedoch die Konzeption der Autonomie des Künstlers in dieser Enthüllung. Sein wirkliches Element war jetzt Genie und nicht mehr Vertrauen. In seinem Gegensatz zur »Regelsammlung« ist der Anspruch auf Autonomie natürlich attraktiv. Keats drückt das schließlich so aus:

Der Genius der Poesie muß im Menschen sein eigenes Heil erwirken. Er kann nicht durch Gesetz und Vorschrift ausreifen, sondern nur durch Empfindung und innere Wachsamkeit. Das Kreative muß sich selbst hervorbringen[19].

Unsere Sympathie beruht dabei auf der Betonung einer persönlichen Disziplin, die sehr weit von dem Gerede über das »wilde« oder »gesetzlose« Genie entfernt ist.

Der Unterschied liegt in der Betonung des unpersönlichen Genius der Poesie bei Keats, verglichen mit dem persönlichen »Genie« bei Coleridge.
Coleridge betonte in gleichem Maße das Gesetz, dem eine ebenso starke Betonung von Autonomie entsprach:

Kein Werk eines wahren Genies wagt, seine angemessene Form zu missen, auch besteht in der Tat dafür keine Gefahr. Da es das auch nicht darf, so kann das Genie nicht gesetzlos sein. Denn eben dieses konstituiert das Genie — die Macht, unter den Gesetzen des eigenen Ursprungs kreativ zu handeln[20].

Das ist zugleich rationaler und für die Kunstproduktion nützlicher als die übermäßige Betonung einer »kunstlosen Spontaneität«, die zumindest in den »Romantischen Pamphleten« gang und gäbe war. Von einer Kunst (als Sensibilität), die beansprucht, sich von der Kunst (als Kunstfertigkeit) befreien zu können, geben die folgenden Jahre mehr als genügend Beispiele.

Für die Literaturwissenschaft sind die Stellungnahmen von Keats und Coleridge wertvoll. Die Schwierigkeit liegt darin, daß diese Art Feststellung mit anderen Reaktionsweisen auf das Problem der Beziehung des Künstlers zur Gesellschaft vermengt wurde. Das Beispiel Keats ist höchst bedeutsam, da es hier weniger Verwirrung und mehr Konzentration gibt. Wenn wir das von ihm früher Zitierte vervollständigen, finden wir:

Ich empfinde nicht die geringste Demut vor der Öffentlichkeit oder vor irgend etwas, das existiert −, außer vor dem ewig Seienden, dem Prinzip der Schönheit und der Erinnerung an große Männer[21].

Das ist ebenso charakteristisch wie die berühmte Beteuerung:

Nichts anderes ist mir gewiß, als daß die Empfindungen des Herzens und die Wahrheit der Imagination heilig sind. Was die Imagination als Schönheit ergreift, muß Wahrheit sein − ob es früher existierte oder nicht −, denn ich habe von all unseren Leidenschaften die gleiche Vorstellung wie von der Liebe. In ihrer Erhabenheit und ihrem Schöpfertum sind sie alle von essentieller Schönheit. ... Die Imagination mag mit Adams Traum verglichen werden − er erwachte und entdeckte, daß er Wahrheit geworden war[22].

Aber dann gibt Keats in seinem berühmten Satz von der »negativen Fähigkeit ... die Beschreibung der Persönlichkeit des Künstlers: ein Mensch, der fähig ist, in Ungewißheiten, Geheimnissen, Zweifeln zu leben, ohne irgendein irritierendes Verlangen nach Tatsachen und Vernunft«[23]. Oder:

> Männer von Geist besitzen die Größe gewisser aetherischer Chemikalien, die auf die Masse neutralen Intellekts wirken — aber sie besitzen keine Individualität, keinen festgelegten Charakter. Ich würde jene, die ein eigenes Ich besitzen, Machtmenschen nennen[24].

Es ist sicherlich möglich, das Hervorheben der Passivität als kompensatorische Reaktion zu sehen, aber das ist weniger wichtig als die Tatsache, daß Keats eher den Akzent auf den poetischen *Prozeß* als auf die poetische *Persönlichkeit* legt. Die Theorie der negativen Fähigkeit könnte in die umfassendere und populärere Theorie des Dichters als »Träumer« abgleiten, doch Keats selbst arbeitete scharfsinnig und unterschied aus Erfahrung zwischen »Träumern« und »Dichtern«. Wenn auch in der Zweitfassung seines *Hyperion* die formale Schlußfolgerung im ungewissen bleibt, so ist doch zumindest klar, daß das, was er mit »Traum« bezeichnet, so streng und positiv wie seine eigene Kunstfertigkeit ist. Die verschwommene Vorstellung des romantischen Künstlers ist keinesfalls von der ausgefeilten Disziplin Keats' ableitbar.

Wordsworth zeigt uns im *Preface to Lyrical Ballads* sehr deutlich, wie die Betrachtung des poetischen Prozesses mit den allgemeineren Problemen vom Künstler und der Gesellschaft vermengt wurde. Indem er seine eigene Theorie der poetischen Sprache diskutiert, erörtert er in Wirklichkeit das Problem der Kommunikation. Er erklärt der Öffentlichkeit vernünftig und gemäßigt die schon bekannte Einstellung:

> Wäre ich nur überzeugt, daß solche fehlerhaften Ausdrücke sofort Schaden anrichten und daß sie notwendig auch weiterhin schaden würden, so nähme ich freiwillig die sinnvollen Anstrengungen auf mich, um sie zu korrigieren. Aber es ist gefährlich, die Korrekturen nur aufgrund der bloßen Autorität einiger weniger Individuen oder sogar gewisser Klassen der Gesellschaft anzubringen; denn solange die Überzeugung eines Autors nicht wirklich eine andere ist oder er seine Empfindungen einfach ändert, geht dies nicht ohne große Beleidigung für ihn selbst ab, denn seine Empfindungen bilden seine Bleibe und Unterstützung[25].

Das muß einerseits wirklich gesagt werden, aber Wordsworth sagt zugleich:

Der Dichter denkt und empfindet im Geist der menschlichen Leidenschaften. Wie kann dann seine Sprache in irgendeinem nennenswerten Umfang von der aller Menschen, die lebhaft empfinden und klar sehen, abweichen[26]?

und weiter:

Unter den Eigenschaften..., die einen Dichter wesentlich formen, finden sich keine, die ihn grundsätzlich, sondern nur welche, die ihn graduell von anderen Menschen unterscheiden. ... Der Dichter ist in der Hauptsache durch eine größere Schnelligkeit des Denkens und des Empfindens ohne eine unmittelbar sichtbare Erregung von anderen Menschen unterschieden sowie durch eine größere Ausdruckskraft seiner auf diese Weise in ihm entstehenden Gedanken und Empfindungen. Aber diese Leidenschaften, Gedanken und Empfindungen sind die allgemeinen Leidenschaften, Gedanken und Empfindungen der Menschheit[27].

Während die erste dieser Hauptunterscheidungen die Beschreibung eines psychologischen Typs darstellt, so die zweite die einer Kunstfertigkeit. Das Argument leuchtet ein, solange beide kombiniert werden. Aber unter den Spannungen der allgemeinen Situation wurde es tatsächlich möglich, sie zu dissoziieren, und solchermaßen die »artistische Sensibilität« zu isolieren.

Der Gegenstand ist außergewöhnlich komplex und was sich im Streß der Ereignisse abspielte, war eine Folge von Vereinfachungen. Die Verhinderung einer bestimmten Art von Erfahrung wurde simplifiziert zur Verhinderung von Dichtung, die dann damit identifiziert wurde und sogar für das Ganze stehen sollte. Unter Druck wurde Kunst zur symbolischen Abstraktion eines ganzen Bereichs allgemeiner, menschlicher Erfahrungen: dies war insofern eine wertvolle Abstraktion, als letztlich große Kunst diese Macht besitzt. Sie bleibt aber nichtsdestoweniger eine Abstraktion im negativen Sinne, weil eine allgemeine gesellschaftliche Aktivität in die Rechtsstellung eines Fachbereichs bzw. einer Provinz abgedrängt wurde und zeitgenössische Kunstwerke wurden zum Teil in Rechtfertigungs-Ideologie verwandelt. Dies wird nicht zum Zwecke der Zensur angeboten, vielmehr müssen wir uns über diese Tatsache klar werden. In dem romantischen Anspruch nach Imagination liegt, wenn auch verbunden mit Vereinfachungen, viel Mut und wirklicher Nutzen. Mut liegt auch in der großen Schwäche, die wir in der besonderen Verteidigung der Persönlichkeit letztlich finden. Praktisch waren da tiefe Einsichten und große Kunstwerke. Aber das frei schwebende Genie fand es angesichts des andauernden Lebensdrucks zunehmend schwieriger, mit dem freien Spiel des Marktes übereinzustimmen. Diese Schwierigkeit wurde durch Idealisierung nicht gelöst, sondern nur gemildert. Die Lektüre der letzten Seiten von Shelleys *Defence of Poetry* bereitet Schmerzen. Die Träger einer hohen imaginativen Kunstfertigkeit wurden plötzlich zu »Gesetzgebern« und zwar in dem Moment, in dem sie zum praktischen Exil gezwungen wurden. Ihre Beschreibung ist »nicht anerkannt«, was in der Theorie nicht mehr als das Akzeptieren eines Faktums darstellen sollte und doch die von einer ganzen Generation empfundene Hilflosigkeit ausdrückt. Dann fordert Shelley im gleichen Moment, daß der Dichter

persönlich der Glücklichste, Beste, Weiseste und Berühmteste der ganzen Menschheit sein sollte[28].

Unausweichlich wird hier das *sollte* schmerzlich betont. Die allgemeinen und persönlichen Pressionen bewirken in einer Art Abwehrreaktion die Trennung der Dichter von anderen Menschen sowie ihre Klassifikation als idealisierte allgemeine Personen: »Dichter« oder »Künstler« — eine Formel, die sich mit zerstörerischer Macht ausbreiten sollte. Der Appell wendet sich notwendig über die lebende Gemeinschaft hinweg zum

Vermittler oder ... Erlöser, Zeit[29].

Selbst im England von 1821 mußte es also doch eine irgendwie höhere Berufungsinstanz geben. Wir handeln nicht redlich, wenn wir das Leben dieser Männer mit der Gereiztheit des Verfolgers in Erinnerung bringen würden und sie dadurch verraten, aber es ist auch wichtig, die Reizbarkeit des Apologeten zu vermeiden. Das ganze Geschehen ist in unsere allgemeine Erfahrung übergegangen und liegt dort, formuliert und unformuliert, um sich zu bewegen und untersucht zu werden. »Denn es ist weniger ihr Geist als der des Zeitalters«[30].

Kapitel III

Mill über Bentham und Coleridge

John Stuart Mills Essays über Jeremy Bentham und Samuel Taylor Coleridge zählen zu den bemerkenswertesten Dokumenten der Geistesgeschichte des 19. Jahrhunderts. Ihr Neudruck zusammen mit einer interessanten Einführung von Dr. F. R. Leavis war wertvoll und an der Zeit. Mills Essays vereinen die beiden großen fruchtbaren Geister Englands ihrer Zeit. Das bei der Lektüre des Essays indessen evidente Ergebnis ist nicht die Vermittlung zweier, sondern die dreier Geister. Denn zu beobachten, wie Mill von Bentham und Coleridge beeinflußt wird und sie seinerseits korrigiert, fesselt und erhellt. Wir sehen nicht nur einen individuellen und höchst fähigen Geist am Werk, sondern einen Vorgang von allgemein gültiger Bedeutung. Mills Versuch, das Wahre der Utilitaristen wie der Idealisten aufzunehmen und durch Unterscheiden und Aussondern zu vereinen, stellt doch immerhin einen Prolog zu einem sehr langen Abschnitt der nachfolgenden Geschichte des Denkens in England dar, zumal für einen großen Bereich der englischen Geistesgeschichte, für das Problem von Gesellschaft und Kultur.

Wenn wir diese Frage so betrachten, werden wir den naheliegendsten Fehler in Bezug auf diese Essays vermeiden: anzunehmen, wir läsen ein *unparteiisches* Urteil über Benthams und Coleridges Ideen, eine authorisierte Zusammenfassung eines großen Neutralen. Mills Ton ist stets vernünftig und seine professionelle Fähigkeit zusammenzufassen und zu unterscheiden ist so evident, daß eine solche Schlußfolgerung geradezu nahegelegt wird. Doch stellen die Essays keine Verurteilung dar. Sie sind Ergebnis der Anstrengung eines einzelnen Kopfes — wenn auch eines ganz außerordentlichen —, zwei zutiefst entgegengesetzte Positionen miteinander zu versöhnen. Mill glaubt, daß bei der Anwendung von Vernunft und Geduld Differenzen dieser Art gelöst werden könnten. Da er die einander entgegengesetzten Positionen wie gewohnt beinahe nur in einem rationalen Licht sah, glaubte er, Versöhnung sei, würden Interesse und Vorurteil nur beiseite gelassen (und das war seiner Ansicht nach nicht möglich), möglich. Aber die Essays bezeichnen auch ein Ereignis, ein bestimmtes Stadium in Mills eigener intellektueller Entwicklung. Sie wurden 1838 und 1840 geschrieben, zu einer Zeit also, in der Mills Reaktion auf den Utilitarismus sich in seiner kritischsten Phase befand. Den speziellen Ausgleich bzw. den Anschein eines hier von ihm erreichten Ausgleichs konnte er später nicht mehr in vollem Umfang aufrechterhalten. Das wird noch dadurch unterstrichen, daß seine utilitaristischen Freunde, wie wir uns erinnern, glaubten, daß sich die Essays nicht von der These Bentham über die Antithese Coleridge zu einer neuen Synthese bewegten, sondern daß sie sie vielmehr als bloße Apostasie, als Hingabe an die »deutsche Mystik« ansahen. Sie mögen so denken — engstirnige Dogmatiker haben sich oft genug geirrt, aber Mill beeindruckte sie zumindest nicht gerade als ein Neutraler. Ferner begann Mill sich unmittelbar nach seinem Coleridge-Essay Coleridges Einfluß zu entziehen. In seiner *Political Economy* und insbesondere der *Examination of Sir William Hamilton's Philosophy* wurde vieles von dem entschieden widerrufen, was er zuvor noch bei Coleridge zustimmend erwähnte.

Wir beginnen sinnvollerweise unsere Untersuchung der Essays mit einem Abschnitt aus dem Coleridge-Essay:

Alle, die sich um das Studium des Menschen und der Gesellschaft bemühen und die das für eine derart schwierige Angelegenheit wichtigste Requisit — einen wachen Sinn für dessen Schwierigkeit — besitzen, sind sich bewußt, daß die permanente Gefahr nicht darin besteht, Falsches für wahr zu halten, sondern einen Teil der Wahrheit für die ganze Wahrheit zu nehmen. Es kann mit Recht behauptet werden, daß in beinahe allen wichtigen Kontroversen der Gegenwart oder Vergangenheit auf dem Gebiet der Sozialphilosophie beide Seiten in bezug auf das, was sie positiv behaupteten, Recht hatten, Unrecht aber in dem, was sie ableugneten. Wenn nur einer von beiden dazu hätte gebracht werden können, die Ansicht des anderen als Ergänzung der eigenen zu übernehmen, dann hätte nur wenig gefehlt, daß seine Lehre die richtige wurde[1].

Es ist wert, festzuhalten, wie gänzlich intellektualistisch Mills Methode ist. Denn im Leben geht es nicht darum, ob die abstraktesten Meinungen zweier einander entgegengesetzter Denker sich sinnvoll ergänzen könnten, um, was man eine »korrekte« Lehre nennt, zu bewirken. Wir müssen in der Tat fragen, ob ein solches Verfahren überhaupt in sich selbst sinnvoll ist, wo es doch gerade die »Lehren« von dem Beiwerk, den besonderen Bewertungen und dem lebenden Kontext, aus denen heraus »Lehren« allein lebendig sind, ablösen will. Das ist die entscheidende Frage. Dennoch ist die Frömmigkeit von Mills Hoffnung echt. Es lohnt sich, seinen Bericht über die Grundlagen des theoretischen Gegners zu verfolgen:

Nehmen wir zum Beispiel die Frage: was hat die Menschheit durch die Zivilisation gewonnen? Ein Beobachter ist von der Vervielfältigung des physischen Komforts, der Weiterentwicklung und Verbreitung von Wissen, der Abnahme des Aberglaubens, der Kommunikationsmöglichkeiten, der Glättung der Sitten, der Verminderung von Krieg und persönlichen Konflikten, der fortschreitenden Eindämmung der Tyrannei des Starken über den Schwachen sowie den auf der ganzen Welt durch die Zusammenarbeit der Mengen vollbrachten Werke beeindruckt; und gerade er wird zu einem ganz gewöhnlichen Anbeter »unseres aufgeklärten Zeitalters«[2].

Das ist ein hinlänglich fairer Abriß des Liberalismus und Mill fährt fort:

Ein anderer konzentriert sich nicht auf den Wert dieser Vorteile, sondern auf den hohen Preis, der für sie gezahlt wird, auf das Nachlassen von Energie und Mut beim einzelnen, den Verlust des Stolzes und der sich auf sich selbst verlassenden Unabhängigkeit, die Versklavung eines großen Teils der Menschheit durch künstliche Bedürfnisse, ihr weibisches Zurückschrecken vor dem geringsten Schmerz, die dumpfe, freudlose Monotonie ihres Lebens und der leidenschaftslosen Fadheit, auf das Fehlen jeglicher markanter Individualität in ihren Charakteren, auf den Gegensatz zwischen dem engen mechanistischen Verständnis, das durch ein nur vorgegebene Aufgaben und Rollen ausübendes Leben entsteht, und der Vielzahl von Fähigkeiten des Wilden (man of the woods), dessen Existenz und Sicherheit allein von seiner Befähigung abhängt, in jedem Augenblick die passenden Mittel für seine Zwecke sofort zu entwickeln; er verweist auf die demoralisierende Wirkung der großen Ungleichheiten in Besitz und sozialem Status, auf die Leiden der großen Volksmassen der zivilisierten Länder, für deren Bedürfnisse kaum besser gesorgt wird als für die des Wilden, wo sie doch durch tausend Fesseln als Folgen der Freiheit und der glücklichen Erregung, die wiederum seine Kompensationen sind, gebunden werden[3].

Diese Häufung kritischer Punkte nennt Mill »Zivilisation«; richtiger wäre aber aufgrund der Details einzelner dieser Punkte eher: Industrialismus. Mill erklärt:

Weiter voneinander entfernt als die von uns vorgestellten Denker können sich keine zwei Denker befinden als die Anbeter der Zivilisation und der Unabhängigkeit der gegenwärtigen und vergangenen Zeit. Doch alles ist positiv, wenn beide recht haben. Wir sehen jetzt, wie leicht man seinen Weg finden könnte, wenn beider Halbwahrheit die ganze Wahrheit ausmachte und wie groß die Schwierigkeit sein kann, eine Reihe von praktischen Maximen zu bilden, die schließlich beide miteinander vermitteln[4].

Das klingt vernünftig, aber so, wie Mill die einander entgegengesetzten Positionen beschreibt, widersprechen sie nicht nur in der Richtung, sondern in bestimmten Punkten auch in den Tatsachen. Die Gegenüberstellung wird ferner noch durch die Einbeziehung von sich auf unterschiedliche historische Perioden beziehende Argumente erschwert. Ein Teil der in der letzteren Kritik enthaltenen Position ist Kritik an der beginnenden Industrialisierung — Bestandteil wiederum nicht des Gegensatzes zwischen dem Arbeiter auf dem Dorf und dem Industriearbeiter, sondern des zwischen dem zivilisierten Menschen und Rousseaus »edlem Wilden«, dem »Wilden« (»man of the woods«) bei Mill. Somit ist es schwierig zu entscheiden, welcher der vielen Punkte »wirklich wahr« ist. Die Idee einer »Reihe von praktischen Maximen, die beide miteinander vermitteln«, erscheint absurd. Mill sammelt in der Tat bloß Meinungen und ordnet sie nach zufälligen Gesichtspunkten, statt den durch unterschiedliche Erfahrungen, die aus unterschiedlichen Lebensweisen hervorgehen, implizierten entgegengesetzten Wertvorstellungen Aufmerksamkeit zu widmen. Er wird hier der Realität in keinem Punkt auch nur irgendwie gerecht. Cobbett besaß von der einen Position, Coleridge von der anderen jeweils eigene aus Erfahrung gewonnene Ansichten über die »Höhe des für die Zivilisation bezahlten Preises«. Aber, weil es sich bei ihnen um wirkliche Erfahrungen handelt, befaßten sie sich speziell mit »Zivilisation«. Cobbett sah »die Vermehrung des physischen Komforts« und »die Leiden der breiten Volksmassen« als einander entgegengesetzte Argumente an. Er verstand sie als Aspekte ein und derselben Zivilisation und daher als faktischen Bestandteil *der* Zivilisation, die er erlebte. Coleridge besaß bei seiner Kritik an dem »engen mechanistischen Verständnis« etwas Besseres als den »Wilden«, von dem weder Rousseau noch Mill oder irgend jemand anderes, der an dem Disput hätte teilnehmen können, auch nur etwas wußte, was sich lohnte, niedergeschrieben zu werden. Und wen hätten wir, der das Problem (Wilder, weißer Trapper) genauer zu definieren vermochte, bevor wir selbst, und sei es bloß um der Streitfrage willen, entscheiden könnten, ob er ein angemessenes Symbol der »Unabhängigkeit« ist. Ich betone diese Fragen besonders, weil sie zeigen, wie sehr Mill Meinungen und Bewertungen sowohl von Erfahrungen als auch von der gesellschaftlichen Wirklichkeit lösen kann.

Er ist auf sicherem Grund und sein gewohnter Zugriff bei diesem Material kehrt wieder, wenn er einen anderen Gegensatz beschreibt:

Wieder einmal sieht ein Mensch ganz klar das Bedürfnis, das die breite Masse der Menschheit besitzt: von einer ihnen überlegenen Intelligenz und Tugend beherrscht zu werden. Er ist zutiefst von dem Unrecht betroffen, das den Un-gebildeten und Nicht-kultivierten dadurch angetan wird, daß sie aller gewohnheitsmäßigen Achtung entwöhnt werden, indem man sie als kompetentes Tribunal für die Entscheidung der verwickeltsten Fragen anspricht, ihnen den Glauben gibt, sie seien fähig, nicht nur Vorbild für ihresgleichen zu sein, sondern auch das Gesetz zu ihnen kulturell Höherstehenden zu bringen. Er sieht ferner, daß Kultur, um über einen bestimmten Punkt hinauszukommen, Muße erfordert, die das natürliche Attribut einer erblichen Aristokratie ist, daß ein solcher Körper alle Mittel besitzt, um intellektuelle und moralische Überlegenheit zu erlangen. Er braucht auch nicht darum verlegen zu sein, sie mit einem Überfluß an Motivation dafür zu versorgen[5].

Diese Zusammenfassung verdient Bewunderung. Ebenso Mills Darlegung seiner Einwände:

Aber es gibt auch einen Denker, der eine ganz andere Beschreibung gibt und in dessen Prämissen der gleiche Anteil Wahrheit steckt. Er sagt, daß ein durchschnittlicher Mensch, selbst ein durchschnittliches Mitglied der Aristokratie, sobald er die Interessen der anderen den eigenen Kalkulationen oder seinen Instinkten des Eigennutzes hintanstellen kann, er so handeln wird. So haben es, soweit wie es ihnen zugestanden wurde, alle Regierungen zu allen Zeiten gehalten — und zwar im allgemeinen bis zum Ruin. Das einzig mögliche Gegenmittel heißt: Demokratie. In ihr ist das Volk sein eigener Regent und kann kein eigennütziges Interesse daran besitzen, sich selbst zu unterdrücken[6].

Dies ist nicht die einzige Richtung der Einwände gegen die obige Position, aber es handelt sich um die, von der wir annehmen können, daß sie Mill, der in der utilitaristischen Denkweise geschult war, als natürlich erscheinen mußte. Im weiteren beschreibt er die Verschärfung des Konflikts im Bilde des Pendelausschlags:

Jedes Extrem in der einen Richtung bedingt eine entsprechende Reaktion. Eine Verbesserung besteht lediglich darin, daß der Ausschlag die immer stärker werdende Tendenz zeigt, sich jedesmal etwas weniger weit vom Zentrum zu entfernen, um schließlich endgültig in es zurückzufallen[7].

Man braucht kaum zu betonen, daß diese Sicht der Sache zum Allgemeinplatz wurde: im Zweifelsfalle stellen sich die Engländer ein Pendel vor. Aber das Bild bleibt unangemessen, da es auf die Entwicklung der Meinung beschränkt ist und die wechselnden Bedingungen der Kräfte außer acht läßt, die sich in der Gesellschaft in die eine oder andere Richtung bewegen. Doch ist Mills Äußerung über die einander konträren *politischen* Doktrinen wesentlich angemessener als seine Erklärung für das, was die »kulturellen« Einwände gegen die moderne industrielle Zivilisation genannt werden könnten. Von Methoden und Gewohnheiten utilitaristischen Denkens vermochte er sich selbst dort nicht zu lösen, wo er bestimmte Positionen des Utilitarismus hinterfragte oder die auf einem anderen Weg erarbeiteten Verdienste anerkannte. Man sehe sich zum Beispiel seine berühmte Unterscheidung an:

Durch Bentham haben die Menschen vor allem anderen gelernt, sich selbst in bezug auf alte oder übernommene Meinungen zu fragen: Ist sie wahr? durch Coleridge: Was ist ihre Bedeutung[8]?

Das ist richtig und erhellend, obwohl wir Coleridge nicht der Mißachtung der Wahrheit für schuldig erklären dürfen. Nimmt man indessen die Unterscheidung, so wie sie ist, so kann kein Zweifel über Mills eigene Position bestehen. Seine Kritik an Bentham gründet er auf die Frage: Ist sie wahr?:

Aber *ist* diese fundamentale Lehre von Benthams politischer Philosophie eine universale Wahrheit[9]?

Das ist in allen wichtigen Punkten der Grundton der Untersuchung. Ähnlich wie Coleridge filtert er das, was er für wahr hält, aus und legt das Falsche beiseite. Es gibt aber einen Punkt, an dem man sich fragt, ob überhaupt irgendein signifikanter Unterschied zwischen den Fragen: *Ist es wahr?* und: *Was bedeutet es?* besteht. Mills Art zu betonen hebt sehr deutlich seine Eigenart hervor, sich einer Frage zu nähern.

In grundsätzlichen Fragen steht Mill Bentham näher als Coleridge. Er steht eben deswegen unseren eigenen normalen Denkgewohnheiten nahe. Ein Ergebnis seiner Essays besitzt eine Bentham vernichtende Kritik:

> Er wußte schon wenig von menschlichen Gefühlen, aber noch weniger von den diese Gefühle formenden Einflüssen: ihm entgingen all die subtileren Einwirkungen des Geistes auf sich selbst und die exogenen Faktoren und wohl niemand unternahm jemals in so hochgelehrtem Alter mit einer begrenzteren Vorstellung den Versuch, herauszufinden, wie menschliches Verhalten durch welche Tätigkeiten beeinflußt wird und werden sollte, sowie dem menschlichen Verhalten eine Vorschrift zu machen[10].

Das ist ein gegen Bentham persönlich gerichteter Kommentar, aber er ist in der Regel von denen in Besitz genommen worden, die dem Utilitarismus als allgemeiner Kritik des Systems insgesamt feindlich gegenüber standen. Er ist jetzt zum Bestandteil der bekannten Kritik des »systematischen« sozialen Denkens geworden — eine Kritik, die sich selbst auf das Prinzip gründet, daß alle Systematiker nur ein unangemessenes Wissen von der wirklichen menschlichen Natur besitzen. Mill ist vorsichtig genug, dies nicht auf sich selbst anzuwenden — wie sollte er auch? Sein eigener Kommentar über sich selbst liegt nur zu nahe:

> Ich war niemals ein Junge, habe niemals Kricket gespielt — es ist besser, die Natur ihren Weg gehen zu lassen[11].

Oder:

> Selbst bei den engstirnigsten meiner damaligen Kameraden, sie waren ältere Männer, wurden die vernünftig gefolgerten, schön miteinander verknüpften Träume zumindest in dem einen oder anderen Punkt in einem gewissen Umfang durch ihre Erfahrung der tatsächlichen Realitäten korrigiert und begrenzt, während ich, der frisch aus der Schule der Logik entlassene Schuljunge noch niemals mit einer Realität Umgang gehabt hatte, niemals eine wahrgenommen hatte, nicht wußte, was für eine Sache sie war,

sondern nur gesponnen hatte — zunächst die Deduktionen anderer, dann von angenommenen Prämissen ausgehend meine eigenen[12].

Die berüchtigte, von James Mill seinem Sohn aufgezwungene Erziehung ist auch schon oft unterstützt von Texten wie diesen, verurteilt worden. Bei der Lektüre solcher Kommentare möchte ich stets die Randbemerkung einfügen: »Trotz alledem, das System hat immerhin John Stuart Mill hervorgebracht«. Gut oder schlecht — und in der Hauptsache war es sicherlich gut — die strenge Übung hat ein gutes Beispiel für eine ausgezeichnete Intelligenz hervorgebracht. Daß es daneben noch andere Arten der Intelligenz gibt, wird eingeräumt. Systematische Forschungen über das Arbeiten der menschlichen Institutionen und systematische Versuche, sie zu reformieren und Techniken für ihre zukünftigen Erneuerungen bereitzustellen, das sind die großen menschlichen Aktivitäten. Dessen eingedenk ist der unter dem Titel »menschliche Natur« gegen sie geführte Angriff unter den bekanntesten Anzeichen nicht sehr beeindruckend. Mill lehnt gerade mit seiner Betonung der persönlichen Unzulänglichkeiten von Bentham nicht die Methoden utilitaristischen Denkens ab. Er bemüht sich vielmehr selbst um die Probleme einer neuen Situation, die in bestimmter radikaler Hinsicht gänzlich von der, die Bentham zu treffen bemüht war, verschieden war. Der frühe Utilitarismus war die — für eine aufstrebende Mittelklasse, die durch gegen die Privilegien der Aristokratie gerichtete Reformen sich ihrer Macht bestätigen wollte —, vollkommen angemessene Lehre. Die Lehre war durch und durch von den neuen Produktionsmethoden angemessenen Werten gefärbt. Es ist wahr, wenn man behauptet, daß diese erste Phase des Utilitarismus in England dazu diente, die dem ersten Stadium der Industriellen Revolution entsprechenden politischen und sozialen Institutionen zu schaffen. Die Klimax dieser Anstrengungen stellte die Reform Bill von 1832 dar. Mill schrieb in dem dem Gesetz unmittelbar folgenden Jahr und befaßte sich mit den Problemen der nächsten Phase. Bentham hatte behauptet, eine gute Regierung hinge von der Verantwortung der Herrscher gegenüber

Personen [ab], deren Interesse, deren offensichtliches und erkennbares Interesse mit den anvisierten Zielen übereinstimmt[13].

Die Reform Bill war einen langen Weg, dies für die Klasse sicherzustellen, gegangen, die die Industrielle Revolution lenkte. Aber jetzt erkannte Mill die unvermeidbare Ausweitung dieses Prinzips und daß die »zahlenmäßige Mehrheit«, deren »offensichtlichem und erkennbaren Interesse« gedient werden mußte, davon verschieden definiert werden mußte. Der neue Punkt auf der Liste hieß vollständige politische Demokratie, und Mill sah, von Benthams Prämissen ausgehend, so wie er sie verstand, sowohl deren logische Berechtigung ein, aber er sah auch, was er als die Gefahren der Ausweitung begriff: insbesondere Meinungstyrannei und Vorurteil, die als »Wille der Mehrheit« möglicherweise die Minderheitsmeinung umrennen und unterdrücken. Als Cobbett seine *Last Hundred Days of English Liberty* geschrieben hatte, galt seine Sorge den Anstrengungen einer autoritären Regierung, die gefährlichsten Advokaten der Reform zu unterdrücken. Als Mill seinen Essay *On Liberty* zu schreiben begann, hatte sich der Akzent verschoben, und Mill war mit der Zeit gegangen. Das zentrale Anliegen galt nun der Bewahrung der Rechte des Individuums und der Minoritäten von der öffentlichen Meinung und dem Staat. Hier nun fand er Coleridge und insbesondere dessen Idee der »clerisy«, der »Geistlichkeit« — eines vom Staat dotierten Standes — nützlich

für die Pflege der Gelehrsamkeit und die Verbreitung ihrer Ergebnisse in der Gemeinschaft. ... Wir halten die endgültige Verwirklichung dieses fundamentalen Prinzips für eine dauernde Wohltat, die die politischen Wissenschaften den konservativen Philosophen schulden[14].

Mill gründete seine Verteidigung der individuellen Freiheit auf andere wichtige Argumente, aber er sah deren Nützlichkeit für den Kampf gegen die Tyrannei des »Interesses« einer so offenkundig desinteressierten Klasse.

Beinahe noch stärker als die Gefahr einer Diktatur der Mehrheit fürchtete Mill beim Abfassen dieser Essays den der ersten Periode der Industriellen Revolution erwachsenden Erfolg, die Gefahr, daß das nationale Leben durch einen *laissez-faire* Kommerzialismus beherrscht wird:

Benthams Vorstellung der Welt besteht in einer Ansammlung von Personen, die alle für sich ihre partikularen Interessen und Vergnügen verfolgen[15].

Das war Freiheit oder individuelle Freiheit, so wie sie der Intellektuelle Mill gerade nicht definiert hatte —, er hatte sie als Freiheit des Denkens definiert, aber die aufstrebende industrielle Klasse hatte sie unterstützt von dem Schatten Bentham als Freiheit »mit dem Ihren zu tun, was sie wollen« bestimmt. Damit konfrontiert, mußte Mill die Grundlagen utilitaristischen Denkens überprüfen und konsequent zu seinem womöglich zentralen Urteil über Bentham kommen:

Eine Philosophie wie die Benthams ... ist in der Lage, die Organisationsmittel für den bloß *geschäftlichen* Teil des gesellschaftlichen Arrangements zu vermitteln. ... Sie wird weder etwas für die geistigen (es sei denn gelegentlich als Instrument im Dienste einer höheren Lehre) Interessen der Gesellschaft leisten, noch reicht sie selbst für die materiellen Interessen aus. ... Alles, was er machen kann, ist, hinzuweisen, wodurch in einem beliebigen Stadium des nationalen Geistes die materiellen Interessen einer Gesellschaft geschützt werden können. Er spart aber dabei die Frage aus, über die andere urteilen müssen, ob die Anwendung dieser Mittel irgendeinen schädlichen Einfluß auf den nationalen Charakter mit sich bringt[16].

Hier waren Coleridges Kritiken offensichtlich relevant. Da gab es seine berühmten Fragen in *Constitution of Church and State:*

Sind die nationale Wohlfahrt, das Wohl und das Glück des Volkes mit dem Ansteigen des Reichtums ringsum gewachsen? Ist die steigende Zahl von reichen Individuen das, was unter Reichtum einer Nation verstanden werden sollte[17]?

Oder:

Es ist in den Baumwollbezirken nichts Ungewöhnliches, daß 100 000 *Fabrikarbeiter* (merke Dir das Wort, denn Wörter in diesem Sinne sind Dinge) zugleich ohne Arbeit sind und auf Armengeld und hartherzige Arbeitgeber für Nahrungsmittel angewiesen sind. Die Malthussche Bevölkerungstheorie würde tatsächlich gewisse Mittel der Entlastung schaffen, wäre das nicht eine doppelte Frage. Wenn Du einem Menschen sagen würdest: »Du hast keinerlei Anspruch auf mich, Du hast Dein gezogenes Los in der Welt zu spielen, ebenso wie ich. Im Naturzustand würde ich natürlich, besäße ich Nahrung, mit Dir aus Mitleid und Humanität teilen, aber in diesem entwickelten und künstlichen Zustand der Gesellschaft kann ich Dich nicht unterstützen, Du mußt verhungern. Du kamst auf die Welt, als ich Dich nicht ernähren konnte.« Wie lautete dieses Menschen Antwort? Er würde sagen: »Du widerrufst alle Bindungen zwischen uns. Ich besitze keine Ansprüche auf Dich? Ich kann folglich auch keine Pflichten Dir gegenüber besitzen, und diese Pistole wird mich in den Besitz Deines Reichtums bringen. Du magst ein Gesetz hinterlassen, das mich hängen wird, doch welcher Mensch fürchtete schon angesichts des sicheren Hungertodes, gehängt zu werden?« Es ist die verfluchte Praxis des *bloßen* Bedenkens, was für diese Gelegenheit *angemessen* ist, losgelöst von jedem Prinzip oder größeren Handlungssystem — des niemals auf die wahren und unbeirrbaren Impulse unserer besseren Natur Hörens, die die kaltherzigeren Männer zum Studium der politischen Ökonomie brachte, die unser Parlament in ein Komitee für öffentliche Sicherheit verwandelt hat. Darin ist alle Macht gekleidet, und in nur wenigen Jahren werden wir entweder von der Aristokratie oder was immer noch wahrscheinlicher ist, von einer verachtungswürdigen demokratischen Oligarchie schleimiger Ökonomen, mit denen verglichen das Schlimmste der Aristokratie ein Segen wird, regiert werden[18].

Dieser von Coleridge geschriebene Kommentar stellt, da er ebensogut von Cobbett hätte verfaßt sein können, eine nützliche Erinnerung an die Komplexität der Reaktionen dieser Zeit dar. Ganz sicher ist der Ausgangspunkt dieses Arguments von Cobbett wiederholt gebraucht worden, und die erwartete Antwort hat er immer wieder betont.

Was sich Mill von Coleridge aneignete, wird recht gut mit den Worten »losgelöst von jedem Prinzip oder größeren Handlungssystem« bezeichnet. Denn Mill war viel zu intelligent, anzunehmen, daß die Mängel eines partikularen Systems, hier dem Benthams, überhaupt als Argument gegen ein System als solches gelten können. Es gibt immer ein System irgendeiner Art: ein System mag erstellt und daher mit der bleibenden »unendlichen Natur« verwechselt werden, ein anderes System wird es herausfordern und mag, da es noch im Stadium der Doktrin ist, als dogmatisch und abstrakt bezeichnet werden. Das Argumentieren gegen ein System an sich ist entweder verdrießlich oder ignorant. Was Mill in seiner Überprüfung des Benthamismus ansprach, war die in Coleridges Schlußwort enthaltene Betonung von »enlarged« — größer. Er wollte *Prinzip oder ein größeres Handlungssytem* als Verbesserung eines »bloß geschäftlichen Teils des gesellschaftlichen Arrangements«, das selbst noch darin unzureichend war. Was könnte dieses neue Prinzip oder größere System sein?

> Die Eigenart der Germano-Coleridge'schen Schule besteht darin, daß sie die aktuellen Kontroversen durchschaute und zu deren fundamentalen Prinzipien vorstieß. Sie war die erste (abgesehen von einem einsamen Denker hier oder dort), die mit Verständnis oder Tiefe die induktiven Gesetze der Existenz und des Wachstums der menschlichen Gesellschaft untersuchte. ... Sie produzierte so auch nicht nur ein Stück parteilichen Advokatentums, sondern eine Sozialphilosophie in der einzigen bisher möglichen Form, in der der Philosophie der Geschichte, keine Verteidigung partikularer ethischer oder religiöser Lehren, sondern den größten je von Denkern erbrachten Beitrag im Hinblick auf eine Philosophie der menschlichen Kultur[19].

Dem letzten Wort dieses Auszugs gebührt der Akzent, denn erst seit Coleridge tritt, wie hier von Mill richtig erkannt wird, die Idee der Kultur explizit in den Bereich der englischen Sozialtheorie ein. Mill fährt fort:

> Die gleichen Gründe [*sc.* wie die, die zu der neuerlichen Betonung der historischen Studien führten] haben die gleiche Klasse von Denkern zu etwas geführt, dem sich ihre Vorläufer niemals zugewandt haben würden, zur Kulturphilosophie. Denn die Tendenz ihrer Spekulationen zwang sie, in der in jeder politischen Gesellschaft existenten Eigenart der nationalen Erziehung, unmittelbar den Hauptgrund für ihr Fortbestehen als Gesellschaft und die Hauptquelle ihres Fortschreitens zu sehen: das erstere in dem Maße, in dem die Erziehung als ein System einschränkender Disziplin funktionierte, das letztere in dem Maße, in dem es die aktiven Fähigkeiten weckte und kräftigte. Nebenbei bemerkt, wäre es mit dem Glauben, den viele dieser Philosophen im Christentum besaßen und ihrer aller Anerkennung von dessen historischem Wert und der vordringlichen Rolle, die es beim Fortschritt der Menschheit gespielt hatte, unvereinbar gewesen, keinen Blick auf die Kultur des innerlichen Menschen als dem Problem der Probleme geworfen zu haben. Aber auch hier müssen wir betonen, daß sie sich zu Prinzipien erhoben und nicht am Einzelfall kleben blieben. Die menschliche Kultur ist zu keiner alltäglichen Höhe entwickelt worden, und die menschliche Natur hatte viele ihrer edelsten Manifestationen nicht nur in christlichen Ländern, sondern auch in der antiken Welt gezeigt, in Athen, Sparta, Rom, nun sogar bei den Barbaren, wie den Germanen oder noch ungemilderteren Wilden, bei den wilden Indianern und wieder den Chinesen, den Ägyptern, Arabern — alle besaßen ihre eigene Erziehung, ihre eigene Kultur. Eine Kultur war, was auch immer ihre Tendenz auf das Ganze gewesen sein mag, im einen oder anderen Sinne erfolgreich gewesen. Jede Form der Verfassung, jeder gesellschaftliche Zustand, was er auch noch darüber hinaus bewirkt hat, hat seinen Typ des nationalen Cha-

rakters geprägt. Was das für ein Typ war, wie er gebildet würde, was er war, das waren Fragen, die der Metyphysiker übersehen durfte, der Geschichtsphilosoph nicht. Dem entsprach, daß die Ansichten in bezug auf die verschiedenen Elemente menschlicher Kultur und die Bildung des nationalen Charakters beeinflussenden Gründe, die die Schriften dieser Germano-Coleridge'schen Schule durchdrangen, alles in den Schatten stellten, was früher unternommen worden war oder gleichzeitig von einer anderen Schule in Angriff genommen wurde. Solche Ansichten stellen stärker als irgend etwas anderes das charakteristische Kennzeichen der Goetheschen Periode der deutschen Literatur dar und werden reichlich sowohl von den historischen und kritischen Schriften der neuen Französischen Schule als auch von Coleridge und seinen Anhängern verbreitet[20].

Die Hinwendung zur Kultur war, so entschied Mill, der Weg, die utilitaristische Tradition zu erweitern. Er blickte zurück auf den Stand der Angelegenheit vor Beginn der Reformbewegung, in die er hineingeboren wurde, und folgerte:

Das war kein Geisteszustand, der sich einem ernsthaften Kopf empfehlen konnte. Er mußte über kurz oder lang zwei Arten von Menschen hervorrufen: einen, der die Auslöschung der Institutionen und Religionen, die bis hierhin existierten, verlangte, einen anderen, der ihre Realisierung verlangte. Der eine preßt die neuen Lehren bis in ihre äußerste Konsequenz, der andere brachte wieder die besten Bedeutungen und Zwecke der alten zu neuer Geltung. Der erste Typ erhält seine größte Bedeutung in Bentham, der letztere in Coleridge. Wir halten dafür, daß diese beiden Arten von Menschen, die Feinde zu sein scheinen und es selbst auch zu sein glauben, in Wirklichkeit Verbündete sind. Die Kräfte, die sie beherrschen, sind die entgegengesetzten Pole der einen großen Macht des Fortschritts. Wirklich hassenswert und verächtlich war der ihnen vorangegangene Zustand, den jeder auf seine Weise jetzt schon viele Jahre lang zu verbessern trachtete[21].

Mill vereinfacht natürlich, wenn er von der Allianz zwischen diesen »beiden Arten von Menschen« spricht. Er vereinfacht auf die ihm gewohnte Weise: durch das Abstrahieren der Meinungen und spekulativen Intentionen von den besonderen Interessen und Kräften, durch die Meinungen aktiviert wurden. Doch jetzt, wo er den Wert von Benthams Reform erkannt hatte, fand er einen Weg, seine Überzeugung auszudrücken, daß die gerade reformierte, industrielle Zivilisation eng und unangemessen war. Coleridge hatte die Idee der Kultur, die Berufungsinstanz, der sich alle gesellschaftlichen Arrangements zu unterwerfen hatten, herausgearbeitet. Wir müssen diese Idee etwas genauer untersuchen und zwar in einigen bestimmten, von Mill nicht zitierten Passagen aus der *Constitution of Church and State.* Zunächst heißt es in Coleridges fünftem Kapitel:

Das Fortbestehen einer Nation, ... ihr Fortschritt und die persönliche Freiheit ... hängen von einer kontinuierlichen und fortschreitenden Zivilisation ab. Aber Zivilisation ist nur ein gemischtes Gut und dort, wo diese Zivilisation nicht auf der Kultivierung der harmonischen Entwicklung der Qualitäten und der Fertigkeiten, die unsere Menschlichkeit ausmachen, gründet, ist sie viel eher ein korrumpierender Einfluß, ist sie der Hektik einer Krankheit eher vergleichbar als der Blume der Gesundheit und eine so gekennzeichnete Nation wird zu Recht mehr ein übertünchtes als gebildetes Volk genannt[22].

Hier versucht Coleridge deutlich, die Norm der »Gesundheit«, an die mit größerem Erfolg appelliert werden kann, als an das »gemischte Gut« der »Zivilisation«, aufzubauen. Er definiert diese Norm mit dem Wort »*cultivation*« — »*Kultivierung*«. Tatsächlich wird hier dieses Wort zum ersten Mal benutzt, um einen allgemeinen Zustand — eine »Verfassung oder Gewohnheit« des Geistes — zu bezeichnen. Das Wort hängt natürlich von der Kraft des bedeutenden Adjektivs aus dem 18. Jahrhundert ab, von *cultivated — gesittet.* Das, was Coleridge hier *cultivation — Kultivierung* nennt, hieß woanders — etwa bei Mill — *culture — Kultur.* Coleridge behandelt diese Frage noch einmal am Ende seiner Diskussion über die Funktion der Nationalkirche:

Für die Ziele, über die hier nachgedacht wird, ist es von ganz besonderer Bedeutung, daß nur durch die lebendige Wärme, die durch diese Wahrheiten den vielen zuerteilt wird und durch das Licht der Philosophie, die der Grund für die nur von wenigen besessene Göttlichkeit ist, die Gemeinschaft oder ihre Herrscher den *bleibenden Unterschied und den gelegentlichen Gegensatz zwischen Kultur (cultivation) und Zivilisation* begreifen oder richtig verstehen, oder zumindest veranlaßt werden, die wertvollste aller von der Geschichte erteilten Lektionen, die in ihren ältesten und neuesten Zeugnissen immer in gleicher Weise belegt wurde, zu lernen, daß nämlich eine Nation niemals zu kultiviert, doch nur allzu leicht überzivilisiert sein kann[23].

»Der bleibende Unterschied und der gelegentliche Gegensatz« — Coleridge hatte schon von Kultivierung als dem »Grund, der notwendig vorausgehenden Bedin-

gung beider ... der Permanenz und der Fortschrittlichkeit« gesprochen.
Diese Idee der Kultivierung oder Kultur wurde von Coleridge als eine *soziale* Idee, die in der Lage sein sollte, die wahren Wertideen zu verkörpern, bestätigt. Mill hatte geschrieben:

Der Mensch wird von Bentham niemals als ein Wesen angesehen, das fähig ist, geistige Vollendung als ein Ziel anzustreben[24].

Daß der Mensch dazu fähig war, daß das Streben nach Vollendung in der Tat das hervorstechende Geschäft in seinem Leben ist, wurde natürlich weithin auch anderen Orts, besonders von christlichen Autoren, bestätigt. Aber für Mill war Coleridge der erste, der in der Sprache einer sich verändernden Gesellschaft, die *gesellschaftlichen* Bedingungen der Vollendung des Menschen zu bestimmen versuchte. Coleridge betont in seinen sozialen Schriften die *Institutionen*. Der Antrieb für die Vollendung ging in der Tat vom »kultivierten Herz« aus, das heißt vom inneren Bewußtsein des Menschen; aber wie schon Burke insistierte Coleridge darauf, daß der Mensch Institutionen braucht, um seine persönlichen Anstrengungen zu festigen und zu begründen. In der Tat war Kultivierung, obwohl etwas Innerliches, niemals bloß ein individueller Prozeß. Was im 18. Jahrhundert das Ideal der Persönlichkeit gewesen war — die persönliche Qualifikation, um an der besseren Gesellschaft teilzunehmen — mußte nun, angesichts der radikalen Veränderung als eine Bedingung definiert werden, von der die Gesellschaft als Ganzes abhing. Unter diesen Umständen wurde Kultivierung oder Kultur zu einem expliziten Faktor für die Gesellschaft und seine Anerkennung zur Kontrolle über die Forschung und Institutionen.
Wir können jetzt sehen, daß Kultivierung als Ergebnis gesellschaftlicher Veränderungen zur Zeit der Industriellen Revolution nicht selbstverständlich als Prozeß angesehen werden konnte, sondern als ein absolutes und anerkanntes Verteidigungszentrum bestimmt werden mußte. Es bot gegen mechanistisches Denken, dem Anhäufen von Vermögen und dem Vorschlag, Nützlichkeit als Wertmaßstab zu setzen, eine andere und

überlegene soziale Idee. Es wurde in der Tat die Berufungsinstanz, durch die eine ihre Beziehungen auf der Basis von Geldverbindung konstruierende Gesellschaft verurteilt werden konnte. Indem sie sich auf die Vorstellung der

harmonischen Entwicklung derjenigen Qualität und Fähigkeiten, die unsere Menschlichkeit ausmachen,

gründete, konnte Kultivierung als die denkbar höchste Stufe des Menschen in der Gesellschaft angesehen werden und der »bleibende Unterschied und gelegentliche Gegensatz« zwischen ihr und der *Zivilisation* (dem gewöhnlichen Fortschritt der Gesellschaft) markiert und betont werden. In diesem Sinne untersuchte Coleridge die Konstitution des Staates und schlug in ihm die Dotierung eines der Bewahrung und Ausweitung der Kultivierung gewidmeten Standes vor. In seiner allgemeinen Methode folgt er Burke. Aber wo Burke den Zustand innerhalb der traditionellen Organisation der Gesellschaft zufriedenstellend fand, da fand sie Coleridge unter der Einwirkung der Veränderung bedrohlich. Angesichts der desintegrierenden Prozesse der Industrialisierung mußte Kultivierung heute mehr denn je sichergestellt werden. Die jetzt ins englische Denken eingeführte gesellschaftliche Idee der Culture — Kultur bedeutete, daß eine Idee formuliert worden war, die Werte als von »Zivilisation« unabhängig begriff und dies dann auch in einer Periode radikaler Veränderung, unabhängig vom gesellschaftlichen Fortschritt, tat. Die Norm der Vollendung der »harmonischen Entwicklung derjenigen Qualitäten und Fähigkeiten, die unsere Menschlichkeit ausmachen« stand nun nicht nur zur Beeinflussung, sondern auch zur Beurteilung der Gesellschaft zur Verfügung.

Die Sprache von Coleridges Vorschlag, einen begüterten Stand zu schaffen, dessen Aufgabe die »allgemeine Kultur« sein sollte, verdient es, festgehalten zu werden. Er nennt diesen Stand Geistlichkeit oder die Nationalkirche, die

nach ihrem vordringlichen Sinn und ihrer ursprünglichen Intuition die Gelehrten aller Fakultäten, die Weisen und Professoren ... aller sogenannten freien Künste und Wissenschaften zusammenfassen würde[25].

Er betrachtet sie als den dritten Stand im Reich:

Da nun durch den ersten Stand (den Landeigner) für das Fortbestehen der Nation und durch den zweiten (Kaufleute und Fabrikanten) für seinen Fortschritt und die persönliche Freiheit gesorgt war, während durch den König der Zusammenhang durch Interdependenz und die Einheit des Landes etabliert waren, blieb für den dritten Stand nur das den Grundbesitz, die notwendige Vorbedingung der beiden anderen Stände, darstellende Interesse[26].

Der Unterhalt dieser Geistlichkeit, die solchermaßen für die »notwendigen Vorbedingungen«, das »Fortbestehen« und den »Fortschritt« sorgte, sollte durch ein gesondert zurückgehaltenen Anteil des nationalen Reichtums, den Coleridge das »Nationalty« — das »Nationaleigentum« nannte, sichergestellt werden. Dies hieße seine Errichtung als National Church — als Nationalkirche. Aber diese Kirche sollte nicht nur als die »Kirche Christi« verstanden werden, denn das würde »die Kirche auf eine Religion« und letztlich auf eine bloße Sekte reduzieren. Die Theologie würde ihr gewiß »Kraft und Leben« spenden, aber das Ziel dieses Standes insgesamt blieb eine allgemeine Kultivierung:

Eine bestimmte kleinere Anzahl sollte am Ursprung der Geisteswissenschaften verbleiben und das schon erworbene Wissen pflegen und vermehren sowie über die Interessen der Natur- und Moralwissenschaften wachen; zugleich sollten sie aber die Lehrer derjenigen sein, die heute schon oder erst später die verbleibenden zahlreicheren Klassen des Ordens bilden. Die Mitglieder der letzteren weitaus zahlreicheren Gruppe sollten über das ganze Land verteilt werden, so daß auch nicht der kleinste integrale Teil oder Distrikt ohne einen ansässigen Führer, Wächter und Lehrer ist. Die Ziele und die letztliche Intention des ganzen Ordens sind: die Vorräte zu bewahren und die Schätze vergangener Zivilisationen zu bewachen, um so die Gegenwart mit der Vergangenheit zu verbinden und sie durch die allmähliche Perfektion und Hinzufügung mit der Zukunft zu verbinden, aber vor allem, der ganzen Gemeinschaft und jedem ihren Rechten und Pflichten verpflichteten Eingeborenen, die Menge und Qualität der Kenntnisse zu vermitteln, die sowohl für das Verständnis dieser Rechte als auch für die Erfüllung der entsprechenden Pflichten unabdingbar sind[27].

Das dieses Werk tragende Nationaleigentum

darf rechtens nicht seinen ursprünglichen Zwecken entfremdet werden; und dies ist auch noch nie ohne schweren Schaden für die Nation geschehen[28].

Wo es eine solche Entfremdung gegeben hat, da darf der Staat mit Recht solches Eigentum wieder herstellen und es seinem ursprünglichen Gebrauch erneut weihen. Dies würde durch die »National Church«, doch nicht unbedingt durch die schon bestehenden kirchlichen Organisationen ausgeführt werden:

Ich habe nicht erklärt, daß die Erträge des Nationaleigentums nur denen, die wir jetzt als Kirchenmänner oder etablierten Klerus bezeichnen, rechtens zufallen. Ich habe überall das Gegenteil impliziert[29].

Die Idee trägt in allen ihren Aspekten den eigenartigen Stempel von Coleridges Geist. Die direkte Sprache von Mills Kommentar ist vielleicht angemessen:

Indem er ganz klar ins Licht rückt, was eine etablierte nationale Kirche sein sollte ... formulierte er die herbste Satire auf das, was in Wirklichkeit existiert[30].

Doch wie für Mill liegt auch für uns die Bedeutung im Prinzip.

So fand Mill bei Coleridge das für so notwendig gehaltene *erweiterte Handlungssystem*. Wahrscheinlich sagt man zu recht, daß viel von seinem späteren Werk wesentlich von dieser prinzipiellen Erweiterung berührt wurde, obwohl die Richtung, die es nahm, recht weit entfernt von der lag, die Schriftsteller einschlugen, die Coleridges Forschungsweise bewußt fortsetzten. Mills Spätwerk wird von zwei Faktoren bestimmt: die Erweiterung der Methoden und Ansprüche utilitaristischer Reformen auf die aufstrebende Arbeiterklasse und seine Anstrengung, demokratische Kontrolle mit individueller Freiheit zu versöhnen. Ein solches Programm zu initiieren wurde in der Folge die Hauptlinie englischer Sozialtheorie. Sein Einfluß nicht allein auf die Fabianische Variante des Sozialismus, sondern auch auf breite Bereiche gerade moderner Gesetzgebung, ist evident. Kein Zweifel, Mill glaubte, wie man es gerne tut, daß die Idee der Kultur, die ihn bei Coleridge beeindruckt hatte, institutionell angemessen durch Ausbau des nationalen Erziehungssystems gesichert werden könnte. In der zweiten Hälfte des 19. Jahrhunderts äußert sich Mill über bestimmte Probleme, angesichts derer Carlyle oder selbst ein Ruskin den größten Unsinn verzapften, so vernünftig, daß uns der Schluß leicht fällt, Mills erweiterter »humanisierter« Utilitarismus sei tatsächlich das endgültige Resultat, das man sich wünschen konnte, gewesen. Ob das tatsächlich so ist, ob diese Art der Entwicklung wirklich für uns wertvoll ist, das muß an späterer Stelle auf der Basis unserer dann erworbenen Erfahrung in dieser Untersuchung erörtert werden. Hier muß herausgearbeitet werden, inwiefern das, was Mill von Coleridge übernahm, von dem, was Coleridge selbst anbot, sich unterschied, um die darauf folgende Entwicklung des Kulturbegriffs verstehen zu können. Mill verwendet in seiner Autobiographie *culture* — Kultur im Kontext der Beschreibung der Wirkung, die in der Zeit einer emotionalen Krise Wordsworth' Gedichte auf ihn hatten. Diese Gedichte, schreibt er,

schienen genau die Gefühlskultur (culture of feelings) zu sein, auf deren Suche ich war. In ihnen, so schien es mir, nährte ich mich aus einer Quelle innerlicher Freude, des Mitleids und des Vergnügens, der Imagination, aus der alle Menschen gleichermaßen schöpfen könnten. Eine Quelle, die keine Verbindung mit Kampf und Unvollkommenheit besaß, aber mit jeder Verbesserung der physischen oder gesellschaftlichen Bedingungen der Menschheit reicher gemacht werden würde. Von ihnen schien ich lernen zu können, was die ewige Quelle des Glücks sein würde, wenn einmal all die größeren Lebensübel überwunden sein würden[31].

Eine solche Schlußfolgerung ist offensichtlich bedeutsam für die Krise selbst, über die er früher berichtet:

In dieser Geistesverfassung stellte ich die folgende Frage direkt an mich selbst: angenommen, alle Deine Lebensziele wären realisiert und alle Veränderungen der Institutionen und Meinungen, auf die Du Dich freust, könnten sofort vollendet werden: wäre das dann eine große Freude und das Glück für Dich? — ein ununterdrückbares Selbstbewußtsein antwortete ganz klar mit »Nein«! In diesem Moment sank mein Herz in mir zusammen, der ganze Grund, auf dem mein Leben konstruiert war, zerbrach[32].

Mill erklärt die Situation so gut, daß wir ihn und die von ihm beschriebene Bewegung des Geistes, die, wie ich meine, charakteristisch wurde, ganz verstehen. Diese Abschnitte werden heute ständig zitiert, wenn es gilt, den Wunsch nach sozialen Reformen als unangemessen darzustellen und Kunst, die »Quelle innerlicher Freude« als stets zur Verfügung stehende Alternative anzubieten. Aber diese, sei es bei Mill oder anderen, weitverbreitete Position ist recht dubios. Mill zieht sich von einer bloßen rationalen Organisation der Bemühung zurück, das ist aber nur dann gleichbedeutend mit einem Abstandnehmen vom Wunsch nach sozialer Reform, wenn dieser Wunsch seine Wurzeln in dieser Art intellektueller Anteilnahme hat. Viele Männer hatten wie der frühe Mill ihre Sozialtheorie allein auf diese Art der Anteilnahme gegründet und nach der Verbreiterung der Erfahrungsbasis von ihr abzurücken, ist nur natürlich. Die Tatsache, daß bei sensiblen Menschen das Zurücktreten die Form von Mills Vorliebe für Poesie annimmt, ist ebenfalls verständlich. Poesie ist, wie er es beschreibt, »d i e Kultur des Gefühls« — aber sie ist nicht nur dies. Sie hat »keine Verbindung mit Kampf und Unvollkommenheit« — das heißt: sie ist ein losgelöster, abstrakter Bereich. Demokratisches wird bewahrt: das Vergnügen wird »mit jeder Verbesserung der physischen oder gesellschaftlichen Bedingungen der Menschheit« reicher. Inzwischen ist sie aber nicht nur ein Versprechen, sondern auch ein Refugium, eine Quelle des Kontaktes mit den »ewigen Quellen des Glücks«. Dies wurde eine weitverbreitete Weise, Poesie und Kunst im allgemeinen zu betrachten, zusammen mit der ganz offensichtlichen Implikation, die übrigen gesellschaftlichen Aktivitäten des Menschen zu verurteilen.

Das grundlegende Bedenken gegen diese Art, Poesie zu betrachten, besteht darin, daß Poesie als Gefühls*ersatz* aufgefaßt wird. Das geschieht, weil die übliche Denkweise in Köpfen dieser Art dahin tendiert, die Substanz des Gefühls zu verneinen und es als »subjektiv« und daher, wahrscheinlich den regulären Gedankengang verdunkelnd oder behindernd, zu verwerfen. Wenn der Geist eine »Denkmaschine« ist, dann ist für sein Funktionieren das Gefühl im normalen Sinne unwichtig. Indessen: die »Denkmaschine« bewohnt eine ganze Persönlichkeit, die, wie in Mills Fall, komplexen Stressen, ja selbst Zusammenbrüchen unterworfen ist, Ein so gebauter Geist, der diese Situation bemerkt, erkennt die Notwendigkeit einer zusätzlichen »Abteilung«, eines besonderen Reservats, in dem das Gefühl behütet und organisiert werden kann. Es liegt nahe, in Poesie und Kunst solche »Abteilungen« und in der Rückbesinnung auf diese Reservate tatsächlich eine »Erweiterung« des Geistes zu sehen. Dispositionen dieser Art sind charakteristisch geworden. Praxis als auch das Verständnis von Kunst haben unter der Benutzung der Kunst als Kautele in einem schlechten Vertrag gelitten.

In der romantischen Idee von Poesie gab es Elemente, die dazu tendierten, in dieser falschen Zuneigung zu schwelgen. Die Spezialisierung der Poesie zur Funktion »einer Gefühlskultur« kann als Bestandteil der gleichen Geistesbewegung aufgefaßt werden, die die für utilitaristisches Denken charakteristische, rationale Engstirnigkeit hervorgebracht hatte. Gefühl und Gedanke, Poesie und rationale Untersuchung erschienen als Alternativen, zwischen denen entweder gewählt werden mußte, oder die man gegeneinander auszuspielen hatte. Aber in Wirklichkeit waren sie Antithesen innerhalb eines Bruches: die Verwirrung der von der Fiktion eines »Geistes» gejagten Männer.

Coleridge hätte, wenn Mill auf ihn gehört hätte, diese Frage klären können. Er hätte zumindest das Problem klären können, auch wenn seine eigene Methode der Organisation nicht übertragbar war. Mill konnte offensichtlich unmöglich Coleridges Art der Vorliebe für Erfahrung wahrnehmen. Eine Position wie die Coleridges kann nicht als Überzeugung angeboten werden. Sie war weder ein überzeugendes Element noch konnte sie es auch sein. Das beste, was ein Mann wie Coleridge anzubieten hatte, war ein Beispiel, von dem man aber in dem gleichen Maße, in dem man Coleridges Position erkennt, sieht, daß es das Wertvollste ist, was man angeboten bekommen kann. Die bei Coleridge beobachtete Denkweise konzentriert unsere Aufmerksamkeit nicht auf Mills rationale Gesellschaft, sondern beinahe gänzlich auf die *Beziehungen* zwischen persönlichem Beispiel und gesellschaftlicher Institution.

Hier kann Coleridges Methode nur kurz dargestellt werden. Sie wird vielleicht am besten in einem für ihn typisch komplizierten Satz aus einem Brief an Wordsworth beschrieben:

Kurz gesagt, die Notwendigkeit einer allgemeinen Revolution in den Weisen der Entwicklung und Disziplinierung des menschlichen Geistes durch die Unterstützung des Lebens und der Intelligenz ... denn die Philosophie des Mechanismus, die in allem, was dem menschlichen Intellekt am wertvollsten ist, den *Tod* bekämpft und sich selbst betrügt, indem sie klare Bilder für distinktive Begriffe nimmt, und die eitel dort Begriffe fordert, wo Institutionen allein für die Majestät der Wahrheit möglich oder ihr angemessen sind. Kurzum, zur Theorie erhobene Tatsachen — Theorie zu Gesetzen — und Gesetze zu lebenden und intelligenten Kräften[33].

Oder:

Voraussetzung für jede wahre Philosophie ist daher das volle Verständnis des Unterschieds zwischen der Kontemplation der Vernunft, das heißt der Intuition der Dinge, die entsteht, wenn wir uns selbst als Bestandteil des Ganzen, des substantiellen Wissens begreifen, und dem, was sich darbietet, wenn wir Realität in die Negationen der Realität umwandeln, in den sich immer verändernden Rahmen unseres gleichartigen Lebens, wenn wir uns als abgetrennte Wesen betrachten und die Natur als Antithese des Geistes setzen, als Objekt dem Subjekt, als Ding dem Gedanken und Tod dem Leben. Das ist abstraktes Wissen oder die Wissenschaft des bloßen Verstehens..., die nur dann zu einer Wissenschaft der Täuschung wird, wenn sie für sich selbst stünde, statt das Instrument der vorigen zu sein (der Intuition, die entsteht, wenn wir uns selbst als Bestandteil des Ganzen begreifen) — statt, wie es war, eine Übersetzung der lebenden Sprache in eine tote zu sein mit den Zielen der Erinnerung, des Ordnens sowie der allgemeinen Kommunikation[34].

Eine wichtige Unterscheidung wird zwischen »substantiellem Wissen« und »abstraktem Wissen« gemacht, ohne daß die Funktion des letzteren als »Erinnerung, Ordnen und allgemeine Kommunikation« nur geleugnet wird. Der Gegensatz besteht nicht zwischen »Denken« und »Gefühl«, sondern zwischen Modi von beiden. Auf die Einheit der substantiellen Modi beider wird insistiert:

Meine Meinung ist folgende: ein tiefes Denken kann nur von einem Manne mit tiefem Gefühl erlangt werden und jede Wahrheit ist eine Art Enthüllung. ... Es ist anmaßend, von der öffentlichen *Meinung* nur in der *Meinung abzuweichen,* wenn es nur eine *Meinung* ist[35].

Durch tiefes Fühlen machen wir unsere *Ideen trübe,* und das meinen wir mit unserem Leben, uns selbst[36].

Diese Erhebung des Geistes über die äußere Form der Gewohnheit und die der Sinne zu einer Welt des Geistes, dieses Leben in der Idee, auf einer Linie mit dem Höchsten und gottähnlich, dem einzig und allein der Name Leben zukommt und ohne das unser organisches Leben nur ein Zustand des Somnambulismus ist. Das bietet den einzigen Anker im Sturm und gleichzeitig das substantiierende Prinzip aller wahren Weisheit, die zufriedenstellende Lösung aller Widersprüche der menschlichen Natur, des gesamten Welträtsels. Das Herz allein gehört allen und spricht zu allen verständlich, zu den Gelehrten wie den Nicht-Gelehrten. Für alle gleich gegenwärtig kann es erweckt, doch nicht gegeben werden. Aber es darf nicht angenommen werden, es sei eine Art von Wissen. Nein! es ist eine Form des Seins, oder es ist in der Tat das einzige Wissen, das wahrhaft *ist*, und alle andere Wissenschaft ist nur insofern real, als sie symbolisch dafür da ist[37].

Natürlich geht Coleridge, wenn er vom Beispiel zur Formulierung übergeht, auch zu einer schattigeren anfechtbareren Aktivität über. Man kann sogar sehen, wie Mill das, was er tat, mit Coleridges Versuchen zu systematisieren vollbringt. Bei Coleridge gibt es immer eine Mischung von substantiellem und abstraktem Wissen — so seine eigene Definition —, wobei er zuzeiten, was eben leicht geschieht, das eine mit dem anderen verwechselte. Doch bietet er in seinen besonders wichtigen Passagen von Bentham radikal Verschiedenes und auch von Mills versuchter »Erweiterung« gänzlich Verschiedenes, so daß sein Einfluß nicht als »humanisierende« Kontrolle, sondern vielmehr als alternative Konzeption von Mensch und Gesellschaft aufgefaßt werden muß. Wie auch immer, eine solche Konzeption »kann erweckt, aber nicht gegeben werden«.

Man kann sehen, wie die Konstruktion von »culture« — »Kultur« als Kunst von Coleridge und später von Ruskin ausgeht. Doch ist das auch nur eine Teilfolgerung, denn die Künste stellen im wesentlichen nur ein Symbol für das »substantielle Wissen«, das Coleridge zu beschreiben suchte, dar. Das gleiche Kriterium ist zumindest für andere Aspekte unserer gesamten Tätigkeit ebenso wichtig. Coleridge war in der Tat, so wie Mill ihn beschrieb, ein den »Keim enthaltender Geist», aber die Saat war wie in der Parabel auf unterschiedlichen Grund gefallen. Bei Mill brachte sie das, was ich den »humanisierten Utilitarismus« genannt habe, hervor. Bei Ruskin und Carlyle (die zum Teil mit denselben Quellen wie Coleridge arbeiteten) nährte sie eine besondere Gruppe sozialer Prinzipien, die von denen Mills sehr verschieden waren, aber dennoch nicht ohne Einfluß auf die weitere gesellschaftliche Entwicklung blieben. Noch später gesellte sie sich zum Einfluß von T. H. Green sowie der ganzen idealistischen Schule, die die Frage des staatlichen Funktionierens mit Methoden angingen, die Coleridge erkannt und geschätzt hätte. Doch ein Geist, der den Keim enthält, kann, wenn es sich um einen Coleridge handelt, nicht angemessen aufgrund seiner lediglich intellektuellen Ernte beurteilt werden. Davon unabhängig und auch von seinem eigenen »abstrakten Wissen«, ist Coleridge als Beispiel für die Fähigkeit zu sammeln, von größtem Wert geblieben:

Ich habe niemals zuvor eine Abstraktion des *Denkens* als einen reinen Akt und als Energie angesehen — Denken als vom Gedachten unterschieden[38].

Kapitel IV

Thomas Carlyle

1829 publizierte Carlyle im *Edinburgh Review* seinen wichtigen Essay *Signs of the Times*. Der Essay stellte seinen ersten bedeutenden Beitrag zur Sozialtheorie seiner Zeit dar und ist dennoch vielleicht auch sein umfassendster. Es handelt sich um einen kurzen Essay von wenig mehr als zwanzig Seiten, der indessen eine allgemeine Position absteckte, die Grundlage für Carlyles gesamtes späteres Werk werden sollte und die darüberhinaus von vielen anderen Schriftstellern übernommen und zu einem Hauptbestandteil der Tradition der englischen Sozialkritik werden sollte.
Es ist nicht leicht, die in dieser entscheidenden Stellungnahme vereinigten Elemente, deren Einfluß in sie eingegangen ist, zu unterscheiden. Der deutsche Einfluß der vorangegangenen vierzig Jahre wird deutlich mit den relevanten Namen: Goethe, Schiller, Jean Paul und Novalis. Carlyle hatte viel auf diesem Gebiet gelesen und geschrieben, und der im gleichen Jahr wie *Signs of the Times* abgefaßte Essay über *Novalis* zum Beispiel zeigt dazu evidente Beziehungen. Es gab da zum Beispiel den Gegensatz von *mechanischem* und *dynamischem* Denken in einem Zitat aus den *Fragmenten* des zweiten Bandes der von ihm rezensierten *Schriften* von *Novalis*. Viele der anderen Ideen und Sätze mögen sich ganz ähnlich zurückverfolgen lassen. Da gab es aber auch wieder Anzeichen für den Einfluß von Coleridge, der seinerseits häufig dieselben Quellen benutzt, aber sie auch individuell entwickelt hatte. Carlyle hatte Coleridge zu dieser Zeit schon getroffen. Die Beziehungen beider Männer waren, wenn auch nicht immer ungetrübt, doch substantiell. Carlyle ist, da beschränkter als Coleridge, der systematischere: ein Wink Coleridges wird bei Carlyle zu einer Position. Diese und andere Einflüsse müssen anerkannt werden, doch berührt das die Originalität von Carlyles Essay nicht wesentlich. Die Geistesgeschichte ist ein totes Studium, wenn sie sich allein als Abstraktion von Einflüssen

versteht. Das Wichtige an einem Denker wie Carlyle ist die Qualität seiner unmittelbaren Reaktion: die Termini, die Formulierungen und die Morphologie der Ideen sind eigentlich erst in zweiter Linie wichtig, aber ebenso auch das Subjekt des Einflusses. Carlyle gibt mit seinem Essay eine direkte Antwort auf das England seiner Zeit: auf die Industrialisierung, die er als erster beim Namen nennen sollte, auf das Gefühl und die Qualität der allgemeinen Reaktion der Menschen — die Struktur des zeitgenössischen Fühlens, die überhaupt nur unmittelbar erfahren werden kann. Aber er antwortete auch auf den Charakter und den Konflikt formaler Systeme und auf Ansichten. *Signs of the Times* besitzt als Redewendung den richtigen Akzent.

Der Essay ist zwar Studenten bekannt, doch ist er nicht so allgemein bekannt, wie er es verdient. In stärkerem Maß als alle anderen seiner Essays verlangt er danach, daß aus ihm zitiert wird. Wir können mit der allgemeinen Beschreibung beginnen:

> Würden wir gebeten werden, unser Zeitalter mit einem einzigen Adjektiv zu charakterisieren, so würde ich es nicht ein heroisches, gottergebenes, philosophisches oder moralisches Zeitalter nennen, sondern das mechanische. Es ist das Zeitalter der Maschine in dem äußeren und inneren Sinn des Wortes. ... Nichts wird jetzt mehr direkt oder durch Handarbeit hergestellt, sondern alles mittels Vorschrift und kalkulierter Planung[1].

Diese Behauptung wird zunächst unter Hinweis auf die veränderten Produktionsverfahren illustriert:

> An beiden Händen gefaßt, wird der lebendige Handwerker aus seiner Werkstatt vertrieben, um Platz für einen schnelleren, leblosen zu machen. Das Webschiffchen entfällt den Fingern des Webers hinein in die eisernen, die es schneller betreiben[2].

Daraus ergeben sich notwendige soziale Veränderungen:

> Was sich auch ändert: dieser Machtzuwachs verschafft sich Einlaß ins gesellschaftliche System. Wie es kam, daß sich Reichtum immer mehr vermehrte und sich gleichzeitig immer mehr zu wahren Massen anhäufte und so die alten Beziehungen merkwürdig veränderte, den Abstand zwischen Arm und Reich vergrößerte, das wird für die politischen Ökonomen die weitaus komplexeste und wichtigste Frage sein, mit der sie sich bis jetzt befaßt hatten[3].

Das sind die klaren Aussagen der Analyse, die fortgeführt wurde und uns vertraut geworden ist. Liest man sie, so versteht man leicht Marx' späteren Beitrag zu diesem Aspekt von Carlyles Werk. Doch Carlyle setzt seine Analyse in einer anderen Richtung, die Matthew Arnold, der Verfasser von *Culture and Anarchy*, geschätzt hatte, fort:

Nicht allein das Äußere und Physische wird jetzt von der Maschine beherrscht, sondern auch das Innere, Spirituelle. ... Ein und dieselbe Gewohnheit reguliert unsere Handlungsweise wie unsere Denk- und Fühlweise. Die Menschen sind in ihren Herzen und Köpfen ebenso mechanisch geworden wie in ihren Händen. Sie haben den Glauben an jede Form individuellen Strebens und natürlicher Kraft verloren. Sie hoffen und ringen nicht um innere Vollkommenheit, sondern um äußerliche Kombination und Arrangements. All ihre Anstrengungen, Zuneigungen und Meinungen drehen sich um Mechanik und besitzen einen mechanischen Charakter[4].

Als Beispiel dafür fügt Carlyle an:

Es existiert eine innere Überzeugung..., daß es neben den Naturwissenschaften keine wahren Wissenschaften gibt, daß die innere Welt (wenn es sie geben sollte) nur über die äußere erreichbar ist, daß wir kurzum das, was wir nicht auf mechanischem Wege erforschen und verstehen können, überhaupt nicht erforschen können[5].

Das größte Interesse wird an *bloß politischen Arrangements* genommen. ... Wären Gesetze und Regierung in einem guten Zustand, so stünde alles gut für uns, und der Rest würde für sich selbst sorgen! ... Wir sind diesem Prinzip dermaßen hingegeben und gleichzeitig so eigenartig mechanisch, daß unter uns ein speziell auf ihm basierendes neues Geschäft mit dem Namen »Kodifikation« oder »Kode-Bildung« im allgemeinen aufgekommen ist. Dadurch können alle Leute aus vernünftigen Gründen mit einem patentierten Kode versehen werden. Das ist einfacher als komische Individuen mit patentiertem Hintern, denn die Leute brauchen *nicht* erst gemessen zu werden[6].

Der Mechanismus hat seine Wurzeln jetzt in die intimsten, ursprünglichsten Wurzeln der Überzeugung des Menschen geschlagen und treibt von dort, das ganze Leben und Treiben durchdringend, unzählige Stämme, die Früchte und Gifte tragen. ... Die dem Menschen zum Wissen und Glauben eigene Kraft, der Intellekt ist heute beinahe synonym mit Logik oder der bloßen Fähigkeit zu arrangieren und zu kommunizieren. Ihm eignet nicht Meditation, sondern das Argument. ... Unsere erste auf einen beliebigen Gegenstand gerichtete Frage lautet nicht: was ist es? sondern: wie ist es? ... Für jedes Warum müssen wir ein Wofür haben. Wir besitzen unsere kleine *Theorie* über alle menschlichen und göttlichen Angelegenheiten[7].

Religion ist heute ... zumeist ein weises und kluges, auf reiner Berechnung begründetes Gefühl..., durch das ein kleineres Quantum himmlischer Freuden eingetauscht werden kann[8].

Die Verehrung des physisch Stärksten hat sich in der Literatur breit gemacht. ... Wir loben ein Werk nicht als »wahr«, sondern als »stark«, unser höchstes Lob ist, daß es uns »berührt« hat...[9] Unsere ... »höhere Moral« ist vielmehr eine »niedere Kriminalität«, die nicht durch eine größere Liebe zur Tugend, sondern durch eine größere Perfektion der Polizei und der noch subtileren und mächtigeren Polizei der öffentlichen Meinung bewerkstelligt wurde[10].
Mit allen Sinnen verehren und folgen wir der Macht ... Niemand mehr liebt die Wahrheit so, wie die Wahrheit geliebt werden muß mit einer unendlichen Liebe, sondern nur mit einer endlichen, als wäre es eine Liebelei. Nein, wahrhaftig, man *glaubt* und weiß es nicht, sondern man »*denkt*« nur, daß »alles wahrscheinlich ist«! Man predigt es laut und eilt mutig damit voran — vorausgesetzt, eine Menge jauchzt hinter einem her. Doch man sieht sich ständig um und in dem Augenblick, in dem das Jauchzen nachläßt, hält man auch ein[11].

Das sind die Fehler der *äußerlichen* Zuneigung, wird es im Lichte des innerlichen Anspruchs gesehen. Doch:

Die Grenzen dieser beiden Bereiche menschlicher Tätigkeiten, die ineinander greifen und die eine mit der anderen so verwoben und mithin untrennbar sind, zu ziehen zu versuchen, ist aufgrund ihrer Natur unmöglich. Ihre relative Wichtigkeit ... wird, den spezifischen Wünschen und Neigungen dieser Zeiten entsprechend, sich zu jeder Zeit unterscheiden. Inzwischen scheint es klar genug zu sein, daß unsere wahre Aktionsrichtung allein in der richtigen Koordination und der entschlossenen Fortentwicklung beider liegen kann. Übertriebene Pflege der inneren oder moralischen Sphäre führt zu eitlen und undurchführbaren Richtungen. Übertriebene Kultivierung des Äußeren wiederum, muß auf lange Sicht gesehen, obwohl weniger von Vorurteil behaftet und sogar heute viele handfeste Wohltaten hervorbringend, zur Zerstörung der moralischen Kraft, die die Mutter aller anderen Kräfte ist, führen und damit ebenso gewiß nur noch hoffnungsloser zum endgültigen Verderben. Das ist, wie wir es sehen, das große Kennzeichen unseres Zeitalters[12].

Carlyle möchte eine Wiederherstellung des Gleichgewichts unter den von ihm genannten Bedingungen. Er verfaßt keine Ablehnung, sondern eine Kritik seiner Zeit.

Diese düsteren Züge, deren wir uns bewußt sind, gehören ebenso mehr oder weniger zu anderen Zeitaltern wie zu dem unseren. Dieser Glaube an die Mechanik, an die alles übersteigende Bedeutung der physischen Welt ist in allen Zeiten das Refugium der Schwäche und der blinden Unzufriedenheit ... Wir wissen auch, daß sie in ihrer ganzen Übertreibung, auf uns selbst angewandt, nur das halbe Bild ausmachen ... Auch mit all diesen Übeln, mehr oder weniger deutlich vor uns, haben wir zu keiner Zeit an dem Geschick der Gesellschaft verzweifelt. Verzweiflung oder bloß

Mutlosigkeit scheinen uns in dieser Hinsicht in jedem Fall ein grundloses Gefühl. Wir besitzen den Glauben an die unvergängliche Würde des Menschen, an seine hohe Berufung, die ihm durch diese seine ganze irdische Geschichte zugesprochen ist. ... Dieses Zeitalter schreitet ebenfalls voran. Seine ganze Ruhelosigkeit, seine unaufhörliche Aktivität, seine Unzufriedenheit enthalten Versprechungen. Wissen und Erziehung öffnen auch dem Niedrigsten die Augen und erhöhen unbegrenzt die Zahl der Denkenden. So sollte es auch sein, denn nur, wenn wir nicht zurückblicken, keinen Widerstand leisten und entschlossen nach vorwärts kämpfen, gewinnen wir unser Leben ... Es existiert ein in der Tiefe der ganzen Gesellschaftsstruktur geführter Kampf; eine hemmungslose, abschleifende Kollision zwischen dem Neuen und dem Alten. Die Französische Revolution war nicht, wie jetzt deutlich geworden ist, Mutter, sondern Nachkomme dieser mächtigen Bewegung ... Das letzte Kapitel ist in diesem Land noch nicht aufgeschlagen worden, nein, es ist bis jetzt noch nirgendwo aufgeschlagen worden. Politische Freiheit ist bis heute Ziel dieser Anstrengungen, aber sie werden und können dabei nicht enden. Der Mensch zielt ungenau auf eine höhere Freiheit als bloß auf die von der Unterdrückung seiner Mitsterblichen. Von dieser höheren, himmlischen Freiheit, die des »Menschen vernünftiger Dienst« ist, zeugen seine ganzen noblen Institutionen, sein gläubiges Streben und seine erhabenen Kenntnisse als Körper und immer mehr angenähertes Emblem[13].

Die Kritik an den Merkmalen dieses Zeitalters ist fundamental, doch überrascht der vorherrschende Ton insbesondere in den letzten Absätzen ganz gewiß den Leser des 20. Jahrhunderts. Für uns stellen Wendungen wie »unzerstörbare Würde des Menschen ... die hohe Berufung ... entschlossen vorwärts kämpfend« eine Seite des Arguments dar — Kritik am »Glauben an die Mechanik« die andere. Das erste Argument vernachlässigt gemeinhin die Kritik, das andere hat sich ebenso selbstverständlich selbst von Stärke und Hoffnung gereinigt. Die Idee des Gleichgewichts stellt sich im allgemeinen nicht bei den bloßen Gedanken an Carlyle ein, aber es finden sich in seinem Essay eine echte Ausgewogenheit und eine inzwischen seltene Einheit von Einsicht und Determination. Einen Mann, der so begann, könnte man leicht für qualifiziert halten, der wichtigste Sozialtheoretiker seines Jahrhunderts zu werden.

Es gab natürlich eine Zeit, in der die Annahme, er würde es auch werden, weit verbreitet war. Vermutlich glaubt das heute niemand, und ich möchte auch gewiß nicht behaupten, daß er es sei. Einsicht durchdrang sein gesamtes Werk. In seinen ungestümsten Stellen vermag er gelegentlich immer noch, unsere gewohnten Annahmen, für uns sehr unbequem, zu durchbrechen. Die Begrenzung seines weiteren Werkes ist vor allem in einer falschen Konstruktion der Grundfragen von sozialen Beziehungen zu sehen. Darin ist er Opfer der von ihm selbst in *Signs of the Times* beschriebenen Situation.

»Die Verehrung des physisch Stärksten hat sich in der Literatur breitgemacht. ... Mit allen Sinnen beten wir die Macht an und folgen ihr.« Dies sind die Zeichen der von Carlyle beobachteten Krankheit — gleichzeitig aber sollte er ihr auch erliegen. Das dominierende Prinzip in seinem gesamten späteren sozialtheoretischen Werk ist das des starken Führers, des Heroen und der ihn verehrenden Untertanen. Der Schriftsteller Carlyle wird zur Karikatur eines solchen Helden. Er sieht mit einer schrecklichen Klarheit die geistige Leere der charakteristischen gesellschaftlichen Beziehungen seiner Zeit, die nur »Geldverkehr als das einzige Band« zwischen Menschen kennt, wo ... »es doch so viele Dinge gibt, für die man nicht bezahlen kann«[14]. Das Durchschauen macht es ihm gänzlich unmöglich, sich in diese Art der Beziehung zu fügen und deshalb wird er ohne Argumente zu einem Reformer und Radikalen. Dabei aber fühlt er sich selbst isoliert. Der reale Rahmen dieser Beziehungen, die bestehende Gesellschaft, ist notwendig gegen ihn, da er gegen sie ist. Er fühlt sich in dieser Situation von allen fruchtbaren sozialen Verbindungen abgeschnitten und besitzt, um mit Burke zu sprechen, aufgrund von Umständen, die dieser aber übersah, »von der Politik nichts anderes als von ihr angerührte Leidenschaften«[15]. Was ihm fehlt oder was er nicht zu besitzen meint, ist Macht, und doch ist er sich der Macht bewußt und zugleich der Überlegenheit seiner Einsicht (die nicht nur auf eine rein persönliche Ansicht reduziert werden darf) in die wirklichen Probleme seiner Zeit. Unter dieser Spannung konstruiert er das allgemein Wünschenswerte als das — und diese Schlußfolgerung ist nicht notwendig, doch sie wird immer wieder gezogen —, was er persönlich wünscht. Er schuf das Bild des Helden, des von einer Vision besessenen Führers, dem man zuzuhören, zu verehren und zu gehorchen hatte. Im allgemeinen wird dieser Schluß im Rahmen einer psychologischen Untersuchung Carlyles gezogen: Impotenz projiziert sich selbst als Macht. Aber das tut, obwohl es insofern relevant ist, als es bestätigt werden kann, der vorbildlichen Qualität der Schlußfolgerung Carlyles wenig Gerechtigkeit an. Es handelt sich in der Tat um ein allgemeines, vielleicht besonders in den letzten sechs oder sieben Generationen bemerktes Phänomen. Die Erklärung ist nur dann nicht mechanisch, wenn wir äußerst sorgfältig die Zwecke, für die die Macht gewünscht wird, unterscheiden. Im Falle Carlyles handelt es sich im wesentlichen um positive und edle Zwecke. Die dagegen opponierende Normalität der von ihm zu reformieren gewünschten Gesellschaft ist ihnen moralisch in jeder Hinsicht unterlegen. Die Tragik der Situation liegt in folgendem: die genuine Einsicht und Vision sollten eben von der Situation, der Struktur der Beziehungen, gegen die sie sich richteten, so lange niedergezerrt werden, bis eine zivilisierende Einsicht in sich barbarisch wurde und ein heroischer Zweck, eine »hohe Berufung« ihren letzten Ausdruck in einem Konzept der menschlichen Beziehungen fand, das lediglich eine idealisierte Version der industriellen Klassengesellschaft darstellte. Das Urteil, daß wir »mit allen Sinnen die Macht verehren und ihr folgen«, kehrt in der Tat als ironisches Echo wieder.

Den größeren Teil von Carlyles Schriften nimmt seine imaginative Neuschöpfung des edlen Machtmenschen ein. Aus Mangel an lebenden Männern schließen wir einen Gesellschaftsvertrag mit einer Biographie. Die Schriften über Cromwell, Friedrich den Großen sowie andere verkörpern die merkwürdigste aller Erfahrungen: ein Mann, der in persönliche Beziehungen zur Geschichte tritt, richtet sich mit den berühmten Toten ein. Seine relevanteren Arbeiten sind jetzt die Essays über *Heroes and Heroe-Worship*, die *Latter-Day Pamphlets*, *Past and Present* sowie *Shooting Niagara*. Die Einheit von Carlyles Werk ist darin zu sehen, daß beinahe alles, was er schrieb, sich auf seine Hauptfragen bezog.

Seine umfassendste Analyse der Philosophie des Mechanismus findet sich zum Beispiel in *Sartor Resartus*, wo er ferner in einer brillanten Passage für uns das Wort Industrialism — Industrialismus prägte und das Phänomen als erster definierte.

Der 1839 publizierte Essay über *Chartism* gibt ein gutes Beispiel für seine ausgearbeitete Methode und seine Überzeugungen. Am Abend der Krise der Hungry Forties — der hungrigen Vierzig abgefaßt, beginnt er mit einer charakteristischen Einsicht:

Wir sind uns bewußt, daß, nach Zeitungen zu urteilen, der Chartismus erstickt ist, daß ein Reformministerium »die Chimäre des Chartismus niedergeschlagen hat« und zwar aufs glücklichste und endgültigste. Das sagen die Zeitungen — und doch wissen die meisten Zeitungsleser nur zu gut, daß es tatsächlich nur die »Chimäre« des Chartismus und nicht die Wirklichkeit ist, die niedergeworfen worden ist. ... Der lebendige Kern des Chartismus ist bis heute nicht ertötet worden. Chartismus heißt die wild und wahnwitzig gewordene bittere Unzufriedenheit, die falsche Lage oder falsche Verfassung der arbeitenden Klassen Englands. Es ist nur ein neuer Name für etwas, das schon viele Namen hatte und auch noch viele besitzen wird. Das mit Chartismus bezeichnete Problem ist schwerwiegend, tief verwurzelt, weitreichend und hat weder gestern seinen Anfang genommen, noch wird es heute oder morgen zu Ende sein[16].

Nach dieser und der parallelen Erkenntnis, daß es keine Antwort darstellt, den Unzufriedenen »wahnwitzig, mordbrennerisch und ruchlos« zu nennen, stellt Carlyle die berühmte »Condition of England«-Frage, die nach der Lage Englands:

Ist die Lage der englischen Arbeiter schlecht, so schlecht, daß vernünftige Arbeiter nicht ruhig darin bleiben können, wollen — es nicht einmal sollen[17]?

Das ist Cobbetts Frage und auch in Cobbetts Manier gestellt. Wir brauchen eine solche Frage nur in den für eine politische Diskussion in dieser Zeit passenden Kontext zu stellen, um zu erkennen, daß ihre Festigkeit, ihre wesentliche und zentrale Stärke, was jetzt so leicht als selbstverständlich angesehen wird, sich nicht dem Zufall verdankt, sondern von einem Manne mit eben den Qalitäten, die von Carlyle so oft an anderen gepriesen worden waren, von einem starken und ehrfürchtigen Mann.

Als Dickens *Hard Times* schrieb, ein Buch, in dem sich viel von Carlyle findet, galt gerade dem Verfahren der systematischen Untersuchung dieser »Condition of England«-Frage — dem Mr. Gradgrind und seinem Observatorium mit der »tödlichen statistischen Uhr« sein beißender Spott. Es stellt einen Maßstab für den Unterschied zwischen Carlyle und Dickens, ein wesentlicher Unterschied in menschlicher Ernsthaftigkeit, dar, daß Carlyle keinen derartig trivialen Fehler macht. Er kritisiert unvollständige Statistiken und fordert zu Recht Evidenz und rationale Untersuchung, damit die Legislative nicht weiter »im Dunkeln Gesetze verabschiedet«. Das Fehlen einer solchen Untersuchung sieht er wiederum mit Recht als Symptom des Geistes des *laissez-faire* an. Der Essay gerät zu einem machtvollen Angriff auf diese Idee des *laissez-faire:*

Daß sich selbst vernichtendes Nichtstun und *laissez-faire* schon so tief in unsere Praxis eingenistet haben, ist die Quelle allen Elends[18].

Diese Lehre des 18. Jahrhunderts, wie sie Carlyle nannte, kämpfte

immer noch, sich auch ins 19. fortzupflanzen, das für solche Praxis aber nicht mehr die Zeit war. ... Es war ein glückliches Jahrhundert, das das so praktizieren konnte: ein Jahrhundert, das seine Vorläufer reich beerbt hatte und das auch nicht ganz unnatürlich seinen Nachfolgern eine Französische Revolution, allgemeinen Umsturz und Schreckensherrschaft vermachte, ihm zugleich aber auch durch lautesten Donner, Brand, Hinrichtung, Kanonaden und Weltkrieg und Erdbeben ankündigte, daß ein solches Jahrhundert mit diesen Praktiken auch zu Ende war[19].

Die Bewegung indessen, deren Teil die Französische Revolution nur war, war noch nicht zum Ende gekommen:

Chartismus, Radikalismus, die Reform Bill, Tithe Bill und unendlich viele andere Disputationen, Debatten und Redereien, die noch kommen werden, sind *unsere* Französische Revolution: Gott gebe, daß wir mit unseren besseren Methoden imstande sein mögen, sie allein mit Worten auszufechten[20].

Carlyle erkannte einen Teil dieser Bewegung als Kampf um Demokratie. Aber ihm galt Demokratie hier wie später nur als eine negative Lösung.

Alle weitblickenden Menschen können erkennen, daß Demokratie kein Endzweck ist, daß mit dem umfassendsten Sieg der Demokratie noch nichts gewonnen ist als Leere und ein Freilos, um zu gewinnen[21].

Carlyle sieht tatsächlich Demokratie in einer Hinsicht als Ausdruck des gleichen Geistes des *laissez-faire* an. Eine Aufhebung von Ordnung und Regierung, unter denen die Menschen frei ihre eigenen Interessen verfolgen konnten. Jede Kritik an der Demokratie trifft, wird sie heute gelesen, sehr wahrscheinlich unmittelbar auf ein Vorurteil. Wir haben alle gelernt, es mit »faschistisch« anzuschreien. Indessen enthält die Kritik eine gewisse Berechtigung und stellt in Wirklichkeit eine höchst relevante Art der Kritik an der Demokratie dar, die zum Beispiel in der Reform Bill von 1852 ihren Höhepunkt hatte. Immer, wenn Demokratie nur als ein politisches Arrangement aufgefaßt wird, setzt sie sich Carlyles Anklage aus. Große Teile des demokratischen Geistes in unserer Gesellschaftsart entsprechen in der Tat dem Geist des *laissez-faire* — nur auf neue Interessen erweitert — und folglich neuartige Probleme hervorrufend.

Carlyle ruft nach Regierungsgewalt, nach mehr und nicht nach weniger, er ruft nach mehr Ordnung und nicht nach weniger. Er repräsentiert damit die Forderung der englischen Arbeiter und im wesentlichen hat er damit wiederum recht und behält es weiterhin. Die charakteristischen Bewegungen der englischen Arbeiterklasse, die gewiß im weiten Sinne demokratisch waren, zielten auf ein Mehr an Regierungsgewalt, an Ordnung und sozialer Kontrolle. Carlyle interpretiert aber diese Forderung auf eigene Weise:

Was bedeuten diese »fünf Punkte«, wenn wir sie recht verstehen? Was bedeuten all diese Tumulte und das irrsinnigste Gebrüll von Peterloo bis zum Place-de-Grève-Gebrüll, *un*artikuliertes Geschrei, wie von einer in Wut und Schmerz geratenen stummen Kreatur. Dem Ohr der Weisheit aber sind sie unartikulierte Gebete: »Führe mich, beherrsche mich! ich bin wirr und elend und kann mich selbst nicht leiten!« Gewiß ist von allen Menschenrechten dies Recht des Unwissenden vom Wissenderen mit Sanftmut oder Strenge auf der rechten Bahn gehalten, geführt zu werden das Unbestreitbarste. Die Natur selbst hat es von Anbeginn so bestimmt, und die Gesellschaft ringt nach Vollkommenheit, indem sie mehr und mehr Nachdruck darauf legt. Wenn Freiheit irgendeine Bedeutung hat, so bedeutet sie den Genuß dieses Rechtes, das alle anderen Rechte in sich schließt[22].

In diesen letzten Sätzen wiederholt Carlyle einen bei Burke erinnerlichen Punkt, der, kennzeichnend genug, wieder als Bedingung der Gesellschaft im Kampf um Vollendung gesehen wird. Wo Burke eine angemessen herrschende Klasse bereit sah, erblickte Carlyle nur die Pflichtvergessenheit der herrschenden Klasse in der Gesellschaft. Mit der Entwicklung seiner Theorie und insbesondere in seinen Spätschriften ruft er die Macht innehabenden Klassen, damit sie diese selbst richtig ausüben, sich selbst zu einer aktiven und verantwortlichen herrschenden Klasse machen und sich so selbst vom Vorwurf des »Nichtstuns« (»Donothingismus«) reinigen. Carlyle hatte diesen Ruf an die Aristokratie gerichtet, aber in der Mittelklasse fand er die größte Beachtung, wo Reformer wie Kingsley ihn zur Grundlage ihrer Appelle machten. Die Beziehungen zwischen Carlyles *Chartism* und Disraelis *Sybil* sind sehr eng.

Carlyle selbst besaß seine eigenen besonderen Vorschläge, die indessen eher in *Chartism* als an irgendeiner anderen Stelle deutlich werden. Er verhielt sich oppositionell nicht allein dem gegenüber, was er paralysierten Radikalismus nannte, der, in Kenntnis um das Elend im industriellen England, dieses nur auf die »Zeit und allgemeine Gesetze« zurückführen kann. In seiner besten Art beobachtet er:

> Es ist eine unvernünftige Klasse, die »Frieden, Frieden« ruft, wenn es keinen Frieden *gibt*. Aber zu was für einer Klasse gehören die, welche rufen »Frieden, Frieden! ich *habe Euch* doch gesagt, daß es keinen Frieden gibt!«[23]?

Carlyle schlägt gegen diese »praktischen Menschen« zweierlei vor: erstens Volkserziehung, zweitens geplante Auswanderung. Das letztere, was seit der ersten Einwirkung von Malthus tatsächlich etwas besonderes war und gegen das Cobbett aus guten Gründen heftig opponiert hatte, sollte ein wichtiger Bestandteil des reformerischen Gefühls werden. Natürlich sollten die überzähligen Arbeiter auswandern und zwar (buchstäblich) unter Führung von arbeitslosen Intellektuellen und nur halb bezahlten Offizieren. Das einzige, was man diesem Vorschlag Carlyles zugute halten kann, ist seine zufällige Verachtung für den Rat, »hört auf, fruchtbar zu sein«, der wieder nur an die armen

Arbeiter gerichtet wurde. Er besitzt gegen Malthus die gleiche Beredsamkeit wie Cobbett:

Die flotte Sally in unserer Gasse erweist sich als allzu bezaubernd für den frischen Tom in Eurer Gasse: kann man von Tom verlangen, daß er still steht und erst das Arbeitsangebot im British Empire berechnet? ... O wunderbare Malthussche Propheten! Das Zeitalter des Weltfriedens wird ohne Zweifel kommen, wird so oder so kommen müssen, oder wird es dadurch geschehen, daß — bedenkt nur — zwanzig Millionen Arbeiter in diesem Department gleichzeitig die Arbeit einstellen[24]?

Der andere Vorschlag, die Volkserziehung, war ebenfalls, aber mit etwas mehr Glück, einflußreich. Carlyle ist für praktische Anfänge: »das Alphabet zuerst« — »der unabdingbare Anfang von allem«: »Handfertigkeit ... und die Gewohnheit an reinste Logik«. Diese Dinge mußten gemacht werden, auch wenn man ihre Unangemessenheit erkannte.

Ein Wissen ohne Ehrfurcht ist kein Wissen, vielleicht die Entwicklung der logischen oder einer anderen inneren oder äußeren Fertigkeit, aber dies ist keine Kultur der menschlichen Seele[25].

Die Einschränkung ist wichtig, es ist die, die das Wort *culture* in der Kritik mancher Art von Erziehung verkörpern sollte. Doch Carlyle insistierte nichtsdestoweniger darauf, daß eine staatlich geförderte, fundamentale Erziehung in Angriff genommen werden mußte:

Die Gabe des Denkens denen mitzuteilen, die nicht denken können und doch denken könnten, das, so würde man meinen, wäre die Hauptaufgabe, deren Lösung eine Regierung in Angriff zu nehmen hätte[26].

Erziehung ist so das Zentralthema der umfassenden Forderung nach »mehr Regierungsgewalt«.

Der *Chartismus-Essay* enthält den größten Teil der besten Einsichten von Carlyles Sozialtheorie. In praktischer Hinsicht — wie etwa in den Vorschlägen der Volkserziehung und der geplanten Auswanderung — ist sie in Wirklichkeit nicht sehr weit vom Utilitarismus entfernt. Im Ruf nach mehr Regierungsgewalt manifestiert sich die gleiche Richtung, die auch die zweite Phase des radikalen Utilitarismus einschlagen sollte. Entschieden wird die Notwendigkeit betont, die bisher von den »Gesetzen« der politischen Ökonomie diktierten sozialen und menschlichen Beziehungen zu transformieren. Dieser humane Nachdruck übte tatsächlich einen größeren Einfluß aus als Carlyles alternative Konstruktion einer heroischen Führerschaft und des ehrerbietigen Gehorchens.

Nach *Chartism* geht die — relative — Ausgewogenheit von Carlyles erster Position verloren. *Past and Present* ist beredt, und das Porträt von Abt Samson und seiner mittelalterlichen Gemeinschaft ist vielleicht die substantiellste von allen Visionen der mittelalterlichen Ordnung, die die Kritiker der Gesellschaft des 19. Jahrhunderts so charakteristisch ausführten, da es zugleich auch die literarischste ist. Aber, obwohl die Kontrastierung selektierter Aspekte der feudalen Zivilisation die Mängel des Industrialismus zu enthüllen ermöglichte, so half doch diese Übung weder Carlyle noch seinen Lesern, die zeitgenössischen Ursachen dieser Gemeinschaft zu erkennen. Der heroisch gezeichnete Samson unterstreicht ebenso wie die in *Heroes and Hero-Worship* gefeierten Figuren den kontinuierlichen Rückzug von echter Sozialtheorie zu einer Voreingenommenheit für persönliche Macht. In den *Latter-Day Pamphlets* ist der entscheidende Schritt getan. Carlyle blickt zu den tatsächlichen Inhabern der Macht, der Aristokratie, den »Industriekapitänen«[27] als den Führern für die Reorganisation der Gesellschaft. Der Ruf ergeht nur an sie, sich für eine solche Führungsrolle bereit zu machen und sie zu übernehmen. Zur Zeit von *Shooting Niagara* ist aus dem Ruf ein verächtlicher Absolutismus geworden, und die Elemente, die seine frühere Kritik human machten, waren ihrem Wesen nach verschwunden. Die Anerkennung der Würde der einfachen Menschen hatte sich verwandelt in eine Verachtung der »Schwärmerei der Massen, in ihrer überwältigenden Mehrzahl Söhne des Teufels«[28]. »Dummheit, Leichtgläubigkeit, Bestechlichkeit, Zugänglichkeit für Bier und unsinniges Geschwätz[29]. Das ist ein bleibendes Element im englischen Denken geblieben.

Die Idee von Kultur als der Lebensweise eines ganzen Volkes erhält bei Carlyle einen deutlich neuen Akzent. Er ist in seinem Angriff auf den Industrialismus zu sehen, daß eine zu Recht so genannte Gesellschaft aus wesentlich mehr als nur ökonomischen Beziehungen, mit dem »Geldverkehr als dem einzigen Band«, besteht:

»Angebot und Nachfrage« wollen wir ebenfalls ehren. Doch, wie viele gänzlich unentbehrliche Nachfragen gibt es, die woanders hin als in die Läden gehen müssen und die ganz etwas anderes als Geld vorweisen müssen, bevor sie das gewünschte Angebot erhalten[30].

Die Betonung, die Carlyle gewöhnlich diesen anderen Arten der Nachfrage gibt, ist eng mit seiner charakteristischen Konzeption des »Genies«, des »gebildeten Helden« verwandt. Er sah das Fehlen eines solchen Mannes und das der von ihm dargestellten Werte als ein wichtiges Symptom für die falsche Organisation der Gesellschaft durch Kräfte an, die er an anderer Stelle attackierte:

In diesen Zeiten wird oft Beschwerde geführt über das, was wir den falsch organisierten Zustand der Gesellschaft nennen. Wie viele schlecht organisierten Kräfte der Gesellschaft sind in ihr am Werk, wie viele Kräfte arbeiten auf eine verschwenderische, chaotische, insgesamt unkoordinierte Art. Es ist, wie wir alle wissen, eine nur zu berechtigte Beschwerde. Wenn wir aber vielleicht dieses Buch und die Autoren der Bücher ansehen, so finden wir hier, wie es war, die Zusammenfassung all der anderen Desorganisationen. Sie sind eine Art *Herz*, von dem weg und zu dem hin die gesamte übrige Konfusion in der Welt zirkuliert. ... Daß große Weise wie Johnson, Burns, Rousseau für eine eitle, nicht klassifizierbare Ausdehnung in der Welt angesehen werden sollen, um Eitelkeit zu vergnügen und etwas Applaus und ein paar Münzen hingeworfen bekommen, damit sie davon leben können, *so* wird vielleicht − wie schon zuvor − darauf hingewiesen, eines Tages eine noch absurdere Phase der Angelegenheit aussehen. Inzwischen muß derselbe gebildete Held, da der Geist immer die Materie bestimmt, als unsere wichtigste moderne Person angesehen werden. Er ist, wie er auch sein mag, die Seele des Ganzen. Was er lehrt, wird die ganze Welt tun und ausführen. Die Art, wie ihn die Welt behandelt, ist das wichtigste Kennzeichen für den allgemeinen Stand der Welt[31].

Die Beziehung des Gesagten zu der Idee des romantischen Künstlers ist deutlich. Carlyle war Zeitgenosse der jüngeren Generation romantischer Dichter und seine Ansichten von diesem Gegenstand sind denen, sagen wir, Shelleys sehr ähnlich. Das kann man leicht sehen, wenn Carlyle über seinen »gebildeten Helden« schreibt:

Woher er kam, wohin er geht, welche Wege er nahm, welche Wege seine Fahrt fortsetzen werden, fragt niemand. Er ist ein Unfall der Gesellschaft. Er wandert wie der wilde Ismaelit in eine Welt, der er wie das geistige Licht entweder Führung oder Fehlleitung ist[32].

Carlyles Anteil an der Bildung der charakteristischen modernen Idee des artist — Künstlers (um unseren eigenen Gattungbegriff zu gebrauchen) muß damit anerkannt werden. Die spezifische Entwicklung dieser Idee als einer Hauptlinie der Kritik an der neuen Art der Industriegesellschaft muß nochmals vermerkt werden. Hier treffen und verbinden sich die Idee der Kultur als System der Künste und Wissenschaft mit der Idee der Kultur als ein System der dem gewöhnlichen Fortschritt der Gesellschaft überlegenen Werte. Carlyle versäumte niemals, auch, wenn er sich an die Aristokratie und die Industriekapitäne wandte, die andere Konzeption der »geistigen Aristokratie« zu betonen, die als hoch kultivierte und verantwortliche Minorität sich damit befaßte, die Werte zu bestimmen und zu betonen, nach denen als den höchsten Gütern eine Gesellschaft streben muß. Im allgemeinen Ärger von *Shooting Niagara* warnt er diese Klasse, Poesie und Fiktion hintanzustellen in der Absicht, »die Geschichte Englands als eine Art Bibel« zu schreiben und sich auf das neue Durchdenken unserer grundlegenden sozialen Voraussetzung zu konzentrieren. Aber das ändert nichts, obwohl es für Carlyle bezeichnend ist — es handelt sich um seine eigene Art der Arbeit, so wie Poesie die Shelleys war —, an der zentralen Betonung der Bedürfnisse nach einer *Klasse* solcher Menschen — »Schreibende und lehrende Helden« —, die sich mit der *Qualität* des nationalen Lebens befassen. Das war Coleridges Idee der National Church, der Geistlichkeit. Carlyle macht in einer anderen Sprache denselben Vorschlag einer »organischen literarischen Klasse«. Er ist sich der besten Zusammensetzung einer solchen Klasse nicht sicher, aber

wenn Du fragst: Was ist das Schlimmste? antworte ich: Das, was wir jetzt haben, daß das Chaos darin als Schiedsrichter sitzen soll, das ist das Schlimmste[33].

Es geht nicht um die »finanzielle Unterstützung« einzelner Schriftsteller:

Die Wirkung für den individuellen Literaten ist nicht das Wichtige. Sie sind nur Individuen, ein unendlich kleiner Teil des großen Systems, sie können nur kämpfen und daher am Leben bleiben oder sterben, so wie sie es gewohnt waren. Aber es betrifft die ganze Gesellschaft zutiefst, ob sie ihr *Licht* auf einen hohen Ort stellen will, an dem sie vorüberwandeln kann. ... Ich nenne, behaupte, daß die Anomalie einer unorganischen Literatur-Klasse das Herz aller Anomalien, Produkt und Erzeuger in einem ist[34].

Die Idee einer solchen *Elite* zum Wohle der Gesellschaft ist bis zu unserer heutigen Zeit nicht verloren gegangen. Das muß jetzt alles betont werden, denn die damals bestehende gesellschaftliche Struktur besaß, so wie sie Carlyle, Coleridge und später Matthew Arnold verstanden, keine wirkliche Basis für die Erhaltung einer solchen Klasse. Die *Abtrennung* der zur »Kultur« zusammengefaßten Tätigkeiten von den Hauptzwekken der neuen Gesellschaft war der Grund für die Beschwerde:

Niemals — bis etwa vor hundert Jahren — konnte man irgendeine Gestalt mit einer großen Seele erblicken, die in einer derart abnormen Art abseits lebte und sich bemühte, ihre Inspiration mittels gedruckter Bücher auszusprechen und Brot und Wohnung durch das, was die Welt ihm dafür zu geben beliebt, fand. Manches mußte verkauft, gekauft und abgegeben werden, um den eigenen Handel auf dem Markt zu machen, doch noch niemals zuvor die inspirierte Seele einer Heroen-Seele auf derart brutale Weise[35].

Das war das unmittelbare Kriterium, mit dessen Hilfe die falsche Organisation der Gesellschaft, die begrenzten Zwecke der neuen Gesellschaft erkannt werden konnten. Durch diese Sprache und noch verstärkt durch mehr allgemeinere Schlußfolgerungen sollte »Kultur« als eine losgelöste und kritische Idee definiert werden.

Von Carlyle selbst könnte noch viel mehr gesagt werden. Er war ein derart bemerkenswerter Mensch, daß der Gegensatz zwischen seinen Vorstellungen und der gesamten Erfahrung, in deren Rahmen sie eine unmittelbare Bedeutung besaßen, mehr ergibt, als nur gewöhnliche Ironie. Sein Einfluß war groß und weitreichend. Wir werden, wenn wir zu unserem eigenen Jahrhundert fortschreiten, ihn oft widerhallen hören. Die dem Manne und seinem Einfluß entsprechenden Fehler bleiben offensichtlich. Aber es gibt ein bekanntes Wort von ihm, das immer noch seine Qualität ausdrückt. Das Wort *Ehrfurcht,* nicht für, sondern in ihm: die beherrschende Ernsthaftigkeit einer lebenslangen Anstrengung, der gegenüber jeglicher Zynismus, jeder Halbglaube, jede gleichgültige Zufriedenheit als äußerster menschlicher Kontrast gesehen werden kann.

Kapitel V

*Der soziale Roman**

Unser Verständnis der Reaktion auf den Industrialismus wäre unvollkommen ohne Bezugnahme auf eine Reihe von interessanten Romanen, die, in der Mitte des Jahrhunderts geschrieben, nicht nur die lebendigsten Schilderungen des Lebens in einer noch nicht zur Ruhe gekommenen Industriegesellschaft, sondern auch bestimmte gemeinsame Voraussetzungen artikulieren, innerhalb derer die direkte Antwort zustande kam. Es gibt die Fakten der neuen Gesellschaft, und es gibt die Gefühlsstruktur, die ich anhand von *Mary Barton, North and South, Hard Times, Sybil, Alton Locke* und *Felix Holt* versuchen will zu illustrieren.

Mary Barton (1848)

Mary Barton stellt wohl insbesondere in ihren ersten Kapiteln die eindringlichste literarische Antwort auf das Erleiden der Industrialisierung um 1840 dar. Das wahrhaft Beeindruckende an dem Buch ist das intensive Bemühen, das Gefühl des alltäglichen Lebens in den Häusern der Arbeiterklasse in ihrer eigenen Sprache zu vermitteln. Teilweise wird das Verfahren des dokumentarischen Berichts verwandt. Details wie die sorgfältig kommentierte Reproduktion des Dialekts, die sorgfältige Notierung der Gemüsepreise auf der Rechnung für die Teeparty, die ins einzelne gehende Beschreibung des Mobiliars in Bartons Wohnzimmer sowie die (wieder kommentierte) vollständige Abschrift der Ballade *The Oldham Weaver* belegen das. Dieser Bericht weckt ein beträchtliches Interesse, doch bewirkt das Verfahren nichtsdestoweniger eine leichte Distanzierung. Mrs. Gaskell konnte diesem Leben kaum als bloßer Beobachter, Reporter gegenüberstehen, dessen sind wir uns zu einem gewissen Grade ständig bewußt. Aber ihre Berichte vom Spaziergang in

---
* Anm. d. Übers.: Mit dieser, deutschen Literaturgeschichten vertrauten Formel, wird die englische Kapitelüberschrift »The Industrial Novels« wiedergegeben.

Green Hey Fields, dem Tee bei Bartons und in dem sehr bemerkenswerten Kapitel *Poverty and Death*, wo John Barton und sein Freund im Keller eine verhungernde Familie finden, stellen eine getreuliche imaginative Wiedererschaffung dar. Auf eine dermaßen überzeugende Darstellung der für eine solche Familie typischen Gefühle und Reaktionen (die Probleme bestimmen mehr als die materiellen Details, auf die ein Reporter sich zu konzentrieren vermag) mußte der englische Roman wahrhaftig bis zu den frühen Schriften D. H. Lawrence' warten. Wenn Mrs. Gaskell auch niemals ganz den Sinn der völligen Anteilnahme beherrscht, die dies endgültig authentisch machen würde, so gibt sie doch diesen Szenen ein intuitives Erkennen des Gefühls, das vollkommen überzeugt. Das Kapitel *Old Alice's History* dramatisiert auf brillante Weise die Lage dieser aus den Dörfern und vom Lande in die Straßen und Keller der Industriestädte gebrachten jungen Generation. Der Bericht über Job Legh, den Weber und Naturalisten, verkörpert lebendig die andere Art der Antwort auf die städtische Industrieumgebung: das hingebungsvolle, lebenslange Studium der lebendigen Kreatur — ein Stück wissenschaftlicher Arbeit eines Amateurs, aber zugleich auch ein Instinkt für Lebendiges, der sich durch den Kontrast zu seiner gesamten Umgebung zu einer Art von Munterkeit versteift. Daß die Fabrikarbeiter im Frühling auf die Green Hey Fields hinauswandern, daß Alice Wilson sich in ihrem Keller an das Besenheide-Sammeln für Heidebesen in ihrem Heimatdorf erinnert, das sie niemals wiedersehen wird, daß Job Legh aufmerksam mit seinen aufgespießten Insekten beschäftigt ist, das alles verkörpert ganz typisch in den ersten Kapiteln die Antwort auf die neue und zermalmende Erfahrung des Industrialismus. Die restlichen Anfangskapitel verkörpern auf bewegende Weise die Kontinuität und Entwicklung des Mitleids und des Instinkts für Kooperation, die schon eine Haupttradition der Arbeiterklasse begründeten.

Mary Barton geht von einer Gefühlsstruktur aus, die mitleidige Beobachtung mit einem im großen ganzen gelungenen Versuch der imaginativen Identifikation verbindet. Wenn der Roman so weitergegangen wäre, hätte er zu den großen seiner Art zählen können. Aber sein methodischer Schwerpunkt verlagert sich aus mehreren Gründen. Einer der Gründe kann in einem merkwürdigen Aspekt der Entstehungsgeschichte des Buches studiert werden. Es hieß nämlich ursprünglich *John Barton*. Mrs. Gaskell äußerte später selbst:

> Um den Charakter des John Barton formieren sich alle anderen wie von selbst. Er war mein Held, *die* Person, der all mein Mitleid gehörte[1] ...

Und fügte hinzu:

> Der Charakter und einige der Reden entsprechen exakt einem armen Mann, den ich kenne[2].

Die später vorgenommene Akzentverlagerung und die konsequente Änderung des Titels in *Mary Barton* scheinen auf Veranlassung ihres Verlegers Chapman und Hall zurückzugehen. Die Details dieser Angelegenheit liegen noch im Dunkeln, aber wir müssen ganz offensichtlich einen solchen Einfluß von außen auf die Form dieses Romans annehmen. So ist der John Barton der späteren Teile des Buchs nur noch eine schemenhafte Gestalt. Mit dem von ihm begangenen Mord scheint er sich nicht nur aus der Reichweite von Mrs. Gaskells Mitleid herauszubegeben (was unverständlich ist), sondern — wesentlich wichtiger — aus dem Bereich ihrer Macht. Die Agonie des Bewußtseins wird dort als eine Sache erzählt und skizziert, aber als die Krise »meines Helden, *der* Person, dem all mein Mitleid gehört« ist die Szene schwach und beinahe zufällig. Das liegt daran, daß der Roman, so wie er publiziert wurde, um die Tochter zentriert ist. Es geht um ihre Unentschlossenheit zwischen Jan Wilson und »ihrem fröhlichen Liebhaber, Harry Carson«, um ihre Angst in Wilsons Prozeß, um ihre Verfolgung der lebenswichtigen Zeugin sowie deren Rettung in letzter Minute und die Erkenntnis, daß sie Wilson liebt: all dies macht die vertraute Fabel des viktorianischen Gefühlsromans aus, fesselt aber nicht lange. Heute scheint es unglaublich, daß der Roman anders geplant gewesen sein soll. Hätte Mrs. Gaskell geschrieben: »um die Gestalt der Mary Barton formierten sich alle anderen von selbst«, so hätte sie unseren Eindruck des gesamten Buches bestätigt.

Etwas muß auf den Einfluß ihrer Verleger zurückgehen, aber John Barton muß schon immer als Mörder ausgestoßen worden sein und das vielleicht mit der Intention zu zeigen, wie ein im Grunde guter Mensch durch Verlust, Leiden und Verzweiflung zu einem furchtbaren Verbrechen getrieben wird. Einzelne Momente dieser Konzeption lassen sich immer noch in der vorliegenden Romanfassung finden, doch gab es bei der Niederschrift offensichtlich einen Punkt, an dem ihre anfängliche Flut des Mitleids aufgehalten wurde und die Veränderung des Titels zeigt, daß es durch die Verlagerung des Schwerpunkts auf die weniger kompromittierende Gestalt der Tochter umgeleitet wurde. Das alles wäre unwichtig, würde es nicht für die Gefühlsstruktur, mit der sie arbeitete, charakteristisch sein. Sie schreckt nicht nur vor der Gewalt des Mordes so sehr zurück, daß sie unfähig wird, sich in die von ihr als Helden konzipierte Erfahrung des Mannes hineinzuversetzen; auch ist der Mord selbst, verglichen mit dem sorgsam repräsentativen Charakter der ersten Kapitel, exzeptionell. Es ist wahr, daß 1831 ein gewisser Thomas Ashton aus Pole Bank, Werneth, unter vergleichbaren Umständen ermordet worden war und daß Ashtons Familie die Ermordung Carsons darauf bezog. Mrs. Gaskell verneinte diesen Bezug in einem Brief an sie und verwies ihrerseits auf ähnliche Ereignisse in Glasgow etwa zur gleichen Zeit. Aber in Wirklichkeit war, nimmt man diese Zeit als ganzes, der politische Mord als Reaktion auf den Industrialismus so atypisch, daß er hier schon einer Verzerrung gleichkommt. Die wenigen berichteten Fälle bestärken dieses Urteil nur. Selbst, wenn man Einschüchterungen und das gelegentliche Verspritzen von Vitriol bei vorsätzlichem Streikbruch hinzuzählt, so bleibt wahr, was damals Gegenstand erstaunter Kommentare von Ausländern war, daß die für die englischen Arbeiter typische Reaktion — selbst in Zeiten schwerer Leiden — nicht die der Gewalt an Personen war. Mrs. Gaskell war in keiner Weise verpflichtet, einen repräsentativen Roman zu schreiben, sie konnte gänzlich legitim einen Sonderfall beschreiben. Aber andererseits ist der Ton insgesamt bewußt repräsentativ gehalten und sie bildet, wie sie selbst sagt, John Barton »einem armen Mann, den ich kenne« nach. Die wirkliche Erklärung ist gewiß die, daß der von einer Gewerkschaft angestellte politische Mörder John Barton als Dramatisierung gerade der *Furcht vor Gewalttaten,* wie sie damals in den oberen und mittleren Klassen verbreitet war und die sogar als aufhaltendes und kontrollierendes Moment in das tiefe imaginative Mitgefühl von Mrs. Gaskell eingedrungen war, empfunden wurde. Die Furcht, daß die Arbeiter ihre Angelegenheiten in ihre eigenen Hände nehmen könnten, war weitverbreitet und typisch. Der Mord an Harry Carson stellt somit viel eher eine imaginative Konkretisierung dieser Furcht und der von ihr verursachten Reaktionen dar, als irgendeine beobachtete und durchdachte Erfahrung.

Das wird klar, erinnert man sich, daß Mrs. Gaskell den Mord ja selbst plante und als Mörder »meinen Helden, die Gestalt, die mein ganzes Mitleid besaß« wählte. In dieser Hinsicht scheint der Gewaltakt, die plötzliche Aggression gegen einen Mann, der die Leiden der Armen verachtete, eine Projektion zu sein, mit der sie letzten Endes nicht fertig werden konnte. Die imaginative Wahl der Mordtat und danach das imaginative Davorzurückschrecken zerstören notwendig die Integration des Gefühls bei dem ganzen Thema. Die Hinwendung zu Mary Barton muß ihr, auch wenn sie auf den Einfluß des Verlegers zurückgeht, tatsächlich willkommen gewesen sein.

Nur wenige Menschen empfanden die Leiden der industriellen Armen tiefer als Mrs. Gaskell. Als Frau eines Ministers in Manchester hat sie sie wirklich gesehen und kannte sie nicht nur, wie viele andere Romanschriftsteller, aus Berichten und gelegentlichen Besuchen. Ihre Reaktion auf die Leiden ist tief und echt, doch kann Mitleid bei einer solchen Gefühlsstruktur nicht allein bleiben. Ihm gesellen sich in *Mary Barton* verwirrend Gewalt und Angst vor der Gewalt zu. Schließlich wird das Mitleid von ihrer Neigung abzubrechen, wenn sie das Elend der jeweiligen Situation nicht länger ertragen kann, unterstützt. John Barton stirbt zu Recht, der ältere Carson bereut seine Rache und wendet sich, so wie der mitfühlende Beobachter es von den Arbeitgebern wünscht, den Anstrengungen und Verbesserungen, gegenseitiges Verständnis zu erreichen, zu. Das war der typisch humanistische Schluß, der als dieser gewiß respektiert werden muß. Aber er genügt den Personen, die das Mitgefühl von Mrs. Gaskell besaßen, wie wir sehen, nicht. Mary Barton, Jan Wilson, Mrs. Wilson, Margaret, Will, Job Legh, sie alle, Objekte ihres wahren Mitleids, befinden sich am Ende des Buches weit von der Lage, die sie untersuchen wollten, entfernt. Alle wandern nach Kanada aus — es könnte keine verheerendere Lösung geben. Auf eine Lösung in der Wirklichkeit kann gehofft werden, aber die, mit der das Herz sympathisierte, stellte eine Kapitulation vor den tatsächlichen Schwierigkeiten und die Entfernung der bedauerten Gestalten in die noch nicht kompromittierte Neue Welt dar.

North and South (1855)

Mrs. Gaskells zweiter sozialer Roman, *North and South* erweckt geringeres Interesse, da er weniger Spannung besitzt. Margaret Hale, die Tochter eines Geistlichen aus dem Süden des Landes mit all den dazu gehörenden Gefühlen und der entsprechenden Sozialisation, zieht mit ihrem Vater in das industrielle Lancashire, und wir verfolgen ihre Reaktionen, Beobachtungen und ihre Versuche, soviel Gutes, wie sie immer kann, zu tun. Da dies Mrs. Gaskells eigener Situation entspricht, besitzt das Buch einen deutlich höheren Grad von Integration. Margarets Auseinandersetzungen mit dem Mühlenbesitzer Thornton sind interessant und ehrlich innerhalb der politisch-ökonomischen Konzeption der Epoche. Aber der Schwerpunkt des Romans liegt jetzt, wie die langwierigen Einschübe solcher Auseinandersetzungen nahelegen, auf der Haltung *zu* den Arbeitern als dem Versuch, ihr Lebensgefühl imaginativ zu erreichen. Wieder ist die Darstellungsmethode interessant. Die Beziehung zwischen Margaret und Thornton sowie ihre mögliche Heirat stellen die Vereinigung der praktischen Energie des Fabrikanten aus dem Norden mit der ausgebildeten Sensibilität des Mädchens aus dem Süden dar. Das wird beinahe explizit gesagt und als Lösung verstanden. Thornton geht zurück in den Norden

um jenseits bloßer vom »Geldverkehr bestimmter Bande die Möglichkeit zu haben, etwas mit seiner Hände Arbeit zu machen«[3].

Von Margaret humanisiert, will er, was wir heute »die Verbesserung der menschlichen Beziehungen in der Industrie« nennen, festigen. Diese Lösung verdient Anerkennung, doch lohnt sich die Anmerkung, daß Thornton dies nicht nur unter dem Einfluß von Margaret unternimmt, sondern auch unter ihrer Protektion. Die anderen Fabrikanten werden, wie Thornton sagt, darüber »ihren Kopf schütteln und bedenklich schauen«. Das mag typisch sein, doch, obwohl er bankrott ist, kann sich Thornton die Ausnahme leisten — er kann Margarets unerwartetes Legat verwenden. Fremdes Geld, das Mittel des Legats, das schon so manche anders nicht lösbare Probleme in der Welt des viktorianischen Romans gelöst hatte, ermöglicht Thornton, der schon von der höheren Freundlichkeit der Humanität des Südens affiziert ist, in Wahrheit sein humanistisches Experiment durchzuführen. Einmal mehr arbeitet Mrs. Gaskell ihre Reaktion auf die unverträgliche Lage dadurch heraus, daß sie sich — zum Teil aufgesetzt — außerhalb davon stellt.

Hard Times (1854)

Im allgemeinen ist Dickens' Kritik an der Welt, in der er lebt, vereinzelt und zufällig, sie erscheint als das Problem, unter den Ingredienzen eines Buches die widerwillige Behandlung eines besonderen Mißstandes aufzunehmen. Aber in *Hard Times* ist er einmal von einer nachdrücklichen Vision besessen. In diesem Roman erscheinen die Unmenschlichkeiten der Viktorianischen Gesellschaft als von einer brutalen Philosophie, der aggressiven Formulierung eines inhumanen Geistes genährt und sanktioniert[4].

Dieser Kommentar von F. R. Leavis über *Hard Times* hilft, Dickens' Intention von der Mrs. Gaskells in *Mary Barton* zu unterscheiden. *Hard Times* stellt weniger eine imaginative Beobachtung als ein imaginatives Urteil über soziale Haltungen dar, das aber wiederum über *North and South* irgendwie hinausgeht. Es ist eine durchdringende und schöpferische Untersuchung der herrschenden Philosophie des Industrialismus, deren Brutalität Mrs. Gaskell lediglich als ein Mißverständnis ansah, das durch Geduld geklärt werden könnte. Dem Roman gereicht es entschieden zum Vorteil, daß Dickens dieses umfassendere Verständnis erlangen konnte. Andererseits ist Dickens in bezug auf das menschliche Verstehen der Industriearbeiter ganz offensichtlich weniger erfolgreich als Mrs. Gaskell Sein Stephen Blackpool ist verglichen mit den Gestalten der Mary Barton kaum mehr als ein Diagramm. Der Gewinn an Einblick ist, so muß man sagen, durch die Strenge der Generalisierung und Abstraktion zustande gekommen. *Hard Times* stellt mehr eine Analyse als eine Erfahrung des Industrialismus dar.

In diesem Zusammenhang muß etwas über das Problem Thomas Gradgrind gesagt werden. Der andere Schurke des Stückes, Josiah Bounderby ist zu simpel. Er ist mit seiner grobschlächtigen Gerechtigkeit, seinem aggressiven money-making und Machtstreben die Verkörperung des Ideals, das die treibende Kraft der Industriellen Revolution ausmachte. Daß er dazu noch ein Aufschneider, Lügner und im allgemeinen persönlich abstoßend ist, wirft ein Licht auf Dickens' poetisches Verfahren. Die Verknüpfung dieser persönlichen Mängel mit dem aggressiven Ideal stellt keine notwendige Verknüpfung dar (um wievieles wären dann die Probleme leichter). Ein großer Teil des gegen Bounderby gerichteten Gefühls des viktorianischen Lesers (und vielleicht auch ein nicht unbeträchtliches des Intellektuellen des 20. Jahrhunderts) beruht auf dem älteren und davon grundverschiedenen Gefühl, daß Geschäfte an sich schmutzig sind. Schon sein Name (und Dickens setzt seine Namen bewußt und mit gezielter Wirkung ein) enthält *bounder* — *Schurke*, verkörpert also dieses typische Gefühl. Die darin repräsentierte Sozialkritik unterscheidet sich aber alles in allem sehr von der Frage nach dem aggressiven ökonomischen Individualismus. Dickens vermischt mit seiner groben Gerechtigkeit die getrennten Reaktionen, und man kann nur schwer erkennen, wie ein Gefühlskomplex den anderen tangiert. Indessen liegt das Problem bei Thomas Gradgrind anders. Da alles so gut gegen ihn steht und so meisterhaft durch die Erfahrung widerlegt wird, kann der moderne Leser leicht vergessen, *was* Gradgrind in Wirklichkeit darstellt. Es ist überraschend, wie der Name Gradgrind als Gattungsname für den brutalen viktorianischen Arbeitgeber fälschlicherweise verwendet wird. Die Bewertung, die Dickens uns in Wahrheit vorzunehmen bittet, ist komplizierter. Gradgrind ist ein Utilitarist: Dickens betrachtet ihn als einen von den *Fielosofen,* gegen die Cobbett donnert, oder als einen der von Carlyle beschriebenen *Dampfmaschinen-Intellektuellen.* Diese Verbindungslinie ist ebenso leicht erkennbar wie eine zweite: sprich Thomas Gradgrind, Edwin Chadwick und John Stuart Mill. Chadwick, so wird uns erzählt, war »der bestgehaßteste Mann Englands«, und er arbeitete mit Methoden und wurde wegen »unbefugter Einmischung« zur Verantwortung gezogen und zwar in einer Sprache, die sich kaum von der Gradgrinds bei Dickens unterscheidet. Mill ist ein kompliziertes Beispiel (obwohl die Erziehung, als dessen Opfer er sich empfand, vom modernen Leser mit dem System Gradgrinds in Beziehung gesetzt werden wird). Aber offensichtlich hat Dickens Mills *Political Economy* von 1849 bei seiner allgemeinen Verurteilung der Idee, die Coketown aufgebaut hatte, genau vor Augen (Mills Reaktion, das sei festgehalten, war der Ausdruck »diese Kreatur Dickens«[5]). Es ist heute leicht zu erkennen, daß Mill etwas mehr als nur ein Gradgrind war. Aber wir verfehlen Dickens' Anliegen, wenn wir nicht sehen, daß wir durch die Verurteilung Thomas Gradgrinds als der repräsentativen Gestalt, gleichzeitig aufgefordert werden, die Denkweise, die Forschungsmethoden und die Gesetzesgebung zu verurteilen, die nun tatsächlich ein hohes Maß an gesellschaftlichen und industriellen Reformen vorangetrieben haben. Man fragt sich, was mag ein typischer Fabier fühlen, wenn er Gradgrind nicht nur als Person, sondern als Typ verurteilen soll. Das mag wirklich etwas mit dem oben erwähnten weitverbreiteten Irrtum des Gedächtnisses über Gradgrind zu tun haben. Öffentliche Kommissionen, Blaubücher, parlamentarische Gesetzgebung — all das ist in der Welt von *Hard Times* gradgrindisch.

Dickens konstruiert nicht den Gegensatz: Reform kontra Ausbeutung. Er sieht lediglich, was wir gemeinhin als die beiden Seiten ein und derselben Münze ansehen, den Industrialismus. Seine positiven Seiten sind nicht soziale Verbesserungen, sondern vielmehr die Momente menschlicher Natur: persönliche Freundlichkeit, Mitleid und Geduld. Es geht nicht darum, der teuflischen Mühle die Modellfabrik oder der selbstsüchtigen Ausbeutung das humane Experiment entgegenzustellen. Vielmehr geht es darum, individuelle Personen dem System gegenüberzustellen. Insofern als es überhaupt gesellschaftlich ist, geht es um Zirkus kontra Coketown. Der Schulraum-Kontrast zwischen Sissy Jupe und Bitzer ist der zwischen der praktischen, durch Leben und tätiges Handeln erworbenen Erziehung und einer hoch differenzierten Erziehung, die durch Systematisieren und Abstrahieren erworben wird. Also eine Gegenüberstellung, die Cobbett sehr lebhaft richtig geheißen hatte, da wir aber einem hohen Maß der letzteren (und bis zu einem gewissen Umfang unvermeidbar) unterworfen waren, lohnt es wiederum zu bemerken, um welch eine große Neubewertung uns Dickens bittet. Das instinktive, nicht intellektuelle, unorganisierte Leben ist der Grund, auf dem sich hier echtes Gefühl und alle guten Beziehungen entwickeln. Der Zirkus bietet einen der ganz wenigen Wege, mit dem Dickens dies hätte in Szene setzen können, aber letztlich ist der Zirkus nicht so wichtig wie die von Sleary beschriebene Erfahrung:

daß es eine Liebe auf der Welt gibt, die trotz allem nicht gänzlich selbstsüchtig ist, sondern etwas ganz anderes ... die kalkuliert oder auch nicht kalkuliert, so wie sie es will, der man so oder so nur sehr schwer einen Namen geben kann, so wie der Gang der Hunde[6].

Das ist ein kennzeichnender Schluß in einer lebenswichtigen Tradition, die ihre Werte auf solche Gründe baute. Das ist die Hauptkritik am Industrialismus als einer ganzen Lebensweise, deren Begründung durch

Erfahrung abgesichert ist. Wesentlich ist zu erkennen, daß Dickens keinen sozialen Ausdruck dafür wußte oder zumindest nichts, dem man »einen Namen geben« konnte. Das ist die Erfahrung individueller Personen. Beinahe die gesamte Organisation der Gesellschaft ist, wie Dickens urteilt, dagegen. Der Zirkus kann es ausdrücken, weil er kein Teil der industriellen Organisation ist. Zirkus besitzt einen Zweck in sich selbst, einen vergnüglichen Zweck, der instinktiv und (in bestimmter Hinsicht) anarchisch ist. Es ist bezeichnend, daß Dickens, um einen Ausdruck für seine Werte zu finden, sich aus der industriellen Gegebenheit herausbegeben mußte. Dieses sich Herausbegeben ist dem Auswandern nach Kanada vergleichbar, mit dem *Mary Barton* schließt oder dem Legat der Margaret Hale. Aber es ist auch wieder mehr als dieses, nämlich insofern, als es nicht nur ein Flucht, sondern auch eine positive Bestätigung einer bestimmten Art von Erfahrung darstellt, deren Ablehnung die reale Basis (so wie Dickens es sah) für harte Zeiten war.

Bei der Art der von Dickens vorgebrachten Kritik war es unvermeidlich, daß seine Behandlung der Industriearbeiter nicht befriedigt. Er erkennt sie als Objekte des Mitleids und Ergebenheit im Leiden, zu dem sie fähig waren, an, aber die einzige Schlußfolgerung, die er sie ziehen lassen kann, ist die Stephen Blackpools:

Oh, welche Verwirrung![7]

Das ist vernünftig, doch werden die Hoffnungslosigkeit und das passive Leiden den Versuchen der Arbeiter, ihre Lage zu verbessern, gegenübergestellt. Die Gewerkschaften wurden durch die ständige viktorianische Reaktion mit dem Agitator Stackbridge entlassen. Stephen Blackpool wird wie Job Legh vorteilhaft gezeichnet, weil er keiner Gewerkschaft beitreten will. Die Bedeutung dieses Problems kann durch einen Vergleich mit Cobbett genau eingeschätzt werden; seine Kritik am System ist der Dickens' sehr verwandt und beruht auf sehr vielen ähnlichen Bewertungen, doch ließ er sich, obwohl die Gewerkschaften für ihn etwas Neues waren, nicht dermaßen täuschen. Das wirft ein bezeichnendes Licht auf Dickens' gesamte Position.

Die scharfe Analyse von Coketown und aller ihrer Werke sowie die der diese unterstützenden poetischen Ökonomie und des aggressiven Utilitarismus basiert auf Carlyle. Ebenso die feindlichen Reaktionen auf das Parlament und die verbreiteten Reformideen. Dickens nimmt seine Feindlichkeit und benutzt sie als eine umfassende Vision, der er alle seine bewundernswürdigen Kräfte leiht. Aber im Grunde wirkt sich seine Identifikation mit Carlyle negativ aus. Bounderby und Gradgrind gegenüber existieren keine gesellschaftlichen Alternativen: weder der der Zeit dienende Aristokrat Harthouse noch die dekadente Dame Mrs. Sparsit sind solche Alternativen. Tatsächlich findet sich nirgendwo ein Held. Viele soziale Haltungen heben sich bei Dickens wechselseitig auf, da er beinahe jede Reaktion benutzt, um jede normale repräsentative Position zu unterminieren. *Hard Times* ist in Ton und Struktur das Werk eines Mannes, der die Gesellschaft »durchschaut« hat, der sie alle für zu leicht befunden hat. Mit einer Ausnahme: der Passive und Leidende, der Bescheidene; ihnen wird die Welt dermaleinst zufallen, und nicht Coketown, der Industriegesellschaft. Dies primitive Gefühl, verbunden mit der aggressiven Überzeugung, jedermann durchschaut zu haben, ist die hinübergerettete Position eines Jünglings. Die Unschuld beschämt die Welt der Erwachsenen, lehnt sie aber auch entschieden ab. Als Reaktion insgesamt ist *Hard Times* mehr Symptom der Verwirrung der industriellen Gesellschaft, als daß es sie begreift, aber es ist ein bedeutendes und bleibendes Symptom.

Sybil or the two Nations (1845)

Sybil kann heute als Produkt eines späteren konservativen Premierministers, mithin als politischer Roman im engeren Wortsinn, gelesen werden. Die Elemente politischen Plädierens fallen einem beim Lesen überall auf. Ihrer Merkwürdigkeit, Parteilichkeit und ihrem Opportunismus kommt nur ihre Brillanz gleich. Der Roman wäre faszinierend, wäre er ein rein politischer Roman. Die Stuck-Eleganz von Disraelis Schriften entspricht einer bestimmten Art der politischen Auseinandersetzung. Was in seinen Beschreibungen der Personen und Gefühle unerträglich ist, wird in seinen politischen Aufschwüngen ein recht liebenswürdiger Federbusch. Die Beschreibungen des industriellen Unrats ähneln denen Dickens' von Coketown sehr: brillante romantische Verallgemeinerungen — der Blick aus dem Zug, aus den Wahlversammlungen, aus der Schreibtischperspektive — zwar oft bewegend, doch letztlich rhetorisch. Es gibt ähnliche Berichte über die armen Landarbeiter, die wir dem irreführenden Kontrast von *North and South* gegenüber im Gedächtnis behalten müssen. Andererseits gibt es in *Sybil* die geistreichste Beschreibung der Ungerechtigkeiten des Tommy-Ladens* und der praktischen Konsequenzen des überall anzutreffenden Truck-Systems. Disraelis Wut — die aufs Ganze übertragene Wut eines Outsiders, der seinen Weg macht —, trägt ihn oft über seinen formalen Text hinaus. Die feindseligen Beschreibungen von Londons politischem und sozialem Leben stellen wieder Verallgemeinerungen dar, die zweifelsohne dieselbe rhetorische Bedeutung wie die der Raubzüge unter den Armen besitzen. Jeder, der bereit wäre, Disraeli, sieht man einmal von ihm als Autorität ab, in irgendeiner sozialen Frage Kompetenz einzuräumen, der täuscht sich in diesem Mann ebenso wie er sich in Dickens getäuscht hätte. Disraeli vermag wie Dickens sehr gut zu verallgemeinern, er ist ein Analytiker des Rotwelsch und beinahe ein ebenso guter verallgemeinernder Rhetoriker des menschlichen Leidens. Beides, das muß betont werden, besitzt Reputation.

Was die Ideen angeht, stellt *Sybil* beinahe eine Rarität für den Sammler dar. Zum Beispiel gibt es folgende von Coleridge stammende Bemerkung:

<blockquote>
Wenn die »Reform-Act« uns auch nicht mit einer fähigeren Regierung oder einem illustreren Senat ausgestattet hat, so kann sie doch auf das Land einen riesigen, wohltätigen Einfluß ausgeübt haben? Hat sie das? Hat sie den Ton der öffentlichen Stimmung gehoben? Hat sie die volkstümliche Empfindelei zu edlen und veredelnden Zielen kultiviert? Hatte sie dem englischen Volk einen anderen Beweis für den nationalen Respekt und das Zu-
</blockquote>

---

* Anm. d. Übers.: Läden, in denen die Arbeiter Waren als Löhne erhalten.

trauen vorgeschlagen als diese seit der fatalen Einführung des holländischen Finanzsystems entwürdigende im ganzen Lande vorherrschende Qualifikation? Wer will das behaupten? Wenn ein Geist von gieriger Lüsternheit, der sämtliche Menschlichkeit entweiht, die England beherrschende Sünde der letzten eineinhalb Jahrhunderte gewesen wäre, so ist seit Inkrafttreten der »Reform Act« der Altar des Mammons mit dreifacher Verehrung aufgeflammt. Zu erwerben, anzukaufen und einander mittels philosophischer Phrasen auszuplündern, ein Utopia zu versprechen und zu behaupten, es bestünde nur aus REICHTUM und AUFRUHR, das ist das atemlose Geschäft des für politisch frei erklärten England in den vergangenen zwölf Jahren gewesen, bis wir von unserem räuberischen Krieg zurückschreckten durch das Gejammer einer unerträglichen Leibeigenschaft[8].

Das ist wirklich politisch, Teil des großen Angriffs auf das Treiben der Whigs. Aber die Sprache dieses Angriffs ist als Teil einer viel umfassenderen Kritik wohl bekannt. In unserem eigenen Jahrhundert sollten die folgenden Zeilen mit dem Anschein der Erstentdeckung auftauchen:

»... Es gibt in England keine Gemeinschaft. Es gibt eine Ansammlung, aber unter Umständen, die das eher zu einem dissoziierenden als zu einem einigenden Faktor machen. ... Eine Zweckgemeinschaft konstituiert Gesellschaft ... ohne das mag man die Menschen zu einiger Nachbarschaft bringen, doch bleiben sie weiter im Grunde isoliert.«
»Und ist das ihre Lage in den Städten?«
»Das ist überall ihre Lage, aber in den Städten hat sich diese Lage verschärft. Die Bevölkerungsdichte bringt einen ernsten Existenzkampf mit sich und die konsequente Abscheu der miteinander in zu engen Kontakt gebrachten Elemente. In großen Städten werden die Menschen durch ihr Gewinnstreben zusammengebracht. Sie befinden sich nicht in einem Zustand der Kooperation, sondern der Isolierung, um nur Reichtum zu beschaffen; und im übrigen kümmern sie sich nicht um ihre Nachbarn. Das Christentum lehrt uns, unseren Nachbarn so zu lieben wie uns selbst — die moderne Gesellschaft erkennt nicht an, daß es einen Nachbarn gibt.«[9]

Diese Ansichten des Chartisten Stephen Morley bildeten die einer ganzen Reihe von unterschiedlichen politischen Positionen gemeinsamen Elemente.
Die beiden Nationen, die eine reich, die andere arm, sind natürlich berühmt geworden. Die Wiederherstellung der Führung durch eine aufgeklärte Aristokratie gab die Basis für den Versuch, aus ihnen eine Nation zu machen, ab. Denn:

»In ihnen gibt es, wie in allen anderen Dingen, eine Veränderung«, ... sagte Egremont.
»Wenn es eine Veränderung geben sollte«, sagte Sybil, »dann, weil das Volk zu einem gewissen Grad seine Macht begriffen hat«.
»Ach! schlag Dir diese trügerischen Ideen aus dem Kopf«, sagte Egremont. »Das Volk ist nicht mächtig, das Volk kann niemals mächtig sein. Seine Versuche, sich selbst zu behaupten, werden in den eigenen Leiden und der eigenen Verwirrung endigen«[10].

Das ist natürlich der schon vertraute nachdrückliche Hinweis, um es mit Cobbett zu formulieren, »ruhig zu sein« und die ebenso vertraute Anmaßung, das Geschäft der Erneuerung anderen zu überlassen — in diesem Fall »der aufgeklärten Aristokratie«. Disraeli teilte die verbreiteten Vorurteile über die Volksbewegung: hier sein Bericht über die Aufnahme Dandy Micks in eine Gewerkschaft:

»... Du wirst mit Eifer und Schärfe ... jede Aufgabe und jedes Gebot, das Dir die Mehrheit Deiner Mitbrüder ... auferlegen wird, zur Förderung unseres gemeinsamen Wohles, über das sie allein richten, ausführen: Du wirst die hohen Herren züchtigen, die unterdrückerischen und tyrannischen Herren ermorden oder alle Mühlen, Werkstätten und Läden, die von uns unwiderruflich dazu verurteilt sind, zerstören«[11].

Das ist eine typische Brunnenvergiftung. Dem entspricht die folgende, noch üblere Einschätzung:

Die Leute, die sie fand, stellten nicht die reine Verkörperung der Einheit des Fühlens, des Interesses und des Zweckes dar, so wie sie es sich in ihren Abstraktionen ausgemalt hatte. Das Volk besaß Feinde im Volk: die eigenen Leidenschaften, die es oft mit den Privilegierten sympathisieren und sich mit diesen vereinigen ließ[12].

Die Verschlagenheit hätte recht gut auch auf andere Abstraktionen Disraelis angewendet werden können, doch sollte das vielleicht für spätere Zeiten, im Fortgang seiner politischen Karriere, aufgespart bleiben.
Der zitierte Abschnitt steht dicht bei der Klimax. Dort vereinigen sich Egremont, »der aufgeklärte Aristokrat« und Sybil, »die Tochter des Volkes«, was im Roman die symbolische Schaffung der Einen Nation darstellt. Das ist erneut der Weg, den das Herz einschlägt und die interessanteste Illustration des Romans. Denn Sybil ist natürlich nur theoretisch »die Tochter des Vol-

kes«. Der Verlauf des Buches bringt die Entdeckung, daß sie in Wirklichkeit eine ihres Besitzes beraubte Adlige ist, und so läuten die Heiratsglocken nicht über der Errungenschaft der Einen Nation, sondern über der Vereinigung des Landgutes Marney mit dem Industriekomplex Mowbray. Eine in der Tat für die in Wirklichkeit vorgehende politische Entwicklung symbolische Heirat. Die wieder zu ihren Rechten gelangte Erbin liegt insgesamt auf der Linie von Margaret Thorntons Legat, von Kanada und dem Pferde-Reiten. Doch bleibt es für Disraelis Scharfsinn kennzeichnend, daß er mit diesem Mittel sinnbildlich machen konnte, was später reales, politisches Geschehen werden sollte.

Alton Locke, Tailor and Poet (1850)

Alton Locke ist zum Teil das, was man früher eine »Enthüllung« nannte: ein informierter empörter und gültiger Bericht über die Schindarbeit in der »billigen und schmutzigen« Bekleidungsbranche. Vieles kann davon heute noch mit Aufmerksamkeit und Mitleid gelesen werden. Fairerweise muß jedoch angemerkt werden, daß in bezug auf die Thematik, das Vorwort ergiebiger ist als der Roman selbst — aus dem unerwarteten Grunde, daß es mehr ins einzelne geht.
Die Gesamtintention des Buches ist eine ganz andere. Es ist in Wirklichkeit die Geschichte einer Konversion. Aus einem gewöhnlichen Chartisten wird einer in Kingsleys Sinne. Das ist die Hauptentwicklung des stimmungsmäßig außerordentlich überzeugenden Buches. Die ersten Kapitel sind vielleicht am ergiebigsten: die Karikatur eines Baptistenhauses, der empörte Realismus der Lehrzeit in den Schindräumen, die verallgemeinerte Beschreibung der Sehnsucht aus dem »Gefängnis aus Stein und Eisen« nach als Wissen und Poesie verstandener Schönheit. Auch überzeugen im allgemeinen die Anfänge von Alton Lockes politischer Aktivität. Mit ihnen setzen aber auch die Betonung des Erörterns, der überlangen *Diskussion* von Ereignissen ein, die ganz offensichtlich Kingsleys Motivation und Energie ausmachen. Diese Diskussion ist oft interessant,

insbesondere, da wir Carlyles vertraute Popularisierungen ebenso wiedererkennen, wie die Ideen, auf die Carlyle sich konzentrierte. Das geht von der Zeit der Konversion (das eigenartige Kapitel *Dreamland*) über in die Argumente des christlichen Sozialismus, mit dem Kingsleys Namen gemeinhin identifiziert wird. Man kann bezweifeln, ob all diesen Teilen des Buches ein anderes Interesse als das an der Genealogie bestimmter Ideen entgegengebracht werden kann. Weite Teile lesen sich wie alte Zeitungen oder zumindest alte Flugblätter. Die Probleme sind vorhanden, aber die Sprache ist arbiträr und die Verbindungen sind mechanisch. Das ist keine »Autobiographie«, sondern eine Abhandlung.

Wir brauchen hier nur den Schluß der Geschichte und der Auseinandersetzung festzuhalten. Einmal mehr ist das Motiv für den Chartismus, für eine politische Bewegung der Arbeiterklasse mitfühlend dargestellt worden (deshalb wurden Kingsley und andere als »fortschrittliche« oder »gefährliche« Denker eingestuft). Aber wieder einmal wird die Anstrengung letztlich als Enttäuschung gesehen: wirklich — »wir verstehen Euch und empfinden Mitleid mit Euren Leiden, die Euch dazu getrieben haben, doch was ihr jetzt tut, ist auf eine fürchterliche Weise falsch«:

»Ja«, fuhr sie fort, wobei ihre Gestalt sich streckte und ihre Augen wie die einer begeisterten Prophetin blitzten, »das steht in der Bibel. Was wollt Ihr mehr als das? Das ist Eure Charta, der einzige Grund jeder Charta. Ihr hattet, wie jeder Mensch, unklare Inspirationen, verwirrte Sehnsüchte nach Eurer zukünftigen Bestimmung und wie die ganze Welt von Anbeginn habt Ihr mit Euren eigenen selbstgewollten Methoden zu verwirklichen versucht, was Ihr doch nur mit göttlicher Inspiration, mit Gottes Methode vollbringen könnt. ... Oh! Seht doch nur zurück: zurück auf die Geschichte des englischen Radikalismus des vergangenen halben Jahrhunderts und urteilt nach Euren eigenen Taten, Euren eigenen Worten. Wart Ihr bereit für die Privilegien, die Ihr wie verrückt verlangt habt? Antwortet mir nicht, daß die, die sie besaßen, ebenso wenig bereit waren, sondern dankt Gott, daß es so entschieden ward, daß Eure Unfähigkeit nicht noch der ihren hinzugefügt wurde, um die bestehende Konfusion noch schlimmer zu machen. Glaubt endlich, Ihr seid in Christus und werdet zu neuen Kreaturen. Laßt zusammen mit jenen farcenhaften Tragödien im April und Juni die alten Dinge vergessen sein, und alles wird neu werden. Glaubt, Euer Reich ist nicht von dieser Welt, sondern Eins, dessen Diener nicht kämpfen dürfen«[13].

Nach all diesem verwundert es nicht, die Bestimmung des Helden heißt erneut: Auswandern. Alton Locke stirbt, als er Amerika erreicht, doch sein Mitchartist Crossthwaite wird nach sieben Jahren zurückkehren. Die Erneuerung der Gesellschaft wird, nach dem Vorwort Kingsleys in der Cambridge-Ausgabe seines Buches, in der Zwischenzeit unter der Führung einer wahrhaft aufgeklärten Aristokratie voranschreiten. Es wird eine in Richtung auf Demokratie sein, doch keine »Tyrannei der Zahlen«, deren Gefahren man in den Vereinigten Staaten sehen konnte. Denn:

Solange wie Thron, das Oberhaus und die Presse bleiben, was sie Gottseidank sind, solange, so glaube ich, wird jede Ausweitung des Wahlrechts nicht eine sprudelnde Gefahrenquelle sein, sondern eine Quelle der Sicherheit, denn es wird die Massen an die bestehende Ordnung der Dinge durch eben die Loyalität binden, die der Zufriedenheit, dem Gefühl, geschätzt zu werden, entspringt, sowie Vertrauen zu genießen und nicht wie Kinder, sondern als Erwachsene behandelt zu werden[14].

Felix Holt (1866)

Obwohl *Felix Holt* erst 1866 publiziert wurde, können wir ihm doch einen Abschnitt aus einem Brief von George Eliot an J. Sibree an die Seite stellen, der 1848 kurz nach der Französischen Revolution dieses Jahres geschrieben wurde:

Sie und Carlyle ... sind die einzigen, die so fühlen, wie ich es mir von Ihnen vorstelle. Sie können, was wirklich groß und schön ist, rühmen ohne kalten Vorbehalt und Skeptizismus, um den eigenen Glauben als Weisheit zu retten. Ich bin um so mehr über Ihren Enthusiasmus erfreut, als ich ihn nicht erwartete. Ich fürchtete, daß Ihnen revolutionäres Feuer abgehen würde. Aber nein, Sie sind ebenso sans-culottisch und tollkühn, wie ich Sie mir wünsche. ... Ich dachte, wir befänden uns in derart schlechten Zeiten, daß wir eine wirklich große Bewegung nicht erleben würden und daß für uns gilt, was St. Simon eine rein kritische Epoche nennt, die ganz und gar nicht organisch ist. Aber ich fange an, froh über meine Zeit zu sein. Ich würde wirklich zustimmen, daß mir die Spanne eines Jahres von meinem Lebensfaden abgeschnitten wird, wenn ich Zeuge werden könnte, wie die Männer der Barrikaden sich vor dem Bilde Christi verbeugen, »der als erster die Menschen Bruderschaft lehrte«. Man zittert, in jede neue Zeitung zu blicken aus Furcht, dort könnte etwas sein, das dieses Bild entstellt. ... Ich sollte keinerlei Hoffnung auf etwas

Gutes hegen seitens irgendeiner nachgeahmten Bewegung zu Hause. Unsere Arbeiter stehen mit der Masse des französischen Volkes verglichen, unendlich viel tiefer. In Frankreich ist der *Geist* des Volkes völlig elektrisiert, sie sind voller sozialer Ideen, sie ersehnen wirklich soziale *Reformen* und nicht nur die Ausführung von Sancho Pansas Lieblingssprichwort: »Gestern für Dich, heute für mich«. Der revolutionäre Geist dehnte sich auf die ganze Nation aus und erfaßte auch die Landbevölkerung und nicht nur, wie bei uns, die städtischen Handwerker. Hier herrscht ein viel größerer Anteil egoistischen Radikalismus' und unbefriedigter brutaler Sinnlichkeit (besonders in den landwirtschaftlichen Gebieten und den Grubenregionen) vor als an Wahrnehmung oder Sehnsucht nach Gerechtigkeit. Daher wäre eine revolutionäre Bewegung einfach zerstörerisch und nicht konstruktiv. Abgesehen davon, würde sie niedergeschlagen werden. ... Auch gibt unsere Verfassung uns kein Mittel an die Hand, den so langsamen Prozeß der *politischen* Reform zu behindern. Das ist alles, wozu wir im Moment in der Lage sind. Die Sozialreform, die uns allererst für große Veränderungen instand setzen soll, wird mehr und mehr das Ziel parlamentarischer und außerparlamentarischer Bemühungen. Doch wir Engländer sind langsame Krauler[15].

Die hier getroffenen Unterscheidungen lassen sich anzweifeln, doch zeigt der Ton eine andere Intelligenz an, als die der bisher diskutierten Romanautoren. An Mrs. Gaskell, Kingsley oder Disraeli sind wir aufgrund dessen, was sie bezeugen, interessiert, an George Eliot hingegen haben wir aufgrund der Qualität ihres Zeugnisses Interesse.

Diese Qualität wird in *Felix Holt* evident, der als Roman einen von den vorher behandelten gänzlich unterschiedenen Rang besitzt. Er hat aber auch vieles mit ihnen gemeinsam. Die formale Fabel beruht auf den bekannten Komplikationen bei einer Grundstückserbschaft. Dabei weist Esther mit ihrer ererbten Abkunft Gemeinsamkeiten mit Sybil auf. Wie bei Sybil ist ihr Anspruch auf ein großes Gut gesichert — doch da endet auch schon der Vergleich mit Disraeli, Harold Transome ist, wie Egremont, ein zweiter Sohn. Gleich ihm wendet er sich in der Politik der reformerischen Seite zu. Doch George Eliot war es nicht möglich, sich auf das Bild Egremonts, der Titelfigur des aufgeklärten Gentlemans, zu stützen. Harold Transome ist von gröberer Realität, und es ist Esther unmöglich, ihn zu heiraten. Sie widerruft ihren Anspruch und heiratet Felix Holt. Es ist, als hätte Sybil das Gut Mowbray ausgeschlagen und Stephan Morley geheiratet. Ich beanspruche für George Eliots Vorgehen keine höhere Realität. Ihr Verfahren dient, so wie es geplant ist, einer besonderen Vorstellung des Wünschenswerten, wie Disraelis sehr unterschiedliche Lösung auch. George Eliot arbeitet mit einem recht feinmaschigen Netz, das aber nicht in solchen Bausteinen des Romans seine wirkliche Überlegenheit deutlich werden läßt.

Auch liegt keine besondere Überlegenheit in der Kreation von Felix Holt selbst. Er wird als radikaler Arbeiter gezeigt, bestimmt, in seiner eigenen Klasse zu bleiben und ausschließlich an die Energien der »moralischen Kräfte« zu appellieren. Er glaubt an die Nüchternheit und Erziehung und tritt eher für soziale als für rein politische Reformen ein und möchte

ein Demagoge neuer Art [sein]. Wenn möglich ehrlich, der dem Volke sagen wird, daß es blind und dumm ist, statt ihm zu schmeicheln oder sich an ihm zu mästen[16].

Es ist niemals leicht zu sagen, ob ein Charakter »überzeugt«. In solchen Fragen neigen wir alle dazu, unsere eigenen Vorstellungen von dem Wahrscheinlichen und dem Wünschenswerten anzuwenden. Aber im allgemeinen kann man doch sehen, wenn ein Charakter auf einer anderen einfacheren Ebene fixiert bleibt. Bei Felix Holt erkennen wir das an einer äußeren Erscheinung und einer Reihe von Meinungen. Mrs. Gaskell konnte John Barton anfänglich ganz ähnlich konzipieren, doch mußte sie ihn regelrecht fallen lassen, als, in Ermangelung anderer Substanz, die auf andere Voraussetzungen gegründete Handlung notwendig über die Grenzen ihres Mitleids hinausging. Felix Holt ist wie Alton Locke als ein mehr wahrscheinlicher Held konzipiert, das heißt als jemand, dessen allgemeine Haltung dem Autor gänzlich sympathisch ist und der von ihm nur durch eine relative Unreife getrennt ist. Wie Alton Locke wird Felix Holt in einen Aufruhr verwickelt, wie dieser wird er fälschlich für einen Rädelsführer gehalten und wird ebenfalls zu Gefängnis verurteilt. Diese wiederkehrende Struktur ist kein Plagiat im normalen Sinne. Vielmehr handelt es sich hier um die gleiche Auswirkung der gleichen Angst, die auch Mrs. Gaskell bei der Revision von John Barton vor Augen stand. Es ist die tiefverwurzelte Furcht eines mitleidigen reformorientierten Mitgliedes der Mittelklasse, in irgendwelche Gewalttätigkeiten des Pöbels hineingezogen zu werden. John Barton verwickelt sich ernsthaft, und sein Schöpfer zieht sofort sein Mitleid zurück zum offensichtlichen Schaden für das ganze Werk. Das Mitleid wird auf den fälschlich beschuldigten Jem Wilson und auf Margarets Bemühungen um ihn übertragen. Sie besitzen in Esthers Impuls, mit Felix Holt bei der Verhandlung zu sprechen, eine Entsprechung. Aber das Grundmuster ist eine Dramatisierung der Furcht, in Gewalttätigkeiten verwickelt zu werden, eine Dramatisierung, die durch die Rettungsklausel der Unschuld und des falschen Motivs die Möglichkeit der Erlösung bietet. Das wirklich Interessante ist, daß der Schluß dieser Art von Dramatisierung dann als Beweis für des Autors ursprüngliche Vorbehalte angesehen wird. Das Volk ist wirklich gefährlich in seiner beständigen Neigung zu blinder Unordnung. Jeder, der mit ihm sympathisiert, wird wahrscheinlich darin verwickelt. Daher (ein äußerst bestätigendes Wort) kann aufrichtig angenommenn werden, daß die gegenwärtig im Gange befindlichen Volksbewegungen dumm und unangemessen sind und daß der einzige weise Kurs in der Trennung von ihnen liegt.

Natürlich gibt es in jeder solchen Bewegung eine Unangemessenheit, doch werden die genauen Unterscheidungen, die man von einem großen Romancier erwartet, im *Felix Holt* nicht geleistet. Abermals erweist sich Cobbett als Prüfstein, und sein Auftreten auf seiner eigenen Gerichtsverhandlung nach den Arbeiterrevolten von 1830 demonstriert wahre Reife besser als diese fiktiven hier untersuchten Kompromisse. Cobbett haßt, wie beinahe alle Menschen, die mit ihren Händen gearbeitet haben, jegliche Zerstörung nützlicher Dinge. Aber er besaß die Erfahrung und Kraft, Gewalt weiter zu erforschen. Darüberhinaus glaubte er, was George Eliot so offensichtlich nicht glauben konnte, daß das einfache Volk etwas anderes war als ein Mob und Trunkenheit, Leichtgläubigkeit und Unwissenheit überragende Instinkte und Gewohnheiten besaß. Er hätte Felix Holt nicht für einen »ehrlichen Demagogen« gehalten, der dem Volk sagt, daß es »blind und dumm«

ist. Er hätte ihn vielmehr für einen recht bequemen Verbündeten der Reformgegner gehalten. George Eliots Ansicht über das einfache Volk ist unangenehm nahe der Carlyles in *Shooting Niagara*: »Dummheit, Leichtgläubigkeit, Bestechlichkeit, Zugänglichkeit für Bier und unsinniges Geschwätz«. Das war die verbreitete erste Annahme und gab die Grundlage für die Unterscheidung (ähnlich in ihrem Kommentar von 1848 über *Felix Holt*) zwischen »politischer« und »sozialer« Reform. Die erstere ist nur eine »Maschine«, die zweite besitzt Substanz. Die Unterscheidung ist nützlich, doch man betrachte die folgende sehr typische Rede *Felix Holts*:

Wie man Narrheiten los wird, so auch eitle Erwartungen und Gedanken, die mit der Natur der Dinge nicht übereinstimmen. Diejenigen Männer, die sich richtige Gedanken über das Wasser gemacht hatten und was mit ihm geschieht, wenn es zu Dampf wird und [wie es sich] unter allen möglichen Umständen [verhält], die haben sich eine große Macht in der Welt geschaffen. Sie drehen die Räder von Maschinen, die dabei helfen werden, die meisten Dinge zu verändern. Aber keine Maschinen hätten arbeiten können, hätten falsche Vorstellungen über die Weise, wie sich das Wasser verhalten würde, bestanden. Nun sind all die Wahlverfahren, Distrikte und jährlichen Parlamente und alles übrige Maschinen wie das Wasser oder der Dampf müssen aus der menschlichen Natur kommen, aus den Leidenschaften der Menschen, ihren Gefühlen und Sehnsüchten. Ob die Maschinen gute oder schlechte Arbeit verrichten würden, hängt von diesen Gefühlen ab[17].

Aber die erwähnten »Maschinen« sind trotz allem besondere Maschinen, die eine von den vorher verwendeten Maschinen unterschiedene Arbeit leisten sollen. Es heißt wirklich mechanisch vorgehen, alle Maschinen gleich einzustufen und so ihre Bedeutung zum Verschwinden zu bringen, wo ihre Zwecke sich unterscheiden. Die neuen Vorschläge sind eine Verkörperung der »Leidenschaften, Gefühle und Sehnsüchte«: alternative Vorschläge, die von alternativen Gefühlen unterstützt werden, so daß eine echte Wahl getroffen werden kann. Die wahre Kritik, so fürchtet man, besteht aus »Gedanken, die nicht mit der Natur der Dinge übereinstimmen«, und diese »Natur der Dinge« können sowohl eine angenommene bleibende »menschliche Natur« oder ebenso wahrscheinlich, die vermutlich un-

wandelbaren »Gesetze der Gesellschaft« sein. Unter diesen »Gesetzen«, so fährt Holts Argument fort, befindet sich die Annahme, daß sich unter jeweils einhundert Menschen dreißig befinden, die etwas Nüchternheit und einen gewissen Sinn zu wählen besitzen, während siebzig von ihnen entweder betrunken oder »unwissend oder gemein oder blöde« sind. Mit einer solchen Annahme kann sehr leicht bewiesen werden, daß eine Wahlreform nutzlos sein würde. Im wesentlichen besteht George Eliots Rat darin, daß die Arbeiter sich zunächst unter der Führung von Männern wie Felix Holt »nüchtern und gebildet« machen sollen, dann werden Reformen etwas Gutes ausrichten. Doch die Unterscheidung zwischen »politischer« und »sozialer« Reform erweist sich hier als am hinfälligsten. Die Mißbräuche eines nicht reformierten Parlaments werden selbst als Argumente gegen eine Parlamentsreform herangezogen — es wird doch nur noch mehr davon geben. Der durch die politische Reform erzielte Gewinn der Mittel der Erziehung und der für die Wahrnehmung einer solchen Möglichkeit notwendigen Muße, der Arbeitsbedingungen und Wohnungen, die Armut und Trunkenheit verschwinden lassen werden, all diese und ähnliche Ziele, die die Zwecke für die »Maschinen« waren, läßt das Argument aus. Ohne sie muß der nüchterne, gebildete Arbeiter vermutlich voll bewaffnet von seinem eigenen (»betrunkenen, unwissenden, gemeinen und dummen«) Kopf herunterspringen.
Es ist zuviel Zeit vergangen, als daß eine bestimmte Art der Reife und Tiefe von Erfahrung noch weiter behaupten kann, Politik und politische Neigungen seien nur einem oberflächlichen Geist möglich und jede Wertschätzung der Komplexität der menschlichen Natur bringe notwendig eine weise Abschätzung dieser lärmenden Instrumente mit sich. Den Ton — »kalte Vorbehalte und Skeptik, um ihren Glauben als Weisheit zu retten« — kann man im *Felix Holt* oft wahrnehmen:

Es mußten Mißbräuche der Schrift, »übertriebene Armut«, »aufgedunsene Pfründenbesitzer« und andere Korrumpiertheiten, die die Menschen glücklich und weise zu sein hinderten, bekämpft und diese besiegt werden. Wenn dann später die Leichname dieser Monstren der Öffentlichkeit zum Bestaunen und Schrecken vorgeführt würden, aber Weisheit und Glück nicht folgen, sondern das vermehrte Entstehen von Dummheit und Unglück, so kommt eine Zeit des Zweifels und der Verzagtheit. ... Einige hielten sich bei der Verurteilung aller Mißstände und dem tausendjährigen Heil im allgemeinen auf, während andere, deren Vorstellung weniger mit Exaltationen der Morgenröte vergoldet waren, hauptsächlich auf der Wahlurne bestanden[18].

Das weise Hauptschütteln führt zu einem selbstzufriedenen Lächeln. Doch ich selbst sehe in einem Abschnitt wie diesem, im Stil (»vergoldet mit den Exaltationen der Morgenröte«, »dem tausendjährigen Heil im allgemeinen«) wie im Gefühl (»das vermehrte Entstehen von Dummheit und Unglück«) keine tiefgehende extensive Arbeit eines großzügigen Geistes, sondern vielmehr den kleinlichen Zynismus eines Geistes, der, obwohl nur vorübergehend, seine Befähigung zu menschlicher Achtung verloren hat.

Felix Holts Ansichten entsprechen, eben um dieses Element gereinigt, denen George Eliots, was eine Art intellektueller Müdigkeit darstellt. Es ist die Stimmung der »sechziger Jahre«, von *Shooting Niagara* und *Culture and Anarchy*, die unzulässig noch nach seinem Tode die frühe Phase des Radikalismus vertraten. Felix Holt ist eher eine Personifikation als ein Charakter. In dieser Rolle tritt er wieder in seiner *Address to Working Men, by Felix Holt* auf, die George Eliot durch ihren Verleger überredet, geschrieben hatte. Hier werden die Gefahren einer aktiven Demokratie deutlicher formuliert:

Die allzu absolute Oberherrschaft einer Klasse, deren Wünsche bis jetzt einfacher Art sind, die in der Hauptsache für mehr und bessere Nahrungsmittel, Kleidung, Unterkunft und physische Erholung kämpfen, mag zu vorschnellen Maßnahmen führen, damit Dinge gerechter aufgeteilt werden, die selbst dann, wenn das nicht fehlschlagen sollte, ... letztlich das Leben der Nation entwürdigen[19].

Die Reform muß voranschreiten

nicht durch irgendeinen Versuch, die tatsächlich bestehenden Klassenunterschiede und Vorteile unvermittelt abzuschaffen, ... sondern durch die Umwandlung der Klasseninteressen in Klassenfunktionen ... Wenn die Ansprüche der besitzlosen Menge Prinzipien in sich enthalten, die die Zukunft formen müssen, so enthalten doch nicht weniger wahrhaftig die auf die besitzende

Klasse aus der Vergangenheit vererbten Güter das kostbare Material, ohne das keine würdige und edle Zukunft geformt werden kann[20].

Mit solchen Gedanken bewegt sich George Eliot weit von ihrem Besten fort. Hinter der Fassade eines Felix Holt nimmt sie die Position eines Carlyle, ohne die Energie eines Arnold, ohne dessen raschen praktischen Sinn, die eines ängstlich balancierenden Mill, ohne dessen intellektuelle Hartnäckigkeit, ein. Indessen ist klar, wie unangemessen auch ihr Versuch, eine Position einzunehmen, gewesen sein mag, sie geht, wenn auch fruchtlos aus einem Verständnis der Gesellschaft als eines komplizierten Erbes hervor, das an der Wurzel ihrer besten Arbeit steht. In *Felix Holt* wird dieser Sinn großartig auf der Ebene einer bestimmten Verwandtschaftsgruppe verwirklicht: Mrs. Transome, der Rechtsanwalt Jermyn und ihr Sohn Harold Transome. In *Middlemarch* wird die Realisierung mit beinahe gleicher Eindringlichkeit auf einen ganzen repräsentativen Bereich der Provinz-Gesellschaft ausgedehnt. In der englischen Dichtung gibt es niemanden, der ihre stete Meisterschaft im Erdenken und Ausarbeiten der allen Beziehungen immanenten Komplikationen und Konsequenzen besäße. Von einer solchen, durch Erfahrung gewonnenen Position, sucht sie die Gesellschaft natürlich auf einem tieferen Niveau, als die politischen Abstraktionen vermuten lassen. Dabei sieht sie ihre eigene Gesellschaft, wie sie selbst sagt, als »verderbt« an. Ihre Lieblingsmetapher für die Gesellschaft ist ein Netzwerk, eine »verwickelte Seidenschnur«, ein »verwirrtes Netz«, »die langsam wachsenden Übel einer großen Nation sind ein verwickeltes Geschäft«. Das ist wiederum richtig. Es ist der Grund ihrer besten Leistungen. Doch, obwohl die Metapher sich gut als Hinweis auf die Komplexität der Gesellschaft verwenden läßt, besitzt sie doch auch einen negativen Effekt. Sie scheint soziale und tatsächlich direkte personale Beziehungen als passiv darzustellen, über die mehr verfügt wird, als daß aus ihnen selbst heraus gehandelt wird. »Man fürchtet sich«, so bemerkte sie, »in dem verwikkelten Schema der Dinge den falschen Faden zu ziehen.« Die Vorsicht ist verständlich, doch der Gesamt-

effekt des Bildes falsch. Denn in Wirklichkeit ist jedes Element des komplizierten Systems aktiv, die Beziehungen wandeln sich ständig und jede Handlung — ja selbst Enthaltung, bestimmt aber die Personifikation des Felix Holt — berührt, wenn auch nur leicht, die Spannungen, den Druck und die ganze Natur der Verwicklung.
Es ist kein Zeichen ihres tiefen Verständnisses, sondern ein Punkt, an dem es versagt, so daß ihre Haltung der Gesellschaft gegenüber letztlich derart negativ ist. Sie besitzt eine Negativität des Details, die eine Phrase wie »tiefgreifende soziale Reform« nicht verschleiern kann.
Das wichtigste an George Eliot ist die einzigartige Beherrschung einzelner Komplexitäten, was aber nicht als Interesse an »personalen« im Gegensatz zu »sozialen« Beziehungen aufgefaßt werden darf. Sie glaubte nicht, wie es andere versucht haben, daß diese Kategorien wirklich getrennt sind: »es gibt kein Privatleben, das nicht von einem umfassenderen öffentlichen Leben bestimmt worden ist«, bemerkt sie am Anfang von *Felix Holt*. Doch ist es eine Tatsache, daß sich ihre persönlichen Erfahrungen und Folgerungen, berichtet sie, wie es ihr beliebt, Leben und Probleme der Arbeiter, praktisch ohne Kampf dem allgemeinen Gefühl über diese Fragen ergeben, das Gemeineigentum ihrer Generation war und das zu übersteigen sie allzusehr zögerte und das zu einer lebendigen Verkörperung zu erheben, sie zu intelligent war. Sie scheitert in einem von ihr als notwendig erkannten Maße, denn es schien »keinen richtigen Faden« zu geben, »der gezogen werden könnte«. Beinahe jede Art gesellschaftlicher Aktion wird ausgeschlossen, und das äußerste, was man bei einem Helden wie Felix Holt erhoffen kann, ist, daß er im weitesten Sinne halbwegs saubere Hände behält. Das bezeichnet in der Tat eine Zwickmühle, in der sich eine Gesellschaft befindet, wenn ein derart kluger Kopf und ein derart rasches Mitleid nicht mehr als nur dies ins Auge fassen können. Denn Geduld und Vorsicht ohne genaue Intuition verwandeln sich nur allzu leicht in Anpassung — doch gibt es kein Recht, sich zu fügen, solange die Gesellschaft »verderbt« ist.
Werden die Romane zusammen gelesen, so scheinen

sie nicht nur recht klar die gemeinsame Kritik am Industrialismus, den die Tradition etablierte, zu illustrieren, sondern auch die allgemeine Gefühlsstruktur, die in dem gleichen Maße sich bestimmend auswirkte. Die Erkenntnis des Übels wurde von der Furcht, verwickelt zu werden, neutralisiert. Mitleid wurde nicht in Handlung transformiert, sondern in Sichzurückziehen. Wir können beobachten, bis zu welchem Umfang diese Gefühlsstruktur vorhält, sowohl in der Literatur als auch der Sozialtheorie unserer eigenen Zeit.

Kapitel VI

J. H. Newman und Matthew Arnold

In seinem *Discourse VII, On the Scope and Nature of University Education* (1852) schrieb Newman:

> Es wäre gut, wenn die englische Sprache wie die griechische ein bestimmtes Wort besäße, um einfach und ganz allgemein intellektuelle Fertigkeit oder Perfektion auszudrücken, genauso wie es »Gesundheit« in bezug auf unseren Körper und »Tugend« in bezug auf unsere moralische Natur tun. Ich kann einen solchen Terminus nicht finden. — Talent, Befähigung, Genie gehören eindeutig zu dem Rohmaterial, um das es geht und nicht zu dem Hervorragenden, das das Ergebnis von Übung und Training ist. Wenn wir uns tatsächlich den speziellen Arten intellektueller Perfektion zuwenden, so tauchen für unseren Zweck Wörter auf wie zum Beispiel: Urteil, Geschmack und Geschick. Doch auch sie gehören zum größten Teil zu Kräften oder Gewohnheiten, die die Praxis oder Künste antreiben, aber sich nicht auf den vollkommenen Zustand des Intellekts an sich beziehen. Weisheit hinwiederum, ein mehr als alle anderen umfassendes Wort, besitzt gewiß eine direkte Beziehung zum Verhalten und menschlichem Leben. Wissen und Wissenschaft drücken nur intellektuelle Ideen aus, doch noch nicht einen Zustand oder eine Gewohnheit des Intellekts, denn Wissen im normalen Sinne ist nur einer seiner Umstände, der einen Besitz oder eine Einflußnahme bezeichnet, und Wissenschaft wird als Gegenstand des Intellekts verwandt, anstatt, wie es sein sollte, dem Intellekt selbst zugeordnet zu werden. Die Folge ist, daß bei einer Gelegenheit wie dieser viele Worte nötig sind, um erstens hervorzubringen und zu übermitteln, was an sich keine schwierige Idee ist, nämlich die der Kultivierung (cultivation) des Intellekts als Endzweck, um zweitens zu empfehlen, was gewiß kein unvernünftiges Ziel ist, und um drittens dem Geist die besondere Perfektion, die dem Ziel eignet, zu beschreiben und zu verdeutlichen[1].

Das Erstaunlichste an diesem Abschnitt ist, daß Newman die Frage nach »einem bestimmten Wort« nicht mit dem Wort »culture« — »Kultur« beantwortet. Der Hauptgegenstand seiner Überlegungen ist deutlich mit den Ideen »kultiviert« und »Kultivierung« im Sinne von Coleridge verbunden. Im Grunde genommen kündigt er in seiner Schlußbemerkung die Aufgabe an, die zu lösen Arnold sich gerade mit *Culture and Anarchy* zu lösen anschickte. An anderer Stelle zog er tatsächlich die essentielle Verbindung mit »Kultur«:

Und so bin ich, was die intellektuelle Kultur angeht, weit davon entfernt zu leugnen, daß Nützlichkeit in diesem umfassenden Wortsinn Ziel der Erziehung ist, wenn ich darlege, daß die Kultur des Intellekts ein Gut an sich ist und ihr Ziel in sich selbst hat.
... So wie der Körper einiger Hand- oder anderer Arbeit geopfert werden mag ... so mag der Intellekt einem spezifischen Beruf gewidmet werden. *Dies* nenne ich aber nicht Kultur des Intellekts. Wie jemand ein Glied oder Organ des Körpers nicht ordnungsgemäß gebrauchen und entwickeln kann, so auch das Gedächtnis, die Imagination oder die Fähigkeit zu urteilen; auch *dies* ist wiederum keine Kultur des Intellekts. Andererseits kann der Intellekt, so wie der Körper, mit Blick auf seine allgemeine Gesundheit gepflegt, gehegt und geübt sowie allgemein trainiert werden mit dem Ziel, seinen Zustand zu vervollkommnen — und das *ist* seine »cultivation« — »Kultivierung«[2].

Der Vorschlag wird in der Sprache einer »allgemeinen Gesundheit« des Geistes gemacht, so wie Coleridge unterschied zwischen der »Hektik der Krankheit«, der einen Art von Zivilisation, und der »Blüte der Gesundheit«, einer auf »Kultivierung« gegründeten Zivilisation. Gesundheit ist für Newman eine Norm für den Körper, die des Geistes heißt *Vervollkommnung:*

Es gibt eine physische und eine moralische Schönheit, es gibt die Schönheit der Person und die Schönheit unseres moralischen Seins, die natürliche Tugend; und ganz ähnlich gibt es eine Schönheit, gibt es eine Vervollkommnung des Intellekts. Es gibt eine ideale Vollkommenheit in dieser Vielzahl von Angelegenheiten, zu der sich individuelle Beispiele erheben und die für alle weiteren Beispiele die Normen bilden[3].

Dies hält sich wiederum innerhalb der Tradition von Burke bis Arnold. Das Werk der Vollendung, das Arnold Kultur nennen sollte, wurde immer stärker in Opposition zu der machtvollen Tendenz des Utilitarismus betont und die Erziehung als das Trainieren von Menschen, bestimmte Aufgaben in einer bestimmten Art von Zivilisation zu übernehmen, betrachtet. Coleridge, Newman und andere setzten dem ein anderes Ideal entgegen:

die harmonische Entwicklung derjenigen Qualitäten und Fähigkeiten, die unsere Menschlichkeit ausmachen[4].

Dieser Teil der Vorbereitung für Matthew Arnolds Werk ist jetzt klar. Aber zu der Zeit, als er zu schreiben begann, existierte noch eine andere Überlegung: die allgemeine Reaktion auf die sozialen Auswirkungen des entwickelten Industrialismus und insbesondere auf die Agitation der Arbeiterklasse. Eine stehende Reaktion auf diese Agitation ist in Macaulays Redewendung: »Wir müssen unsere Herzen erziehen« gut bekannt. Macaulay argumentierte bezeichnenderweise, daß das »Unwissen« des »gemeinen Volkes« eine Gefahr für das Eigentum darstelle und daß daher Erziehung notwendig wäre. Carlyle hatte auf der anderen Seite jegliche auf Nützlichkeitserwägungen basierende Argumentation für Erziehung abgelehnt: »als wäre ... es nicht die erste Aufgabe einer Regierung, ... die Gabe des Denkens zu vermitteln«[5]. Kingsley empfahl in seinem Cambridger Vorwort die Neuen Arbeiterkollegs:

Ohne sie durch Gönnertum zu beleidigen, ohne störend auf ihre religiösen Auffassungen einzuwirken, ohne sich in irgendeiner Weise in ihre Unabhängigkeit einzumischen, sondern einfach auf Grund der gemeinsamen Menschlichkeiten haben sie (*i. e. die Mitglieder der Universität von Cambridge*) geholfen, diese jungen Männer zu erziehen, die, wie ich vermute, zum größten Teil gerade Angehörige der Klasse sind, die in diesem Buch als die unglücklichste und gefährlichste beschrieben wird, Männer also, die sich ihres unbefriedigten und unbeschäftigten Intellekts bewußt sind. Und sie erhalten eine praktische und offene Form der Belohnung. Aus diesen Männern wird ein Freiwilligen-Korps gebildet, wobei sie zum Teil selbst, zum Teil Herren der Universität die Offiziersränge bekleiden: eine Zelle der Disziplin, der Loyalität und Zivilisation für die ganze Bevölkerung von Cambridge[6].

Kingsleys letzter Satz, die »praktische und offene Belohnung« stellt so etwas wie eine Revision seines früheren Standpunkts dar: »einfach auf Grund der gemeinsamen Menschlichkeit«. Wie auch immer das ausgedrückt oder heute interpretiert wird, die Antwort selbst ist evident. Wir können sie ganz klar im Auszug einer von F. D. Maurice 1859 vor dem Manchester Ancoats and Salford Working Men's College gehaltenen Rede erkennen:

Während wir über diese Dinge nachdachten und sehr ernsthaft nachdachten, kam das furchtbare Jahr 1848, das ich immer als eine der großen Epochen der Geschichte ansehen werde ... Ich betone das gerade, wenn ich bedenke, wie sehr es den Geist und das Herz des englischen Volkes, ja, die der Engländer aller Klassen berührt hat ... Ich höre, wie ein intelligenter Mann und noch ein anderer gestehen: »Vor zehn Jahren noch dachten wir anders. Aber alle von uns haben seitdem einen neuen Sinn in den Beziehungen zur Arbeiterklasse erworben«. ... Es hat uns Anlaß zu

Furcht gegeben, das gebe ich zu, doch war das keine Furcht um unser Eigentum und unsere Stellung, es war die Befürchtung, daß wir nicht den Verantwortungen nachkommen würden, die uns unsere Erziehung auferlegte und die größer waren als die, die Rang oder Eigentum auferlegen. ... Wir glaubten und fühlten, daß England, wenn nicht diejenigen Klassen in diesem Land, die etwas mehr an Kenntnissen als ihre Kameraden erhalten hatten, willens sein würden, sie mit ihren Kameraden zu teilen, es als wertvoll anzusehen, da es sie mit ihren Kameraden verbinden würde, in Anarchie stürzen und dann dem Despotismus anheimfallen würde ...[7]

Soweit die Reaktion, Maurice fügte noch etwas über die Methode hinzu:

Was wir wünschten, war, falls möglich, mit unseren Lehren, ein Band des geistigen Verkehrs mit den Männern, die wir unterrichteten, herzustellen. Wie das geschehen kann, mögen wir niemals herausgefunden haben. Doch die Arbeiter haben es selbst gefunden. Wir hörten 1813, daß das Volk von Sheffield ein People's College gegründet hatte. Diese Nachricht erschien uns als Markstein einer neuen Ära in der Erziehung. Wir hatten Colleges besucht. Sie hatten uns nicht bloß eine Lehre in verschiedenen Fächern erteilt, sie hatten uns nicht bloß auf unseren jeweiligen Beruf vorbereitet, sie hatten Zeugnis abgelegt von einer Kultur, der höchsten aller Kulturen ...[8].

Dieser Aspekt der Vorbereitung von Arnolds Boden könnte kaum evidenter sein: »Kultur« wird ganz explizit als Alternative von »Anarchie« angepriesen. Dem Bedürfnis einer Volkserziehung könnte auf einer Reihe von Wegen entsprochen werden. Insbesondere die Utilitaristen haben sich früh auf diesem Gebiet betätigt. Doch Maurice betont das ebenso wie Coleridge und Newman. Die allgemeine Opposition gegenüber dem Utilitarismus sowie die aufgeschreckte Reaktion auf die zunehmende Macht der Arbeiterklasse trafen sich hier auf eine ganz kennzeichnende Weise.

Ein weiterer Aspekt von Arnolds Erbe muß kurz untersucht werden: die wichtigen Haltungen, die er von seinem Vater gelernt hat. Thomas Arnold hatte in den schwierigen dreißiger Jahren des 18. Jahrhunderts seinen Liberalismus am besten in seinem *Englishman's Register* (1831), den Briefen an den *Sheffield Courant* zu Beginn und an den *Hertford Reformer* am Ende der Dekade zum Ausdruck gebracht. Alle lohnen die Lektüre. Hier brauchen aber nur zwei oder drei Punkte angemerkt zu werden. So findet sich zum Beispiel:

Wenn ich das große Übel in England die unglückliche Lage nenne, in der sich die Armen und Reichen einander gegenüber stehen sehen, dann will ich damit zeigen, daß das Übel im gleichen Maße in unserem Fühlen wie in unserer äußeren Lage liegt[9].

Es ist die Zeit der Revolution:

Wir haben bis jetzt, so wie es war, ein dreihundertjähriges Leben mit Durst geführt. Alle Dinge haben einen gewaltigen Anfang genommen — oder hätten vielmehr einen nehmen können und die, die es nicht tun konnten, liegen nun weit zurück[10].

Die angemessene Antwort lautet: Erziehung:

Erziehung im allgemeinen Sinne des Wortes ist für ein Volk notwendig, bevor die Armut unter ihnen ein Gemetzel angerichtet hat, genau an dem entscheidenden Punkt, wenn die Zivilisation ihren ersten plötzlichen von einer ungeheuren kommerziellen Aktivität begleiteten Aufschwung nimmt[11].

Die andere weiterführende Antwort liegt in der Beendigung der Gewohnheit des *laissez-faire:*

... eine der falschesten Maximen, die dem menschlichen Eigennutz unter dem Namen politische Weisheit geschmeichelt haben. ... Wir stehen abseits und lassen dieses ungleiche Rennen seinen eigenen Weg nehmen, das doch vergißt, daß schon der Name Gesellschaft impliziert, daß es kein bloßes Rennen sein sollte, sondern, daß sein Ziel ist, für das gemeinsame Wohl aller zu sorgen[12].

Das ist der neue humane Liberalismus, der sich mit Einstellungen zusammentun kann, die aus ganz anderen Denkrichtungen stammen, wie hier:

Die schwerfällige und gänzlich unorganisierte Masse unserer Bevölkerung muß gründlich organisiert werden. Wo ist der Teil unseres Körpers, der nicht von winzigen Blutkörperchen und den sinnenschärfsten Nerven durchdrungen wird, so daß jeder Teil dort wahrhaft lebendig ist[13].

Das ist der »organische« Akzent bei Coleridge und es ist nicht verwunderlich, daß solch ein liberaler Vater einen solchen Liberalen zum Sohn haben sollte.
Wir können uns nun Matthew Arnolds wichtiger Definition der Kultur zuwenden, die der Tradition endlich eine Lösung und einen Namen gibt. Seine Absicht sei, so schrieb er in *Culture and Anarchy,*

Kultur als den großen Helfer aus unseren Schwierigkeiten zu empfehlen. Kultur ist das Betreiben unserer totalen Vervollkommnung mit dem Mittel, Wissen zu erwerben, über alle uns am meisten betreffenden Angelegenheiten, über das beste des in der Welt Gedachten und Gesagten; und vermittels dieses Wissens einen Strom frischen und freien Denkens auf unsere Leitbegriffe und Gewohnheiten zu lenken, denen wir jetzt treu, aber mechanisch folgen in dem vagen Glauben, es läge eine Tugend darin, ihnen treu zu folgen, die das Unrecht, ihnen mechanisch zu folgen, gut macht[14].

Das Zitat bleibt oft auf halbem Wege stehen, als wäre Vervollkommnung allein dadurch zu erstreiten, daß man »Wissen erwirbt«. Es ist deutlich, daß Arnold dies nur als erste Stufe intendiert, der die erneute Überprüfung der »Leitbegriffe und Gewohnheiten« folgen soll. Und weiter:

Kultur, die das Streben nach Vollkommenheit ist, führt uns ... dazu, als wahre menschliche Vollendung, als eine *harmonische* Vollendung die Entwicklung aller Seiten der Menschlichkeit anzusehen; und als *allgemeine* Vollkommenheit die Entwicklung aller Teile unserer Gesellschaft[15].

Kultur ist also beides: Streben und Betreiben. Sie ist nicht nur die Entwicklung der »literarischen Kultur«, sondern die Entwicklung »aller Seiten unserer Menschlichkeit«. Sie ist auch keine nur Individuen betreffende Tätigkeit oder Teil oder Sektion der Gesellschaft, sie ist und muß ganz wesentlich *allgemein* sein. *Culture and Anarchy* stellt erstens die Beschreibung dieser Haltung, zweitens eine erneute Überprüfung bestimmter vorherrschender »Begriffe und Gewohnheiten« des 19. Jahrhunderts und drittens eine Überlegung über die Auswirkungen dieser Position auf den Fortschritt der Gesellschaft dar. In allen drei Punkten übernimmt Arnold vieles von den ihm unmittelbar vorausgegangenen Denkern: insbesondere von Coleridge, Burke, Newman und Carlyle. Doch besitzt sein Werk in Ton und in bestimmten Beispielen und Hervorhebungen Originalität. Es wurde darüberhinaus in einer recht unterschiedlichen gesellschaftlichen Situation abgefaßt. Es besaß eine unmittelbare Wirkung und ist einflußreicher geblieben als irgendein anderes einzelnes Werk dieser Tradition.

Arnold beginnt mit einem uns von Carlyle vertrauten Punkt:

In unserer modernen Welt ... ist die ganze Zivilisation in wesentlich stärkerem Maße als die Griechenlands und Roms mechanisch und äußerlich und tendiert dazu, dies immer stärker zu werden[16].

Das ist eine gesellschaftliche Tatsache, und ihre entsprechenden gesellschaftlichen Haltungen werden mit der gewohnten Phrase als eine Überbewertung der »Maschine« beschrieben. Mittel werden für Zwecke genommen. Das erste Stück »Maschine« oder der Leitbegriff ist der Reichtum:

Neun von zehn Engländern glauben, daß unsere Größe und Wohlfahrt sich durch unseren großen Reichtum ausweist[17].

Die Leute, die das glauben, sind »Philister«. Und:

Die Kultur sagt: »Betrachtet einmal diese Leute, ihre Lebensweise, ihre Gewohnheiten, ihre Manieren, den genauen Ton ihrer Stimme, seht sie Euch genau an, achtet auf die Literatur, die sie lesen, die Dinge, die ihnen Vergnügen bereiten, die Worte, die aus ihrem Munde hervorkommen, die Gedanken, die das Mobiliar ihres Geistes bilden — wenn man unter der Bedingung, so wie sie zu werden, allen erdenklichen Reichtum besitzen könnte, wäre es das wert[18]?«

Das ist ein Abschnitt, den bestimmte Leser gerne unterstreichen werden. Sie möchten sich an dem Schauspiel »dieser Leute« vergnügen, mit ihrem *British Banner* und ihren Tee-Treffen, so wie sie ihre Freude an Josiah Bounderby aus Coketown hatten. Es tut mir leid, daß ich dem nicht zustimme, aber es gibt etwas an dem Ton, das uns daran erinnert, daß Arnold nicht nur eine Tradition populär machte, sondern ihr auch die immer noch vorgebrachten Vorwürfe der Dünkelhaftigkeit und des geistigen Hochmutes einbrachte. Der mit dem Leitbegriff Reichtum angerichtete Schaden besteht in seiner Einengung der humanen Ideale auf ein einziges Ziel, das wirklich nur ein Mittel ist. Die Frage ist doch, was für ein Leben vermag Reichtum zu ermöglichen. Arnold stellte die Frage, aber schloß in seiner Antwort eine ständige Reaktion in bezug auf das Vulgäre ein, das gewiß in sich selbst vulgär ist. Die Beschreibung geistiger Vervollkommnung kommt bei Newman mit einer bemerkenswerten Reinheit durch, die selbst da noch, wo Zustimmung schwerfällt, Respekt abverlangt. Bei Arnold hinwiederum wird die geistige Idee zu oft von witzigen und übelgesonnenen Beobachtungen flankiert, die minderer Dichtung besser anstünden. Der erbittertste Gegner hätte Newman niemals einen Gecken nennen können und Burke bewahrt

sich selbst auf der Höhe seiner Vorurteile stets eine bewunderungswürdige Stärke. Arnold besitzt weder diese Unverletzbarkeit noch diese Kraft.
Das kann erneut bei seinem Angriff auf den »Leitbegriff« des Fortschritts in *Friendship's Garland* gesehen werden:

Euer Mittelklasse-Mensch hält es für den höchsten Gipfel der Entwicklung und Zivilisation, wenn seine Briefe zwölfmal am Tage von Islington nach Camberwell und von Camberwell nach Islington gebracht werden und wenn Eisenbahnzüge alle viertel Stunden zwischen ihnen hin- und herfahren. Er denkt, es mache nichts aus, daß die Züge ihn nur von einem illiberalen, elenden Leben in Camberwell in ein illiberales, elendes Leben in Islington bringen und daß die Briefe ihm nur sagen, daß es dort eben ein solches Leben gibt[19].

Die Tragweite dieser Frage ist wiederum fruchtbar, doch hängt Arnolds Demonstration dieses Punktes von der vorigen Zustimmung zu dem Urteil »illiberal« und »elend« ab, sowie ferner von der Einbeziehung von »Islington« und »Camberwell«, die wirklich falsche Einzelheiten mit einer vergleichbaren Funktion wie Mrs. Eliots »Camden Town und Golders Green« darstellen. Man könnte sagen, das Licht dringt durch, doch es besitzt kaum Süße. Bei der literarischen Methode handelt es sich um einen gesäuerten Romantizismus, von dem wir genügend Beispiele in den Leitbegriffen über »Subtopia« in unserer eigenen Zeit erhalten haben.
Tatsache ist, daß in der entwickelten Sozialstruktur einer vollkommen industrialisierten Gesellschaft nur wenige irgendeiner Art umhinkommen konnten, einen großen Anteil auf sich selbst Rücksicht nehmender Klassengefühle in sich aufzunehmen. Das schlimmste, was der »Zeit-Begriff« Klasse, ein ständig durch die materielle Struktur der Gesellschaft bestärkter Begriff, anrichtete, bestand darin, daß er auf einer Vermassung und Vereinfachung der wirklichen Individuen beruhend, kategoriale Gefühle für menschliches Verhalten anbot und so als leichtes Substitut für die Schwierigkeiten des persönlichen und unmittelbaren Urteils diente. Arnold hatte viel Nützliches über Klasse zu sagen, doch konnte das alles nicht den Einflüssen der Leitbegriffe und Gewohnheiten gänzlich entkommen.

Was Arnold über Industrie und Produktion als Leitbegriffe zu sagen hatte, scheint mir bewunderungswürdig. Es steht mit den Ideen Carlyles, Ruskins und in unserer heutigen Zeit mit denen Tawneys auf einer Stufe. Doch seine beste Abhandlung eines Leitbegriffes ist die Diskussion über Freiheit. Sie hat viel von dem, was Burke im ersten Teil der *Reflections* gesagt hatte, doch ist es durch Arnolds Kontakt mit der hohen Zeit des Liberalismus bewunderungswürdig ausgedrückt und ausgeweitet:

Freiheit ... ist ein sehr gutes Pferd zum Reiten, aber um irgendwohin zu reiten. Ihr ... glaubt, daß Ihr Euch nur auf den Rücken des Pferdes Freiheit zu setzen habt ... und so schnell wie Ihr nur könnt, davon reiten müßt, um ganz sicher am richtigen Bestimmungsort anzukommen. Wenn Eure Zeitungen sagen, was sie nur wollen, so glaubt Ihr, sicher sein zu können, gut informiert zu sein[20].

Der Text paßt immer noch und ist nicht widerlegbar. Arnold war ein exzellenter Analytiker der Mängel des Glaubensbekenntnisses »zu tun, was einem beliebt«. Teilweise, weil er sich auf die traditionelle Idee von der Aufgabe des Menschen »die Vervollkommnung zu betreiben« verließ, teilweise, weil er gesellschaftlich gesehen in einer Zeit lebte, in der die Freiheit einer Gruppe von Leuten zu tun, was ihnen beliebte, von der weitaus größeren Gruppe herausgefordert wurde, mit denen »getan wurde, was anderen beliebte«.
Er sah die Folgen auf beiden Seiten: die Gefahr der geistigen Anarchie, wenn das, was der einzelne gutheißt, die einzige Norm wird und die Gefahr der sozialen Anarchie, wenn die aufstrebende Klasse ihre Macht gebrauchen würde.
Indessen ist Arnolds Behandlung der »Leitbegriffe« nicht sein einflußreichstes Werk, sondern eine Anstrengung, dieser Neubewertung eine praktische Wirkung auf die Gesellschaft zu verschaffen. Es wird oft gesagt, daß Arnold (und sein Ton unterstützt das zeitweilig ungewollt) eine rein egoistische persönliche Kultivierung empfiehlt: obwohl er gestehe, daß er sich Sorgen um den Zustand der Gesellschaft macht, müsse die Verbesserung des Staates auf den Prozeß seiner inneren Vollendung warten:

Die Kultur, die wir empfehlen, ist vor allem ein inneres Geschehen ... Kultur ... versetzt menschliche Vollendung in einen *inneren* Zustand[21].

Dabei kann es sich nur, wenn man Arnold gelesen hat, um ein absichtliches Mißverstehen handeln. Zum Beispiel:

Vollendung, so wie Kultur sie erzeugt, ist, bleibt das Individuum isoliert, unmöglich. Das Individuum muß bei Strafe, in seiner eigenen Entwicklung zu verkümmern und zurückzubleiben, wenn es nicht gehorcht, andere auf seinen Marsch zur Vollendung mit sich ziehen und alles was es nur kann, stetig tun, um das Volumen des in dieser Richtung fließenden Stromes zu vergrößern und zu vermehren[22].

Oder:

»Je weniger dem Weg zur Vollkommenheit folgen, desto schwerer ist es, ihn zu finden.« So müssen wir alle unsere Mitbürger im Osten Londons und auch sonstwo mit uns nehmen bei dem Fortschreiten zur Vollendung, wenn wir selbst, wie wir vorgeben, wirklich vollkommen sein wollen; und wir dürfen nicht aus Verehrung irgendeines Fetischs, irgendeiner Maschine, wie Fabriken oder Bevölkerung, die nicht, wie die Vollkommenheit, in sich selbst absolute Güter sind, obwohl wir das von ihnen glauben, für uns eine derartige Menge elender, gesunder und unwissender Menschen arbeiten lassen, so daß es uns unmöglich wird, sie alle mit uns zu nehmen und sie von uns gezwungenermaßen zum größten Teil in ihrer Erniederung und Erbärmlichkeit zurückgelassen werden[23].

Die Position ist ganz klar, sie liegt offensichtlich auf einer Linie mit der grundsätzlichen Kritik am Industrialismus und der traditionellen Reaktion auf die sich vergrößernde Evidenz der Armut und des Leidens. Auch andere sind für eine neue nationale Erziehung eingetreten, doch niemand mit der Autorität oder Wirkung Arnolds. Diejenigen, die ihn einer Politik der »kultivierten Untätigkeit« bezichtigen, vergessen nicht nur seine Argumente, sondern auch sein Leben. Sowohl als Schulinspektor als auch unabhängig davon war sein Bemühen, ein System allgemeiner und humaner Erziehung aufzubauen, intensiv und kontinuierlich. Da ist nichts von einem Dandy in Arnolds Kampf gegen den lasterhaften Mechanismus des Revised Code. In einer Anzahl ähnlicher Erziehungsangelegenheiten bewies er eine gute Fähigkeit für die detaillierte Anwendung von Prinzipien, die in seinen theoretischen

Schriften oft nicht ganz zu Unrecht der Vagheit geziehen werden. *Culture and Anarchy* muß wirklich zusammen mit den Berichten, Protokollen und Zeugnissen für Kommissionen sowie insbesondere den Erziehungs-Aufsätzen, die einen so großen Teil von Arnolds Arbeitsleben ausmachen, gelesen werden.

Indem wir dies sagen, mögen wir Arnold von einem verbreiteten und nicht zu ertragenden Vorwurf gerettet haben, doch haben wir damit weder seine Bedeutung noch seine Wirkung endgültig rekonstruiert. Sein interessantester Punkt ist der Vorschlag, den Staat als Agenten der allgemeinen Vervollkommnung anzusehen. Hier folgt er teilweise den Ideen und der Sprache Burkes. Er spricht bezeichnenderweise von

den Wegen, die die Füße der Demokratie verlocken, obwohl sie für dieses Land neu und unerprobt sind. Ich möchte sie die Wege des Jakobinismus nennen. Verstimmung gegenüber der Vergangenheit, abstrakte Systeme der Erneuerung, angewandter Ausverkauf und eine neue Schwarzweiß-Lehre, um bis zum kleinsten Detail eine rationale Gesellschaft der Zukunft auszuarbeiten, das sind die Wege des Jakobinismus[24].

»Ich möchte sie die Wege des Jakobinismus nennen« (sie sind so seit einem dreiviertel Jahrhundert genannt worden). In jedem Fall sind wir jetzt gut daran gewöhnt, diese Art der Kritik als typisch für die Gegner der »Staats«-Macht anzusehen. Bei Arnold liegt wie bei Burke diese Verbindung nicht vor. Das Argument gegen »Staats«-Macht hängt beinahe immer davon ab, wer der »Staat« ist. Arnold hat die gleiche Position wie Burke:

Er, der uns unsere Natur gab, damit sie durch unsere Tugend vervollkommnet wird, wollte auch die notwendigen Mittel zur Vollendung. Er wollte daher den Staat[25].

Arnold stellte sich den Staat ganz ähnlich als das »Zentrum der Einsicht und Autorität«, als das Organ des »besten Selbst« vor. Aber wie sollte dieses Zentrum praktisch zusammengesetzt werden. Burke hatte die bestehende herrschende Klasse akzeptiert als das, wenn auch unvollkommene, natürliche »Zentrum der Einsicht und Autorität«. Obwohl Arnold seinerseits alle drei Klassen betrachtete, konnte er doch keine finden, die ihm für eine derart hohe Pflicht qualifiziert schien. Die Aristokratien (Barbaren) waren als Klasse unbrauchbar, da ihre charakteristischen Tugenden gerade durch Geschäfte und die Verteidigung des *status quo* geschaffen worden waren. Ihre ganze Heftigkeit in dieser Verteidigung ließ sie dem freien Spiel neuer Ideen unzugänglich werden, von denen »Einsicht und Autorität« abhängen müssen. Auch die Mittelklassen (Philister) waren, da sie einer *äußerlichen* Zivilisation verhaftet waren, unbrauchbar. Ihr Glaube an die »Maschine« (Reichtum, Industrie, Produktion, Fortschritt) und individuellen Erfolg negierten folglich das »harmonische« und »allgemeine« Betreiben der Vervollkommnung. Was nun die Arbeiterklasse (Pöbel) angeht, so teilten sie entweder mit den Mittelklassen deren Verhaftung mit der äußerlichen Zivilisation und wünschten nichts sehnlicher, als so schnell wie möglich zu Philistern zu werden; oder sie waren nur heruntergekommen und brutal, eher ein Behältnis für die Dunkelheit als für das Licht.

Andere mochten all dies erkennen und folglich die Idee der Staatsmacht fürchten, die nur die Verkörperung der Interessen der einen oder anderen dieser Klassen sein konnte. Und wenn dies wirklich wahr wäre, könnte dann der Staat, praktisch gesehen, als »Zentrum der Einsicht und Autorität« überhaupt angesehen werden?

Aber wie ist diese Autorität zu organisieren, oder wessen Händen ist ihre Leitung anzuvertrauen? Wie bekommen wir Ihren *Staat*, der die richtige Vernunft der sozialen Gemeinschaft zusammenfaßt und ihr Wirkung verleiht, und wenn es die Umstände erfordern auch mit Stärke. Und hier meine ich, meine Feinde mit einer hungrigen Freude in ihren Augen auf mich warten zu sehen. Aber ich werde mich ihnen entziehen[26].

Er sah in der Tat seine Feinde warten. Auch wir, die wir nicht seine Feinde sind, warten noch und sind immer noch in einem gewissen Sinne hungrig. Man ist froh zu sehen, daß sich Arnold diesem Pack des 19. Jahrhunderts entzieht oder zumindest, daß er sich des Gedankens freut, das zu tun, selbst wenn das Glitzern einen gewissen merkwürdigen Effekt hat. Das Problem ist in jedem Fall höchst schwierig geblieben. Die bestehenden sozialen Klassen, die gewöhnlichen Kanditaten der Macht, waren in Arnolds Sicht für deren richtige Ausübung nicht geeignet. Der politische Konflikt war nur eine Zwickmühle ihrer Mangelhaftigkeiten. Aus diesen Gründen wurde der Staat als angemessenes und transzendierendes Organ benötigt. Die Klassen waren die Verkörperungen unseres gewöhnlichen Selbst. Um unser bestes Selbst zu verkörpern, müssen wir einen Staat schaffen. Aber mit welchen Mitteln und mit welchen Personen? Arnolds Antwort hängt von dem ab, was er den »Überrest« nannte. In jeder Klasse, so argumentierte er, existiert neben der typischen Mehrheit eine Minderheit, eine Anzahl von »Freunden«, die nicht durch die gewöhnlichen Begriffe und Gewohnheiten ihrer Klasse unfähig gemacht worden sind:

Personen, die in der Hauptsache von einem allgemeinen *humanen* Geist und nicht von ihrem Klassengeist geleitet werden, sondern von der Liebe zur menschlichen Vollkommenheit[27].

In solchen Personen ist das »beste Selbst« tätig, und sie können auf einer Vielzahl von Wegen versuchen, das »beste Selbst«, das latent aber verdunkelt durch die Unangemessenheit der Klassenideologie und Gewohnheit in allen Menschen vorhanden ist, zu erwecken. Die Mittel der Erweckung werden Erziehung, Poesie und Kritik einschließen. Die Erziehung wird sich auf »das beste, das in der Welt gedacht und geschrieben worden ist«, gründen. Dadurch, daß diese Sammlung der »besten Selbsts« der Menschheit verbreitet und vermittelt wird, wird ein angemessenes und allgemeines Wissen und eine Norm für effektives Denken geschaffen. Poesie als ein besonderes Organ des »besten Selbst« der Menschen wird eine Norm der »Schönheit und der in allen Richtungen vollkommenen menschlichen Natur« setzen. In diesem Sinne kann es, wenn es sich selbst eine »religiöse und devote Energie« hinzufügt, in größerem Maßstabe und mit größeren Menschenmengen für die Vollkommenheit arbeiten und »uns« daher »retten«, indem es eine dauerhafte und wirkliche Norm für das »beste Selbst« erstellt. Schließlich ist, wie Arnold es mit seinen Schriften gezeigt hat, Kritik ein weiterer Bestandteil des ganzen Prozesses: eine Schöpfung des freien Spiels der Intelligenz, der »Autorität des besten Selbst«. Diese Wege könnten als nicht praktikabel verworfen werden, doch

> kann mit Recht behauptet werden..., daß zum gegenwärtigen Zeitpunkt das House of Commons nicht das Zentrum der Bewegung ist. Es liegt in dem fermentierenden Geist der Nation, und nur derjenige, der sich selbst an es wenden kann, wird für die nächsten zwanzig Jahre wirklichen Einfluß ausüben[28].

Was wir auch immer von dieser Antwort halten, wir können in seiner Stimmung und Haltung leicht eine Position wiedererkennen, die seit Arnolds Zeiten weitverbreitet war und aufrichtig vertreten wurde. Sie wird als ein kleines und furchtsames Programm attackiert, aber diejenigen, die daran festhalten, sind zu der Frage berechtigt, ob sich in den neunzig Jahren, seit Arnolds Schriften entstanden, irgendeine schnell zu verwirklichende und fertige Alternative für die Erreichung seiner Ziele wirklich gezeigt hat.

Nichtsdestoweniger liegt in der Position eine echte Ambiguität, die untersucht werden muß. Denn Arnold empfiehlt nicht nur den Einfluß der besten Individuen, was er empfiehlt ist die Verkörperung dieses Einflusses durch die Schaffung eines Staates. Hier zitiert Arnold Wilhelm von Humboldt:

> Humboldts Ziel ist, in diesem Buch (*Ideen zu einem Versuch, die Grenzen der Wirksamkeit des Staates zu bestimmen*) zu zeigen, daß die Handlungen der Regierung streng auf das beschränkt werden sollten, was in direkter und unmittelbarer Beziehung zur Sicherheit der Person und des Eigentums steht. Wilhelm von Humboldt, eine der schönsten Seelen, die jemals existiert haben, pflegte zu sagen, daß es jedermanns vordringlichste Lebensaufgabe sei, sich selbst mit allen Mitteln, über die er verfügt, zu vervollkommnen und daß es die zweitwichtigste Aufgabe sei, in der Welt um sich herum eine zahlenmäßig so groß wie nur mögliche Aristokratie des Talents und Charakters zu erproben und zu erschaffen. Er erkannte natürlich, daß letztlich das Individuum, wie alle sahen, auf sich selbst gestellt handeln und in sich selbst vollkommen sein muß. Aber er lebte in einem Lande, in Deutschland, wo die Leute dazu neigten, zu wenig für sich selbst zu tun und sich zu sehr auf die Regierung zu verlassen. Aber er war außerordentlich flexibel und so wenig einer bloß abstrakten Maxime verbunden, daß er sehr genau erkannte, daß für seinen Zweck, das Individuum selbst dazu zu befähigen, daß es vollkommen auf seinen eigenen Füßen steht und ohne den Staat auskommt, die Hilfe des Staates für lange, lange Jahre notwendig sein würde.

Bald nach der Abfassung seines Buches »*Ideen zu einem Versuch, die Grenzen der Wirksamkeit des Staates zu bestimmen*« wurde Wilhelm von Humboldt Erziehungsminister in Preußen; und von seinem Ministerium nehmen alle großen Reformen, die dem Preußischen Staat die Kontrolle über die Erziehung geben, ... ihren Ursprung[29].

Die Relevanz des Gesagten für Arnolds unmittelbare Ziele der staatlichen Erziehung ist deutlich und wichtig. Er unterstützt sie mit einem Zitat Renans:

Ein Liberaler glaubt an Freiheit, und Freiheit bezeichnet die Nichteinmischung des Staates. *Aber ein solches Ideal ist noch weit entfernt von uns, und gerade das Mittel, den Staat dazu zu bringen, seine Aktivitäten zu rasch zurückzuziehen, würde es ins Unendliche entfernen*[30].

Dies hilft uns in einer Detailfrage weiter, aber es läßt die allgemeine Debatte in folgender Lage zurück: der Staat muß selbst der Hauptagent werden, durch den der Staat als ein »Zentrum der Einsicht und der Autorität« geschaffen wird. Doch ist der bestehende mit einer solchen Agentur belastete Staat in Wirklichkeit, wie Arnold zeigt, der Zwickmühle der bestehenden unangemessenen Klassen ausgesetzt. Die Aristokratie benutzt die Macht und Würde des Staates als Instrument, ihre eigenen Privilegien zu beschützen. Die sich dagegen wendende Mittelklasse sucht lediglich die Staatsmacht zu vermindern und die Vervollkommnung jenen »einfachen natürlichen Gesetzen« zu überlassen, die irgendwie aus den unreglementierten Tätigkeiten der Individuen entstehen. Wenn Arnold Recht in bezug auf diese Klassen hat, so scheint es kaum wahrscheinlich, daß irgendein bestehender Staat, der die Macht der einen oder anderen Klasse vertritt, oder ein verwirrender Kompromiß die überaus wichtige von ihm vorgeschlagene Funktion übernehmen könnte. Der Staat, der für Burke eine Tatsache war, war für Arnold eine Idee geworden.

Die Position wird noch komplizierter durch Arnolds Reaktion auf die dritte große Klasse, den Pöbel. Die Arbeiterklasse organisierte sich gerade, sie war, wie Arnold sagte, »unser spielerischer Gigant«, der das Recht eines Engländers, zu machen, was er will, zu gehen, wohin er will, zusammenzutreffen, wo er will, einzutreten, wo er will, zu schreien, was er will, zu drohen und zu zerschlagen, wie er will, in Anspruch zu nehmen beginnt und in die Praxis umsetzte. All dies, sage ich, führt zur Anarchie[31].

Das ist, wie ich weiß, eine typische Reaktion, und Arnolds Befürchtungen gehen weit:

Er kommt in unermeßlicher Anzahl und ist eher rauh und roh ... Und so scheint uns dieser gründliche Sinn für gesetzte Ordnung und Sicherheit, ohne die eine Gesellschaft wie unsere überhaupt nicht leben und wachsen kann, manchmal anzufangen, mit seinem Abschied uns zu bedrohen[32].

So groß ist tatsächlich die Bedrohung, daß, um ihr zu widerstehen, selbst

die Liebhaber der Kultur Feuer und Stärke preisen und anwenden sollen[33].

Mit derartigem im Hintergrund bekommt Arnolds Idee des Staates als ein »Zentrum der Einsicht und Autorität« eine neue Färbung.

Für uns, die wir an richtige Vernunft glauben, an die Pflicht und die Möglichkeit, unser bestes Selbst im Fortschreiten der Menschheit zur Vollkommenheit zu entwickeln und zu erheben, für uns ist der Rahmen der Gesellschaft das Theater, auf dem dieses erhabene Drama sich selbst zu entfalten hat, unantastbar; *und wer auch immer sie regiert* und wie sehr wir ihn auch aus seinem Amt entfernen möchten, so werden wir doch, solange er regiert, stetig und mit ungeteiltem Herzen ihn bei der Unterdrückung von Anarchie und Unordnung unterstützen, da es ohne Ordnung keine Gesellschaft und ohne Gesellschaft keine menschliche Vollendung geben kann[34].

An diesem vitalen Punkt sehen wir, wie Arnold sich einem »Leitbegriff oder einer Gewohnheit« seiner Klasse ergibt. Die sich organisierende und zeitweilig demonstrierende Arbeiterklasse suchte mit keinem Zeichen, die Gesellschaft an sich zu zerstören. Sie suchte mit den ihr zur Verfügung stehenden Mitteln, die spezielle damals vorherrschende Gesellschaftsordnung zu verändern. Oft suchte sie auch nur das Heilmittel für ein besonderes Kümmernis. Arnolds Verwechslung der besonderen, temporären Ordnung der Interessen, die in der Tat bedroht waren, mit der Gesellschaft an sich ist eine Verwechslung, die er anderswo sehr klar analysiert hat: die Vermengung von »Maschine« und »Zweck«. Der bestehende »Rahmen einer Gesellschaft« ist immer »Maschine«. Arnold, der sie auf so viele Arten für unangemessen befand, sollte gewußt haben, daß dem so ist und seine »richtige Vernunft«, »Feuer und Stärke« zu sprechen, zurückgehalten haben.

Er ist in der Tat zur Veränderung bereit. Er freut sich »freudig und hoffnungsvoll« auf eine »durch Gesetz vorherbestimmte Revolution«. Aber kann ehrlich gesagt werden, daß die Arbeiter um irgend etwas anderes in der Sprache ihrer Erfahrung gebeten haben? Arnold könnte sich vor der Anklage einfachen Autoritarismusses damit verteidigen, daß er sagt, er sei nur darum besorgt, daß das für die Aufrechterhaltung des zivilisierenden und humanisierenden Prozesses notwendige »Minimum an Ordnung« gesichert wird. Aber wiederum: kann ehrlich behauptet werden, daß das zur Zeit, als Arnold schrieb, ernsthaft bedroht war? Ferner müssen wir daran erinnern, daß Arnold nicht um das liberale »Minimum an Ordnung« bat, sondern ganz wesentlich um das Maximum an Ordnung: der Staat soll ein wirkliches »Zentrum der Autorität« werden. Wenn Staatsmacht dermaßen stark betont wird, wird jegliche Verwechslung des idealen Staates, dem Agenten der Vollkommenheit, mit dem tatsächlichen Staat, der Einzelmächte und -interessen verkörpert, gefährlich und wirklich ruinös.

Das ist ein Fall, den Arnold losgelöst von seiner besonderen Lage bereitwillig verstehen würde. Ein Vorurteil besiegt die »richtige Vernunft« und eine tiefe emotionale Angst verdüstert das Licht. Das steckt in seinen Worten *schreien, kreischen, drohen, rauh* und *zerschmettern*. Das ist weder die Sprache »eines Stromes frischer Gedanken« noch besitzt der Prozeß, den sie darstellt, auch nur irgend etwas von der »Zartheit und Flexibilität des Denkens«. Ruhe war, wie Arnold zu Recht argumentierte, notwendig. Aber jetzt waren die Hyde Park-Zäune umgelegt und was angesichts ihrer aufstand, war nicht Arnolds Selbst. Gewiß, er befürchtete einen allgemeinen Zusammenbruch in Anarchie und Gewalt, doch die bemerkenswertesten Tatsachen der britischen Arbeiterbewegung seit ihrem Entstehen in der Industriellen Revolution sind ihre bewußte und entscheidende Enthaltung allgemeiner Gewalt und ihr fester Glaube an andere Methoden des Erfolgs. Diese Charakteristiken der britischen Arbeiterklasse waren ihren mehr romantischen Advokaten nicht immer willkommen gewesen, doch bilden sie eine wirkliche menschliche Stärke und ein kostbares Erbe. Denn sie war stets eine positive Haltung gewesen, das Produkt nicht von Feigheit und Apathie, sondern von moralischer Überzeugung. Ich glaube, sie hatte mehr zum »Betreiben der Vervollkommnung« beizutragen, als Matthew Arnold, der nur sein vergrößertes Bild der Rauhen sah, zu realisieren in der Lage war.

Ein Letztes muß noch über Arnolds Verwendung der Idee der Kultur gesagt werden. Kultur heißt: richtiges Wissen und richtiges Tun — ein Prozeß und kein Absolutum. Das ist in der Tat Arnolds Doktrin. Aber in den kleinen Fragen betont er sehr die Bedeutung des Wissens und nur in sehr geringem Maße die Bedeutung des Handelns, so daß Kultur zeitweilig ganz wie die Errettung der Dissidenten erscheint, als eine Sache, die als erstes sichergestellt werden muß, zu der dann alles andere hinzugefügt werden wird. Sicherlich gibt es auch die Gefahr, Kultur zum Fetisch werden zu lassen. »Freiheit ist ein sehr gutes Pferd zum Reiten, aber um irgendwohin zu reiten«, Vollendung ist ein »Werden«, Kultur ein Prozeß, doch ein Teil der Wirkung von Arnolds Argumentation besteht darin, zu suggerieren, als seien sie bekannte Absoluta. Ein Bestandteil dieser Wirkung ist sein Stil. In einem Satz wie diesem zum Beispiel:

Kultur sieht hinter die Maschinerie, Kultur haßt den Haß, Kultur besitzt eine große Leidenschaft, die Leidenschaft der Süße und des Lichts[35].

— ist es schwierig, nicht den Druck von Sankt Pauls Beschreibung der Barmherzigkeit zu empfinden, und es scheint nicht unmöglich, daß eine Übertragung der Emotion (vielleicht unbewußt, aber auf alle Fälle haltlos) vom alten Konzept auf das neue vorgenommen wurde. Kultur als Religionsersatz ist eine recht dubiose Qualität, insbesondere wenn sie, wie so oft, in ihrem engsten Sinne verstanden wird. Ich stimme aus anderer Sicht mit Newmans Kommentar über das Ergebnis überein:

Dem entspricht, daß so wie die Tugend nur eine Art der Schönheit ist, daß das Prinzip, das bestimmt, was tugendhaft ist, nicht Bewußtsein, sondern der *Geschmack* ist[36].

Die simplifizierte Schlaffheit ist durchlebt worden und war in ihrer schlimmsten Phase nicht gerade erbaulich, in ihrer besten nicht eben überzeugend zu beobachten. Darüberhinaus scheint diese Art der Intonation von »Kultur« weithin verantwortlich zu sein für die bei Engländern verbreitete Feindseligkeit dem Wort gegenüber, was in mancher Hinsicht viel zerstört hat. Ich habe keinen feindlichen oder verächtlichen Beleg vor 1860 gefunden, doch sind solche Belege in diesem unmittelbaren Kontext verbreitet. J. C. Shairp kommentiert 1870 die »Künstlichkeit«[37] des Wortes. Frederic Harrison bezieht sich auf »dasselbe ... *Sauerkraut* und *Kultur*«[38] im Verlauf seiner Behauptung, daß Arnold »Kultur« die Bedeutung verleiht, die ihm selbst paßt. Die in der Idee der Kultur konzentrierten Bewertungen mußten notwendig bei den Verteidigern des bestehenden Systems Feindschaft provozieren. Bei einer solchen Feindseligkeit wünscht man keinen Waffenstillstand. Doch ist dieser wesentliche Konflikt durch abenteuerliche Effekte beschmutzt worden. Beinahe alle für Gelehrtheit, Ernsthaftigkeit und Ehrerbietung stehenden Wörter sind in der Tat kompromittiert worden, und der Kampf dagegen sollte nicht durch unsere eigenen Fehler im Ton oder Gefühl behindert werden. Die Verknüpfung mit der Kultur, die die Wissenschaften beleidigt, die Verknüpfung, die Politik als etwas Engstirniges und eine schmutzige Fehlleitung der Energie diskreditiert, die Verknüpfung, die auftritt, um das Benehmen mit einer eingebildeten Betonung des Wortes zu kritisieren — all das, dessen sich Arnold und seine Nachfolger zeitweilig schuldig gemacht haben, dient der Ernährung und Ausweitung einer inzwischen schon erstaunlichen Opposition. Die Idee der Kultur ist zu wichtig, als daß sie dieser Art zu irren überlassen werden dürfte.

Die Schwierigkeit des Tones zeigt indessen eine allgemeinere Schwierigkeit an. Arnold lernte von Burke, Coleridge und Newman, aber er besaß eine von ihnen allen verschiedene Konstitution. Burke gründete sich auf eine bestehende Gesellschaft und auf einen Glauben. Coleridge nährte sich in einer Zeit des Übergangs von aus der alten Gesellschaft bekannten Werten und gleichfalls von einem Glauben. Newman, sicherer als beide, gründete sein Denken auf einer überzeugten Erfahrung der göttlichen Ordnung. Arnold lernte von ihnen, aber er hatte auch von den Reformern, die die alte Art der Gesellschaft ablehnten und von den Denkern, die gegen die Ansprüche der göttlichen Ordnung die Überlegenheit der menschlichen Vernunft bestätigt hatten, gelernt. Für Coleridge besaß die Idee der Kultivierung zumindest eine rudimentäre Beziehung zu einer tatsächlichen Gesellschaft: die Beziehung existiert in dem Wort, mit seiner Abhängigkeit von der gesellschaftlichen Idee des kultivierten Menschen. Für Newman besaß Kultur eine Realität in der Erfahrung als ein Element der göttlichen Vollkommenheit. Arnold ergriff diese Halte, besaß aber auch anderweitige Verpflichtungen. Man kann natürlich argumentieren, daß er, solchermaßen verpflichtet, der tatsächlichen Wahrheit näher war. Kultur war ein Prozeß, doch konnte er das Material dieses Prozesses nicht finden, weder mit allem Zutrauen in die Gesellschaft seiner Zeit noch gänzlich in der Anerkennung einer die menschliche Gesellschaft transzendierenden Ordnung. Das schien mehr und mehr das Ergebnis zu sein, und der Prozeß wird gegen seine formale Intention eine Abstraktion. Weiter besitzt er, auch wenn es so scheint, als ähnele er einem Absolutum, tatsächlich keinen absoluten Grund. Die Schwierigkeit kann in einem Abschnitt wie dem folgenden gesehen werden:

Vollendung wird niemals erlangt werden, aber eine Periode der Transformation zu erkennen, wenn sie kommt und sich selbst ehrlich und rational ihren Gesetzen anzupassen, das ist vielleicht die größte Annäherung an die Vollkommenheit, die den Menschen und Nationen möglich ist. Keine Gewohnheiten oder Neigungen sollten sie hindern, dies zu versuchen und letztlich können sie es auch nicht. Menschliches Denken, das alle Institutionen schuf, unterminiert sie und nicht allein in dem Absoluten und Ewigen[39].

Der allgemeine Ton dieses Abschnittes überzeugt und wirkt bewunderungswürdig, aber sein letztes Bedenken — das verzweifelte Greifen nach dem traditionellen Halt im letzten Satz — zerstört alles, hat er einmal soviel eingeräumt. Menschliches Denken »schafft« und »unterminiert« *alle* Institutionen, doch muß es letztlich in etwas »Absolutem und Ewigem« ruhen, das heißt mit seinen eigenen Worten in etwas über und hinter den »Institutionen« Liegendem. Bei Newman könnte diese Position sinnvoll sein, er hatte zumindest klar sagen können, was das »Absolute und Ewige« war. Arnold aber war zwischen zwei Welten gefangen. Er hatte Vernunft als Kritiker und Zerstörer der Institutionen ausgewiesen und konnte so nicht auf die traditionelle Gesellschaft bauen, die Burke ernährte. Er hatte Vernunft — »menschliches Denken« — als das Institutionen schaffende Moment angegeben und so den Fortschritt der zivilisierten Gesellschaft nicht als das Werk göttlicher Absicht sehen können. Seine Art, über Institutionen zu denken, war in der Tat relativistisch, wie ein Vertrauen auf »das beste, das in der Welt gedacht und geschrieben worden ist« (und darauf allein), immer sein muß. Doch im letzten Moment hält er nicht nur daran fest, sondern hascht auch nach einem Absoluten und *beides ist Kultur*. Kultur wurde die letzte Kritik der Institutionen, und der Prozeß der Erneuerung und Verbesserung lag jetzt auch an seiner Wurzel, jenseits der Institutionen. Diese verwirrende Verknüpfung sollte durch die Betonung eines Wortes verschleiert werden.

Arnold ist in der Geistesgeschichte des 19. Jahrhunderts eine große Gestalt. Sein Erkennen »einer Periode der Transformation, wenn sie kommt«, war tief und aktiv, wie die Kraft seines Essays über *Equality* deutlich zeigt. Selbst der endgültige Zusammenbruch seines Denkens (wofür ich es halte) ist als Zeichen einer andauernden und echten Verwirrung äußerst bedeutsam. Wir werden, wenn wir weise sind, ihm weiter zuhören und, wenn es Zeit ist, ihm antworten; wir können kaum besser als in seinem eigenen, besten Geiste sprechen. Denn, wenn wir unser Interesse mehr auf eine Denktradition als auf einen einzelnen Mann richten, werden wir kaum dazu neigen, das, was er tat und was er darstellte, unterzubewerten oder in seiner Nachfolge zu vernachlässigen, wozu er uns drängte.

Er schreibt selbst:

Kultur lenkt unsere Aufmerksamkeit auf den natürlichen Strom, der in den menschlichen Angelegenheiten fließt und wird uns unseren Glauben nicht an einen Mann und seine Taten festmachen lassen. Sie läßt uns nicht nur seine guten Seiten sehen, sondern auch erkennen, wieviel an ihm notwendig begrenzt und vergänglich war...[40]

Kapitel VII

Kunst und Gesellschaft
A. W. Pugin, John Ruskin, William Morris

Für die Entwicklung des Begriffes Kultur ist zum einen die Annahme ganz wesentlich, daß die Kunst einer Periode eng und notwendig mit dem vorherrschenden »way of life« zusammenhängt und daß zum anderen in Konsequenz davon ästhetische, moralische und gesellschaftliche Urteile in enger Wechselbeziehung stehen. Eine solche Annahme wird heutzutage weithin als intellektuelle Grundhaltung akzeptiert, so daß es nicht immer leicht fällt, daran zu denken, daß sie im wesentlichen ein Produkt der Geistesgeschichte des 19. Jahrhunderts ist. Eine der wichtigsten Varianten dieser Hypothese ist die Marxsche, auf die ich zurückkommen werde. Aber es gibt eine andere Entwicklungslinie, die für das England des 19. Jahrhunderts von großer Bedeutung ist und in der so wichtige Namen wie Pugin, Ruskin und Morris stehen. Die Vorstellung einer Beziehung zwischen den Epochen der Kunst und denen einer Gesellschaft kann in Europa schon früher gefunden werden; neben anderen bei Vico, Herder und Montesquieu. Aber der entscheidende Akzent wird im England der 30er Jahre des 19. Jahrhunderts gesetzt und dieser Akzent ist zugleich neuartig und willkommen. Das Neue formuliert Sir Kenneth Clark in *The Gothic Revival:*

Die Klassiker der Kunstkritik — Aristoteles, Longinus und Horaz — beschreiben Kunst alle als etwas sozusagen von außen Auferlegtes. Der Begriff des Stils als einem organisch mit der Gesellschaft verbundenen, als etwas, was unweigerlich einer Lebensweise entspringt, taucht, soweit ich weiß, im 18. Jahrhundert nicht auf[1].

Daß diese neue Akzentsetzung — von anderen Traditionen des Denkens vorbereitet — willig aufgenommen wurde, mag von dem außerordentlich starken Einfluß her verständlich werden, den zunächst Pugin und später Ruskin beinahe unmittelbar ausübten. Erinnern wir uns der Richtung einiger Aspekte der Romanti-

schen Kunsttheorie und der Untersuchung der Beziehung zwischen »Kultur« und »Gesellschaft« bei Coleridge und Carlyle, so sehen wir, daß in der Tat der Boden sehr gut vorbereitet war.
»Die Geschichte der Architektur ist die Geschichte der Welt«, schrieb Pugin in seiner *Apology for the Present Revival of Christian Architecture in England* (1843): Verschiedene Nationen haben viele verschiedene, jeweils zu ihrem Klima, ihren Gewohnheiten und ihrer Religion passende »Architekturstile hervorgebracht«, hatte er früher, 1835, in *Contrasts: or a Parallel between the Noble Edifices of the Middle Ages, and Corresponding Buildings of the Present Day, showing the Present Decay of Taste* geschrieben. Pugin schrieb freilich in offensichtlich polemischer und praktischer Absicht; ihm ging es, wie ein anderer Titel zeigt, um die Bestimmung der *True Principles of Pointed or Christian Architecture* (1841), damit dem »gegenwärtig so entarteten Zustand der Kirchengebäude« begegnet werden könne. In seiner Befürwortung der Gotik waren ihm natürlich viele vorausgegangen. Sein Vater, A. C. Pugin, hatte zwei Bände »*Specimens of Gothic Architecture*« herausgegeben und Shaw, Savage und besonders James Wyatt sowie andere Architekten hatten in dieser Art zu bauen versucht. Das Neue beim jungen Pugin war, darauf zu insistieren, daß die Wiederbelebung eines Stils abhänge von der Wiederbelebung des Gefühls, aus dem er ursprünglich hervorgegangen war: die Neugotik müsse Teil einer allgemein religiösen und wahrhaftigen Wiedergeburt des Katholizismus sein. Dieses kontrollierende Prinzip wird deutlich in einer Bemerkung seines Vorworts zur zweiten Ausgabe der *Contrasts:* »neue Bauwerke in *altehrwürdigem Stil* sind zwar *im* 19. Jahrhundert errichtet, jedoch nicht Produkte *des* 19. Jahrhunderts.« Dieses Urteil dient der Unterscheidung Pugins von den ihm vorausgehenden Aposteln der Neugotik. Er pries die Gotik nicht etwa als einen aus der Vielzahl möglicher Stile an, aus der der kompetente Architekt wählen könne, sondern vielmehr als die Verkörperung des »wahrhaft christlichen (Lebens-)Gefühls«, dem so verstanden, zu neuem Leben verholfen werden könne.

Es ist natürlich kurios, dieses Prinzip der notwendigen Interrelation von Kunst und ihrer Periode in einem neugotischen Traktätchen verkündet zu finden. Dieses Paradox sollte seine eigene Wirkung auf die nachfolgende Geschichte »neugotischen« Bauwesens haben. Hier wie auch anderswo im Denken des 19. Jahrhunderts zeitigte die beherrschende Vorliebe für das Mittelalter Nebenerscheinungen, die weitaus wichtiger als seine rein äußerliche Befürwortung waren. Der wichtigste Bestandteil des auf Gesellschaftliches bezogenen Denkens, der sich aus dem Werk Pugins herleitete, war: von der Kunst einer Zeit so Gebrauch zu machen, daß die Beschaffenheit eben der sie hervorbringenden Gesellschaft erfahrbar wird. Dazu leistete Pugin selbst einen bemerkenswerten Beitrag.

In den *Contrasts* schreibt er bezeichnenderweise:

Das Erbauen von Kirchen, wie alles, was früher durch Hingabe und Kunstfertigkeit hervorgebracht wurde, ist zum bloßen Geschäft entartet. ... Sie werden [heutzutage] von Männern erbaut, die darüber grübeln, ob eine Hypothek, eine Eisenbahn oder eine Kirche die bestmögliche Geldinvestition darstellen und die, haben sie sich erst einmal auf die beredten Worte eines standpaukenden Volkspredigers verlassend entschlossen, so richten sie einfach vier Wände mit Löchern für die Fenster auf, packen das Ganze mit Sitzen voll, die sie dann noch prompt vermieten; diese Kirchenbauer sind derart hinter dem Mammon her, daß sie unterhalb dieser Bauten auch noch trockene und geräumige Kellergewölbe aussparen, die sofort — natürlich gegen eine gepfefferte Miete — von einigen Wein- und Schnapshändlern bezogen werden[2].

Diese Art der Ausweitung eines architektonischen zu einem gesellschaftlichen Urteil wird brillant in aktuellen Gegenüberstellungen mit kontrastierenden Stichen fortgeführt. Einander gegenübergestellten Altären folgen sofort *Contrasted Residences for the Poor:* das eine, ein Benthamitisches Panoptikum mit seinem mit Peitsche und Beinfessel bewaffneten Meister, mit seinem Speiseplan aus Brot, Haferschleim und Kartoffeln und seinem bettelarmen Toten, der gerade zum Sezieren fortgeschleppt wird; das andere, ein in natürlicher Beziehung zu der es umgebenden Landschaft stehendes Kloster mit seinem freundlichen Vorsteher, seinen gutgekleideten Armen, seinen religiösen Grabstätten und seinem aus Rind-, Hammelfleisch, Schinken, Bier und Käse bestehenden Speiseplan. Das Thema »Vergangenheit und Gegenwart« kehrt wieder, nun ins Soziale gewendet: der modernen Version einer öffentlichen Wasserleitung, einer von einem Laternenmast überragten Pumpe, die vor einer Polizeiwache steht; sie ist verschlossen und ein Kind wird beim Versuch zu trinken von einem Gummiknüppel tragenden Polizisten verwarnt. Der größte Kontrast aber besteht zwischen einer »Katholischen Stadt im Jahre 1440« und »derselben Stadt von 1840«. Nicht allein, daß mehrere der mittelalterlichen Kirchen architektonisch verschandelt und die Stadt mit stilistisch häretischen Kirchen durchsetzt worden ist, auch die Abtei ist ruiniert worden. Sie grenzt jetzt an eine Eisenhütte. Der Friedhof von »St. Michael's on the Hill« wird jetzt von einem »New Personage House and Pleasure Grounds« in Beschlag genommen; und schließlich gibt es zusätzlich zu solchen neumodischen Institutionen wie »Kaufhäusern und Konzerträumen«, »Sozialistischen Hallen der Wissenschaft« noch das den Vordergrund beherrschende neue Gefängnis (wieder ein Panoptikum), das Gaswerk und die Irrenanstalt. Ausgehend von einer Kritik am Wandel der Architektur, gelangt Pugin zu einer Kulturkritik; er formuliert sie in Begriffen, mit denen das Jahrhundert noch vertraut genug werden sollte. Die Beziehungen zu Carlyle, Ruskin und Morris sowie zu Gestalten unseres eigenen Jahrhunderts sind deutlich und unverkennbar.

Ruskin und Morris waren beide, wenn sie sich auf Pugin bezogen, wenig freundlich; aber das beruht hauptsächlich auf ihren von ihm und auch voneinander unterschiedenen Standpunkten in Fragen des Glaubens. Ruskin zum Beispiel wollte die Gotik für den Protestantismus in Beschlag nehmen und mußte Pugin folglich widersprechen. Dem gegenüber war Morris Pugins Vorurteil gegen alles, was nur irgend mit der Bewegung der Arbeiterklasse zu tun hatte, reichlich zuwider.

Man kann sich heute Ruskin nur sehr schwer, schwieriger als jeder anderen Gestalt des 19. Jahrhunderts, nähern. Man muß sich regelrecht einen Zugang durch Mengen unwichtigen Materials und durch die Wirkungsgeschichte bahnen. Die Nachfolger Lytton Stracheys haben ihm ebenso wie Carlyle eine geradezu unverantwortliche biographische Aufmerksamkeit gezollt. Seine eigenen wesentlich interessanteren Schriften werden indessen vergleichsweise wenig gelesen. Es lohnt, sich dem Kommentar eines zeitgenössischen Lesers zuzuwenden, der das zugrunde liegende Problem benennt:

> Ich weiß nicht, ob Sie immer nach Ruskins Büchern Ausschau halten, wenn sie erscheinen. Sein kleines Buch über *Political Economy of Art* enthält einige glänzende Passagen, vermischt mit erstaunlichen Beispielen arroganter Absurditäten in einigen ökonomischen Fragen. Die großen Lehren von der Wahrheit und Aufrichtigkeit in der Kunst und deren Adel und dem Ernst unseres menschlichen Lebens, die er mit der Inspiration eines jüdischen Propheten lehrt, müssen junge Gemüter in vielversprechender Weise bewegen[3].

Geschrieben von George Eliot in einem Brief an Miß Sara Hennell. Nimmt man ihren Kommentar Punkt für Punkt und setzt ihn neben die herkömmlichen modernen Reaktionen, so wird die Schwierigkeit, zu Ruskin zurückzukehren, hinlänglich klar. Wir sollten natürlich weit weniger sicher in bezug auf das sein, was sie seine »arroganten Absurditäten bezüglich einiger ökonomischer Fragen« nennt. Wahr ist, daß Ruskin heute keinerlei Autorität als Ökonom beanspruchen kann, aber sein Zugang zu sozialen und ökonomischen Problemen ist unserem eigenen wesentlich näher als der normale seiner Zeitgenossen. Ein wenig gewarnt durch George Eliots Vorbehalte sollten wir uns nun aber eine andere Art der Berichtigung vornehmen. »Die großen Lehren von der Wahrheit und Aufrichtigkeit in der Kunst« würden, vorausgesetzt eine solche Formulierung sagt uns überhaupt etwas, lediglich einen Fingerzeig für unsere Ablehnung der Ruskinschen Ästhetik geben. »Der Adel und feierliche Ernst unseres menschlichen Lebens« würde, wenn wir einmal über diese Wendung nachdenken, ein recht allgemein gehaltenes Thema für den Beginn einer Abhandlung abzugeben scheinen. »Die Begeisterung eines jüdischen Propheten« und die »großartigen Passagen« zeigen lediglich an, weshalb Ruskin heutzutage als schwierig zu lesen gilt. Auch sind die »Ruskin Societies« tot. Die Bücher mit ihren ungewöhnlichen Titeln werden übersehen, während wir uns mit einer Diskussion über sein Sex-Leben beschäftigen, das steriler als das einer reinen Null war. Indessen steht außer Frage, Ruskin muß auch heute noch gelesen werden, soll die Tradition überhaupt verstanden werden. Mir (anders als Dr. Leavis) scheint es nicht »relativ leicht zu sein, seinen Rang und seine Bedeutung zu bestimmen«. Die Lektüre muß man hinter sich bringen und zwar in Bezug zur Tradition, sonst werden wir in jenen anderen, von Mr. Graham Hough begangenen Irrtum fallen, anzunehmen, daß »die neuen Vorstellungen über die Künste und ihre Beziehungen zu Religion und der sozialen Ordnung alle irgendwo aus dem dichten Dschungel von Ruskins Schriften zu stammen (scheinen)«. Ruskin wird am besten verstanden und damit auch gelesen als einer der einflußreichsten Autoren für die Entwicklung unserer vielschichtigen Vorstellungen des Begriffs Kultur.

Ruskin war Kunstkritiker, bevor er Sozialkritiker wurde, aber sein Werk muß heute als Ganzes gesehen werden. Die übelsten Biographien haben eine Reihe diskreditierender Motive für seinen »Interessenwechsel« von der Kunst zur Gesellschaft in Umlauf gesetzt. Es ist behauptet worden, seine Gesellschaftskritik sei

ein Unterschieben der Anklage gegen Effie (wegen Kindesmord angeklagte Romanfigur bei W. Scott) und verkünde eine Nichtigkeitsklage gegen England[4].

Mr. Wilenski, der die Krudität dieses Satzes sehen kann, ist der Ansicht, daß die Gesellschaftskritik die Folge von Ruskins fehlgeschlagenem Versuch war, so etwas wie den Rang eines »Kunstpapstes« in den fünfziger Jahren zu erringen. Tatsächlich aber lassen Ruskins Art zu denken, wie die ganze bisherige Tradition die umfassende Untersuchung von Kunst und Gesellschaft als eine ganz natürliche Angelegenheit erscheinen. Auch gibt es genug Beweise für Ruskins unmittelbare Reaktion auf die üblen Folgen der Industrialisierung; und vielleicht sind wir es und nicht Ruskin, die in dem Moment auf schwankendem Boden stehen, indem wir uns vorstellen, Gesellschaftskritik bedürfe einer besonderen (gewöhnlich unehrenhaften) Erklärung. Es bleibt jedoch wahr, daß Ruskins Gesellschaftskritik nicht die gleiche Form angenommen hätte, hätte sie sich nicht zwangsläufig von seiner Denkweise über die Ziele der Kunst hergeleitet.

Der Kernpunkt von Ruskins Bemühungen mag in einer der frühen Definitionen von Schönheit gesehen werden:

> Mit dem Begriff Schönheit ... werden streng genommen zwei Dinge bezeichnet. Erstens jene äußere Eigenschaft der Körper ..., die, ob sie nun an einem Stein, einer Blume, einem Tier oder am Menschen erscheint, stets dieselbe ist und von der ... man zeigen kann, daß sie in gewisser Weise typisch für göttliche Attribute ist und die ich daher ... Typische Schönheit nenne; und zweitens das Phänomen des beglückenden Erfüllens der Funktion bei Lebewesen, genauer der freudigen und rechten Ausübung eines vollkommenen Lebens im Menschen; und diese Art der Schönheit ... nenne ich Vitale Schönheit[5].

Das ist die Grundlage seines gesamten Werkes. Seiner Kunstkritik galt als Maßstab immer die »typische Schönheit«, die absolute Evidenz bei Kunstwerken von »welthaft großem Entwurf«. In seiner Gesellschaftskritik galt sein Bemühen stets »dem beglückenden Erfüllen der Funktion bei Lebewesen« und den Bedingungen der »freudigen und rechten Ausübung eines vollkommenen Lebens im Menschen«. Der absolute Maßstab der Vollendung von Kunstwerken, die Bedingungen der Vollkommenheit beim Menschen: dies sind die gemeinsamen Grundlagen der Tradition. Beide Seiten von Ruskins Werk sind in ein und demselben Begriff: Schönheit zusammengeschlossen; und die Idee der Schönheit (in seinen Schriften virtuell austauschbar mit Wahrheit) beruht hauptsächlich auf dem Glauben an ein Universum von göttlich gesetzter Ordnung. Die Kunst- und Gesellschaftskritik, so muß man sagen, ist nicht deswegen von Natur aus wesensmäßig verbunden, weil eine aus der anderen folgt, sondern weil beides *Anwendungen* — in jeweils verschiedenen Richtungen — einer fundamentalen Überzeugung sind.

Zweck der Kunst ist nach Ruskin, Aspekte der universalen »Schönheit« oder »Wahrheit« zu enthüllen. Der Künstler ist mit Carlyles Worten jemand, der »das offene Geheimnis des Universums liest«. Kunst ist weder »Nachahmung« im Sinne einer täuschenden Darstellung noch bloßes Befolgen der Regeln von Vorbildern. Vielmehr *ist* Kunst »Nachahmung« im alten Sinne einer Verkörperung von Erscheinungen der universalen »idealen« Wahrheit. Diese wichtigen Lehren waren Ruskin von der Romantischen Theorie bereitgestellt. Hinzu kam die bei Pugin und den Ideen der »*Ecclesiologists*« und der Camden Society zu beobachtende Betonung der notwendigen moralischen Integrität des mit seiner hohen Aufgabe beauftragten Künstlers. Jegliche Verfälschung der Natur des Künstlers würde seine Fähigkeit, das Ideal, das wesentlich Schöne, zu verwirklichen und zu vermitteln, besudeln und entstellen. Jedoch, so fügt Ruskin hinzu (und hier ist er wieder von der von Pugin behaupteten Beziehung zwischen der Qualität einer Gesellschaft und der ihrer Kunst beeinflußt), es ist letztlich für den Künstler unmöglich, gut zu sein, wenn seine Gesellschaft korrupt ist. Ruskins beständige Erläuterung dieses Themas ist heute zwar unmodern, doch immer noch bedeutsam.

Die Kunst eines jeden Landes *ist Index seiner sozialen und politischen Tugenden*. Die Kunst, oder überhaupt produktive und formgebende Schaffenskraft eines jeden Landes, ist ein genauer Index für sein ethisches Leben. Edle Kunst kann nur von edlen, unter ihrer Zeit und ihren Umständen gemäßen Gesetzen lebenden Menschen geschaffen werden[6].

Die Frage nach dem »Werk« des Künstlers bleibt, wie man sie auch stellt, mehrdeutig. Einmal muß er gut sein, um wesentliche Schönheit zu offenbaren; zum anderen ist er gut, weil er wesentliche Schönheit offenbart — andere Kriterien für seinen Wert sind irrelevant. Das letzte wird als Charakteristikum dessen erkannt werden, was später »Ästhetizismus« genannt wurde, eine Fühlweise, von der Ruskin sich nicht immer unterscheidet. Man betrachte nur das Folgende:

Da ein großer Maler weder ungehalten noch unnahbar sein darf, ist es ihm anders als jedem durchschnittlich tugendhaften Menschen unmöglich, seinen (sogenannten) geistigen Bedürfnissen zu leben. Unser durchschnittlich guter Mensch vermeidet ganz strikt, sei es aus Furcht, sich Leid zuzufügen, sei es, daß er kein Vergnügen an derartigen Orten oder Menschen, an den das Laster begünstigenden Schauplätzen und den daran Gefallen findenden Gesellschaften findet. ... Aber man kann ebensowenig von Amseln das Malen lernen, wie durch das Absingen von Hymnen. Man muß sich in die Wildnis der Mitternachtsmaske begeben — in das

Elend der morgendlich dunklen Straßen ... — ins Moor mit dem
Wanderer oder Räuber ... Stirbt ein Mensch zu deinen Füßen, so
ist es nicht etwa deine Aufgabe, ihm zu helfen, sondern dir die
Farbe seiner Lippen einzuprägen. Umarmt eine Frau in deinem
Angesicht ihr eigenes Verderben, dein Geschäft ist nicht etwa, sie
zu retten, sondern genau zu verfolgen, wie ihre Arme umarmen[7].

Eine so extreme, in der Folge vertraute Stellungnahme
bleibt indessen nicht Ruskins normale Schlußfolgerung.

Hier, wie in den allgemeinen Passagen, entsprang die
Verirrung den Implikationen des Anspruches, der
Künstler als Instrument der Offenbarung liege in Konflikt mit einer korrupten Gesellschaft, in der es mit der
Moral normalerweise nicht weit her sei. Es ist charakteristisch für Ruskin, daß er auf dem Bedürfnis nach einem
positiven spirituellen Wert auf Seiten des Künstlers
bestand, und er läßt sich nur gelegentlich dazu verleiten,
das Leben durch die Kunst zu ersetzen, was vielleicht
als ständige Versuchung einer Konzeption vom Künstler, der mehr als nur die gewöhnliche Wirklichkeit offenbart, innewohnt. Ganz gewiß hat er in der Regel
keineswegs die Künstler von den gewöhnlichen ethi-
schen Erwägungen befreit. Vielmehr bestand er auf
dem Gegenteil: der Rolle des Künstlers als Vermittlers
der allgemeinen Vervollkommnung und darauf, daß
diese abhängig sei von seinem eigenen positiven
Wert.

Eine derart moralische Emphase wurde unmodern,
aber, obwohl Ruskin als die höchste Kunst diejenige
nannte, die »fähig war, die höchste Anzahl der größten Ideen zu erwecken«, löste er doch nicht die »großen Ideen« vom tatsächlichen Geschäft des Malens:

Wenn wir starkes moralisches oder poetisches Fühlen in Malerei
manifestiert sehen und dies als den besten Teil des Werkes bezeichnen, ist das richtig, aber es ist keineswegs gut, die Sprache
des Malers, in der dieses Fühlen ausgedrückt wird, als eine Angelegenheit von geringer Wichtigkeit anzusehen; denn wäre seine
Sprache nicht gut und wunderschön, der Mann selbst könnte ein
noch so guter Moralist oder großer Dichter sein, aber er wäre
dann kein *Maler* und es wäre falsch von ihm gewesen, zu malen.
... Sollte der Mann wirklich ein Maler sein und sollte er die Gabe
der Farben und Linien besitzen, so wird, was in ihm ist, durch
seine Hand frei und getreu gestaltet. Die Sprache selbst ist derart
schwierig und so gewaltig, daß deren bloßer Besitz die Größe des
Mannes unter Beweis stellt und seine Schriften lesenswert

macht... Auch habe ich niemals ein gutes ausdrucksstarkes Werk gesehen, das ohne künstlerischen Wert war; daß dies ständig bestritten wird, liegt lediglich an dem beschränkten Blick, den die Menschen dem Ausdruck und der Kunst zuzuwenden in der Lage sind; eine Engstirnigkeit, die nur konsequent aus ihrer eigenen Tätigkeit und Denkweise folgt[8].

So ist also ein Mann nicht schon deshalb ein guter Künstler, weil er gute Ideen hat, sondern, des Künstlers Fähigkeit, gute Ideen zu erfassen, ist vielmehr wesentlicher Bestandteil seines künstlerischen Könnens. Die Fähigkeit zu schauen und die besondere Fähigkeit, die wesentliche Form zu erfassen: das sind die eigentümlichen Vermögen, mittels derer der Künstler die wesentliche Wahrheit der Dinge offenbart. Sein Wert als Künstler hängt von diesen speziellen Fähigkeiten ab. Aber dann ist er zu einem gewissen Grad, um kommunizieren zu können, von der Präsenz eben dieser Fähigkeit bei anderen abhängig. Er ist, so muß man sagen, von deren aktivem Gegenwärtigsein in der Gesellschaft abhängig. Hier zeigt sich ein wichtiger Zugang zu Ruskins radikaler Kritik an der Gesellschaft des 19. Jahrhunderts: denn er stellt fest, daß solche Fähigkeiten aufgrund einer aufgezwungenen mechanischen Erfahrungsweise weithin fehlen. Unter diesen Umständen war eine große nationale Kunst unmöglich.

Wieder einmal wird eine partikulare Erfahrung hier höchst wirksam mit den Künsten identifiziert, Maßstab für die Gesundheit einer Kultur. In einer Kultur, so behauptet Ruskin, in der derartige Erfahrungsweisen ständig von Verhaltensweisen überlagert werden, die der Industrialismus hervorgebracht hat, ist nicht nur eine nationale Kunst unmöglich, sondern folglich die Kultur selbst verdorben. Die Schlüsselworte der Gegenüberstellung für die verschiedenen Erfahrungsweisen sind wieder: *mechanisch* und *organisch*. Denn, was der Künstler wahrnimmt, ist »organisch«, nicht äußerliche Form. Das universale Leben, das er verkündet, ist das organische Leben, eben Ruskins »Typische Schönheit«, die in der ganzen Welt sich findet, und die letztlich die Form Gottes ist. Der Künstler sieht diese typische Schönheit als einen umfassenden Prozeß: Kunst ist nicht lediglich ein Produkt einer

»ästhetischen« Begabung, sondern eine Tätigkeit des ganzen Wesens. Der Wert des Künstlers liegt in seiner »Ganzheit«, und der Wert einer Gesellschaft liegt in der Erstellung der Bedingungen für das »ganzheitliche Wesen«. Das entscheidende Stadium von Ruskins Formulierung dieser Position findet sich in seinem *Stones of Venice* vorbereitenden Werk. Er hat dort Künstler nach dem Maße ihrer »Ganzheit« beurteilt und versucht, sobald er Abweichungen davon fand, diese mit entsprechenden Abweichungen in der »Ganzheit« des Lebens des Menschen in der Gesellschaft zu erklären:

dergestalt werde ich zum Studium der Geschichte Venedigs selbst gezwungen; und dadurch wiederum zum Studium von dem, was ich noch herausgefunden oder was ich von den Gesetzen nationaler Kraft und Tugend gesagt habe[9].

Der Übergang zur Gesellschaftskritik ergibt sich so ganz zwanglos innerhalb von Ruskins Denkweise. Man versteht sie, wie ich gezeigt habe, am besten im Kontext eines *allgemeinen* Überganges vom Nachdenken über Kunst zu dem über Gesellschaft: ein Übergang, der in seiner ganzen Vielfalt der Bedeutungsbezüge durch die Bedeutungsveränderung *Kultur* gekennzeichnet ist. Phrasen, wie »organische Gesellschaft«, »gesamte Lebensweise« und ähnlichen wird zu Recht Unklarheit vorgeworfen, aber verstanden werden können sie doch allein nur in bezug auf Erfahrungskonzepte, die weitestgehend von der Ausübung der Kunst und ihrem Studium als deren Grundlage und Substanz hergeleitet werden. Wir haben gesehen, auf welche Weise die Idee der »Ganzheit« als eine den Geist des Künstlers unterscheidende Qualität, Ruskin zu einer Gesellschaftskritik auf der Grundlage ein und desselben Kriteriums führte, das in der Tat höchst einflußreich werden sollte. Wir müssen nun zu verstehen suchen, auf welche Weise seine Konzeption von Schönheit in der Folge sein gesellschaftliches Denken beeinflußte. Des Künstlers Maßstab war »Typische« Schönheit, aber damit verbunden und die Sphäre der Kunst übergreifend, war die Kategorie der »Vitalen Schönheit«:

Das beglückende Erfüllen der Funktion bei Lebewesen, genauer der freudigen und rechten Ausübung eines vollkommenen Lebens im Menschen[10].

Dies war im ganzen Werk von Ruskin das Maß, an dem eine Gesellschaft gemessen werde mußte: ob es in seiner wesentlichen Ordnung die Bedingungen einer solchen Erfüllung schuf. Der Bezug eines solchen Maßstabes zu Ideen Burkes, Coleridges, Carlyles und Arnolds ist evident: das zentrale Wort all dieser Ideen in bezug auf die Gesellschaft ist die *Vervollkommnung* des Menschen. Bei Ruskin aber ist es, wie zu zeigen sein wird, vielmehr die *Ausübung* als die *Entdeckung* des »vollkommenen Lebens im Menschen«: und das »beglückende Erfüllen einer Funktion« — wobei dem Wort *Funktion* ein unausweichlicher Bezug zu der Idee des Schöpfungsplanes eignet. Hier zeigt sich, wie in jeder zumeist konservativen Kritik an der Gesellschaft des *laissez-faire*, die größte Schwierigkeit. Untersucht man Ruskins Kritik an der Ökonomie des 19. Jahrhunderts Stück für Stück, so kann man ihn zuweilen als Vorläufer der Sozialisten — als der er auch oft beschrieben worden ist — ansehen. Es ist vielleicht wahr, daß die Vorstellungen von einer »organischen« Gesellschaft eine wichtige Vorbereitung für sozialistische Theoriebildung und, in den Augen eines allgemeineren Interesses, für eine »ganze Art zu leben« darstellen, die im Gegensatz zu Theorien stehen, die Fragen der Gesellschaft ständig auf Fragen des Individuums reduzieren und die eine für Individuen als im Gegensatz für Kollektive gemachte Gesetzgebung unterstützen. Aber man darf Theorien nicht losgelöst von ihrem gesellschaftlichen Hintergrund betrachten, so ist die »organische« Theorie in der Tat zur Unterstützung der unterschiedlichsten — ja sogar sich widersprechender Ansichten — angeführt worden. Viele Einzelheiten von Ruskins Kritik an einer Gesellschaft des *laissez-faire* konnten die Sozialisten tatsächlich übernehmen; aber die Ideen des *Schöpfungsplanes* und der *Funktion*, wie er sie konzipierte, stärkten weniger die Vorstellung von einer sozialistischen Gesellschaft als vielmehr eine autoritäre, ganz auf eine Hierarchie der Klassen hin angelegte Konzeption. Hobson, ein Mann, der viel von ihm gelernt hat, macht dies klar:

Diese organische Konzeption erhellt überall seine Theorie und seine davon abgeleitete praktische Politik: sie verleiht seiner

Konzeption von den verschiedenen industriellen Klassen und den Beziehungen der einzelnen Mitglieder jeder Klasse Ordnung, befreit ihn von dem mechanisch atomistischen Begriff der Gleichheit und zwingt ihn, ein wohlgeordnetes System der wechselseitigen Abhängigkeit zu entwickeln, das durch Autorität und Gehorsam aufrecht erhalten wird[11].

In dieser Beziehung steht Ruskin wie aus vergleichbaren Gründen auch Carlyle dem Sozialismus sehr fern. Vielleicht ist es eines der wichtigsten Fakten für die englische Gesellschaftstheorie des 19. Jahrhunderts, daß — als Gegensatz zu einer *laissez-faire* Gesellschaft — diese organische, wechselseitige Beziehungen und Abhängigkeiten betonende Konzeption entstand. Sie stellt einerseits die Grundlage für einen Angriff auf das Leben der Menschen unter den Bedingungen der »industriellen Produktion«, den »Geldverkehr« als die einzig lebendige Beziehung und auf die Ansprüche einer politisch auf die Mittelschicht ausgerichteten Demokratie bereit; andererseits bietet sie die Grundlage für einen Angriff auf den Industriekapitalismus und die Begrenztheit des triumphierenden Liberalismus der Mittelschicht dar. Ein Teil der konservativen und ein Teil der sozialistischen Theoretiker scheinen so nicht nur bei ihrer Kritik der *laissez-faire* Gesellschaft, sondern auch beim Formulieren einer überlegenen Gesellschaft die gleichen Termini zu verwenden. Dieser Zustand dauert an: »organisch« ist heute sowohl im konservativen als auch im marxistischen Denken ein Schlüsselwort. Der gemeinsame Feind (oder, wenn man es so will: der gemeinsame Verteidiger des wahren Glaubens) ist der Liberalismus.

Wahrscheinlich war Burke der letzte bedeutende Denker, der das »Organische« in einer bestehenden Gesellschaft auffinden konnte. Zu dem Zeitpunkt, an dem die neue Industriegesellschaft entstand, vermochten Kritiker wie Carlyle und Ruskin das »organische« Bild nur mit einem nach rückwärts gewandten Blick zu finden. Das ist die Grundlage ihrer und anderer Vorliebe für das Mittelalter. Erst mit Morris erhält innerhalb dieser Tradition jenes Bild einen ausdrücklichen Bezug zur Zukunft — die Idee des Sozialismus. Selbst bei Morris ist, wie wir sehen werden, der Bezug nach rückwärts immer noch wichtig und wirksam. Ruskin war —

wie Carlyle — einer der Zerstörer des Liberalismus, was ihm heute als sein Verdienst zugeschrieben werden kann. Bedeutung hat er aber erlangt aufgrund seiner vernichtenden Gesellschaftskritik.
Seine Hauptanklage findet sich im Kapitel »*On the Nature of Gothic*«:

Ein lauter Schrei erhebt sich aus allen unseren Industriestädten, lauter als das Gebläse ihrer Hochöfen; und das allein aus einem Grund, weil wir dort alles produzieren — nur keine Menschen. Wir bleichen Baumwolle und härten Stahl, raffinieren Zucker und geben Porzellan Gestalt; aber auch nur einen einzigen lebendigen Geist zu erleuchten und zu stählen, zu verfeinern oder zu formen, kommt uns nie als etwas Vorteilhaftes in den Sinn. All dem Übel, zu dem dieser Schrei unsere Massen zwingt, kann nur auf eine Weise begegnet werden: weder durch Belehrung noch Predigt, denn, sie belehren, heißt letztlich ihnen lediglich ihr Elend zeigen; und ihnen predigen, sofern wir nicht mehr als das tun, heißt ihrer spotten. Dem kann allein begegnet werden durch ein richtiges Verständnis aller Klassen, welche Arten von Arbeit für die Menschen gut sind, sie erheben und sie glücklich machen[12].

»Ein richtiges Verständnis von den Arten der Arbeit«, das ist der wesentliche Schwerpunkt. Keine Arbeit des Profits oder der Produktion wegen oder damit die bestehende Ordnung reibungslos funktioniert, sondern die »richtige Art der Arbeit« — »das beglückende Erfüllen der Funktion bei Lebewesen«. Eine Gesellschaft darf nur nach dem Zweck, was »für die Menschen gut ist, was sie erhebt und glücklich macht«, gelenkt werden — »dem glücklichen und richtigen Ausüben des vollkommenen Leben im Menschen«. Unmittelbar danach führt Ruskin als Bestandteil der gleichen Argumentation sein Kriterium der »Ganzheit« ein:

Wir haben jetzt die große Erfindung der Zivilisation, die Arbeitsteilung in vielem studiert und vervollkommnet. Nur, wir haben ihr einen falschen Namen gegeben. Es ist nicht die Arbeit, sondern der Mensch, der — wahrhaft gesprochen — geteilt ist: — geteilt in bloße Abschnitte von Menschen — zerbrochen in kleine Fragmente und Lebenskrümel. ... Man sieht sich hier einer harten Alternative gegenüber. Entweder muß man aus der Kreatur ein Werkzeug oder einen Menschen machen. Beides kann man nicht tun. ... Es ist in Wahrheit die Degradierung des Arbeiters zu einer Maschine, die — mehr als jedes andere Übel unserer Zeit — die Massen der Nationen überall in einen nichtigen, zusammenhanglosen und zerstörerischen Kampf für die Freiheit führt, deren Natur sie sich selbst nicht erklären können.

Ihr allgemeiner Aufschrei gegen Reichtum und Adel preßt ihnen weder Hungersnot noch den Stachel tödlichen Stolzes ab. Beide vermögen vieles und haben zu allen Zeiten vieles vermocht; aber die Grundfesten der Gesellschaft wurden noch nie so erschüttert wie heute; und das nicht etwa, weil die Menschen schlecht ernährt werden, sondern weil sie keine Freude an der Arbeit haben, mit der sie ihr Brot verdienen und deshalb im Reichtum das einzige Mittel zum Vergnügen sehen. Nicht etwa, weil die Menschen die Verachtung der oberen Klassen schmerzt, sondern weil sie ihre eigene nicht ertragen können; denn sie fühlen, daß die Art der Arbeit, zu der sie verdammt sind, in Wahrheit eine erniedrigende ist, die sie zu etwas Geringerem als Menschen macht[13].

Die Betonung der »Art der Arbeit«, die von einem industriellen System hervorgebracht wird, sollte weithin übernommen werden. Sie ist als der Kontrast zwischen der »Art der Arbeit«, die das System erforderlich macht, und der »richtigen Art der Arbeit« die Grundlage von Ruskins sozialen Werten. Dieser Kontrast wird verschärft durch seine wichtige Analyse des Reichtums. Reichtum, so argumentiert er, ist dasjenige, was »zum vollen Leben verhilft«. Er beruht, wie jedermann weiß, auf dem Besitz von »Gütern«, jedoch kann »Güter« niemals ein neutrales Wort sein — es impliziert notwendig eine positive Wertung. Reichtum ist ja nicht automatisch gleich Besitztum und Produktion, denn ein Teil von ihnen stellen Reichtum, ein anderer Teil Übel* dar, wie das nützliche, von Ruskin geprägte Wort lautet. Reichtum ist »der Besitz der nützlichen Dinge, die wir gebrauchen können«. Und »Nützlichkeit« wird durch ihren »wahren Wert«, d. h. gemäß der Fähigkeit, »zu einem vollen Leben zu verhelfen«, bestimmt. Wahrer Wert ist

von Meinung und Menge unabhängig. Halte davon, was du willst, erwirb davon, so viel du kannst, der Wert der Sache an sich wird weder größer noch geringer. Es nützt ewig oder nie. Keine Wertschätzung kann die Kraft, die es vom Schöpfer der Dinge und der Menschen erhielt, erhöhen, keine Verachtung sie niederdrücken[14].

Wert ist wahr, weil er teilhat an dem »großen universalen Plan«. Er darf in diesem Sinne nicht mit dem »Tauschwert« verwechselt werden, der lediglich den Preis darstellt, den sein Besitzer für etwas Arbeit oder

---

* Anm. d. Übers.: Der Autor verwendet hier ein unübersetzbares Wortspiel: Wealth-Illth.

Ware fordern wird. Wahrer Wert ist nicht durch eine zeitbedingte und oft täuschende Wertschätzung bestimmt. Der Wert von Arbeit und Ware im eigentlichen Sinn beruht auf ihrer Tauglichkeit als Mittel für »das freudige und echte Ausüben des vollkommenen Lebens im Menschen«.
Diese These stellte notwendig eine fundamentale Herausforderung an das Produktionssystem des 19. Jahrhunderts und des es unterstützenden »Gesetzes der politischen Ökonomie« dar. Wert, Reichtum und Arbeit wurden der Jurisdiktion des Gesetzes von Angebot und Nachfrage entrissen und mit einem ganz anderen Verständnis von Gesellschaft verbunden. Indem Ruskin dies geltend machte, verteidigte er auch notwendig die Konzeption einer gesellschaftlichen *Ordnung*. Wurzel seines gesamten Denkens ist sein Konzept der »Funktion« — dem Ausführen der einem jeden im allgemeinen Plan zugedachten Rolle. Dies auszuführen war nur möglich, würde die Gesellschaft selbst nach den Begriffen des allgemeinen Planes regulativ geleitet: eine Gesellschaft muß sich selbst hauptsächlich in Ausrichtung auf die »wahren Werte« regulieren und alles, was dies verhindern könnte, hinwegfegen. Aber ein allein auf die Gesetze von Angebot und Nachfrage abgestelltes Produktionssystem machte dieses Ausrichten unmöglich, denn es reduzierte Menschen auf verfügbare Arbeitskraft und verhinderte so die »volle Erfüllung« ihrer letztlichen Funktion als Menschen. Es könne nur eine richtige Ökonomie geben: die, die die Menschen zur »freudigen und rechten Ausübung des vollkommenen Lebens« führt. Politische Ökonomie sei

weder eine Kunst noch eine Wissenschaft, sondern ein auf Wissenschaft gegründetes und von den Künsten geleitetes System des Verhaltens und der Gesetzgebung, und sie kann einzig und allein unter den Bedingungen einer moralischen Kultur Existenz erlangen[15].

Diesen »Bedingungen einer moralischen Kultur« und einer moralisch determinierten ökonomischen Ordnung stand als Haupthindernis ein auf Wettbewerb gegründetes ökonomisches System entgegen:

Herrschaft und Zusammenarbeit sind ... die Gesetze des Lebens. Anarchie und Wettbewerb die Gesetze des Todes[16].

So wurden Kultur und Anarchie wieder scharf einander gegenübergestellt, aber jetzt in Begriffen, die unmittelbar die Grundsätze der Industrie-Ökonomie des 19. Jahrhunderts in Frage stellten. Nicht nur war unter solchen Bedingungen die Versorgung mit realem Reichtum unmöglich: Produktion konnte ganz nach Belieben Reichtum oder Übel bedeuten. Aber die Wirkungen des Wettbewerbs erstreckten sich ebenso auf den Konsum. Als Reichtum galt »der Besitz der nützlichen Artikel, *die wir gebrauchen können*«[17]. So daß selbst, wenn das bestehende System stets nützliche Artikel produzierte, die von ihr produzierte Gesellschaft gerade deren Verteilung und vernünftigen Konsum schwierig oder unmöglich machen konnte. Da der »wahre Wert« nicht allein von dem Wert der Sache an sich abhing, sondern vom Bezug auf seine »Funktion« im allgemeinen Plan, von seinem richtigen und wertvollen *Gebrauch,* konnte die Frage nach dem Reichtum einer Gesellschaft nicht isoliert durch Hinwendung zur Produktion gelöst werden, sie implizierte vielmehr notwendig das gesamte Leben einer Gesellschaft. Eine Gesellschaft war sowohl hinsichtlich all dessen, was sie macht und gebraucht, als auch hinsichtlich der zwischenmenschlichen Tätigkeiten und Beziehungen, die die Methoden der Fabrikation und Konsumtion hervorbrachten, zu beurteilen.

Ein gutes Beispiel für Ruskins Geltendmachen dieses Prinzips findet sich in einer in Bradford gehaltenen Rede:

Sie müssen eingedenk sein, daß es als Hersteller gleichermaßen Ihr Geschäft ist, den Markt zu schaffen wie zu versorgen. Wenn Sie in kurzsichtiger und rücksichtsloser Gier nach Reichtum, nach jeder Laune des großen Haufens greifen, die sich momentan zu einem Bedürfnis verfestigt —, wenn Sie in eifersüchtiger Rivalität mit benachbarten Staaten oder anderen Produzenten Aufmerksamkeit durch Seltsamkeiten, Modeartikel und geschmacklosen Prunk zu erreichen suchen, um aus jeder Zeichnung eine Reklame zu machen, und jeden Einfall eines erfolgreichen Nachbarn stehlen, um ihn heimtückisch zu imitieren oder durch noch pompösere Aufmachung in den Schatten zu stellen, so wird Ihnen niemals ein guter Wurf gelingen oder einfallen. Durch Zufall mögen Sie den Markt an sich reißen oder durch Fleiß beherrschen; Sie mögen das Vertrauen des Publikums gewinnen und den Ruin konkurrierender Unternehmen verursachen, oder mit gleichem Recht von diesen ruiniert werden. Was immer Ihnen widerfahren mag, eines ist sicher: Ihr ganzes Leben werden Sie damit verbracht haben, den Geschmack der Öffentlichkeit zu verderben und ihre Extravaganz zu ermuntern. Jeder Vorteil, den Sie durch prunkvolle Aufmachung erlangt haben, geht auf die Eitelkeit des Käufers zurück; jedes Bedürfnis, das Sie durch eine Neuigkeit geschaffen haben, hat beim Verbraucher einen Zustand der Unzufriedenheit begünstigt; und wenn Sie sich zur Ruhe setzen, mögen Sie als Gegenstand Ihres Trostes für Ihre schwindenden Jahre bedenken, daß Ihr Leben genau dem Maß Ihrer früheren Tätigkeiten entsprechend, in dem Zurückwerfen der Künste, dem Besudeln der Tugenden und Verwirren der Sitten Ihres Landes erfolgreich war[18].

Das ist unverfälschter Ruskin und der Abschnitt dringt dank seiner raffinierten Rhetorik und genialen Eindringlichkeit bis in unser eigenes Jahrhundert und in unsere eigene gesellschaftliche Lage. Interessant ist auch, daß Ruskin hier *design* — »industrielle Formgebung«, wie wir es jetzt nennen, diskutiert. Seine These ist ein anschauliches Beispiel für seine Weigerung, ästhetische Fragen isoliert zu behandeln. Gute Industrieformen, behauptete er, hängen von der richtigen Organisation der Industrie ab und die wiederum über Arbeit und Konsumtion von der richtigen Organisation der Gesellschaft. Er wendet das Argument in einer anderen in Bradford gehaltenen Rede ins Negative, dort war er in die Stadthalle eingeladen worden, um über den für eine neue Börse besten Baustil zu lesen:

Mir liegt nichts an dieser Börse, weil Ihnen nichts daran liegt. ... Sie denken, daß Sie genau die richtige Sache für Ihr gutes Geld bekommen sollen. Sie wissen, es gibt außerordentlich viel eigentümliche Baustile; Sie wollen nichts Lächerliches machen, Sie hören neben anderen von mir als einem angesehenen architektonischen Menschen-Putzmacher; und Sie schicken nach mir, damit ich Ihnen die neueste Mode verkünde und was in unseren Läden zur Zeit als das Neueste und Süßeste an Spitztürmen vorrätig ist[19].

Aber Architektur war Ausdruck einer umfassenden Lebensweise und der allein angemessene Stil für ihre Börse würde ein Stil sein, der

für Ihre große Göttin des »Vorwärts-Kommens« gebaut wurde ... Ich kann im Moment nur vorschlagen, Ihren Fries mit Kandelabern aus Geldbörsen zu verzieren und ihre Säulen nach unten zu verbreitern, damit Rechnungen darauf gespießt werden können[20].

Der Ton dieses Zitats zeigt hinreichend, welcher Art Ruskins Angriff auf die Gesellschaft des 19. Jahrhunderts war. Etwas von Pugin liegt darin und etwas von Arnold; aber wesentlich sicherer als diese beiden führte Ruskin seine Kritik energisch auf die des gegenwärtigen ökonomischen Systems zurück, das ihm die Wurzel des Problems zu sein schien. Arnold besitzt die wesentlich flexiblere Intelligenz, fällt aber — was seinen Scharfsinn angeht — weit hinter Ruskin zurück. Den Unterschied kann man vielleicht in dem Umstand erblicken, daß, als die *Unto this Last* bildenden Essays im *Cornhill* publiziert wurden, der Herausgeber ihre Veröffentlichung aufgrund heftiger Proteste und Empörung unterbrach; wohingegen *Culture and Anarchy* im gleichen Organ publiziert, zumindest toleriert wurde. Ruskin galt seinen Zeitgenossen nicht allein als »in einigen ökonomischen Fragen auf eine erstaunliche und arrogante Weise absurd...«. Er schrieb mit der wohl bedachten Absicht, ein ökonomisches System zu verändern. Arnold wiederum wurde — sofern überhaupt — bekämpft, ein selbstgefälliger Pedant gescholten; man tat ihn rasch als »buchgelehrt und pedantisch« ab, und seine Kritik war nicht mehr so verletzend. Arnold und Ruskin sind jedoch letztlich Opfer einer Einseitigkeit ihrer Gesellschaftskritik: Arnold, weil er sich davor drückte, seine Kritik des Überbaus auf eine des gesellschaftlichen und ökonomischen Systems zu erweitern, von der er sich doch herleitet; und Ruskin, so wird in seinen Reformvorschlägen deutlich, weil er von der Vorstellung eines naturgewollten Planes als Vorbild für die Gesellschaft fixiert war — eine Fixierung, die ihn in die Nähe des vertrauten Typs der umfassenden Neuplanung der Gesellschaft auf dem Papier rückt, ohne genaueste Beobachtung der bestehenden Kräfte und Institutionen. Seine Kritik trifft stets, da er den Industrialismus sah und haßte. Andererseits sind seine Reformvorschläge einseitig und geistlos.

Die Grundvorstellung von einer »organischen Form« brachte in Ruskins Denken über die ideale Gesellschaft den vertrauten Begriff eines patriarchalen Staates hervor. Er wollte gerne ein starres, seinen Vorstellungen der »Funktion« entsprechendes Klassenschema sehen. Es sei ebenso Aufgabe der Regierung, so behauptete er, wahren Reichtum zu produzieren, zu akkumulieren und zu verteilen, wie seinen Verbrauch zu steuern und zu kontrollieren. Die Regierung habe sich dabei von den Prinzipien des inneren Wertes, die bei jedem richtigen Lesen des allumfassenden Planes sich offenbarten, leiten zu lassen. Demokratie müsse zurückgewiesen werden: denn ihr Konzept von der Gleichheit aller sei nicht nur unwahr, sondern auch eine lähmende Verneinung von Ordnung und »Funktion«. Die herrschende Klasse müsse die gegenwärtige Aristokratie sein, die angemessen in ihre Aufgabe eingeübt sei:

Pflicht der oberen Klassen insgesamt ... ist es, Ordnung bei ihren Untergebenen zu bewahren und sie stets auf die ihnen nächst erreichbare Stufe ihrer Selbst, die diesen Untergebenen faßbar ist, zu erheben[21].

Das ist natürlich wieder Carlyle, aber interessant ist auch, zu bemerken, daß Ruskins Definition der drei funktionalen Ränge der Elite genau der Coleridges entspricht. Erster Rang: Grundbesitzer, zweiter Rang: Händler und Fabrikanten, dritter Rang: Gelehrte und Künstler (Coleridges Geistlichkeit). Diese drei Gruppen würden, arbeiteten sie erst einmal zusammen, die Ordnung sichern, »ehrliche Produktion und gerechte Verteilung« einführen und durch Verbesserung des Geschmacks einen »vernünftigen Verbrauch« entwickeln. Alle würden vom Staat ausgebildet werden und für ordentliche Erfüllung dieser Funktionen Gehälter empfangen. Unterhalb dieser herrschenden Klasse solle als Grundform der Gesellschaft die »Zunft« bestehen mit einer Vielzahl an Abstufungen für jede Art der Arbeit. Die »Zünfte« sollen die Funktionen der gegenwärtig kapitalistischen Arbeitgeber übernehmen und die Arbeitsbedingungen und die Qualität der Produkte überwachen. Schließlich, als Fundament dieses Gebäudes, solle die Klasse fungieren, deren Geschäft die »notwendige niedrige Arbeit« sei. Diese Klasse solle Verbrecher, zur Bewährung Freigelassene und eine bestimmte Anzahl »Freiwilliger« aus der Elite umfassen. Das derart eingerichtete Gemeinwesen würde das »glückvolle Erfüllen der Funktion« und die »freudige und richtige Ausübung des vollkommenen Lebens im Menschen« garantieren! Überdies werde es ruhen auf dem Fundament des ewigen Gesetzes, das durch nichts verändert oder überwunden werden kann[22].

Ruskins Schema ist mit vielen früheren und späteren Gesellschaftskonzepten verwandt. Einmal konzipiert, hieß die Frage nur, was man unternehmen müsse, damit es in die Praxis umgesetzt wird. Es gab keine Macht, an die sich Ruskin wenden konnte, und als er älter wurde, beschränkte er sich immer mehr auf lokale Experimente in kleinem Maßstab. Die »Saint George« Zunft mit ihm selbst als Meister wurde gegründet. Carlyle, der stets einen scharfen Sinn für das Praktische besaß, äußerte einmal, daß ein solches Unternehmen Unsinn sei. Es war aber nicht nur Ruskins persönlicher Unsinn — hier führt die hauptsächlich biographisch verfahrende Methode völlig in die Irre. Dieser Holzweg bezeichnet in Wirklichkeit ein allgemeines Problem, das von absurden Versuchen, es zu überwinden, begleitet ist. Die Vorstellung einer nach Werten organisierten Gesellschaft kehrt immer wieder und scheint unvermeidbar zu sein. Bei Ruskin und so vielen anderen schlug lediglich die Verwirklichung fehl. Sein Gesellschaftsbild besaß keine Ausstrahlungskraft. Man wollte ihm die notwendige Hingabe entweder nicht entgegenbringen oder konnte es nicht. Da dies aber ein allgemeines Phänomen ist, müssen wir uns dieses Dilemma ganz genau ansehen. Es genügt nicht, es rational zu erklären, und Ruskin z. B. seine Vorliebe für das Mittelalter vorzuhalten. Ruskin wußte selbst ganz genau, daß die Hinwendung zum Mittelalter inadäquat war:

Wir wünschen uns weder das Leben noch das Beiwerk des 13. Jahrhunderts zurück; und die Umstände, mit denen Sie Ihre (sc. Bradforder) Arbeiter umgeben müssen, sind einfach die eines glücklichen und modernen englischen Lebens ... Die Formen, die Sie Ihren Arbeitern jetzt abverlangen müssen, sollen das moderne englische Leben schön machen. Die ganze Pracht des Mittelalters hatte, so schön es in der Beschreibung klingt und so edel es in vieler Beziehung in der Wirklichkeit war, als Anfang und Ende nichtsdestoweniger nur den Stolz des Lebens — den Stolz der sogenannten höheren Schichten. Ein Stolz, der sich durch Gewalttat und Raub selbst erhielt und schließlich sowohl die Künste als auch die Staaten, in denen sie blühten, zerstörte[23].

Es war eine richtige Erkenntnis, daß die wahren Probleme immer die nächstgelegenen und zeitgenössischen

sind und daß die Errichtung einer neuen Gesellschaft unter den Bedingungen der alten Anarchie, die sie ersetzen will, beginnen muß. Zu mehr als zu dieser Erkenntnis kann uns Ruskin nicht verhelfen. Seine bemerkenswerte und bewunderungswürdige Untersuchung über die Werte seiner Gesellschaft hat uns zu diesem Schluß geführt, konnte uns aber nicht darüber hinausführen. Genau an diesem Punkt wird nun unsere Aufmerksamkeit von einem Manne in Anspruch genommen, der ganz unmittelbar und tiefgreifend von Ruskin beeinflußt wurde, von William Morris. Seine Bedeutung innerhalb dieser Tradition liegt in dem Bemühen, daß er deren Werte an eine vorhandene und im Wachsen begriffene gesellschaftliche Kraft zu binden suchte: an die der sich organisierenden Arbeiterklasse. Dies war soweit der bemerkenswerteste Versuch, das allgemeine Dilemma zu überwinden.
Morris' eigene zurückblickende Abrechnung mit seiner Entwicklung ist klar und interessant:

Vor dem Auftreten des modernen Sozialismus waren entweder beinahe alle denkenden Menschen mit der Zivilisation dieses Jahrhunderts recht zufrieden oder sie gaben vor, es zu sein. Ich betone, beinahe alle von ihnen waren wirklich mit dieser Zivilisation zufrieden und wollten nichts anderes, als diese durch Entfernung einiger lächerlicher Fossilien aus barbarischer Zeit zu vervollkommnen[24a].

(Dies stellt offensichtlich Morris' Urteil über die utilitaristischen Liberalen dar.)

Das war zusammengefaßt der geistige Rahmen der *Liberalen;* er schien dem aufblühenden Mittelstand natürlich; ihm blieb ja tatsächlich, soweit es sich auf den technischen Fortschritt bezog, nichts zu wünschen übrig. Hauptsache, der Sozialismus läßt ihn zufrieden, und er kann seinen überfließenden Lebensstil genießen. Aber neben den Zufriedenen gab es andere, die nicht wahrhaft zufrieden waren, die aber dem Triumph der Zivilisation ein verschwommenes Gefühl des Ekels entgegenbrachten, jedoch durch die maßlose Macht des Liberalismus zum Schweigen verurteilt waren[24b].

(*Zivilisation* wird in diesem letzten Satz im Sinne Coleridges als ein eng gefaßter Terminus gebraucht. Im vorangehenden Satz ist die eingrenzende Funktion von *technisch* gleichermaßen evident. Das sind die traditionellen Begriffe.)

Auf diese Weise erkennt Morris sowohl die Tradition als auch ihre durch ihn vollzogene Erweiterung an. Er formuliert nun die Gründe der Gegnerschaft zu der »Zivilisation« aufs neue:

Neben dem Wunsch, schöne Dinge herzustellen, war und ist die bestimmende Leidenschaft meines Lebens Haß auf die moderne Zivilisation. ... Was soll ich über ihre Meisterschaft, über die technischen Kräfte und deren Vergeudung, ihr so armes Gemeinwesen und dessen so reiche Feinde, ihre gewaltige Organisation sagen, angesichts des Elends im Leben! Über ihre Verachtung für die einfachen Vergnügen, derer sich ein jeder nur um den Preis ihrer Narrheiten erfreuen könnte. Über ihre blinde Gemeinheit, die die Kunst, den einzigen sicheren Trost für die Arbeit, zerstört hat? ... Seit Urzeiten haben die Kämpfe der Menschheit nichts als diese schäbige, ziellose und häßliche Verwirrung hervorgebracht. Die unmittelbare Zukunft schien mir nur die schon bestehenden Übel vergrößern zu können, indem sie die letzten Überlebenden aus den Tagen, bevor das stumpfsinnige Elend der Zivilisation sich auf dieser Erde niedergelassen hatte, hinwegraffen würde. Das war wirklich ein schlimmer Ausblick und, wenn ich einmal mich selbst als Person und nicht als Beispiel erwähnen darf, das war es besonders für einen Mann, der sich nichts aus Metaphysik und Religion oder der naturwissenschaftlichen Analyse machte, aber der dafür eine umso tiefere Liebe für die Erde und das Leben auf ihr besaß und eine Leidenschaft für die Vergangenheit der Menschheit. Bedenkt das! Sollte das alles auf eine Buchhaltung auf der Spitze eines Schlackehaufens mit Podsnaps* Empfangszimmer in der Aussicht und einem Ausschuß von Liberalen hinauslaufen, der an die Reichen Champagner und die Armen Margarine in derart bemessenen Portionen verteilt, daß alle Menschen miteinander glücklich sind, obwohl das Vergnügen für die Augen von der Welt verschwunden ist und Homers Platz von Huxley eingenommen wird[24c].

Diese Art der Opposition ist uns inzwischen wohlvertraut, und wir können in ihr Intentionen von Carlyle, Ruskin und Pugin wiederfinden und, was die Popularisierung dieser Ideen angeht, auch von Dickens. Kennzeichnenderweise findet sich auch das wissenschaftsfeindliche Element: das romantische Vorurteil, daß eine technische von einer technizistischen Wissenschaft geschaffene Gesellschaft den Versuch unternehme, diese Wissenschaft an die Stelle der Kunst zu setzen. Man hätte von Morris erwarten dürfen, daß er sich an das

---

* Anm. d. Übers.: Figur aus Dickens' Roman: Our Mutual Friends. Typ des großbürgerlichen Viktorianers, der, ohne von Sachkenntnis getrübt, von oben herab über alles zu sprechen vermag.

erinnern würde, worauf er an anderer Stelle besonderen Wert legte, daß natürlich das für die Kunst angebotene Substitut schlechte Kunst sei; und daß es eben nicht wissenschaftliche Forschung (so gleichgültig ihr Morris auch persönlich gegenüber stand), sondern die Organisation des ökonomischen Lebens war, die das Elend und die Gemeinheit hervorgebracht hat. Lassen wir diesen Punkt und wenden wir uns Morris' wichtiger neuer Gewichtverteilung zu:

Da stände ich nun mit meiner These von einem so richtig pessimistischen Lebensende, wenn mir nicht irgendwie gedämmert hätte, daß inmitten all des zivilisatorischen Unrats die Saat einer großen Veränderung, die wir anderen die soziale Revolution nennen, zu keimen begonnen hatte. ... (Dies) bewahrte mich, glücklicher als andere gleicher künstlerischer Auffassungsgabe einerseits davor, mich in einen bloßen Verächter des »Fortschritts« zu verwandeln und andererseits davor, Zeit und Energie auf eines der zahllosen Projekte zu verschwenden, mit denen die Schein-Künstler der Mittelklasse versuchten, die Kunst zu einem Zeitpunkt zu stärken, wo sie schon längst nicht mehr lebensfähig war. So wurde ich ein praktischer Sozialist. ... Ganz gewiß versteht derjenige, der bekennt, daß nach seiner Meinung Kunst und Kultur Messer und Gabel gegenüber Vorrang genießen (und es gibt Leute, die das vorschlagen) nicht, was Kunst eigentlich heißt oder genauer, daß ihre Wurzeln, um überhaupt leben zu können, des Mutterbodens eines blühenden und unbeschwerten Lebens bedürfen. Gleichwohl muß daran erinnert werden, daß die Zivilisation den Arbeiter auf eine derart dürftige und armselige Lebensweise eingeschränkt hat, daß er kaum noch in der Lage ist, seine Sehnsucht nach einem wesentlich besseren Leben als dem ihm jetzt aufgezwungenen sich bildhaft vorzustellen. *Es ist die gottgewollte Aufgabe der Kunst, ihm das wahre Ideal eines vollen und vernünftigen Lebens vor Augen zu führen,* ein Leben, dem das Wahrnehmen und Schaffen von Schönem Lust und wahres Vergnügen ist und dem Menschen als ebenso notwendig wie sein täglich Brot gilt; und kein einzelner und keine Gruppe darf darum gebracht werden, es sei denn aufgrund purer Opposition, der bis zum Äußersten widerstanden werden muß[25].

Die soziale Revolution sollte also die Antwort auf das Dilemma der »Fortschritts-Verächter« sein. Die Priorität der »Kultivierung« wird auf an Cobbett erinnernde Art fallengelassen. Doch anders als Cobbett gebraucht Morris die Idee der Kultur zumal in ihrer künstlerischen Verkörperung als positives Kriterium: »das wahre Ideal eines vollen und vernünftigen Lebens«. Wie für Cobbett war Morris der Anspruch der Arbeiter auf Verbesserung ihrer Lebensbedingungen vorrangig; aber im

Unterschied zu Cobbett, der seine Ziele an einer vergangenen Gesellschaft orientierte, orientiert Morris seine gesellschaftlichen Ziele — wie schon Blake oder Ruskin — an der Lebensfülle, die besonders die Kunst offenbart.

Morris sah als seinen Hauptgegner Arnold an. Mit dem Wort »Kultur« springt er, da er es mit Arnolds Schlußfolgerungen assoziiert, gewöhnlich rauh um:

In den dreißig Jahren, die ich jetzt Oxford kenne, ist der Kunst (und damit der Literatur) durch Oxfords »Kultur« mehr Schaden zugefügt worden als Generationen von Professoren wieder gutmachen können, denn dieser Schaden ist wahrhaft irreparabel. Die brutalen Roheiten des »light and leading« lassen diese Art der Erziehung verantwortungsbewußter Menschen anekeln und wahrscheinlicher als der Sozialismus einige von uns verrückt werden. ... Ich meine, mit der einen Hand Literatur lehren zu wollen, und mit der anderen gleichzeitig Geschichte zu zerstören, ist ein bestürzendes Vorgehen im Namen der »Kultur«[26].

Morris ging es in dem Zitierten um die »Modernisierung« Oxfords:

Ich möchte gerne wissen, ob es schon zu spät ist, an die Gnade der »Verantwortlichen« (Dons) zu appellieren, doch die paar Beispiele alter Stadtarchitektur zu verschonen, die zu zerstören sie noch nicht die Zeit gefunden haben. ... Dreißig Jahre früher, als ich es kennenlernte, war Oxford noch voll von diesen Schätzen; aber Oxfords sogenannte »Kultur«, auf geradezu zynische Weise das Wissen, das sie nicht kennt, verachtend und bis zu den Lippen im heutigen Kommerzialismus versunken, hat das meiste davon gründlich entfernt[27].

Wie so oft wird hier ein auf etwas einzelnes bezogenes Urteil mit einem weit umfassenderen Schluß verknüpft. Das ist für Morris' Methode, die häufig nicht mehr als eine Art schlußfolgerndes Fluchen ist, typisch. Doch die allgemeine Beweisführung liegt dort, wo er sich bemüht, sie zu kontrollieren. Oxford galt ihm als Testfall für die Frage, ob Kultur dadurch vom Kommerzialismus gerettet werden könne, daß man sie isoliert:

Es gibt heutzutage innerhalb der englischen Mittelschicht ... Männer von höchster Kunstgesinnung und von stärkstem Willen. Männer, die zutiefst von der Notwendigkeit überzeugt sind, daß unsere Zivilisation einer regelrechten Umzingelung des menschlichen Lebens mit Schönheit bedarf — und viele geringere, tausende, wie ich weiß, gebildete und kultivierte Männer folgen ihnen und preisen ihre Ansichten. Aber sowohl Führer und Geführte sind kaum imstande, auch nur ein halbes Dutzend gewöhnlicher Menschen vor dem Zugriff des unerbittlichen Kommerzes zu retten: sie sind trotz ihrer Kultur und ihres Genies genauso hilflos, als wären sie die gleiche Zahl überarbeiteter Schuhmacher. Weniger glücklich als König Midas werden unsere grünen Felder und unser klares Wasser, ja sogar die Luft, die wir atmen, nicht in Gold verwandelt (was einigen von uns vielleicht für eine Stunde Vergnügen bereiten könnte), sondern in Dreck; und, um es klar zu sagen, wir wissen ganz genau, daß unter dem jetzigen Evangelium des Kapitals es nicht nur keine Hoffnung gibt, das zu verbessern, sondern daß die Lage von Jahr zu Jahr und Tag zu Tag schlimmer wird[28].

Denn in der Tat können, so führt Morris aus, die kommerziellen Gewohnheiten der Mittelschicht gerade die Dinge zerstören, die so viele einzelne Mitglieder dieser Schicht wertschätzen. Gerade der Kommerzialismus hat sogar ein solches Bollwerk der alternativen Werte — wie Oxford es war — zerstört:

Was hat zum Beispiel Rouen, das Oxford meines poetisch-zierlichen Schmerzes, zerstört? Ist es zum Besten des Volkes zugrundegegangen dadurch etwa, daß es allmählich dem Wachsen einer sinnvollen Veränderung und einem neuen Glück wich? oder wurde es, wie das schon vorgekommen ist, vom Blitzschlag, der zumeist die Geburt von etwas neuartig Großem begleitenden Tragödie getroffen? Nichts von alledem! Weder Phalanstère noch Dynamit haben seine Schönheit weggefegt; auch waren sie Zerstörer weder die Philanthropen noch die Sozialisten, weder der Genossenschaftler noch der Anarchist. Es ist verkauft worden und das zu einem wahrhaft niedrigen Preis: verschleudert von der Habgier und der Unfähigkeit von Narren, die nicht ahnen, was Leben und Vergnügen, die sie sich weder selbst noch anderen gönnen, bedeuten[29].

Der beständigen Frage dieser Traditionsrichtung — »kann die Mittelschicht sich aus eigener Kraft erneuern?« — setzte Morris ein entschiedenes Nein entgegen. Die Mittelschicht kann oder will nicht die Konsequenzen der Industrialisierung *verändern;* sie will ihnen lediglich auf einem von zwei Auswegen entgehen. Der eine:

Die Menschen werden jetzt in ihren Kämpfen, nicht arm zu werden, reich, und ihre Reichtümer bewahren sie vor solchen Schrecken, die die Existenz reicher Menschen notwendig begleiten, z. B. der Anblick von Slums, das Elend einer Fabrik-Landschaft, die Schreie[30] und die böse Sprache betrunkener und brutalisierter Armer.

Dieser Ausweg, ein tatkräftiger Zugang zur Kommerzialisierung mit dem Ziel, ihren Folgen zu entgehen, ist eine Art »Moral Sinking Fund«, der immerfort von sehr vielen gezeichnet wird. Den anderen Ausweg stellt eine »Kultur der Auserwählten« dar:

Nichts von Menschenhand Geschaffenes kann indifferent sein: es muß entweder schön und erhebend oder häßlich und erniedrigend sein; die Dinge ohne Kunst sind aggressiv. Sie verletzen durch ihr bloßes Dasein und finden sich heute derart in der Überzahl, daß wir uns in Anbetracht dessen, daß die anderen Dinge die alltäglichen Begleiter unseres Lebens sind, verpflichtet fühlen, uns auf die Suche nach Werken der Kunst zu begeben; so daß selbst, wenn diejenigen, die die Kunst geistig pflegen, auch noch so sehr wünschten, sich mit ihren besonderen Gaben und ihrem hohen Maß an Kultur einzuigeln und so glücklich von den anderen Menschen getrennt zu leben und die zu verachten, die es doch nicht tun könnten: es ist, als gelte es, in einem Lande voller Feinde zu leben; an jeder Kehre liegt etwas auf der Lauer, ihre feineren Sinne und gepflegteren Blicke zu beleidigen und zu quälen: sie müssen an dem allgemeinen Unbehagen teilhaben — und ich bin froh darüber[31].

Die Kultivierten waren tatsächlich, wie Arnold sie nannte, »Fremde«, aber sie brachten keine Hilfe, um zukünftigen Schaden zu verhüten, nicht einmal sich selbst gegenüber. Vierzig Jahre propagierter Wiederbelebung der Künste hatten, so folgert Morris, keine qualitative Verbesserung der sichtbaren Dinge gebracht, sondern nur eine Verschlechterung:

Die Welt wird überall immer häßlicher und gemeiner trotz bewußter und intensiver Bemühungen einer kleinen Gruppe von Leuten um die Wiederbelebung der Kunst, die so offensichtlich den Zusammenhang mit der Zeittendenz verloren hat, daß, während die Ungebildeten noch nicht einmal von ihnen gehört haben, die breite Menge der Gebildeten auf sie als etwas Witziges herabblickt — und selbst das wird ihnen allmählich zuviel[32].

Kunst, führt Morris auf der Linie seiner Tradition aus, ist von der Qualität der sie hervorbringenden Gesellschaft abhängig. Es liegt keine Rettung in:

Kunst nur um der Kunst willen ... von (der) heute eine Schule ... zumindest theoretisch in gewisser Weise existiert. Ihre Losung ist ein Stück Slang, das keineswegs die harmlose Sache bezeichnet, die es zu bezeichnen scheint. ... Eine von zugegebenermaßen nur wenigen für wenige getragene Kunst, die es als notwendig — für eine Pflicht, wenn sie Pflichten nur anerkennen könnte — erachteten, die große Menge zu verachten, sich selbst abseits von all dem zu halten, wofür die Welt seit Anbeginn gekämpft hat, jeden Zugang zu ihrem Palast der Kunst sorgfältig zu bewachen..., so daß Kunst letztlich als eine zu zerbrechliche

Sache erscheint, als daß selbst die Hände der Auserwählten sie berühren dürften; und die Auserwählten müssen schließlich ruhig dasitzen und nichts tun — zum Leidwesen von niemandem[33].

Die Hoffnung auf Kunst war nicht hier zu finden, sondern im Glauben darauf, daß

> die Sache der Kunst die Sache des Volkes ist. ... Eines Tages werden wir die Kunst und das heißt die Lust am Leben wiedergewinnen; die Kunst wieder für unsere tägliche Arbeit zurückgewinnen[34].

Dies bedeutet gegen Ende des Jahrhunderts eine Ablehnung der an seinem Anfang akzeptierten Arbeitsteilung auch im Bereich der »Kunst«. Aber die Form der Ablehnung hat selbst Teil an dem Ergebnis der Arbeitsteilung. Genauer, Morris profitiert von Ruskins Gedanken über Kunst und Arbeit. So im folgenden:

> Nichts sollte durch menschliche Arbeit geschaffen werden, was seiner Herstellung nicht wert ist, oder das durch eine den Hersteller erniedrigende Arbeit geschaffen werden muß. ... So einfach dieser Vorschlag ist ..., so stellt er doch eine direkte und tödliche Herausforderung an das gegenwärtige Arbeitssystem in den zivilisierten Ländern dar. ... Ziel der Kunst ist, den Fluch der Arbeit dadurch zu brechen, daß sie zur lustvollen Befriedigung unserer schöpferischen Impulse gemacht wird und indem dieser Schaffenskraft die Hoffnung gegeben wird, etwas, was der Mühe Wert ist, produzieren zu können[35].

Kunst ist eine besondere Qualität der Arbeit geworden. Freude an der Arbeit ist weithin durch das Maschinen-System der Produktion zerstört worden, aber es sei das System, behauptet Morris, das viel eher als die Maschinen dafür verantwortlich gemacht werden muß.

> Wenn die notwendige vernünftige Arbeit mechanischer Art sein sollte, so muß mir dabei von einer Maschine geholfen werden, nicht, um meine Arbeit billiger zu machen, sondern um so wenig Zeit wie nur möglich darauf zu verwenden. ... Ich weiß, daß bestimmten kultivierten Menschen, Menschen künstlerischer Denkart, Maschinen besonders zuwider sind ... (aber), es liegt an dem Umstand, daß wir Maschinen erlauben, uns zu beherrschen, statt sie uns dienstbar zu machen, daß sie die Schönheit des Lebens heutzutage derart beleidigen. Mit anderen Worten, das alles ist Zeichen für das Verbrechen, das wir damit begangen haben, unsere Macht über die Kräfte der Natur zur Versklavung von Menschen zu gebrauchen und uns überhaupt nicht mehr darum zu kümmern, wieviel Glück wir ihrem Leben rauben[36].

Daß Morris so zu empfinden vermochte, ist von erheblicher Bedeutung. Er war selbst Handwerker und besaß eine aus Erfahrung hervorgegangene Achtung dieser Art Arbeit gegenüber. In seinen utopischen Schriften wird die Verbannung der Maschinen aus dem Arbeitsprozeß oft betont. Doch ist die Kette »Morris — Handwerker — stürmt die Maschinen« ebenso falsch wie die »Ruskin — Gotik — Vorliebe für das Mittelalter«.

Die regressiven Elemente sind bei Morris gleichermaßen wie bei Ruskin vorhanden. Sie zielen darauf ab, die bei der praktischen Verwirklichung von bestimmten Lebenswerten auftretenden Schwierigkeiten zu kompensieren. Zwar beziehen sie sich auf die Vergangenheit, ihre Anliegen jedoch sind die Gegenwart und Zukunft. Wenn wir bei Morris die Bindung ans Handwerk betonen, so rationalisieren wir zum Teil ein Unbehagen, das durch den Umfang und die Art seiner Gesellschaftskritik hervorgerufen wird. Morris ersehnte das Ende des kapitalistischen Systems und die Errichtung des Sozialismus, damit die Menschen selbst entscheiden könnten, wie ihre Arbeit eingerichtet werden soll und wo Maschinen am rechten Ort seien. Es kam offensichtlich vielen seiner Leser und vielen Lesern Ruskins zupaß, um das Gesagte als Kampagne für die Beendigung der Maschinenproduktion auszulegen. Eine solche Kampagne konnte niemals mehr als nur eine affektierte Geste sein, aber sie war nicht so kompromittierend wie Morris' Kampagne zur Abschaffung des Kapitalismus, die direkt in den Eifer und die Bitternis des politischen Kampfes führte. Es ist höchst bemerkenswert, daß Morris auf diese Weise verwässert werden sollte. Die Verwässerung weist mit Nachdruck auf die wirklich schwachen Teile seines Werkes und läßt übersehen, was an ihm wahrhaft stark und lebendig ist. Ich für meinen Teil würde liebend gern »*The Dream of John Bull*« und die romantisch-sozialistischen Lieder und sogar »*News from Nowhere*« missen, in denen all die Schwächen von Morris' allgemeiner Lyrik lähmend wirken, wenn das hieße, Leute wieder dazu zu bringen, kleinere Schriften wie *How we Live, and How we might Live, The Aims of Art, Useful Work versus Useless Toil,* und *A Factory as it might be* zu lesen. Diese Akzentverlagerung würde eine Veränderung des Ranges von Morris als Schriftsteller mit sich bringen. Ein solcher Wechsel ist seitens der Kritik unausweichlich. Aus seinen Vorträgen spricht mehr Leben, dort fühlt man, daß der ganze Mensch geschrieben hat, als in jedem seiner Prosa- oder Versromane. Diese scheinen so deutlich Produkt gerade des fragmentarischen Bewußtseins zu sein, das Morris stets zu analysieren versuchte. Morris ist ein im weitesten Sinne vorzüglicher politischer Schriftsteller und darauf wird letztlich sein Ruf sich gründen. Der restliche und größere Teil seines literarischen Werkes bezeugt lediglich die Unordnung, die er so scharf empfand. Er war kein Hopkins, der Kunst machte »als die Zeit ungünstig schien«. Die ihm in seinem Jahrhundert nächste Gestalt war Cobbett: der zog die visuellen Künste den ländlichen vor als der kontrollierenden Gesundheit, von der sich politische Einsicht herleiten sollte. Und wie bei Cobbett akzeptieren wir langsam die Unduldsamkeit und das rituale Fluchen als den Preis der Vitalität, die ihre eigene Größe besitzt.

Es bleibt noch ein kurzer Blick auf Morris' Sozialismus zu werfen, da er aus der eben untersuchten Tradition erwuchs. Er wird oft von heutigen Mitgliedern der Labour Party zitiert, aber zumeist auf eine Weise, die nur eine sehr begrenzte Vertrautheit mit seiner tatsächlichen Vorstellung vermuten läßt. Er *ist* zum Beispiel etwas ganz anderes als ein orthodoxer Fabier. Sozialismus ist ihm nicht bloß

das Einsetzen einer geschäftsmäßig organisierten Regierung im Interesse der Öffentlichkeit an die Stelle des alten Durcheinanders der Liberalen und ihres durch Gewalt aufrecht erhaltenen *laissez-faire*[37].

Das war der Sozialismus, den die Utilitaristen erreicht hatten, aber Morris wandte immer die Arten des Urteilens, die im Gegensatz zum Utilitarismus entwickelt worden waren, auf den Sozialismus an. Dies als Beispiel: der Sozialismus könnte

für die Arbeiterklasse selbst höhere Löhne und kürzere Arbeitszeit gewinnen: Industrien können von Gemeinden zum Wohl der Produzenten und Konsumenten geleitet werden. Die Häuser der

Arbeiter können verbessert und ihre Verwaltung den kommerziellen Spekulanten aus den Händen genommen werden. Bei all dem gebe ich offen einen großen Gewinn zu und bin froh, dazu führende Projekte in Angriff genommen zu sehen. Aber so groß der Gewinn sein würde, letztlich würde sein Wert..., so glaube ich, davon abhängen, *wie* solche Reformen gemacht werden, in welchem Geist; oder besser von dem, was noch gemacht worden ist, während dies geschah...[38]

Das ist ein von der Tradition her vertrautes Argument und Morris bekräftigt es in der gebräuchlichen Weise:

Die große Masse von dem, was die meisten Nicht-Sozialisten zumindest zur Zeit für Sozialismus halten, scheint mir nicht mehr als ein *Apparat* des Sozialismus zu sein, den, so meine ich, der Sozialismus in seiner kämpferischen Phase benutzen *muß;* und von dem ich weiter meine, daß er ihn auch für einige Zeit nach seiner Etablierung gebrauchen *kann;* aber sein Wesen scheint er mir nicht auszumachen[39].

Danach ist das Ergebnis dieser Äußerung nicht eine Modifizierung der sozialistischen Idee, sondern ihre Bekräftigung. Morris fragt sich,

ob nicht, kurz gesagt, die enorme Organisation der zivilisierten Wirtschaftsgesellschaft mit uns Sozialisten Katze und Maus spielt, ob nicht die Gesellschaft der Ungleichheit die oben erwähnte quasi-sozialistische Maschinerie akzeptieren könnte und sie zum Zwecke der Aufrechterhaltung eben dieser Gesellschaft in einem allerdings etwas beschnittenen, aber doch sicheren Sinne benutzen könnte... Die Arbeiter, einmal besser behandelt und besser organisiert, würden sich selbst zu regieren helfen, aber weder einen größeren Anspruch auf Gleichheit mit den Reichen noch eine irgend größere Hoffnung darauf kennen als die, die sie schon jetzt haben[40].

Das Maß der Einsicht in das, was vielleicht der tatsächliche Verlauf der Ereignisse seit seinem Tode gewesen ist, ist der Maßstab für Morris' Qualität als politischer Kopf. Jedoch: seine Leistung liegt lediglich in der zeitgemäßen Anwendung des Maßstabes, den sein Jahrhundert im Nachdenken über die Bedeutungen von Kultur verfügbar gemacht hat. Die Künste definierten eine Qualität zu leben, die zu ermöglichen der alleinige Zweck politischer Veränderung war:

Ich hoffe, daß wir eines mit Sicherheit wissen, daß die Künste, die zu fördern wir zusammengekommen sind, für das Leben der Menschen notwendig sind, wenn der Fortschritt der Zivilisation nicht genauso grundlos sein soll, wie das Drehen eines Rades, das nichts tut[41].

Die Veränderung zum Sozialismus war das Mittel zur Wiedererlangung des Zweckes. Die Beschränkung einer solchen Veränderung auf eine »Maschinerie« würde nur möglich sein

auf der Grundlage, daß die Arbeiterklasse aufgehört hat, sich nach dem wahren Sozialismus zu sehnen und sich mit einer äußerlichen Show, verbunden mit einem Anstieg des Wohlstandes, zufriedengibt, der nur die Sehnsüchte von Menschen befriedigen kann, die nicht wissen, was Lebenslust sein könnte, wenn sie ihre eigenen Fähigkeiten und Bodenschätze vernünftig mit dem Ziel und der Erwartung, glücklich zu sein, nutzen würden[42].

Aufgabe einer sozialistischen Partei ist nicht nur, den politischen und wirtschaftlichen Umschwung zu organisieren. Sie liegt viel vitaler darin, ein wahrhaft sozialistisches Bewußtsein unter den Arbeitern so zu nähren und zu erweitern, daß sie letztlich

begreifen, daß sie selbst von Angesicht zu Angesicht einer falschen Gesellschaft gegenüberstehen, und sich selbst als die einzig möglichen Elemente einer wahren Gesellschaft begreifen[43].

Wir erkennen die hinter Morris stehende Tradition sogar, wo er auf diese bemerkenswerte Weise ihren Vorstellungen eine gänzlich neue Wendung gibt. Denn Morris verkündet hier die Ausweitung der Tradition in unser eigenes Jahrhundert hinein und errichtet die Bühne für ihren immer noch andauernden Streit.

TEIL II INTERREGNUM

Interregnum

Die zentrale Figur der von uns untersuchten und sich bis heute fortsetzenden und ausbreitenden Tradition heißt William Morris. In der Mitte des 20. Jahrhunderts ist Morris immer noch ein zeitgemäßer Denker, denn die von ihm angezeigte Richtung ist Teil einer allgemeinen sozialen Bewegung geworden. Doch gehört er ganz wesentlich zu den großen viktorianischen Rebellen, teilt mit ihnen Energie, Spannkraft und die Bereitschaft zu verallgemeinern, Eigenschaften, die ihn unserer Zeit des kritischen Spezialistentums gegenüber als historische Figur kennzeichnen. Ein Leben mit Moralpredigten und Flüchen kam bald nach Morris' Tod außer Mode, und post mortem betrachten wir es heute mit den gemischten Gefühlen des Respekts und des Mißtrauens.

Es ist beinahe wahr, daß es für das Denken keine Perioden gibt — zumindest nicht in einer gegebenen Gesellschaftsform. Aber, wenn es sie gibt, so gehen die Zufälle der Herrschaft und des Jahrhunderts hart mit ihnen um. Der Zustand, den das Adjektiv »viktorianisch« angemessen umschreibt, geht in den achtziger Jahren des Jahrhunderts zu Ende. Die neuen Männer, die in dieser Dekade erscheinen und ihr Zeichen hinterließen, sind erkennbar anders. Dem jungen Engländer der zwanziger Jahre des 20. Jahrhunderts bezeichnete dieser Bruch das Entstehen des modernen Geistes, und wir neigten dazu, ebenso zu denken. Aber heute — aus der Sicht der fünfziger Jahre des 20. Jahrhunderts — erscheinen die Zusammenhänge anders. Der Bruch liegt nicht mehr in der Generation von Butler, Shaw oder Wilde. Sie sind schon historische Gestalten. Für uns treten vielmehr die eigenen Zeitgenossen und unsere Tonart nach dem Krieg 1914—1918 in den Vordergrund. D. H. Lawrence ist stimmungsmäßig ein Zeitgenosse und zwar auf eine Weise, die Butler und Shaw eindeutig nicht besitzen. Daher neigen wir dazu, den Zeitraum 1880—1914 als eine Art Interregnum anzusehen. Es ist nicht die Periode der Meister — eines Coleridge oder George Eliot. Sie ist auch nicht die Periode unserer Zeitgenossen, der Schriftsteller, die sich in unserer Sprache den allgemeinen, uns bekannten Problemen widmen. Danach werde ich in einer kurzen, getrennten Abteilung Schriftsteller dieser Zeit behandeln, die unser Denken über Kultur beeinflußt haben. Wenn sie alle vernachlässigt würden, so würden gewisse wichtige Glieder fehlen. Jedoch finden wir bei ihnen außer vielleicht bei Hulme nichts wirklich Neues: eine Ausarbeitung von eher unvollständigen Zeilen, den Versuch einer Neuorientierung. Solche Werke verlangen Beachtung, aber legen Kürze nahe.

1. W. H. Mallock

Ein besserer Einstieg in diese Periode als Mallocks *The New Republic* ließe sich nicht finden: nicht so sehr als Vorgeschmack auf das, was kommen sollte, sondern als Abschied von einer Periode, die wir verlassen. Die offensichtliche, wenn auch fragile Brillanz von *The New Republic* hat Mallock weniger Leser verschafft, als man vermuten würde. Sein späteres Werk, das an Substanz gewinnt, was es an Glanz verliert, ist fast gänzlich vernachlässigt worden.

Das 1877 erschienene *The New Republic*, Mallock war damals 28 Jahre alt, bringt auf einer Wochenendparty eine Reihe der von uns diskutierten Gestalten mit den anderen Meistern von Mallock zusammen, als er zwischen zwanzig und dreißig Jahre alt war. Matthew Arnold tritt dort als Mr. Luke, Ruskin als Mr. Herbert, Pater als Mr. Rose, Jowett als Dr. Jenkinson zusammen mit Gestalten auf, die Herbert Spencer, W. K. Clifford, Violet Fane und andere darstellen, die Mallock wichtiger waren, als sie es jetzt für uns noch sein können. Ihre Diskussion über eine ideale Republik gibt Gelegenheit für eine Reihe äußerst brillanter Parodien. Hinsichtlich seiner Idee besitzt das Buch das Gewicht von Aldous Huxleys frühen Romanen. Es ist interessant, den gewissen Respekt und die Respektlosigkeit, mit denen Mallock seine Figuren behandelt, zu beobachten. Pater wird z. B. auf eine Weise brutal behandelt, die Huxley bekannt gemacht hatte (»seine beiden Themen sind Genußsucht und Kunst«). Arnold ist wenig mehr als ein Dandy und ein langweiliger Mensch; Ruskin, obzwar theatralisch gezeichnet, wird augenscheinlich noch respektiert. Das Buch besitzt insofern dokumentarischen Wert, als es zu einem bestimmten Zeitpunkt die Tradition mit den Augen eines intelligenten Kritikers sieht.

Das zweite Kapitel des dritten Buches ist besonders nützlich. Ein Beispiel:

»Sie glauben also«, sagte Miss Merton, »daß der kultivierteste Mensch eine Art von gefühlsbetontem *bon vivant* ist?«
»Das ist sicher schwerlich eine faire Methode —« begann Laurence.
»Entschuldige mich, mein lieber Laurence«, unterbrach Mr. Luke in seiner prächtigen Art, »es ist vollkommen fair — es ist bewundernswürdig fair. Gefühlsbetonter bon vivant!« rief er aus. »Ich danke Miss Merton, daß sie mich dieses Wort lehrt! Denn es kann uns alle daran erinnern.« Mr. Luke fuhr fort, indem er seine Worte langsam dehnte, als würde ihm ihr Geschmack gefallen, »wie nach unserer Sicht des Gegenstandes, der eines Galileiischen Bauers ist — von dem Miss Merton vielleicht gehört hat —, der die höchste Kultur mit genau derselben Metapher beschrieben hat, als Hunger und Durst nach Rechtschaffenheit. Unsere Vorstellung davon unterscheidet sich von der seinigen nur insofern, als der *Zeitgeist* sie irgendwie umfassender gemacht hat[1].«

Die Ironie des »genau die gleiche Metapher« bleibt sogar dann wirksam, wenn wir Arnold vor Mr. Luke retten wollen. Die spätere Richtung der Auseinandersetzung über Kultur nähert sich Otto Laurence' (des Gastgebers) Definition —

Unsere Belange *sind* im Leben um uns herum und das doppelte Ziel der Kultur ist einfach dies, wir sollen das Leben würdigen, und dieses Leben soll es wert sein, gewürdigt zu werden[2].

und dann seine Abschwächung:

das Ziel der Kultur ist, aus uns Männern und Frauen bessere Gesellschafter zu machen[3].

Auf dieses abgeschwächte Vorurteil fällt der Zorn von Mr. Herberts theatralischer Predigt:

»Werden Kunst, Malerei und Dichtung Euch irgendeine Erquickung sein? Ihr habt gesagt, daß jene der magische Spiegel waren, die Euer Leben widerspiegelten. Werden sie auch nur ein wenig besser sein als die Glasspiegel in Euren Wohnzimmern, wenn sie wiederum nur dieselbe lustlose Orgie widerspiegeln können? ...

Was solltet Ihr denn, um gerettet zu werden, sein? Zerreißt Eure Herzen, sagte ich, und flickt nicht Eure Kleider...[4].«

Soweit gelangt die Hausgesellschaft, mit Ausnahme einer diskriminierenden Erneuerung der Einladungen. Mallock ist in *The New Republic* nicht daran interessiert, sich festzulegen, aber sein späteres Werk zeigt ihn als den vielleicht fähigsten konservativen Denker der letzten 80 Jahre. Die Tonart der späteren Bücher ist skeptisch und kritisch, und Mallock kann weder Sozialisten noch Demokraten empfohlen werden, die bloß eine übernommene Doktrin behalten wollen. *The Limits of Pure Democracy* (1917) nimmt manches vorweg und ist besser geschrieben als jene vielen, nach 1945 erschienenen Bücher, die eine ähnliche These präsentieren. Die politischen und ökonomischen Argumente weisen auf etwas anderes hin. Doch das Ergebnis der Gesellschaftstheorie Mallocks lautet:

Nur in der Oligarchie erkennt sich die zivilisierte Demokratie[5].

Im zweiten Kapitel des VII. Buches führt Mallock diese Idee in bezug auf den Begriff Kultur aus:

In jedem der drei Leben — dem des Wissens, dem der ästhetischen Wertschätzung und dem religiösen —, von denen die Qualität des sozialen Umgangs in einem zivilisierten Land abhängt, spielen die Aktivitäten der Wenigen eine so wichtige Rolle, daß — würden sie fehlen — die Masse der Bürger, wie groß auch immer ihr materieller Reichtum sei, ungebildet, abergläubisch und halbbrutale Barbaren wären, so wie schon heute viele Neureiche an der Peripherie der Zivilisation sind[6].

Es ist die Wahrheit der demokratischen Theorie, daß,

was auch die wenigen zu den Möglichkeiten der Zivilisation hinzutun, die vielen müssen sich gemäß ihrer unterschiedlichen Talente in sie teilen[7].

Aber es gibt nichts zu teilen, wenn die Oligarchie (oder Minderheit) nicht anerkannt und aufrechterhalten wird:

Die Vielen können nur gedeihen durch die Teilhabe an Wohltaten wie materiellem Komfort, günstiger Gelegenheit, Kultur und sozialer Freiheit, die für niemand möglich wären, wenn nicht die Vielen sich selbst dem Einfluß oder der Autorität der überragend Befähigten unterordnen würden[8].

Zwei andere Stellen aus *The Limits of Pure Democracy* mögen kurz zitiert werden: Mallocks Diskussion der Idee der Gleichheit der Chancen in bezug auf Löhne und Erziehung. Er sagt von der Idee zunächst allgemeines:

Die Forderung nach Gleichheit der Chancen mag in der Tat oberflächlich gewisse revolutionäre Aspekte zeigen, aber in Wirklichkeit — in ihrer wahren Natur — ist sie Symptom der Mäßigung oder eher das eines unbeabsichtigten Konservatismus, dem sich die Masse von normalen Menschen auch, wenn sie es wollte, nicht entziehen kann. Die wahre Bedeutung des Wortes »Opportunity« — günstige Gelegenheit — ein Wort, das mit Implikationen gesättigt ist, reicht aus, um dies zu zeigen. Denn, wenn die ideale Forderung nach reiner Demokratie realisiert würde und die sozialen Bedingungen aller Menschen durch den Zwang eines Gesetzes gleichgemacht würden, so gäbe es für niemanden solche Dinge wie Gleichheit oder Ungleichheit der Chancen. ... Der Wunsch nach Gleichheit der Chancen — der Wunsch nach dem Recht, sozial aufzusteigen, ist insoweit, als er von den moralischen Menschen jedes Alters und aller Nationen erfahren würde, ein Bedürfnis, daß jedermann (er selbst in »jedermann« eingeschlossen, was in seinen Gedanken eine prominente Figur ist) eine Chance haben soll, um mit seinen eigenen Talenten, wenn er es kann, irgendeine Position oder einen Besitzstand zu erreichen, die nicht gleich, sondern im Gegenteil höher als irgendeine Position oder ein Zustand sind, die das allen gemeinsame Talent erreichen kann[9].

Dann argumentiert er, daß in bezug auf Lohnverhandlungen die Fürsprecher der Chancengleichheit in der Praxis nicht absolute, sondern relative Gleichheit suchen: d. h. nach ihrem Anteil an Mühe, Geschick, Länge der Lernzeit etc. abgestufte Löhne mit dem Insistieren auf der »Beibehaltung« ihrer richtigen Abstufung. Gefordert wird (wenn Mallocks Argument paraphrasiert werden darf), daß die Gleichheit der Chancen ungleich wird. Er argumentiert, daß es sich so auch mit dem Eintreten für die allgemeine Erziehung verhält. Er betont: begabten aber armen Kindern wird eine Möglichkeit gegeben, so daß sie sich verbessern können. Diese Idee geht von der Voraussetzung

der Existenz irgendeiner mittelmäßigen Masse aus, deren Fähigkeiten und Löhne diese normalen Schicksale repräsentieren. Die vertikale Entfernung der zahlenmäßig stärkeren Schicksale von den überdurchschnittlichen Talenten, die diesen von der günstigen Gelegenheit geboten wird, ist ihre Definition[10].

Nach Mallocks Ansicht stellt ein großer Teil demokratischen Empfindens lediglich die Forderung nach dem Recht dar, ein Mitglied der Oligarchie zu werden. Aber, wenn das durch die Theorie der reinen Demokratie jedem Mitglied der Gesellschaft garantiert ist, so kann es nur eine Desillusion geben. Demokratische Theorie ist die gefühlsmäßige Versicherung, daß es erreicht werden kann. Aber die Fakten der Gesellschaft und der Produktion in all ihren Aspekten werden größere Ungleichheiten fordern, die mit den unterschiedlichsten Anstrengungen und Fähigkeiten korrespondieren; und diese werden eher auf einer Basis von Fakten als auf der Selbstbewertung eingeschätzt werden, die die demokratische Theorie in ihrer Ermutigung aller zu unterstützen scheint. Wenn die Massen diesem Weg folgen, können sie nur getäuscht oder desillusioniert werden. Es ist deshalb besser zu erkennen, daß das allgemeine Wohl von außerordentlichen Fähigkeiten und Anstrengungen abhängt, die stimuliert und aufrechterhalten werden müssen, und ferner zu erkennen, daß folglich die Oligarchie kein Gegensatz zur Demokratie, sondern ihr notwendiges Komplement ist.

Die Verquickung von Herrschaft und sozialen Zuwendungen ist in diesen Gedanken relativ leicht aufzuspüren. Aber die »Aristokratie des Talents«, die Carlyle als erster definiert hatte, war, wie bei Shaw und Wells zu beobachten, allgemeines Gedankengut dieser Periode. Wir können nun die unvermeidbare Verwirrung mit willkürlichen Unangemessenheiten sehen und Mallock entsprechend eingrenzen. Doch brauchte die demokratische Idee ihre Skeptiker und Mallock verdient es aufgrund seines Scharfsinns, gehört zu werden.

2. Die »Neue Ästhetik«

Wenn die achtziger und neunziger Jahre in England wirklich eine neue Ästhetik produziert hätten, wäre es um ihr Ansehen gut bestellt. Was aber von Pater in in den späten sechziger Jahren die neue Doktrin »Kunst um der Kunst willen« genannt wurde, war tatsächlich wenig mehr als eine Neuformulierung einer Haltung, die eigentlich den ersten Generationen der Romantiker gehört. Die extreme Form dieser neuen Darstellung ist bei Whistler zu finden, aber bei Pater und Wilde, die mit Whistlers Position in Zusammen-

hang gebracht wurden, ist die Kontinuität der früheren Tradition ganz offensichtlich. Wir brauchen nur den Punkt aufzusuchen, an dem diese neue Affirmation in gewissen extremen Aussagen beinahe zu ihrer Negation umschwang.
Was wir manchmal für einen Wandel der Ideen halten, ist vielleicht richtiger mit einem Wandel zum Schlechteren — in der Prosa zu identifizieren. Dies wird besonders im Falle Paters deutlich, dessen Ideen, wenn sie durch den Dunst erkennbar sind, die Wordsworth', Shelleys und Arnolds sind. Die Schlußfolgerung des Essays über Wordsworth illustriert das. Pater schreibt:

Das Ziel des Lebens ist nicht Aktion, sondern Kontemplation — *Sein* getrennt vom *Tun* — ist eine gewisse Disposition des Denkens. Dies ist in der einen oder anderen Form das Prinzip jeder höheren Moralität. In der Dichtung, in der Kunst, wenn Du überhaupt in ihren wahren Geist eindringst, berührst Du dieses Prinzip in einem Maße, das durch seine Sterilität ein Typ des Betrachtens und der reinen Freude des Betrachtens willen ist. Das Leben im Geist der Kunst behandeln, heißt, aus dem Leben einen Gegenstand, dessen Mittel und Zweck erkannt sind, machen und eine solche Behandlung zu ermutigen, die die wahre moralische Bedeutung von Kunst und Literatur ist. Nicht um Lektionen zu erteilen oder Regeln zu erzwingen oder uns zu edlen Zielen zu stimulieren, sondern um die Gedanken für eine kleine Weile von der reinen Maschinerie des Lebens fortzuziehen, um sie mit geeigneten Empfindungen auf das Spektakel jener großen Fakten in der menschlichen Existenz zu lenken, das von keiner Maschinerie berührt wird ... Dieses Spektakel zu bezeugen, ist das Ziel aller Kultur[1].

Die Elemente der Kontinuität in diesem Statement sind klar: die Unterscheidung zwischen »Sein« und »Tun«, die Kritik der »bloßen Maschinerie«, die Beschreibung der »wahren moralischen« Bedeutung von Kunst und Dichtung als »Kultur«. Dies zu den Worten.
— Das Ganze ist nichts anderes als eine Summierung der langen, vorangegangenen Tradition, und es ist zweifelhaft, ob Pater glaubt, daß er etwas anderes sagte, als er 1868 den bekannten Satz am Schluß von »*The Renaissance*« schrieb:

Von dieser Lebensweisheit enthält die poetische Leidenschaft, das Verlangen nach Schönheit, die Liebe zur Kunst um der Kunst willen, das reichste Maß; denn die Kunst kommt zu uns mit dem freimütigen Bekenntnis, unseren flüchtigen Lebensaugenblicken die höchste Weihe zu geben und zwar allein um dieser Augenblicke willen[2].

Denn Pater sagt hier nicht mehr als Mill, als er Dichtung als »Kultur von Gefühlen« beschrieb. Wenn wir Paters Haltung mißbilligen, müssen wir sie auch bei Mill ablehnen —, ich wies in meinen Passagen über Mill auf seine Unzulänglichkeit hin. Mill wird jedoch zustimmend zitiert, während Pater gewöhnlich in eine Wolke von Rosen und Sternen entlassen wird. Die Komposition dieser eigenartigen Wolke ist das ganze Problem. Paters Lehre wird gewöhnlich nicht abgelehnt. Ein nüchterner Techniker wie I. A. Richards scheint tatsächlich der Lehrmeinung Paters sehr nahe zu stehen, doch bei ihm ist die Reaktion ganz anders. Wir lehnen Paters Beispiele ab; die Substanz seiner Beispiele ist das stilistisch Schlechteste bei ihm. Für uns waren sie nichts als die Klänge von Lyren und Flöten, und wenn wir diese Wörter wiederholen, hören wir keine bestimmten Instrumente heraus. Die rettende Macht der Sensibilität anzuempfehlen, heißt immer, die Aufmerksamkeit auf die eigenen Beispiele zu lenken, auch wenn jene nur in der Sprache der Empfehlung zu spüren sind. Pater ist für die große alte Sache eingetreten, und die Ablehnung seiner Lehre impliziert wirklich eine Ablehnung der gesamten romantischen Position von Keats bis Arnold. Mit dem Wort »Kultur« wurde zunächst die Funktion gewisser Gedanken und des Fühlens, die ein ganzes Leben eines Menschen umfassen, emphatisch hervorgehoben: eine Funktion, die mit Moral richtig bezeichnet ist. Pater diskutiert ihre Funktion innerhalb der Kultur; in seinen allgemeinen Feststellungen stimmt er mit seinen Schülern überein. In seinen Beispielen verkörpert er jedoch wiederholt das negative Element, das in dieser Haltung immer latent ist: die Reduktion eines ganzen Prozesses, der durch seine Bewegung und Interaktionen gekennzeichnet ist, auf ein fragmentarisches isoliertes Produkt — Paters Bild des kontemplativen Seins, das »mit jenen Formen« gekämpft hat, »bis es von jeder das Geheimnis herausgefunden hat, um dann jede in einer höchst artistischen Sicht des Lebens auf ihren Platz zurückfallen zu lassen«[3]. Seine Apotheose der Gioconda ist für dieses Bild typisch, aber in seiner Beziehung zur Kunst ist er wirklich unfähig, zwischen der Bedingung für ein

Kunstwerk — einem gemachten Gegenstand — und den Bedingungen irgendeines Lebens, das nicht gemacht ist, sondern selber schöpferisch ist und das nur in der Phantasie von einem kontinuierlichen Prozeß und einer ganzen Situation losgelöst werden kann, zu unterscheiden. Paters Sensibilität reduziert so einen allgemeinen, lebendigen Satz tatsächlich auf seine Negation. Kunst um der Kunst willen ist eine vernünftige Maxime für den Künstler, wenn er schafft und für den Rezipienten, wenn das Werk mitgeteilt wird; dann ist sie nicht mehr als die Definition von Aufmerksamkeit. Das negative Element ist die Phantasie — gewöhnlich damit erklärbar, daß ein Mensch er selbst werden, daß er sich selbst mit einem gemachten Werk verwechseln kann. Diese Phantasie ist Pater vertraut; sie ist in der Tat eine allgemeine Verzerrung der Betonung von Kultur, die Pater an anderer Stelle klar fortführt und vermittelt.

Whistler ist der vulgarisierte Pater, jedoch ist die Vulgarität in gewisser Weise ein Gewinn. Anders als Pater lehnt er die überkommene These ab, insbesondere Ruskins. Im Gegensatz zu dem Glauben, daß in der Vergangenheit und speziell im Mittelalter allgemein ein größeres Interesse für Kunst bestanden hat und sie stärker ins gewöhnliche Leben integriert war, versicherte Whistler:

Vernehmen Sie: es gab niemals eine künstlerische Epoche. Es gab niemals eine kunstliebende Nation. ... Wenn die Kunst heute selten sein soll, so war sie auch früher vereinzelt. Sie ist falsch, diese Lehre vom Verfall. ... Falsch ist auch jene Fabel, daß es eine Verbindung gäbe zwischen der Größe der Kunst und dem Ruhm und den Tugenden des Staates, denn Kunst zieht nicht ihre Nahrung aus Nationen, und Völker mögen von der Erde gefegt werden, aber die Kunst *besteht*[4].

Dies ist nur Paters praktische Trennung von Kunst und Leben (eine Trennung, die auf Verwechslung und der konsequenten Reduktion von Leben auf die Bedingung von Kunst beruht), erweitert und zu einer Art Theorie hochstilisiert, die schließlich das ganze Gegenteil der Tradition darstellt, die Pater in seiner allgemeinen Feststellung fortgesetzt hatte.

»Vernehmen Sie«, sagt Whistler, und wir haben hingehört. Wir stimmen zu, daß »diese Lehre vom Verfall« zumindest zum Teil falsch ist, und wir stimmen auch seinem Angriff auf den »Geschmack« zu:

»Geschmack« wurde lange mit Fähigkeit vermengt und als ausreichende Qualifikation für die Abgabe von Urteilen akzeptiert. ... Kunst wird fröhlich als Gegenstand der Meinung angesehen, daß sie auf Gesetzen basieren sollte, wie denen der ... Wissenschaften, ist eine Annahme, die von der modernen Bildung nicht länger toleriert werden soll ... Das Jahrtausend des Geschmacks setzt ein[5].

Das ist nicht mehr, als was Wordsworth vor achtzig Jahren sagte, aber es ist ebenso wichtig wie die Beobachtung,

Kunst ist in der Stadt ... um in der Gesellschaft umschmeichelt zu werden, als Beweis von Kultur und Verfeinerung[6].

Dies sind vernünftige Kritiken eines modischen Ethos, aber Whistler ist zu seicht und zu verwirrt, um mehr daraus zu machen. Dafür ein Beispiel:

Humanität steht an Stelle der Kunst und Gottes Schöpfung ist nur existenzberechtigt durch ihre Nützlichkeit. Schönheit wird mit Tugend verwechselt, und vor einem Kunstwerk fragt man zuerst: »Welchen Nutzen kann es bringen?«[7]

Newman hatte die Aufmerksamkeit auf eine ähnliche Verwechslung von »Schönheit« mit Tugend und die Mängel von »Geschmack« gelenkt, aber was wir jetzt feststellen müssen, ist das Akzeptieren der simplen Umstellung: Kunst nimmt den Platz der Humanität ein, und Tugend wird nicht bloß von Schönheit unterschieden, sondern zur Irrelevanz verurteilt. Wenn man Pater liest, kann man manchmal sehen, wie diese Position vorbereitet wurde, und tatsächlich bringt Whistler sein einziges positives Argument mit Paters Akzenten vor:

Wir haben nur zu warten, bis mit dem Merkmal der Götter gezeichnet der Erwählte unter uns tritt, der das fortsetzen soll, was begonnen ist. Zufrieden damit, daß, wenn er auch niemals erschiene, die Geschichte des Schönen schon vollendet ist, gemeißelt in den Marmorgestalten des Parthenon, und mit den Vögeln auf dem Fächer des Hokusai bestickt, am Fuße des Fudschijama[8].

Die Akzente, die hier gesetzt werden, können seine Servilität nicht verstecken: eine wesentliche Servilität, die Whistlers arrogante Anstrengungen ermöglichte. Der Grad der Abstraktion von Kunst und »dem Schönen«, diese Reduktion des Menschen auf den Status eines demütigen Zuschauers stellen eine leblose Karikatur dar, die jedoch die Beziehung einer Karikatur zum Original trägt — der positiven Affirmation von Shelley oder von Keats zusammen. Bei Whistler sprang die romantische Falle zu.

Oscar Wilde ist im Vergleich dazu eine traditionelle Figur. Seine spontane Antwort auf Whistlers Betrachtung des Künstlers ist das Nüchterne (wenn auch in der Wortwahl selbstbewußte):

ein Künstler ist kein vereinzelt dastehendes Faktum, er ist das Ergebnis eines bestimmten *Milieus* einer bestimmten Umgebung[9].

In *The Soul of Man under Socialism* wiederholte er eine bekannte Feststellung von Arnold und Pater:

Die wahre Vollendung des Menschen liegt nicht in dem, was er hat, sondern in dem, was er ist[10].

Die richtige Aktivität des Menschen, so stellt er an anderer Stelle fest, ist:

nicht Tun, sondern Sein und nicht bloß Sein, sondern Werden[11].

Das »wahre Ideal« des Menschen ist »Ich-Kultur« und Kultur wird ermöglicht durch das »Übertragen von Rassen-Erfahrung«; sie macht »den kritischen Geist allein ... vollkommen«[12]. Die von Wilde erläuterte »neue Ästhetik« besaß drei Prinzipien: erstens, daß »Kunst nie etwas anderes als sich selbst ausdrückt«, zweitens, daß »alle schlechte Kunst aus der Rückkehr zum Leben und zur Natur, indem sie die zu Idealen erhebt, entsteht« und drittens, daß das »Leben vielmehr die Kunst als daß die Kunst das Leben imitiert«[13]. Konsequent findet Wilde, daß

alle Kunst unmoralisch ist ... denn Emotion um der Emotion willen ist das Ziel der Kunst und Emotion um der Aktion willen ist das Ziel des Lebens und der praktischen Organisation des Lebens, die wir Gesellschaft nennen. Gesellschaft, die Anfang und Grundlage von Moral ist, existiert nur für die Konzentration menschlicher Energie. ... Gesellschaft verzeiht oft den Kriminellen, dem Träumer jedoch vergibt sie nie. Während nach Meinung der Gesellschaft Kontemplation die schwerste Sünde ist, deren ein Bürger schuldig sein kann, ist sie in der höchsten Kultur die wahre Beschäftigung des Menschen[14].

Wilde stimmt darin mit Pater und Arnold überein, aber seine Einstellung der Gesellschaft gegenüber ist, obwohl mit ihnen im Einklang, zumindest unerwartet. Ein Beispiel:

> Zivilisation verlangt Sklaven... Wenn es keine Sklaven gibt, die das Häßliche, Schreckliche, die uninteressante Arbeit erledigen, werden Kultur und Kontemplation fast unmöglich. Menschliche Sklaverei ist falsch, unsicher und demoralisierend. Die Zukunft der Welt hängt von der mechanischen Sklaverei, der Sklaverei der Maschinen ab. ... Im Augenblick steht die Maschine im Wettbewerb mit dem Menschen. Unter richtigen Bedingungen wird die Maschine dem Menschen dienen... Die Maschinen werden die neuen Sklaven sein[15].

Das ist ein gutes Beispiel des Wilde'schen Paradoxes, das nicht länger bloß verbal, sondern eine wirkliche Veränderung und einen Fortschritt im Fühlen verkörpert. Das gleiche kann von seinen Zielen für den Sozialismus gesagt werden:

> Der Hauptvorteil, der aus der Einführung des Sozialismus resultieren würde, ist zweifellos das Faktum, daß der Sozialismus uns von der schmutzigen Notwendigkeit befreien würde, für andere zu leben, was bei den gegenwärtigen Verhältnissen auf fast jedermann so schwer lastet[16].

Dies könnte modisch scheinen, aber es basiert auf einer wahren Erkenntnis:

> Selbstsucht heißt nicht Leben, wie man leben möchte. Sie bedeutet vielmehr von anderen zu verlangen, daß sie so leben, wie man es selbst möchte[17].

In diesem Kontext ist das eine wertvolle Kritik der herrschenden Weise, die charakteristisch für Arnolds Philistertum und dem einiger ihrer sozialistischen Gegner ist. Indem Wilde die Sätze um des didaktischen Ansehens willen umkehrt, erreichte er oft ein Gefühl, das oft tatsächlich mit größerem Recht human zu nennen ist:

> Die Tugenden der Armen können leicht ermittelt werden, und sind sehr zu bedauern. ... Die Besten unter den Armen sind nie dankbar. Sie sind undankbar, unzufrieden, ungehorsam und rebellisch. Sie haben ganz recht, daß sie so sind[18].

Kunst ist kein Argument gegen den sozialen Wandel, sondern dessen Begleiterscheinung:

> Sozialismus wird... die Gesellschaft zu ihrem wahren Zustand eines durch und durch gesunden Organismus wieder herstellen und das materielle Wohl für jedes Mitglied der Gemeinschaft sichern. Er wird tatsächlich dem Leben seine wahre Basis und sei-

ne wahre Umgebung geben. Aber für die volle Entwicklung des Lebens zu seiner höchsten Vollkommenheit wird etwas mehr benötigt. Was gebraucht wird, ist Individualismus[19].

Kunst als »die intensivste Form des Individualismus, den die Welt kannte« ist ein Abriß des Lebens, den der soziale Wandel allgemein ermöglichen wird. Aber es darf nicht nur mit »Materialismus« kontrastiert werden:

Menschen ... wüten gegen den Materialismus, wie sie es nennen, und vergessen dabei, daß es keine materielle Verbesserung gab, die nicht die Welt vergeistigte[20].

Während nun die »neue Ästhetik« im wesentlichen bei einer Ablehnung der Gesellschaft bleibt, und Wilde ist letztlich keine Ausnahme, ist bei ihm das Streben nach einem isolierten ästhetischen Vergnügen begleitet von einer allgemeinen Humanität, die wirklich Grund zu Respekt bietet. Wenn er auch der anspruchsvolle Zuschauer des normalen Lebens bleibt, so ist er doch intelligent genug, um zu bemerken, daß die Basis eines kultivierten individuellen Lebens auf weniger degradierenden allgemeinen Standpunkten neu entworfen werden muß. Er ist eher als Pater der erste der weniger bedeutenden Erben von Arnold, dessen Generalposition er ohne den viktorianischen Ballast wiederholt, der Arnolds moralische Stabilität ausmacht, sie aber mit fast der gleichen Ironie — der des verzweifelten, spottenden Zuschauers — verengt und zu einem schärferen und bewußteren Witz härtet. Als Verschwender einer sehr respektablen Tradition zeigte Wilde, was diese noch lernen mußte.

3. George Gissing

Wenn die Schwierigkeit, neuere Editionen von Gissings Werken zu erhalten, zu einer Erkenntnis führt, dann der, daß er heute allgemein zu wenig beachtet wird und das, obwohl er seinen Platz in den Lehrbüchern behält. Wenn jedoch *The Way of all Flesh, Tono Bungay* oder *The Man of Property* noch mit Gewinn gelesen werden, so ohne Frage auch Gissings *New Gruh Street* oder *The Nether World*. Das Interesse an Gissing im gegenwärtigen Kontext ist durch zwei Aspekte seines Werks begründet: seiner Analyse der Literatur als Geschäft, die *New Grub Street* zum kleinen Klassiker erhebt, und seine sozialen Beobachtungen und Haltungen in Romanen wie *The Nether World* und *Demos*, die einen bedeutenden und kontinuierlichen Prozeß sichtbar machen. Das Interesse am ersten wird durch sein Erscheinungsdatum vergrößert. Gissing schrieb *New Grub Street* 1891, in einer entscheidenden Zeit für die Beobachtung der Wirkungen des neuen Journalismus und der neuen Marktform auf die Literatur. Diese Wirkungen werden in dem Roman in dem Gegensatz zwischen dem Romancier Reardon, der scheitert und stirbt, und Jasper Milvain, dem »neuen« Typ des Schriftstellers, dramatisiert. Milvains Erklärung ist charakteristisch:

Verstehen Sie nur den Unterschied zwischen einem Mann wie Reardon und mir. Er ist der alte Typ des unpraktischen Künstlers. Ich bin der Literat von 1882. Er will keine Konzessionen machen oder vielmehr er kann es nicht, er kann nicht die Bedürfnisse des Markts befriedigen ... Literatur ist heutzutage ein Geschäft. Wenn man geniale Männer beiseite läßt, die durch bloße kosmische Kräfte Erfolg haben mögen, Euer Literat ist Euer geschickter Kaufmann. Er denkt zuerst und vor allem an die Märkte; wenn die eine Sorte Waren langsam verkauft wird, ist er mit etwas Neuem und Appetitanregendem zur Stelle. Seine Kenntnisse aller möglichen Einkommensquellen sind perfekt. Was auch immer er verkaufen muß, er wird dafür von überall her bezahlt. ... Reardon kann dies nicht, er ist hinter seinem Zeitalter zurück Er verkauft ein Manuskript, als wenn er in Sam Johnsons Grub Street leben würde. Aber unsere Grub Street von heute ist ganz anders: sie ist mit telegraphischer Kommunikation ausgestattet, man weiß, welcher literarische Lohn in jedem Teil der Welt gefordert wird, ihre Bewohner sind Geschäftsleute, wenn auch heruntergekommene[1].

Etwas heute alltägliches ist schwerlich jemals besser formuliert worden. Und Gissing achtet darauf, daß diese, Milvains Beobachtungen, bei der Planung seiner Karriere durch die Handlung weitgehend gerechtfertigt werden. Am Ende des Buches lehnt sich Milvain in träumerischer Entzückung zurück, verheiratet mit Reardons Witwe, Herausgeber von »*The Current*« und Verfasser eines anerkannten Artikels über »Die Romane von Edwin Reardon«.

Wenn Milvain ein Wunder darstellt, dann ist der Unternehmer Whelpdale ein anderes. Nachdem er mit der Idee: »Romane schreiben lernen in zehn Stunden« gespielt hat, findet er seine wahre Bestimmung in »einem der bemerkenswertesten Projekte der modernen Zeit«:

Lassen Sie mich das Prinzip erklären. Ich möchte, daß sich die Zeitschrift an die Halbgebildeten wendet; d. h. die große neue Generation, die von den Volksschulen ausgestoßen wird, die jungen Männer und Frauen, die gerade lesen können, aber konzentrierter Aufmerksamkeit nicht fähig sind. Leute dieser Art wünschen sich etwas, was sie in den Zügen, Bussen und Straßenbahnen beschäftigt. In der Regel interessieren sie sich mit Ausnahme der Sonntagsblätter nicht für Zeitungen. Sie wünschen sich die leichteste und seichteste, plaudernde Information, ein bißchen Erzählung, ein bißchen Beschreibung, ein bißchen Skandal, ein bißchen Witz, ein bißchen Statistik, ein bißchen Dummheit.. Kein Artikel in der Zeitschrift soll mehr als 2 Inches lang sein und jeder Inch muß mindestens in 2 Absätzen umbrochen werden[2].

Das Projekt materialisiert sich, die Zeitschrift *Chat* wird in *Chit — Chat* umbenannt und so verändert, daß

innerhalb eines Monats ganz England von dem Ruhm dieser vortrefflichen neuen Entwicklung des Journalismus widerhallt[3].

Gissing schreibt natürlich nach dem Vorbild *Tit — Bits*, wenn auch wenige Jahre später, aber sein Abschätzen von Haltungen, die weniger leicht wiedergegeben werden als Methoden, ist interessant und überzeugend zugleich. Die Untersuchung des Details auf den verschiedenen Ebenen der New Grub Street, die sogar bis zum Reading Room des British Museum reicht, überzeugt allgemein. Das Buch wird heute von keinem Schriftsteller gelesen, ohne daß er eine ganze Latte schmerzlicher Erkenntnisse findet. Es ist so repräsentativ und so gründlich, daß es außerordentlich bedauerlich wäre, wenn es nicht mehr gelesen werden sollte.

Die Figur von Reardon und in geringerem Grad die von Harold Biffen, Autor des realistischen Romans *Mr. Bailey, Grocer*, sind offensichtlich — innerhalb der Grenzen solcher Entsprechungen — auf Gissing selbst bezogen. Die Errungenschaft eines Maß von Ironie gegenüber Biffen als Teil der allgemein relativ reifen Stilart des Romans zeigt in der Tat ein wichtiges Stadium in Gissings Entwicklung an. Seine Romane nach

1891 (er hatte 1890 wieder geheiratet) sind vielleicht besser, aber in vielerlei Hinsicht weniger interessant als sein Werk in den achtziger Jahren, als der Druck auf den jungen Mann am stärksten war. *Demos* (1886) und *The Nether World* (1889) sind keine großen oder besonders guten Romane, aber sie sind, da sie in direkter Nachfolge zum »sozialen Roman« von 1840 stehen, recht interessant. Es ist interessant, was mit der Struktur des Gefühls, die dort ausgedeutet wurde, nach dem Verlauf von 40 Jahren geschah.

Die erste Reaktion ist, daß die Grundstruktur sich überhaupt nicht geändert hat. Wenn Gissing weniger mitleidsvoll beobachtet als Mrs. Gaskell, und weniger offensichtlich polemisch als Kingsley wäre, *The Nether World* und *Demos* würden bei ihnen oder ihren typischen Lesern noch Gefallen finden. Doch führt Gissing ein wichtiges neues Element ein, das charakteristisch bleibt. Er ist oft der »Sprecher der Verzweiflung« genannt worden und dies ist wahr in der doppelten Bedeutung des Satzes. Wie Kingsley und Mrs. Gaskell schreibt er, um die wahren Bedingungen der Armen zu zeigen und zu protestieren

gegen jene brutalen Kräfte der Gesellschaft, die die Abgründe der Unterwelt mit Schlamm anfüllen[4].

Er ist jedoch auch der Sprecher einer anderen Verzweiflung: der Verzweiflung, die aus sozialer und politischer Desillusion entstanden ist. Darin gleicht er Orwell in unseren Tagen und zwar aus fast den gleichen Gründen. Ob man dies Rechtschaffenheit nennt oder nicht, wird von der Erfahrung abhängen. Obwohl *The Nether World* von dem zuletzt genannten Element gekennzeichnet ist, ist es vor allem ein einfacher, beschreibender Roman, in dessen Zentrum zwei Charaktere stehen: Sidney Kirkwood und Jane Snowdon. Beide haben an der geistigen idealen Mode früherer Romane dieser Art teil:

In jedem Leben gibt es wenig Grund zu gratulieren. Er, von dem Ehrgeiz seiner Jugend frustriert, ist weder ein Künstler noch ein Führer der Menschheit im Kampf um Gerechtigkeit. Sie, keine Erlöserin der Gesellschaft durch die Macht eines ausgezeichneten Beispiels, ist keine Tochter des Volkes, die den Reichtum für die Bedürfnisse des Volkes verwaltet. Beiden war jedoch ihre

Aufgabe gegeben. Unbemerkt und durch nichts ermutigt als durch ihre Liebe zur Rechtschaffenheit und ihre Barmherzigkeit standen sie den Unglücklicheren zur Seite, brachten etwas Trost in weniger mutige Seelen als ihre eigenen. Wo sie verweilten, war es nicht ganz dunkel[5].

Dies ist natürlich eine viktorianische Lösung: eine Widmung der Wohltätigkeit, die inmitten einer wesentlichen Resignation zu einem fast verborgenen Grad zusammengeschrumpft war.

In *Workers in the Dawn* (1880) war Gissing offensichtlich ein Radikaler gewesen, aber die Sentimentalität des Titels deutet auf die Zweifelhaftigkeit des Engagements. Er sollte desillusioniert werden, aber dieser Prozeß — wenn man ihn in dem Roman verfolgt — ist weniger eine Entdeckung als ein Dokument einer besonderen Kategorie des Gefühls, die wir »negative Identifikation« nennen. Gissing legt im Roman *The Unclassed* (1884) die beste Beschreibung davon einem der Vorgänger von Reardon in den Mund:

Ich amüsiere mich oft damit, daß ich mein früheres Ich in Stücke zerlege. Ich war kein bewußter Heuchler in jenen Tagen des heftigen Radikalismus, der Arbeiterklublesungen und dergleichen. Der Fehler war, daß ich mich selbst noch so unfertig fühlte. Dieser Eifer für die leidenden Massen war nicht mehr oder nicht weniger der verkleidete Eifer für meine eigenen darbenden Leidenschaften. Ich war arm und verzweifelt, das Leben hatte keine Freuden für mich, die Zukunft schien hoffnungslos, doch floß ich von heftigen Wünschen über, jeder Nerv in mir war hungrig und verlangte nach Befriedigung... Ich identifizierte mich selbst mit den Armen und Unwissenden. Ich machte nicht ihre Sache zu der meinen, sondern meine zu der ihren[6].

Dies ist die negative Identifikation, die bei vielen für den »jugendlichen Sozialismus« und »Radikalismus« verantwortlich war, ganz besonders jedoch bei dem aus den sozialen Standards seiner eigenen Klasse ausgebrochenen Jugendlichen (oder der, wie in Gissings eigener Geschichte, aus ihnen herausgefallen war). Der Rebell (oder wie bei Gissing der Außenseiter, der sein College in Manchester aufgrund seines Verhaltens verlassen mußte) findet einen ihm verfügbaren zutage liegenden Grund in einer rebellischen Stimmung zugunsten der Außenseiter der Gesellschaft. Er identifiziert sich damit oft leidenschaftlich. Aber die Identifikation wird eine wirkliche Beziehung zur Folge haben, und der Rebell sieht in diesem Stadium seiner neuen Krise ins Gesicht. Nicht nur, weil er sich gewöhnlich sträubt, die Disziplin der Sache zu akzeptieren. Wesentlicher ist noch, daß die Klasse der Außenseiter, die er für edel hielt (Außenseiter = er selbst = edel), dies in Wirklichkeit nicht war, sondern einen sehr gemischten Charakter besaß mit viel Gutem und Schlechtem und auf jeden Fall auf eine Weise lebte, die sich von seiner unterschied. Ich behaupte nicht, daß es für ihn nicht mehr möglich ist, so weiterzumachen. Es gab einige sehr nützliche Rebellen, die auf diese Weise begannen. Im gewöhnlichen Fall wird darauf Desillusion folgen. Der Fall wird nicht ganz genau dem seinen entsprechen. Die Unterdrückten werden Erwartungen, Neigungen und eigene Fehler haben. Der Rebell wird innerhalb seiner Vorstellungen reagieren: entweder heftig — diese Leute sind eine Bedrohung — »die brutale Herrschaft des halberzogenen Mobs« oder düster — man kann diesen Leute nicht helfen —, Reform ist sinnlos, wir brauchen einen tiefen grundlegenden Wandel. Oder er wird einen neuen Grund finden (wie es in unserer eigenen Generation sich ereignete), mit der Übertragung der Identifikation von den arbeitenden Massen wie in den Dreißigern und wie jetzt mit den unterdrückten Kolonialvölkern. Ich versuche nicht, die Schwierigkeiten dieser Männer zu verniedlichen, aber ich würde darauf bestehen, daß ihre Beschreibungen von ihrem Fortschritt Dokumente darstellen nicht einer entdeckten Realität, sondern ihrer eigenen emotionalen Zwänge und Rückschläge. Gissing fand, daß die Londoner Armen als Masse abstoßend waren. Seine Beschreibungen zeichnen alle das verallgemeinernde Elend eines Dickens oder eines Orwell. Es gilt hier zweierlei festzuhalten. Erstens, für niemanden, der in einer armen Familie geboren wurde, ist es eine Neuigkeit, daß die Armen nicht schön sind und daß eine ganze Reihe von ihnen lügen, faul und sich selbst ihre schlimmsten Feinde sind. Innerhalb einer wirklichen sozialen Erfahrung können diese Dinge erkannt und akzeptiert werden. Bei uns dreht es sich nach allem um lebende Menschen unter schwerem Druck. Ein Mann wie Gorki kann die Fehler der Armen (in seiner Autobiographie und auch an anderen Stellen) mit einer unfehlbaren und ganz unsentimentalen Wachsamkeit beschreiben. Aber ein Gorki würde nicht annehmen, daß dies ein Argument gegen die Veränderung oder ein Grund zur Unzufriedenheit mit der Sache des Volkes ist. Er war niemals von dieser Art der Illusion abhängig, weil dies nicht die Basis seiner Beziehung war, die in einer umfassenden Realität entstand. Zweitens, die Fehler der Armen, da sie innerhalb einer umfassenden Situation gesehen werden, sind anders — individueller und auf verschiedene Standards bezogen — als diese, die der Rebell sieht, dessen Identifikation negativ ist. Gissing sieht wirkliche Fehler, aber er verallgemeinert sie — sein Gebrauch einer abstrakten Figur wie *Demos* verdeutlicht diesen Prozeß. Er sieht auch, was ihm als Fehler erscheint, aber auch, was objektiv nur Unterschiede sind. Ein gutes Beispiel davon erscheint in *Demos*, wo der unbeholfene Arry spricht und Gissings Kommentare erhält:

»Natürlich ein Angestellter.«
Er betonte das Wort »Angestellter« so, wie es buchstabiert wird. Dies ließ ihn noch niedriger erscheinen[7].

Dieses Beispiel muß Mr. Russell Kirk empfohlen werden, einem modernen amerikanischen Konservativen, der Gissing als »proletarischen Romancier« beschreibt und in Gissings Entdeckung der Gemeinheit der Armen konservativen Witz entdeckt[8]. Was Gissing hier entdeckt, natürlich — und ein Amerikaner sitzt auf dem richtigen Platz, um es zu schätzen, ist eine triviale Unterscheidung der Sprachgewohnheit, die ihm nur sein eigenes zweideutiges Gefühl als »niedrig« zu interpretieren erlaubt. Davon ist eine Menge bei Gissing zu finden. Es gibt auch in *Demos*[9] etwas wundervoll Unsinniges über den Unterschied zwischen einer Dame und einem Emporkömmling, nämlich die Art, wie sie ihre Lippen schließt. Absurde Stellen lassen sich in Gissings ganzer Behandlung der Thematik nachweisen. Das allgemeine Mitleid ist durch ein anderes Gefühl gemäßigt. Der Wunsch des Außenseiters einer anderen Klasse, der den materiellen Verhältnissen nach nicht von den amorphen, niedrigen Armen unterschieden werden kann, alle Unterschiede, die möglich sind, zu betonen und darauf zu bestehen, daß sie real und wichtig sind — die Haltung gegenüber der Arbeitersprache (etwas, das sich keinesfalls uniform ist) ist dafür charakteristisch. Jeder, der jetzt in Gissings Position ist, oder in einer, die ihr gleicht, kann aus einer kritischen Lektüre dieser sozialen Romane Gewinn ziehen, aus der Enthüllung einer Anzahl von Vorurteilen und falscher Einstellungen, in die diese Situation sie durch ihre Zwänge drängt.

Es ist besser, daß ein Mann wie Gissing *Demos* oder *The Nether World* als *Workers in the Dawn* schreibt. Nichts kann von einer einfachen negativen Identifikation wie im zuletztgenannten Roman gewonnen werden, obgleich ihr Zusammenbruch instruktiv sein kann. Und wir müssen den Zusammenbruch betonen. Wir lernen von *Demos* nicht, daß soziale Reform ein hoffnungsloses Unterfangen ist. Wir lernen Gissings Vorurteil und Schwierigkeiten kennen. Der Fall, den er selbst zum Beweis darstellt, ist instruktiv: daß nämlich ein sozialistischer Arbeiter, Richard Mutimer, der, nachdem er durch Zufall ein Vermögen erbt, unvermeidlich als Person schlechter werden und damit enden wird, seine Prinzipien abzuschwächen. Das erstaunt mich nicht, aber es ist interessant, daß Gissing dies als Analogie zur sozialen Reform konzipierte — das Buch trägt den Untertitel: *A Story of English Socialism*. Mutimers Schicksal ist immer voraussagbar bis zu dem Punkt, wo er wieder arm ist und nur den Arbeitern zu dienen versucht. Er wird zum Teil durch seine eigene Achtlosigkeit, zum Teil durch den Irrtum derer, denen er zu helfen versuchte, zu Tode gesteinigt. Wir brauchen nicht zu fragen, wessen Martyrium dies ist. Hinsichtlich der Struktur des Gefühls kehren wir zu *Felix Holt* zurück. Wenn du dich engagierst, gerätst du in Schwierigkeiten.

Zum Schluß muß eine allgemeine Linie gezogen werden. Nach *New Grub Street* widmet sich Gissing seiner eigenen Studie, der über die Bedingungen des Exils und der Einsamkeit; aber sowohl vor als auch nach dem Wechsel zeigt sich eine bedeutsame Struktur: die Desillusion über die soziale Reform wird in Zuneigung zur Kunst übersetzt. So ist es bei Waymark, der die negative Identifikation in *The Unclassed* beschrieben hatte. Es ist so in *Demos,* wo sie in der Figur der Stella verkörpert wird, der Frau eines sozialistischen Literaten, Westlake, der wiederum Berührungspunkte mit William Morris (»der Mann, der ›Daphne‹ schrieb!«[10]) aufweist. Hier die Beschreibung in diesem letzten Beispiel:

Es gibt ein Werk im Namen der Menschheit, anders als das, was so lärmend in Versammlungssälen und an Straßenecken sich abspielt, ... das Werk jener, deren Seele von Lieblichkeit gefangen ist, die das geistige Ideal abseits vom Lärm der Welt suchen[11].

Die Beziehung zu der »neuen Ästhetik« ist klar genug und Westlake, wäre er wirklich Morris gewesen, hätte etwas Relevantes darüber zu sagen gehabt. Aber mit Ausnahme einer falschen, weil nur partiellen Antithese, muß die Zuneigung sicherlich anerkannt werden. In seiner Ausdehnung — denn es kommt darauf an, wie »der Tumult der Welt« vermittelt wird —, kehrt Gissing zu einem frühen Strang der Entwicklung der Kulturidee zurück: zu ländlichen Werten, der alten Ordnung, die nicht durch Kommerzialisierung korrumpiert ist, dem Mißtrauen vor Industrie und Wissenschaft (letzteres »der gewissenlose Feind der Menschheit«). Hubert Eldon, der Gutsherr, rettet das schöne Wanleye-Tal vor dem groben, die Industrie ausbreitenden Sozialisten Richard Mutimer. Innerhalb dieser alten Ordnung, die durch die Liebe des Engländers zum »gesunden Menschenverstand ... diesem so seltenen« und seinem Mißtrauen Abstraktionen gegenüber garantiert wird, kann die Tugend sich niederlassen. Ich nehme an, daß es eine Frage der Überzeugung ist, ob man dies für einen überzeugenden Redeschluß oder angesichts des Lärms der Welt für eine verzweifelte Rationalisierung eines zutiefst sensitiven, sehr einsamen Mannes hält.

4. Shaw und die Fabier

»Sehe ich zum Schluß doch diesen alten und von der Versuchung geprüften Freund der Arbeiterklasse, George Bernard Shaw, vor mir? Wie geht es Dir, George?«

... Ich war nicht so alt und hatte keine andere Empfindung für die Arbeiterklasse als den intensiven Wunsch, sie abzuschaffen und sie durch sensible Leute zu ersetzen[1].

Dies ist der richtige Weg — Gissing noch im Gedächtnis — sich dem sozialen Denker Shaw zu nähern. Er trifft diese Vorstellung oft:

Als die sozialistische Bewegung in London ihr Kolorit von Liebhabern der Kunst und Literatur erhielt... war es richtig, anzunehmen, daß dies alles nötig war, um die Masse (die man sich vage als große Menge von landstreicherähnlichen Heiligen vorstellte) den Sozialismus zu lehren und den Rest dem natürlichen Effekt zu überlassen, der dadurch entsteht, daß man die gute Saat in den freundlichen jungfräulichen Boden sät. Aber der proletarische Boden war weder jungfräulich noch besonders freundlich... Die ungeschminkte Wahrheit ist, daß mißhandelte Leute schlimmer sind als gut behandelte Leute: tatsächlich ist dies im Grunde die einzige Ursache, warum wir nicht erlauben sollten, daß jemand schlecht behandelt wird. ... Wir sollten es nicht zulassen, daß Armut als soziale Einrichtung geduldet wird, nicht weil die Armen das Salz der Erde sind, sondern weil »die Armen auf einem Haufen schlecht sind«[2].

Solche negative Kritik ist sinnvoll (es ist die Feststellung, die in Turgenjews *Neuland* getroffen wird), aber Shaws Überzeugung von der wesentlichen Schlechtigkeit der Armen ähnelt der Gissings (vergleiche *Pygmalion* mit Gissings *Arry*). Es existiert darin jedoch ein noch tieferes Gefühl, das für Shaw fundamentale Bedeutung besitzt:

Wir müssen es zugeben: die kapitalistische Menschheit auf einem Haufen ist abscheulich; sowohl Reiche und Arme sind wirklich hassenswert. Ich bemitleide die Reichen ein wenig, aber ich neige gleichermaßen zu ihrer Ausrottung. Ich für mein Teil hasse die Armen und hoffe eifrig auf ihre Ausrottung. Die Arbeiter, die Händler, die Amtspersonen, die Grundbesitzer, die Herrschenden sind jede als Klasse für sich hassenswerter als die anderen: sie haben kein Recht zu leben. Ich würde verzweifeln, wenn ich nicht wüßte, daß sie alle bald sterben und es keinen Grund auf der Erde gibt, warum sie von Leuten wie ihnen wieder ersetzt werden sollten. Und doch bin ich keineswegs ein Misanthrop. Ich bin eine Person mit normalen Gefühlen[3].

Wenn wir dies nüchtern betrachten, werden wir es wahrscheinlich als eine der wiederkehrenden Quellen der Politik erkennen. Die Beschreibung einer verfügbaren Menschheit als »kapitalistische Menschheit« ist eine so plausible Einleitung, daß die Anhänglichkeit an ein System und die Prophezeiung einer neuen Mensch-

heit ihr folgen; was in direkten Worten nicht leicht zugegeben wird, wird schnell zur humanitären Sorge rationalisiert. Nicht daß man Shaws Freundlichkeit anzweifelte oder seine »normalen Gefühle«, sondern daß man diese ganz klar als prä-soziale Gefühle, Beziehungen, die kaum in irgendeiner Erwachsenenwelt vermittelt werden können, versteht. Die Wahl des Wortes »Ausrottung« ist schwerlich ein Zufall, es verrät die dissoziierte Heftigkeit der Empfindung, die mit privater Freundlichkeit noch kompatibel ist. »Yahoo« (Saukerl) wird vielleicht nie, es sei denn von sensiblen, freundlichen, einsamen Menschen geschrien.
Als Basis der Shaw'schen Politik ist das Gefühl rational. Der Haß auf die Menschheit, den ihn seine Epoche gelehrt hatte, ist nicht endgültig. Er ist nur das Kennzeichen ihrer unvollständigen Evolution. Die Wirkung dieser Evolution steht jedoch noch in Frage. Der Sozialismus, der Regeneration durch die an die Macht kommende Arbeiterklasse verspricht, wird offensichtlich nicht akzeptabel sein. Das Hassenswerte kann schwerlich das Ehrenwerte zustande bringen. Regeneration wird auf die eine oder andere Weise *für* die Menschheit vollbracht werden. Von wem aber? Die marxistische Revolution ist bloß ein altmodischer liberaler Sinn für Romantik. Die Revolution der Oweniten, der Glaube, daß der Mensch die neue moralische Welt akzeptiert, sobald er darüber aufgeklärt wird, ist ebenso unglaubwürdig. Jedoch trotz der Tatsachen des menschlichen Fortbestandes müssen die Hassenswerten keineswegs »durch Leute wie sie selbst« ersetzt werden. Eine revolutionäre Unterbrechung muß im Unglauben an Revolutionen erreicht werden. Shaw kam aus diesem Dilemma schließlich nie heraus, aber zeitweilig, speziell in den achtziger und neunziger Jahren, ging er mit einer besonderen englischen Tradition konform, die im Fabianismus gipfelte. Wenn die bestehenden Klassen hassenswert waren, so gab es immer — mit Arnolds Ausdruck — ein »Überbleibsel«. Menschen, die von allgemeinen Gefühlen der Menschlichkeit bewegt werden. Wenn Ruskins und Carlyles Mahnungen an die Aristokratie, ihre Funktionen zu überdenken, fehlgeschlagen waren, so gab es immer noch

die andere Aristokratie, die des Intellekts. Shaw, auf den Sozialismus festgelegt, wählte diese Mittel, um sie zu erreichen.

Shaws Assoziierung mit dem Fabianismus ist von großer Bedeutung, denn sie markiert das Zusammentreffen zweier Traditionen, die früher getrennt und sogar einander entgegengesetzt waren. Fabianismus in der orthodoxen Gestalt des Sydney Webb ist der direkte geistige Erbe von John Stuart Mill; d. h. eines Utilitarismus, der durch die Erfahrung einer neuen geschichtlichen Situation verfeinert ist. Shaw ist andererseits der direkte geistige Nachfolger von Carlyle und von Ruskin, aber er ging nicht den Weg wie sein älterer Vorgänger William Morris. Sich dem Fabianismus zuzuwenden, hieß, daß Shaw Carlyle und Ruskin auffordert, bei Bentham in die Schule zu gehen und Arnold, daß er sich mit Mill einigen solle. Man sieht seine Zweifel schon zur Zeit der Fabian Essays (1889), wenn er nach der Skizzierung einer Taktik von graduellen Reformen schreibt:

Lassen Sie mich zum Schluß von der Bewunderung für diesen unvermeidlichen aber schmutzigen, langsamen, zögernden Weg zur Gerechtigkeit abrücken. Ich riskiere die Herausforderung Ihres Respekts für jene Enthusiasten, die sich noch weigern, daran zu glauben, daß Millionen ihrer Mitmenschen auch weiterhin schwitzen und an hoffnungsloser Plackerei und Erniedrigung leiden müssen, während Parlamente und Gemeindevertretungen ungern stümpern und im Dunkeln tappen nach armseligen Verbesserungen. Das Richtige ist so klar, das Falsche so unerträglich, das Evangelium so überzeugend, so daß es ihnen scheint, daß es möglich sein *muß*, die Gesamtheit von Arbeitern − Soldaten, Polizisten und allen − unter dem Banner der Brüderlichkeit und Gleichheit zu gewinnen und Gerechtigkeit mit einem großen Schlag auf ihren rechtmäßigen Thron zu setzen. Unglücklicherweise ist eine solche Armee des Lichts aus dem menschlichen Produkt der Zivilisation des 19. Jahrhunderts nicht leichter zu gewinnen als Weintrauben aus Disteln. Aber wenn wir über diese Unmöglichkeit froh sind . . ., wenn wir etwas außer heftiger Enttäuschung und bitterer Demütigung bei der Entdeckung fühlen . . ., dann gebe ich Ihnen zu bedenken, daß uns unsere Institutionen zum gemeinsten Grad der Eigennützigkeit korrumpiert haben[4].

So Shaw auf seinem Höhepunkt, aber die Empfindung, die er beschreibt, ist nicht die, die einem normalen Fabier gekommen wäre. Sicher hinterläßt Sydney Webb nicht diesen Eindruck. Für Webb bedeutete Sozialismus das unmittelbare Interesse an der Evolution.

Historische Fossilien sind gefährlicher..., aber gegen den Strom der Tendenzen sind sie letztlich machtlos... Der Hauptstrom, der die europäische Gesellschaft während der letzten 100 Jahre zum Sozialismus führt, ist der unwiderstehliche Fortschritt der Demokratie... Die ökonomische Seite dieses demokratischen Ideals ist tatsächlich der Sozialismus selbst... Der Grundbesitzer und der Kapitalist finden beide, daß die Dampfmaschine ein Frankenstein ist, den sie besser nicht aufgeweckt hätten; denn mit ihm kommen unvermeidlich die städtische Demokratie, das Studium der Politischen Ökonomie und der Sozialismus[5].

Darauf mag William Morris' Kommentar mit seiner ruhigen, bewundernswürdigen Annahme des stetigen Fortschritts ins Gedächtnis gerufen werden: die Fabier, sagte er,

unterschätzen sehr die Stärke der enormen Organisation, unter der wir leben... Nur eine ungeheure Macht kann mit dieser Macht umgehen. Sie wird es nicht dulden, zerstückelt zu werden, noch irgend etwas zu verlieren, das wirklich ihre Substanz ausmacht, ohne mit aller Kraft Widerstand zu leisten; bevor sie etwas aufgibt, das ihr wesentlich erscheint, wird sie sich das Weltendach über das Haupt ziehen[6].

(Webb hatte seltsamerweise über Samson nachgedacht, aber in anderen Worten: »Die industrielle Revolution hat den Arbeiter als Fremden ohne Grundbesitz in seinem eigenen Land zurückgelassen. Die politische Evolution macht ihn schnell zu seinem Herrscher. Samson sucht nach seinem Griff auf den Pfeilern[7].« Es liegt ein tieferer Sinn in der unterschiedlichen Anwendung der Metapher.)

Zu Webbs evolutionärer Vorstellung mit ihrer gewaltigen Liste von schon bestehenden öffentlichen Verwaltungseinrichtungen fügte Morris hinzu:

Er ist so begierig, den Allgemeinplatz zu beweisen, daß unser gegenwärtiges Industriesystem einiges der Maschinerie mit den gleichen Mitteln umfaßt, mit denen ein sozialistisches System gestaltet werden könnte..., daß sein Aufsatz dahin tendiert, den Eindruck von einem erweckt, der denkt, daß wir uns schon auf den ersten Stufen des sozialistischen Lebens befinden[8].

Webbs Fehler war nach Morris,

die Bedeutung des *Mechanismus* eines Gesellschaftssystems unabhängig vom Ziel, für den er benutzt wurde, zu überschätzen[9].

Von Carlyle bis Arnold sind das genau die Worte, mit denen die Utilitaristen immer kritisiert worden waren.
Die Argumentation zwischen Morris und Webb, zwischen Kommunismus und sozialer Demokratie, hält noch an, keiner hat bis jetzt bewiesen, daß er schließlich Recht hatte. Aber es ist wesentlich, diese Argumentation sich dreißig oder vierzig Jahre nach dem Erscheinen der *Fabian Essays* vorzunehmen und Webbs Einleitung zu der Ausgabe von 1920 mit Shaws Vorwort zu der von 1931 zu vergleichen. Webb ist 1920 bewundernswürdig er selbst: die dazwischenliegenden Zeilen werden aufgespürt und mit Anmerkungen versehen, die früher vernachlässigten Fragen werden deutlich gestellt und diskutiert:

Offensichtlich haben wir der Gewerkschaftsbewegung zu wenig Bedeutung beigemessen... Ebensowenig haben wir die Genossenschaftsbewegung gebührend gewürdigt... Wir kamen, mit dem, was wir über die Arbeitslosigkeit sagten, weit vom Wege ab... Und während wir stark im Thema Freiheit und Brüderlichkeit waren, haben wir wahrscheinlich die Gleichheit vergessen[10].

Diese Defekte wurden jedoch behoben: der Leser wird auf die wesentlichen Werke verwiesen.
Shaws Vorwort ist im Ton ganz anders. Er weist auf Morris, »den größten Sozialisten der Gegenwart« und auf das zentrale Ziel der Fabier, dem Festhalten am konstitutionellen Wechsel, hin, dessen Gegner Morris war und fügt hinzu:

Es ist heute nicht so sicher, wie es in den achtziger Jahren schien, daß Morris Unrecht hatte[11].

Shaw hatte gelebt und den Faschismus gesehen. Er konnte nicht höflich als Fossil übersehen werden. Er hatte jedoch auch die wesentliche Desillusion überlebt, die seine Feststellungen aus den achtziger Jahren häufig verfolgte. Sozialismus könnte für Mill und Webb die »ökonomische Kehrseite« der Demokratie sein, aber war der Glaube an die Demokratie real?

Die nackte Wahrheit ist, daß Demokratie oder die Herrschaft des Volkes durch Voten für jedermann niemals eine volle Wirklichkeit darstellt; und bis zu dem begrenzten Ausmaß, zu dem sie Wirklichkeit war, war es doch kein Erfolg. Die extravaganten Hoffnungen, die mit jeder Ausdehnung verbunden waren, sind enttäuscht worden... Wenn es irgendeine Klasse ohne Bürgerrechte gäbe, an der unsere Demokraten ihre enttäuschten Hoffnungen festnageln könnten, kein Zweifel, sie würden noch nach einem frischen Satz von Voten rufen, um über den letzten Graben in ihr Utopia zu springen, und die Woge der Demokratie könnte eine Weile andauern. Möglicherweise gibt es hie und da Wahnsinnige, die das Wahlrecht für Kinder oder für Tiere ermöglichen wollen, um die demokratische Struktur zu vervollständigen. Aber die Mehrheit zeigt Anzeichen, als hätte sie genug davon[12].

Der Kapitalismus, argumentiert er, hat soviel Unwissenheiten besonders als Resultat der Arbeitsteilung produziert, daß

wir an Idiotie sterben würden wegen Nichtgebrauchs unserer geistigen Fähigkeiten, wenn wir nicht unsere Köpfe mit romantischem Unsinn aus Illustrierten, Romanen, Theaterstücken und Filmen anfüllen würden. Solches Zeug hält uns am Leben; aber es verfälscht alles für uns auf so absurde Weise, daß es uns mehr oder weniger als gefährliche Irre in der wirklichen Welt zurückläßt[13].

Und konsequent:

Je mehr Macht das Volk hat, desto dringender wird das Bedürfnis nach einer rationalen und gut informierten Supermacht, die sie beherrscht und ihre eingefleischte Bewunderung von internationalem Mord und nationalem Selbstmord unmöglich macht[14].

Hier hat das Rad einen vollen Kreis gedreht, und Shaw ist wieder bei Carlyle angekommen. Wir müssen »beherrschen ... außerstandsetzen« mit »ausrotten« als signifikante Kennzeichen des Gefühls gleichsetzen, aber man hört Shaw weiter zu. In der Laune, die ihn zum Fabianismus führte, fährt er fort mit Vorschlägen für eine wirklich gewählte Aristokratie, die den Sozialismus und die Gleichheit eröffnen sollte. Im Ton seiner früheren Desillusion schließt er:

Da alle moralischen Trümpfe wie mechanische Trümpfe durch Versuch und Irrtum erreicht werden, können wir an der Demokratie und dem Kapitalismus verzweifeln, ohne an der Natur des Menschen zu verzweifeln: in der Tat, wenn wir an ihnen nicht verzweifeln würden, da wir sie kennen, würden wir uns als so wertlos erweisen, daß nichts übrig bleiben würde für die Welt, als auf die Schöpfung einer neuen Rasse von Wesen zu warten, die fähig wären, da fortzufahren, wo wir gescheitert sind[15].

Dies ist der ironische Streit des Festhaltens der Fabier an der Evolution als einem gesellschaftlichen Modell: bei Shaw kommt es zur Evolution der Menschheit nach dem Menschen. Den Streit gab es vielleicht immer in

dem zutiefst humanen Menschen, der haßte, was er als
»kapitalistische Menschheit« bezeichnete. Der Situation wird im modernen sozialen Denken eine repräsentative Bedeutung zugemessen, und Shaw ist stets derart deutlich und eindringlich, daß er immer ein Klassiker bleibt, auf den wir weise zurückkommen.

5. Kritiker am Staat

In Vorstellungen über den Entwicklungsprozeß der Industrie ist die Labour-Bewegung ihren eigenen Weg gegangen: zeitweilig bis zu einem Grad, an dem ein Fabier aufhören und nach Halt am Pfeiler tasten mußte. Aber die erkennbaren politischen Aktionen der Labour-Bewegung haben im allgemeinen unter Führung der Fabier stattgefunden. Wir leben heute offensichtlich in gewisser Hinsicht in der Welt von Webb. Die Identifikation des Sozialismus mit Staatshandlung ist das klare Resultat davon, und diese Identifikation kennzeichnet ein weiteres Argument innerhalb der von uns betrachteten Tradition. Hilaire Belloc schrieb *The Servile State* und mit Chesterton wurde ein mittelalterliches Gefühl, das wir schon bis zu diesem Punkt nachgezeichnet haben, fortgesetzt. Die Folgerungen dieser Art von Kritik wurden in unserer Zeit in einer Anzahl von Büchern dargelegt, z. B. Hayeks *The Road to Serfdom*. Jedoch auch innerhalb des Interregnums gab es eine wichtige Institution sozialistischer Staatskritik, nämlich in der sozialistischen Zunftbewegung, die von Penty, Orage und Hobson inauguriert und später von Cole fortgesetzt wurde. Deren Meinungsströme sind direkte Erben von Elementen der Tradition des 19. Jahrhunderts.

Bellocs Argument lautet: der Kapitalismus bricht als System zusammen und dies ist willkommen. Eine Gesellschaft, in der eine Minderheit die Produktionsmittel besitzt und kontrolliert, während die Mehrheit in eine proletarische Rolle gezwängt wird, ist nicht nur falsch, sondern auch unstabil. Belloc sieht sie auf zwei Weisen zusammenbrechen, einerseits in der Entwicklung zum Wohlfahrtsstaat (den der reine Kapitalismus nicht verkörpern kann), andererseits in der zum Monopol und zu Handelsrestriktionen. Es gibt nur zwei Alternativen zu diesem System: der Sozialismus, den Belloc Kollektivismus nennt, und die Neuverteilung von Eigentum in einem erheblichen Maß, was Belloc mit Distributionismus bezeichnet. Unsere sozialen Schwierigkeiten werden nicht verstanden, wenn sie als Produkt der Industriellen Revolution betrachtet werden: die moderne Gesellschaft wurde nicht durch das Wachstum der Industrie, sondern durch die Tatsache bestimmt,

daß es in England Kapitalismus schon vor dem industriellen System gab... England, die Pflanzschule des industriellen Systems, war *schon* von einer reichen Oligarchie beherrscht, *bevor* die Reihe der großen Entdeckungen begann[1].

Die moderne Gesellschaft mit ihrer besitzenden Minderheit und ihrem besitzlosen Proletariat wurde nicht erst von der Industriellen Revolution geschaffen:

ein solcher materieller Grund bestimmte nicht die Degradation, an der wir leiden. Es war die freie Handlung von Menschen, der böse Wille einiger Weniger und die Apathie des Willens der Vielen...[2]

Die Wurzel unseres gegenwärtigen Übels war in Wirklichkeit die Reformation und die Inbesitznahme der Monasterien. Dies schuf eine Grundbesitzer-Oligarchie und zerstörte die Zivilisation des späten Mittelalters, in dem das Verteilungssystem von Eigentum und die Organisation der Zünfte langsam eine Gesellschaft hervorbrachte, in der alle Menschen »ökonomisch frei durch den Besitz von Kapital und Land«[3] sein sollten. Die Wiedergewinnung von ökonomischer Freiheit durch den Sozialismus ist in der Tat unmöglich: kollektivistische Maßstäbe werden den Kapitalismus bloß innerhalb seiner wesentlichen Bedingungen erträglich machen. Was ins Dasein gebracht wird, ist nicht ein kollektivistischer, sondern ein knechtischer Staat, in dem

die Masse der Menschen durch *Gesetz* gezwungen werden soll, für den Profit einer Minderheit zu arbeiten, aber als Preis solchen Zwanges eine Sicherheit genießen soll, die der vorhergehende Kapitalismus ihnen nicht gab[4].

Ein solcher Staat wird eine weich laufende »Maschine« sein, in der jede »menschliche und organische Komplexität«[5] fehlen wird. Deshalb spricht sie den sauber denkenden Bürokraten an, der einer der Haupttypen der sozialistischen Reformer ist. Der andere Typ, der Idealist, wird sich, wenn er feststellt, daß Eigentum nicht einfach konfisziert werden kann und daß der »Teilhaber« nicht wirklich eine Veränderung des Besitzhaltens darstellt, sondern sogar eine Aussteuer für Kapitalisten ist, darauf konzentrieren, den Besitzern ihre Verantwortlichkeit klar zu machen mit dem Versprechen der komplementären Verantwortungen, die die Lohnempfänger auf sich nehmen. Auch hier werden die Reformmaßnahmen wieder, aber nun ans Gesetz gebunden, einen knechtischen Staat produzieren.

Bellocs Kritik ist relevant und verdient weitere Aufmerksamkeit. Es war jedoch nie klar, wie Distributionismus wirken sollte, außer in allgemeiner Weise durch die Wiedererweckung des alten Glaubens. Die Neuverteilung von Eigentum, betonte Belloc, mußte in großem Maße stattfinden und genau dies konnte der Kapitalismus nicht zulassen. Er fügte hinzu:

jene, die der Hinweis auf das gegenwärtig geringe Eigentum anspricht — jene, die unsere kapitalistische Presse schon mit den Zahlen der Besitzer von Eisenbahnaktien oder staatlichen Schuldscheinen verwirrt — konnten kaum einer ernsthaften ökonomischen Diskussion folgen[6].

An diesem Punkt verläßt Belloc die Begeisterung der sozialistischen Innung. A. J. Penty, ein direkter Nachfolger von Ruskin und Morris, notierte zuerst »das Vorurteil gegen die mittelalterliche Gesellschaft, die geschaffen wurde von lügenden Historikern der Vergangenheit«[7] und fuhr fort:

Zu den mittelalterlichen sozialen Einrichtungen werden wir zurückkehren nicht nur, weil wir nie in der Lage sein werden, vollkommene Kontrolle über die ökonomischen Mächte der Gegenwart zu gewinnen, es sei denn durch Vermittlung der wieder eingerichteten Innungen, sondern auch, weil es unumgänglich ist, zu einem einfacheren Zustand der Gesellschaft zurückzukehren... Wenn eine Gesellschaft sich über einen bestimmten Punkt hinaus entwickelt, so wird es dem menschlichen Verstand unmöglich, alle notwendigen Details für ihre wahre Ordnung in den Griff zu bekommen[8].

Das Resultat einer solchen Entwicklung ist ein Geist der Anarchie, der »heute weitverbreitet« und »ein Zeichen dafür ist, daß die moderne Gesellschaftsordnung auseinanderbricht«[9]. Die wachsende Respektlosigkeit für jede Art von Autorität ist legitim, aber sie kann

sich in eine Revolte gegen Autorität und Kultur ganz allgemein entwickeln. ... Jenen, die die Abhängigkeit eines gesunden sozialen Systems von lebendigen Kulturtraditionen sehen, bereitet es einiges Kopfzerbrechen. Denn, wo eine falsche Kultur — wie z. B. die akademische der heutigen Zeit — dazu neigt, Leute zu trennen, indem sie sie in Klassen und Gruppen zerteilt und schließlich als Individuen isoliert, vereinigt sie eine wahre Kultur wie die großen Kulturen der Vergangenheit... Die Wiedergewinnung einer solchen Kultur ist eines unserer dringlichsten Bedürfnisse[10].

Der Weg der Fabier zum Kollektivismus wird entschlossen zurückgewiesen:

Er maßte sich nie an, ein artistisches Ideal zu sein. Er endete damit, daß er nicht einmal wagte, als menschlich zu gelten. Der Anti-Sozialist, der uns mitteilte, daß der Sozialismus die menschliche Natur aus seinen Betrachtungen ausließ, steht gerechtfertigt da[11].

Die Bedürfnisse der menschlichen Natur sind identisch mit den »Bedürfnissen der Kunst in der Industrie«[12]. Das Programm der Fabier ist »viel zu intellektuell und zu wenig menschlich«[13]. Die Psychologie seiner Vertreter führt auf die Suche nach einer äußeren Ordnung, weil »jegliches die Persönlichkeit ordnendes Prinzip«[14] fehlt. Solche Mühen sind plausibel, aber

der Freizeitstaat und der Untertanenstaat sind komplementär — der eine umschließt den anderen[15].

Das Zunftprogramm, als Alternative angeboten, schlug vor:

die Abschaffung des Lohnsystems und die Einführung der Selbstbestimmung in der Industrie durch ein System von nationalen Zünften, die in Verbindung mit anderen demokratischen Dienstbehörden in der Gemeinde stehen.

Der letzte Satz daraus war eine Abänderung des originalen »in Verbindung mit dem Staat« und zeigt den Hochwasserpegel dieser Art Kritik. Innerhalb des Programms wurde die Errichtung der Gilden unerhört kompliziert und widersprüchlich, wenn es Detailprobleme in Rechnung zog. Unter den Zunftleuten war allein G. D. H. Cole kompetent, die Idee in einen praktischen Vorschlag zu übersetzen, aber sogar er übersetzt in der vollständigen Entwicklung seines Werkes das Programm in bestehende Formen der sozialen Organisation. Wegen dieser praktischen Schwierigkeiten, die nicht nur im Auffinden einer gesellschaftlichen Kraft bestehen, sondern auch im Problem der Verträglichkeit von »Selbstbestimmung in der Industrie« mit einem hohen Maß an ökonomischer Konzentration, war es viel zu leicht gefallen, den ideellen und kritischen Wert anderer sozialistischer Programme zu übersehen. Das darunter liegende Problem, wie von Cole 1941 wieder festgestellt, ist das der »Demokratie, konfrontiert mit Größe«[16]. Die Gefahren der bürokratischen Organisation, auf die die Zunft-Sozialisten die Aufmerksamkeit lenkten, wurde, seit sie schrieben, immer offensichtlicher. Dazu wurden in zunehmendem Maße die Gefahren eines Sozialismus, der nur als »Maschinerie« konzipiert war, durchsichtig und erzeugten bei der Arbeiterklasse Unruhe vor allem in Fragen der industriellen Organisation. Das allmähliche Fallenlassen der Bindung an mittelalterliche Ideen und Strukturen war natürlich unvermeidlich, aber der Gedanke, der im Wort »Gemeinde« eher subsumiert ist als im Wort »Staat«, bleibt ein wesentliches Element unserer Tradition. Seine Bindung an die Kulturvorstellung des 19. Jahrhunderts ist klar und substantiell.

Die Betonung von »Gemeinde« wird von einer Anzahl von Richtungen zunehmend unterstützt. Viele stimmen heute Cole in einer Vorstellung zu, die auf den Anfang dieser Tradition bei Burke zurückgeht, daß nämlich die politischen

Demokraten darauf abzielen, das Individuum von allen seinen Beziehungen zum Staat zu entblößen, da sie alle älteren Kleider als durch aristokratische Korruption oder mit privilegierten Monopolen befleckt ansehen. Ihre repräsentative Demokratie war in der Vorstellung von Millionen von Wählern atomistisch konzipiert, wo jeder sein individuelles Votum in einen Pool wirft, der irgendwie mystisch in einen Willen der Allgemeinheit überlaufen sollte. Aber keine solche Transmutation fand statt oder konnte stattfinden. Von seinen Genossen weggezogen, weg von den kleinen Gruppen, die er und sie im mühevollen Lernprozeß einzurichten gelernt hatten, war das Individuum verloren. Es konnte den Staat nicht kontrollieren: er war für es zu groß. Demokratie im Staat war eine große Hoffnung, in der Praxis aber größtenteils ein Betrug[17]. Cole betont jedoch, daß alle Arten von freiwilligen demokratischen Verbindungen, die auf einer wirklichen kollektiven Erfahrung aufbauten, tatsächlich gewachsen sind und das heißt, daß wir in diesem »vitalen assoziativen Leben« nach der Wirklichkeit von Demokratie suchen müssen. Die Zunftsozialisten scheiterten in ihrem Bemühen, dies über die ganze Gesellschaft auszudehnen, aber ihre Vorstellung war und ist schöpferisch und unentbehrlich.

6. T. E. Hulme

Wenn das Interregnum mit dem etwas geringeren Skeptizismus Mallocks begann, so endet es mit einem umso größeren Skeptizismus und seiner einzigartigen Neuheit im Werk von T. E. Hulme. Denn Hulme griff die Tradition an ihren Wurzeln an mit Mitteln, die seitdem umfassende und repräsentative Bedeutung erlangt haben. Er starb mit 34 Jahren, und sein Werk ist kein vollständiges System, aber die Akzente, die er in seinem vorbereitenden Werk setzte, nachzulesen in dem nach seinem Tod zusammengestellten Band *Speculations*, greifen gegewisse Aspekte der überkommenen Denkansätze überaus wirkungsvoll an. Hulmes grundlegende Idee ist, daß die humanistische Tradition, die Europa seit der Renaissance beherrschte, zusammenbricht: und dies muß begrüßt werden, da die grundlegenden Vorstellungen des Humanismus tatsächlich falsch sind. Für ihn ist die Romantik die extreme Entwicklung des Humanismus, und er ist im Begriff, sie zu verwerfen und die Vorbereitung für eine radikale Veränderung der Gesellschaft zu treffen, gemäß von ihm klassisch genannter Prinzipien. Er unterscheidet:

Dies ist die Wurzel jeder Romantik: daß der Mensch, das Individuum ein unendliches Reservoir von Kräften besitzt; und wenn Du deshalb die Gesellschaft so einrichten kannst, daß die repressive Ordnung zerstört wird, dann werden diese Fähigkeiten eine Chance haben, und Du wirst den Fortschritt bekommen. Man kann die Klassik natürlich als das genaue Gegenteil davon definieren. Der Mensch ist ein außergewöhnlich fixiertes und begrenztes Tier, dessen Natur absolut konstant ist. Nur durch Tradition und Organisation kann ernsthaft etwas aus ihm gemacht werden[1].

Dies wird durch eine andere Definition unterstützt:

Jede Romantik hat ihren Ursprung in Rousseau, und der Schlüssel ist sogar schon im ersten Satz des Contract sociale zu finden... Mit anderen Worten, der Mensch ist von Natur aus etwas Wundervolles von unbegrenzten Kräften und wenn er bis jetzt nicht als das erschien, so aufgrund äußerer Hindernisse und Fesseln, deren Entfernung die Hauptaufgabe der Sozialpolitik ist. Was liegt an der Wurzel des dualen Ideensystems... die klassische, pessimistische oder, wie seine Gegner es haben wollten, die reaktionäre Ideologie? Dieses System entspringt einer genau entgegengesetzten Konzeption vom Menschen: der Überzeugung, daß der Mensch von Natur schlecht oder begrenzt ist und folglich irgendwelche Werte nur durch ethische, heroische oder politische Disziplin schaffen kann[2].

So weit wiederholt Hulme nur Burke, er geht kaum weiter, obwohl Burke nicht diese Unterscheidung — romantisch — klassisch — benützte. In seiner Analyse der treibenden Kräfte in der Französischen Revolution und in seiner Ablehnung ihrer Gründe bildet Hulme ganz offensichtlich Burkes Echo. Aus dieser Analyse und Ablehnung entsprang — so erinnern wir uns — ein wesentlicher Teil der Kulturidee mit ihrer Vorliebe gegen den herrschenden Individualismus gerichtete Ordnung. Jedoch wurde schon seit Burke und in einer direkten Linie bis Arnold die Betonung auf Ordnung gelegt — von der Idee der Perfektion — der allmählichen Vervollkommnung des Menschen durch Kultivierung. Hulme lehnt dies ab:

Der ganze Gegenstand wurde dadurch verwirrt, daß versäumt wurde, die *Kluft* zwischen den Regionen der vitalen und menschlichen Dinge und den *absoluten* Werten der Ethik und Religion zu erkennen. Wir bringen in die menschlichen Dinge die *Perfektion*, die wirklich nur zu den Göttlichen gehören und verwirren sowohl Menschliches als auch Göttliches dadurch, daß sie nicht sauber getrennt werden. ... Wir plazieren die Perfektion dort, wo sie nicht sein sollte — auf die menschliche Ebene. Da es uns schmerzlich bewußt ist, daß nichts *Wirkliches perfekt* sein kann, imaginieren wir die Perfektion nicht da, wo wir sind, sondern in einiger Entfernung auf den Straßen. Das ist das Wesentliche jeglicher Romantik. Wenn wir weiterhin mit Befriedigung auf Straßen Ausschau halten, werden wir immer unfähig bleiben, die religiöse Haltung zu verstehen. ... Das Verschließen aller Straßen, diese Feststellung der *tragischen* Bedeutung des Lebens legitimiert uns, alle anderen Haltungen seicht zu nennen[3].

So heißt, auch wenn die romantische Ansicht, daß »der Mensch in sich gut, aber verdorben von den Umständen ist« abgelehnt wird, bei Hulme die Alternative nicht: »er ist in sich begrenzt, aber durch Ordnung und Tradition in Richtung auf Perfektion hin diszipliniert«. Vielmehr: »er ist in sich begrenzt, aber durch Ordnung und Tradition zu etwas Anständigem diszipliniert«[4]. Die Idee der Perfektion ist von der davon ganz getrennten religiösen Sphäre fälschlicherweise hereingebracht worden. Romantik ist »übergelaufene Religion«[5] und gleicherweise würde Kultur zur Zeit von Arnolds Definition für Hulme auch »übergelaufene Religion« sein.

Dieser Gedanke ist der wichtige Beitrag Hulmes. Er wurde seitdem umfassend popularisiert, bemerkenswerterweise auch von T. S. Eliot. Die Ereignisse des 20. Jahrhunderts haben zu seiner Annahme beigetragen. Soweit die Romantiker verurteilt wurden, geschah es in diesem Sinne. Aber es ist notwendig, daran zu erinnern, daß unsere Vorstellungen von Kultur aus jenen der Romantik erwachsen sind, jedoch nicht wie bei Hulme. Während Hulmes Alternativen die einzigen Alternativen darstellen, wird unsere Erfahrung eines heftigen Jahrhunderts das romantische Wohlbehagen ablehnen, nur um uns ein neues Wohlbehagen anzubieten. Es mag eigenartig erscheinen, Hulmes Klassizismus als selbstgefällig zu beschreiben, jedoch war er es, meine ich, wirklich. Der Druck der Alternativen läßt uns annehmen, daß wir zwischen der Betrachtung des Menschen als »in sich gut« oder »in sich begrenzt« wählen müssen, und dann in einer verzweifelten Welt geladen sind, die Offenkundigkeit dessen zu sehen. Ich kann diese Alternativen am besten als präkulturell beschreiben. Keine Variante des Menschen nimmt ihren Ursprung von einer Sicht des Menschen in der Gesellschaft, des Menschen innerhalb einer Kultur. Beide sind auf Spekulation über seine isolierten, präsozialen Verhältnisse aufgebaut. Hulme weist richtig auf die »Pseudo-Kategorien« der Romantik und auf die allgemeineren »Pseudo-Kategorien« des Humanismus hin. Als negative Kritik ist dies überaus sinnvoll, und es wirkt schon sentimental, es seines

Pessimismus wegen zu schelten. Dieser Gegensatz zwischen Pessimismus und Optimismus auf diesen höchsten Ebenen sollte eher noch als ein anderes Paar von einengenden Alternativen, die jedes adäquate Denken über Kultur als irrelevant empfinden werden, ins Auge gefaßt werden. Meine eigene Ansicht ist, daß Hulme selbst wie eine »Pseudo-Kategorie« beschränkt ist, eine der

abstrakten Ideen, die uns tatsächlich unbewußt sind. Wir sehen sie nicht, aber sehen andere Dinge durch sie[6].

Diese Pseudo-Kategorie ist die Annahme einer letzten, wesentlichen Bedingung für den Menschen: eine Natur, die seiner tatsächlichen Manifestation in besonderen Umständen zugrunde liegt und vorangeht. Wir können darüber zwar spekulieren, aber wenn wir sie anerkennen, akzeptieren wir etwas, was kein Mensch je als Faktum erfahren kann. Wir errichten dann eine Pseudo-Kategorie, die uns davon abhält, überhaupt angemessen über Kultur nachzudenken, denn über Kultur nachzudenken kann nur heißen, über allgemeine Erfahrung nachzudenken. Ich stimme Hulme darin zu, daß Romantik »übergelaufene Religion« ist. Ich denke auch, daß vieles von der frühen Definition von Kultur als »übergelaufene Religion« gelten muß. Was er jedoch als Romantik oder Klassik bezeichnet, betrachte ich als alternative Versionen einer Pseudo-Kategorie. Es gibt in der Tat keinen Grund, warum wir eine von ihnen akzeptieren sollten. Erfahrung bewegt sich in einer realen Situation in Richtungen, die die Kräfte in dieser Situation allein bestimmen. Eine Vorstellung von der Perfektion oder Begrenztheit des Menschen, ein Geist von menschlichem Optimismus oder tragischem Pessimismus kann in diese Situation gebracht werden — jedoch nur als Haltung. Als Interpretation mag jede solche Haltung wichtig sein, aber als Programm ist jede irrelevant. Im schlimmsten Fall rationalisiert eine solche Haltung lediglich die Phantasterei, über der allgemeinen Situation zu stehen, sie zu lenken, indem man auf diese oder jene Weise denkt. Hulme wollte ein hartes, nüchternes, unsentimentales Denken, aber er erreichte es kaum. Seine Funktion war, eine Rationalisierung durch eine andere zu ersetzen, aber wir können nicht über Kultur nachdenken, bevor wir nicht beide los sind. Die Annahme von tatsächlicher Erfahrung, Bindung an eine reale Situation, der wir mit keiner Anstrengung der Abstraktion entfliehen, ist schwieriger als Hulme annahm und macht ein Abwerfen von weiteren Pseudo-Kategorien, die er gemeinsam mit seinen direkten Nachfolgern zu bemerken versäumte, notwendig. Die Psychologie, die in *Cinders* enthüllt wird, seine Skizzen für eine *Weltanschauung* zeigen gut genug die Barrieren gegen die Erfahrung, die er errichten mußte.

Von seiner Grundposition leitete Hulme gewisse Ansichten über Politik und bestimmte wichtige Ansichten über Kunst ab. In der Politik war er bestrebt, die Idee des Fortschritts als das Produkt der »demokratischen Romantik« zu verwerfen und darzulegen, daß sie von einem »Denksystem der Mittelklasse«[7] herrührt und keine zwingende Verbindung mit der Arbeiterbewegung bestand. Seine eigene Ansicht war, daß

keine Theorie, die nicht vollkommen von der Idee der Gerechtigkeit getragen wird, die nicht die Gleichheit der Menschen versichert und die nicht etwas für alle Menschen bereithält, es weder verdient, eine Zukunft zu haben noch sie aller Wahrscheinlichkeit nach haben wird[8].

In diesem Sinn schätzte er Sorels Kritik der demokratischen Ideologie und unterschied sie von anderen Kritiken.

Einige davon sind bloß dilettantisch, haben wenig Sinn für Realität, während andere richtig verwerflich sind insofern, als sie mit der Idee der Ungleichheit spielen[9].

Dies ist, soweit es geht, sinnvoll, aber er durchdachte die Punkte nie genauer und fand wenig Anhänger. Die Kombination »revolutionäre Ökonomie« mit dem »klassischen« Geist der Ethik schien ihm emanzipatorisch zu sein, aber die Kombination ist in der Praxis noch nicht vorgekommen, außer in der entwürdigenden Karikatur des Faschismus, mit der Hulme auf gewisse Weise in Zusammenhang gebracht werden kann, aber von der er grundsätzlich unterschieden werden muß, nämlich wegen seines Festhaltens an der Gleichheit, einem ret-

tenden Satz, den einige seiner Nachfolger entweder fallen ließen oder dem sie nie anhingen.
Die Ansichten über Kunst sind wichtiger, wenn auch bloß, weil sie Gemeinplätze englischer Kritik wurden. Das ist nicht nur so in der Sprache — seine Befürwortung einer »trockenen Härte«[10], seine Beschreibung der romantischen Haltung mit »Dichtung, die nicht gedämpft ist, ist überhaupt keine Dichtung«[11] oder der Romantik, die »immer schwebend, schwebend über Abgründen, in die ewigen Lüfte schwebend, ... das Wort unendlich in jeder zweiten Zeile«[12]. Es ist heute auch in gewissen charakteristischen Lehren so: die Ablehnung des Naturalismus, die Theorie der »geometrischen Kunst«[13], der Glaube an »Zeilen, die sauber, klar geschnitten und mechanisch«[14] sind, die Ansicht der kommenden Beziehung zwischen Kunst und Maschinerie: »Es hat jedoch nichts zu tun mit der künstlichen Vorstellung, daß man Maschinen verschönern muß. Es ist nicht ein Problem des Umgangs mit Maschinen im Geist und mit den Methoden der bestehenden Kunst, sondern eins der Schöpfung einer neuen Kunst, die von Prinzipien der Maschinerie, wie sie gegenwärtig unbeabsichtigt, exemplarisch realisiert werden, verfährt[15]. In all dem ist Hulme ein wirklicher Vorläufer: der erste wichtige Anti-Romantik-Kritiker.
Er akzeptiert natürlich völlig die Ansicht des 19. Jahrhunderts über die Beziehung zwischen den Prinzipien einer Gesellschaft und dem Charakter ihrer Kunst. Er interpretiert die neuen Bewegungen in der Kunst als die ersten Zeichen eines allgemeinen Wandels der Prinzipien, genau wie er die Kunst der vergangenen Perioden im Sinne dieses Wechsels interpretiert hat. Er ist ein außerordentlich stimulierender Kritiker, und sein Platz an der Spitze der Tradition, die wir mit Eliot verbinden oder in einer anderen Kategorie mit Read, verlangt Anerkennung und Emphase. Die Probleme, die uns dann bleiben, sind wesentlich: ob die neue Welle der Kunst die Ablehnung der Romantik tatsächlich auf Hulmes »klassischer« Sicht des Menschen aufbaut und sie unvermeidlich trägt; oder ob Hulme bei der Feststellung und Hilfe, diese Welle zu formen, korrekt aber falsch innerhalb seiner »Pseu-

do-Kategorie« interpretierend darauf respondierte. Dies sind die Fragen, bei denen wir uns wünschen, daß Hulme lebte, um uns bei der Antwort zu helfen. Als er 1917 fiel, war das in jeder Hinsicht ein Verlust. Denn es handelt sich um Fragen, die uns über das Interregnum hinausführen in unsere eigene unmittelbare Gegenwart.

TEIL III MEINUNGEN DES ZWANZIGSTEN JAHRHUNDERTS

Kapitel I

D. H. Lawrence

Sich Lawrence' großer Wirkung auf unser Denken über soziale Werte bewußt zu sein, ist leicht, aber aus einer Reihe von Gründen schwierig, eine genaue Aufstellung seines tatsächlichen Beitrags zu erstellen. Nicht nur, daß die öffentliche Projektion von ihm sehr von seinem tatsächlichen Werk unterschieden ist und daß dies zu beträchtlichen Mißverständnissen geführt hat (hätte er geglaubt, »Sex löst alle Probleme«, er wäre »ein Vorläufer der faschistischen Betonung des Blutes« gewesen). Dies sind letztlich Probleme der Ignoranz. Obwohl immer immens, kann man ihr ins Auge sehen. Es gibt, glaube ich, zwei Hauptschwierigkeiten. Die erste ist die Tatsache, daß Lawrence' Position in der Frage der sozialen Werte eine Mischung von originalen und abgeleiteten Ideen darstellt. Doch da er mit großer Intensität aufnahm und das, was er von anderen lernte, überarbeitete, ist das praktisch sehr schwer voneinander zu scheiden. Die zweite Schwierigkeit liegt darin, daß Lawrence seine wichtigsten originalen Beiträge als Romancier machte, seine allgemeinen Schriften, Essays und Briefe, die seine gesellschaftlichen Ideen am klarsten zum Ausdruck bringen, lassen sich jedoch nicht losgelöst von seinen Romanen beurteilen. Zum Beispiel muß seine ungemein wichtige Studie über Verwandtschaften, die Grundlage seines originalen Beitrages für unsere Gesellschaftstheorie, die natürlich in den Romanen und Erzählungen fortgeführt wird, ständig als Beweis zu Rate gezogen werden, wenngleich es aus technischen Gründen sehr schwierig ist, gerade sie als Beweis zu benutzen. Auch besitzt er klare Positiva, die in seinen allgemeinen Darlegungen an zentraler Stelle stehen, die doch wiederum von dem abhängig sind, was er gelernt hat und beim Schreiben seiner Romane zeigt. Wir können ihn zum Beispiel mit Passagen über Vitalität, Spontaneität oder Verwandtschaft zitieren, um diese aber als substantielle Probleme zu erkennen, müssen wir zu diesem oder jenem Roman greifen.

Carlyle ist der Denker, an den man am häufigsten beim Durchblättern von Lawrence' sozialen Schriften erinnert wird. Zwischen beiden Männern besteht eine ganze Reihe mehr als nur zufälliger Ähnlichkeiten. Jeder, der Carlyle gelesen hat, wird bei Lawrence die Kontinuität seiner Schreibweise erkennen:

Der Pisgah-Gipfel des spirituellen Einsseins blickt auf einen hoffnungslosen Unrat des Industrialismus, den riesigen Friedhof menschlicher Hoffnung. Das ist unser Gelobtes Land. ... Das Flugzeug landet und legt seine Eierschalen aus leeren Konservendosen auf den Gipfel des Everest, in das äußerste Thule und über den ganzen Nordpol verstreut, ganz zu schweigen von den quer durch die unentweihte Sahara und über die Scharten Arabisch Petraeas zottelnden Traktoren, die dieselben hohlen Eier unserer Zivilisation, die Konservendosen, in jedes Camp-Nest legen. ...[1]
... Es ist die ewige Lust, die ewige Agonie und über allem der ewige Kampf. Denn das ganze Universum ist lebendig und wirbelt sich im gleichen Kampf, der gleichen Lust und dem gleichen Schmerz. Der ungeheure Dämon des Lebens hat sich selbst Gewohnheiten geschaffen, die niemals, außer in der Weißglut der Begierde und Wut, gebrochen werden können. Und diese Gewohnheiten sind die Gesetze unseres wissenschaftlichen Universums. Aber alle Gesetze der Physik, Dynamik, Kinetik und Statik sind nur die festgelegten Gewohnheiten einer ungeheuren lebenden Unfaßlichkeit, die in einem Moment höchster Leidenschaft alle zerbrochen und überwunden werden können[2].

Der bittere Schwung dieser Kritik am Industrialismus, diese tönende, sich wiederholende Hymne an die »ungeheure Unfaßlichkeit«, gehört über achtzig Jahre hinweg ganz einzigartig zu Lawrence und Carlyle und die Ähnlichkeit, die keine Imitation ist, erstaunt. Lawrence übernimmt die Hauptpunkte der Industrialismuskritik der Tradition des 19. Jahrhunderts Punkt für Punkt, aber im Ton bleibt er mehr ein Carlyle als irgendein anderer Autor dieser Tradition von damals bis heute. Überall findet sich die gleiche Mischung: Satire, Schmähungen und plötzliche, wilde Bitterkeit. Die Sache ist auf Vernunft gegründet und doch bricht er immer wieder aus in eine blinde Leidenschaft der Ablehnung, deren Tenor nicht nur bloß negativ, sondern zerstörerisch ist, ein sich Abmühen nach Macht, die letztlich nur in der mystischen Macht bekannt ist, die in jenem Grenzbereich entsteht, wenn die menschliche Artikulation zusammenbricht. Die Wirkung jedes die-

ser Männer auf die ihm nachfolgende Generation besitzt eine ganz ähnliche Qualität, es ist weniger eine sich in Doktrinen manifestierende Wirkung als in einer umschließenden, überwältigenden allgemeinen Enthüllung*.
Die von Lawrence von der Tradition des 19. Jahrhunderts übernommenen Punkte können hier kurz anschaulich gemacht werden. Da ist zunächst die allgemeine Verurteilung des Industrialismus als Geisteshaltung:

Das industrielle Problem entsteht aus der Basis, die jede menschliche Energie zur Aufnahme eines Wettbewerbs der bloßen Aneignung zwingt[3].

Ist sie einmal auf den konkurrierenden Erwerb eingeengt worden, dann wird menschliches Streben als zu »reinem mechanischem Materialismus« erniedrigt angesehen:

Wenn Mechanisierung oder Materialismus von der Seele Besitz nehmen, so wird sie automatisch mit einer Achse versehen und die unterschiedlichsten Menschen fallen in ein gemeinsames mechanisches Unisono. Das beobachten wir in Amerika. Kein homogener, spontaner Zusammenhalt ist so fest, wie etwas Desintegriertes, Amorphes, das sich selbst einen vollkommenen mechanischen Gleichklang verschafft[4].

Mechanisch, desintegriert, amorph: das sind die bleibenden Schlüsselwörter, mit denen die Auswirkung der industriellen Prioritäten auf das Individuum und die ganze Gesellschaft beschrieben wird. Dieser Geisteszustand wird eher als die Industrie als solche als Ursache für die Häßlichkeit der industriellen Gesellschaft, die Lawrence stets emphatisch betont, verantwortlich gemacht:

Die wahre Tragödie Englands ist, wie ich es sehe, die Tragödie seiner Häßlichkeit. Das Land ist so schön: das von Menschen gemachte England ist so abscheulich... Die Häßlichkeit war es, die den Geist der Menschen im 19. Jahrhundert betrog. Das große Verbrechen, das die begüterten Klassen und die Industrieförde-

---

* Ich habe nach Abfassung dieses Abschnittes gelesen, daß Dr. Leavis *(D. H. Lawrence, Novelist)* einen Vergleich Lawrence' mit Carlyle tadelt. Er vergleicht ihn mit Desmond MacCarthy und sagt voraus, daß der Vergleich »wiederkehren« wird. Nun, hier ist er, doch was mich betrifft, nicht aufgrund dieser Quelle. Da mein Vergleich trägt, sehe ich keine Ursache, ihn zurückzuziehen.

rer in den Palmen-Tagen des Viktorianismus begingen, bestand
darin, daß sie die Arbeiter zur Häßlichkeit, Häßlichkeit, Häßlichkeit verurteilten, zu Bedeutungslosigkeit, Formlosigkeit und häß-
liche Umgebungen, zu häßlichen Idealen, häßlicher Religion, häßlicher Hoffnung, häßlicher Liebe, häßlicher Kleidung, häßlichen
Möbeln, häßlichen Häusern und häßlichen Beziehungen zwischen
Arbeitern und Arbeitgebern. Die menschliche Seele braucht wirkliche Schönheiten eben mehr als Brot[5].

Oder:

Die geschwärzten Backsteinbehausungen, der schwarze Dach-
schiefer mit dem Glitzern der scharfen Kanten der Schindeln, der
durch Kohlenstaub schwarze Schlamm, das Pflaster naß und
schwarz. Es war, als wäre Traurigkeit durch alles hindurchge-
drungen. Die äußerste Negation der natürlichen Schönheit, die
äußerste Negation der Lebensfreude, das äußerste Fehlen des
Instinkts für wohlgestaltete Schönheit, den jeder Vogel und jedes
Tier besitzt, der äußerste Tod der menschlichen Fähigkeit der
Intuition war erschreckend. ...[6]

Lawrence führt hier ein bekanntes Argument fort,
doch er tut das mit der ihm eigenen raschen Auffassung und seinem eigenen besonderen Akzent. Diese
Art von Beobachtung mußte immer wieder von jeder
Generation aufs Neue gemacht werden — nicht nur,
weil die Atmosphäre des Industrialismus dazu tendiert,
Gewöhnung auszubreiten, sondern auch, weil (als iro-
nischer Tribut für die Stärke der Tradition des Pro-
tests) es verbreitet ist, die Häßlichkeit und das Üble am
Industrialismus aus der Gegenwart heraus in die Vergangenheit der »schlechten alten Zeit« zu drängen. Es
muß immer wieder daran erinnert werden, daß es
dies hier immer noch gibt. Lawrence kümmert sich
kaum um die historischen Ursprünge des Industrialismus. Für ihn ist er eine diesem Jahrhundert gegebene
Tatsache. In seinem Zentrum steht der »Zwang, jeder
menschlichen Energie einen Wettbewerb des bloßen
Erwerbs aufzuzwingen«. Das ist das allen unterschiedlichen Interpretationen, aus denen sich die Tradition
zusammensetzt, gemeinsame Element.
Lawrence' Ausgangspunkt ist Bekanntes. Die ererbten
Ideen waren da, um sein erstes Verständnis der Krise
zu klären. Wenn wir an Lawrence denken, dann konzentrieren wir uns verständlicherweise auf das Leben
des Erwachsenen in seiner ganzen ruhelosen Hingabe.

Daß er Sohn eines Bergarbeiters war, fügt dem gemeinhin ein gewisses pathetisches oder sentimentales Interesse hinzu. Wir beziehen das Leben des Erwachsenen auf eine persönliche Weise darauf zurück. Doch weder ist noch kann die wirkliche Bedeutung des Erwachsenenlebens eine Frage der Rückschau sein. Sie besteht vielmehr darin, daß seine ersten sozialen Antworten nicht die eines die Prozesse des Industrialismus beobachtenden Mannes waren, sondern die eines von ihnen an einer herausgehobenen Stelle erfaßten und normalerweise dazu bestimmten Mannes, in ihre Regimenter eingereiht zu werden. Daß er dieser Anwerbung entkam, ist heute so gut bekannt, daß es für uns jetzt schwierig ist, genau zu erkennen, wie das in seiner lebendigen Abfolge vor sich ging. Nur durch hartes Kämpfen und weiter durch das Glück, an einer günstigen Front zu kämpfen, konnte ein in die Arbeiterklasse Hineingeborener seiner Ersatzfunktion entkommen. Lawrence konnte zu der Zeit, als sich seine grundlegenden sozialen Reaktionen bildeten, nicht sicher sein, daß er entkommen würde. Daß er exzeptionell begabt war, das verschlimmerte das Problem, obwohl das später helfen sollte, es einer Lösung näher zu bringen. Doch das Problem der Anpassung an die Disziplinen des Industrialismus nicht bloß in Tagesfragen, sondern die erforderliche Grundanpassung des Gefühls ist allgemein verbreitet. Bei der Erinnerung der gelegentlichen »Siege«, den Fällen des Entkommens von der geforderten Anpassung, vergessen wir die unzähligen und dauernden Niederlagen. Lawrence vergaß das nicht, da er nicht außerhalb des Prozesses stand. Er bildete sich auch sein Urteil nicht bloß, wenn er diejenigen traf, die entkommen waren – also auf einer Basis mit sehr begrenzter Evidenz. Für ihn galt vielmehr, daß der ganze Prozeß gelebt wurde. Er war sich des allgemeinen Fehlschlages und somit des Charakters des Systems desto bewußter:

In meiner Generation sind die Jungen, mit denen ich in die Schule ging – heute sind sie Bergleute – alle niedergeknüppelt worden; und zwar mit dem, was mit dem Lärmen der Elementarschule, den Büchern, Kino, Priestern und dem ganzen nationalen und menschlichen Bewußtsein auf die Tatsache der über alles gestellten materiellen Prosperität herumhämmerte[7].

Lawrence hätte dies mit einer Redewendung wie »alle sind niedergeknüppelt worden« nicht schreiben können, wenn der Druck nicht so intensiv und persönlich zu fühlen gewesen wäre. In den früheren Stadien des beginnenden industriellen Systems konnte ein Beobachter sehen, wie erwachsene Männer und Frauen, die in einer anderen Lebensweise aufgewachsen, in die neuen Funktionen und Gefühle »niedergeknüppelt« wurden. Aber sobald einmal der Industrialismus etabliert war, konnte ein *Beobachter* dies kaum mehr sehen. Spannungen würden ihm nur noch in denen, die entkommen oder halb entkommen waren, sichtbar werden. Der Rest, »die Massen«, würden ihm normalerweise voll geformt erscheinen — das »Niederknüppeln« hatte sich schon ereignet, und er hatte es nicht gesehen. Auf diese Weise wurde es für Männer dieser Position möglich zu glauben und mit einem Anschein von Vernunft zu argumentieren, daß die restliche Mehrheit, die »Massen«, im wesentlichen die Lebensweise besaßen, die sie sich wünschten oder die Lebensweise besaßen, die sie verdienten, die für sie passendste. Nur ein durch besondere Umstände geformter, großmütiger Geist konnte, von seinen eigenen Erfahrungen ausgehend, die Vision einer möglichen Alternative konstruieren. Aber selbst sie lief ständig Gefahr, als Vision zu vereinfachen oder sentimental zu werden. Der überragende Wert von Lawrence' Entwicklung liegt darin, daß er aufgrund seiner Position den lebendigen Prozeß als etwas allgemein Verbreitetes und nicht als eine Art Spezialerlebnis kannte.

Er besaß ferner die persönliche Kraft, dies zu verstehen und auszudrücken. Da dies gelebt wurde und der Druck nicht theoretisch, sondern real war, besaß die überkommene Kritik am industriellen System für ihn offensichtlich die größte Bedeutung. Sie half, was sonst ein verwirrtes und persönliches Problem gewesen wäre, zu klären und zu generalisieren. Es ist nicht zuviel gesagt, daß er sein ganzes intellektuelles Leben auf den Grundlagen dieser Tradition aufbaute.

Ein Mensch kann nur ein Leben führen und der größte Teil von Lawrence' Kraft wurde für eine Anstrengung aufgebraucht, die, was Ideen angeht, vielleicht weniger ausrichtete, als schon auf anderen Wegen erreicht worden war. Lawrence war dermaßen beschäftigt mit der Aufgabe, von dem industriellen System loszukommen, daß er niemals ernsthaft zu der Frage seiner Veränderung vorstieß und das, obwohl er wußte, daß, da es sich um ein allgemeines Problem handelte, eine individuelle Lösung nur ein Schrei im Wind ist. Ihn dafür zu tadeln, wäre absurd. Nicht so sehr, weil er als Künstler gemäß der romantischen Idee vermutlich zu individuellen Lösungen verurteilt war. Wir wissen, daß Lawrence tatsächlich viel Zeit mit dem Versuch, über die notwendige allgemeine Veränderung zu theoretisieren, verbrachte. Er war sein ganzes Leben über zutiefst der Idee der Erneuerung der Gesellschaft verpflichtet. Doch wendete er seine Hauptenergie für das Geschäft der persönlichen Befreiung von dem System auf. Da er das Problem in seiner wirklichen Tiefe erkannt hatte, wußte er, daß diese Befreiung nicht bloß eine Frage war, der Monotonie eines Industriejobs zu entkommen oder eine Erziehung zu erhalten oder in die Mittelklasse aufzusteigen. Das wäre nur ein Ausweichen — er war gekommen, um wirklich etwas zu tun. Eine Abmilderung der physischen Trostlosigkeit, der tatsächlichen Ungerechtigkeiten oder des Sinnes für verlorene Möglichkeiten stellte keinerlei Befreiung von der »Grundlage, die jede menschliche Energie in einen Wettbewerb des bloßen Erwerbs zwingt«, dar. Sein Anliegen war die Wiederentdeckung anderer Zwecke, auf die die menschliche Energie gelenkt werden könnte. Was er lebte, war der Ausbruch, kein theoretischer oder irgendeine utopische Konstruktion, sondern, so wie es ihm möglich war, unmittelbar der »zwingenden Grundlage« wie der eigenen Schwäche gleichermaßen opponierend. Was er in seinem Leben erlangte, war eine Antithese zu der mächtigen für ihn vorgesehenen industriellen These. Doch dies war in gewissen Aspekten niemals mehr als eine bloße Ablehnung, eine Gewohnheit, auszuweichen. Das industrielle System war dermaßen stark und er ihm so heftig ausgesetzt, daß er wie jeder andere Mann zeitweilig nichts anderes tun konnte, als zu rennen. Doch ist dies ein relativ oberflächlicher Aspekt. Die Schwäche des ausschließlich biographischen Vorgehens von Lawrence mit der Betonung der ruhelosen Wanderungen und des ausschließlichen Zugangs zur eigenen Lebensweise liegt in der Tatsache, daß diese Dinge lediglich Zufälligkeiten waren, während Hingabe und der Wert, die sein Leben als Mann und Autor ausmachten, in dem »unendlichen Abenteuer des Bewußtseins« bestanden. Lawrence wird oft als vertraut romantische Gestalt, die »die Ansprüche der Gesellschaft zurückweist«, dramatisiert. Tatsächlich wußte er viel zu viel von der Gesellschaft und kannte sie viel zu direkt, als daß er sich auf Dauer von irgend etwas derartig Dummem hätte täuschen lassen. Er betrachtete diese Version des Individualismus als äußeren Anstrich des Industrialismus.

Wir haben gerade den Gemeinschaftsinstinkt frustriert, der uns stolz und würdig in der großzügigeren Geste des Bürgers und nicht in der des Kleinbauern vereinigt hatte[8].

Der »Gemeinschaftsinstinkt« war für sein Denken wesentlich. Er sei, so argumentierte er, tiefer und stärker als selbst der sexuelle Instinkt. Er attackierte die englische Industriegesellschaft nicht etwa, weil sie dem Individuum Gemeinschaft anbot, sondern weil sie es frustrierte. Hier befindet er sich erneut ganz auf der Linie der Tradition. Wenn er in seinem eigenen Leben »die Ansprüche der Gesellschaft ablehnte«, dann nicht etwa, weil er die Bedeutung der Gemeinschaft nicht verstand, sondern weil er im industriellen England keine finden konnte. Mit Sicherheit unterschätzte er das Maß an Gemeinschaft, das für ihn verfügbar gewesen wäre. Der Zwang loszukommen, war zu stark und er persönlich schwach und ungeschützt. Doch lehnte er nicht die Ansprüche der Gesellschaft ab, sondern die Ansprüche der Industriegesellschaft. Er war kein Vagabund, der von Tricks leben konnte, sondern ein einem anderen gesellschaftlichen Prinzip verpflichteter Verbannter. Der Vagabund möchte, daß das System so bleibt, wie es ist, solange wie er in ihm herumtricksen kann und doch von ihm ernährt wird. Der Verbannte möchte im Gegenteil sehen, daß das System verändert wird, damit er nach Hause kommen kann. Das letztere ist Lawrence' Position.

Lawrence ging also von der Kritik an der Industriegesellschaft aus, die mit seiner eigenen gesellschaftlichen Erfahrung übereinstimmte und die seiner Weigerung »grundsätzlich gezwungen zu werden« einen Namen gab. Neben diesem, seine Weigerung gutheißenden Prinzip, besaß er aber noch die reichen Erfahrungen seiner Kindheit in einer Familie der Arbeiterklasse; in ihr liegen die meisten seiner Positiva. Was eine solche Kindheit zu geben hatte, waren gewiß nicht Ruhe und Sicherheit, sie gab nicht einmal Glück in seiner normalen Bedeutung. Aber sie gab, was für Lawrence wichtiger als diese war: den Sinn für eine enge lebendige Verwandtschaft. Das sollte wichtiger als alles andere werden. Dies war das positive Ergebnis des Familienlebens in einem kleinen Haus, in dem es keine Möglichkeiten für die Trennung der Kinder von den Eltern gab, etwa dadurch, daß man sie zur Schule fortschickte oder sie den Bediensteten übergab oder sie ins Pflege- oder Spielzimmer verbannte. Ansichten über dieses Leben, die (gewöhnlich von denen, die es nicht erlebt haben) geäußert werden, neigen dazu, die lauteren Faktoren zu betonen: die Tatsache, daß Streit immer im Freien stattfindet, daß es bei einer Krise keine Privatheit gibt, daß der Mangel die dünne Schicht der materiellen Sicherheit durchbricht und zu wechselseitiger Kränkung und Ärger führt. Es geht nicht darum, daß Lawrence wie jedes Kind nicht aufgrund dieser Dinge litt. Vielmehr bilden in einem solchen Leben die Leiden und das Gewähren von Trost, der gemeinsame Mangel und das gemeinsame Heilmittel, der offene Streit und seine offene Beilegung Bestandteile eines kontinuierlichen Lebens, das im Guten wie im Schlechten einer gesunden Zuneigung zugute kommt. Aus dieser Erfahrung lernte Lawrence den kontinuierlichen Fluß und Rückstoß des Mitleids, der immer in seinen Schriften den wesentlichen Lebensprozeß darstellte. Seine Idee eines zurückgezogenen spontanen Lebens beruht auf dieser Grundlage und er war nicht versucht, sie zu einer Jagd nach dem Glück zu idealisieren. Für so etwas Abstraktes war ihm das alles zu unmittelbar. Ferner gibt es eine wichtige Ansicht, nach der die Arbeiterklassen-Familie eine echte und wechselseitige

Wirtschaftseinheit darstellt, in der Rechte wie Pflichten unmittelbar erfaßt sind. Die materiellen Prozesse zur Befriedigung der menschlichen Bedürfnisse werden nicht von persönlichen Beziehungen abgetrennt. Lawrence wußte dadurch nicht nur, daß die Prozesse akzeptiert werden müssen (er ist sehr zum Erstaunen seiner Freunde, für die diese Dinge normalerweise Aufgaben der Diener waren, in dieser Frage sein ganzes Leben über fest geblieben), aber auch, daß ein gemeinschaftliches Leben auf der Basis einer Entsprechung zwischen Arbeits- und Personenbeziehungen aufgebaut werden muß. Dies war wiederum etwas, das, wenn überhaupt, nur denen als Abstraktion verfügbar war, deren erstes Gesellschaftsmodell — die Familie — hierarchisch und separat war und das Element der bezahlten Arbeitskraft — Carlyles »Geldbeziehung« umfaßte. Die intellektuellen Kritiken am Industrialismus als einem System wurden daher verstärkt und durch alles, was er aus primären Beziehungen kannte, vorbereitet. Nicht zufällig sind die ersten Kapitel von *Sons and Lovers* zugleich die wunderbare Nachschöpfung dieses zurückgezogenen aktiven und enthaltsamen Familienlebens und Anklage der Zwänge des Industrialismus. Beinahe allem, was er auf diese Weise lernte, lagen Gegensätze zugrunde, und dieses Element des Gegensatzes wurde durch den Zufall, daß er an einer Art Grenze in Sichtweite des industriellen wie des landwirtschaftlichen England wohnte, verstärkt. In der Familie oder außerhalb von ihr in Breach oder auf Haggs Farm lernte er mit eigenen Sinnen die Krise Englands kennen. Als die Familie durch den Tod seiner Mutter zerbrochen wurde und die kleine Welt der Familie durch die der Löhne und des Mietens ersetzt werden mußte, kam das einem persönlichen Tod gleich und von nun an war er ein Verbannter, zunächst im Geiste, später in Wirklichkeit.
Die Brücke, über die er entkam, war im weitesten Sinne der Intellekt. Er konnte sich seinen Ausweg erlesen und tatsächlchch auch erschreiben. Es ist erst kürzlich von F. R. Leavis sehr verdienstvoll betont worden, daß die für ihn erreichbare Provinzkultur wesentlich reicher und aufregender war als die bekannten Berichte

vermuten lassen. Die Kirche und die ihr angeschlossene literarische Gesellschaft und die Gruppe von Jugendlichen, mit denen er lesen und sprechen konnte. Das waren nicht die »mausgrauen ernsten Institutionen«, wie sie der Observer als Klischee darstellt, sondern aktive, seriöse und vor allem mit aus vollem Herzen kommender Energie versehene Gruppen. Was ihnen an Vielfalt und Begegnung mit anderen Lebensweisen abging, das wurde weithin durch eben die Ernsthaftigkeit ausgeglichen, die wesentlich größer und schöner ist als die Furcht davor, die das Wort in eine Geste des Spottes verwandelt hat. Lawrence' formale Erziehung war, daran muß erinnert werden, auf gar keinen Fall unbedeutend.

Das ist also, zusammengefaßt, der Hintergrund der Ideen, die Lawrence ererbt hatte, sowie seiner sozialen Erfahrung. Es bleibt die Untersuchung seines konsequenten Denkens über die Gemeinschaft, die im Zentrum seiner Diskussion der sozialen Werte steht. Das hängt von dem, was sein Haupt-»Abenteuer des Bewußtseins« war, ab, nämlich von dem Versuch, den Stellenwert eines Lebens herauszufinden, das von dem bestehenden System verengt und verkrüppelt worden ist. Er faßte einen seiner fundamentalen Glaubenssätze so:

Man kann auf zweierlei Weise leben. Entweder wird alles vom Geiste her herabgeschaffen oder umgekehrt, alles geht aus dem schöpferischen Fleisch hervor, hinaus zur Abblätterung und Blüte... Das wirkliche lebende Fleisch selbst ist die einzige schöpferische Realität[9].

Lawrence' Erkundung führte in diese »schöpferische Realität« und nicht als einer Idee, sondern als ihren wirklichen Prozeß hinein:

Das Fleisch des Selbst ist *da*. Du brauchst nicht zu versuchen, dahinter zu kommen. Wie ein Blatt versuche, hinter die Sonne zu gelangen[10].

Das »Fleisch des Selbst« ist in jedem Lebewesen das Fundament der Individualität:

Das Selbst eines Menschen ist ein dem Selbst auferlegtes Gesetz, kein *ihm* auferlegtes Gesetz, darauf muß man achten... Das lebende Selbst kennt nur ein Ziel, zur eigenen vollen Existenz zu gelangen. ... Aber gerade zu diesem vollen, spontanen Sein zu gelangen, ist äußerst schwierig. Das einzige, was der Mensch besitzt und auf das er, wenn er zu sich selbst kommen will, vertrauen muß, sind sein Begehren und sein Trieb. Doch tendieren beide, Begehren wie Trieb, dazu, in einen mechanischen Automatismus zu verfallen, aus der spontanen Realität in eine tote Realität zu fallen. ... Die ganze Erziehung muß dagegen ankämpfen und all unsere Anstrengungen in unserem Leben müssen dazu dienen, die Seele frei und spontan zu bewahren, ... die Lebensaktivität darf niemals zu einer festgelegten Aktivität erniedrigt werden. Es kann kein ideales Tor für das menschliche Leben geben ... Man kann nicht die Knospe öffnen, um zu sehen, wie die Blüte aussehen wird. Die Blätter müssen sich aufrollen, die Knospen schwellen und sich öffnen und *dann* die *Blüte.* Und selbst dann, wenn die Blume stirbt und die Blätter fallen, werden wir *immer noch* nicht Bescheid wissen. ... Wir kennen die Blume des heutigen Tages, doch die des morgigen liegt außerhalb unserer Reichweite[11].

Lawrence hat nichts anderes von Bedeutung geschrieben, obwohl er es immer wieder anders, an anderer Stelle und mit anderen Begriffen und Methoden beschrieben hat. Die Gefahr liegt darin, daß wir das zu schnell als »Laurentisch« erkennen (diese »großartige gefiederte Schnecke eines *Egos* und einer Persönlichkeit«[12], die Lawrence' schlimmste Schriften sein konnten), es akzeptieren oder es ohne rechte Aufmerksamkeit übergehen. Man kann sich dessen nämlich abstrakt sehr leicht versichern, doch das auf etwas substantiellere Weise zu tun, ist sehr schwierig. Alle Schriften Lawrence' dieser Art erinnern an Coleridge, dessen Begriffe zwar wesentlich verschieden waren, doch der beinahe dieselbe Betonung besaß. Sie war in Richtung auf eine Metapher, der Bewahrung »der sponanen Lebensaktivität« gerichtet gegen diese Starrheiten von Kategorie und Abstraktion, die speziell das industrielle System so mächtig verkörperte. Dieser Lebenssinn ist kein Obskurantismus, als der er manchmal dargestellt wird. Es ist eine spezifische Weisheit, eine bestimmte Art der Ehrerbietung, die zugleich sowohl die »Grundlage, die jede menschliche Energie in einen Wettbewerb des bloßen Erwerbs zwingt«, negiert, als auch die gebieterische Umleitung dieser Energie auf neue festgelegte Kategorien. Ich glaube, daß diese Negation einen Maßstab für unsere Haltung zu uns selbst und zu anderen Menschen setzt, der durch Erfahrung praktisch erworben werden kann und dem sich alle so-

zialen Vorschläge zur Beurteilung unterwerfen müssen. Das kann bei so unterschiedlichen Denkern wie Burke und Cobbett, wie Morris und Lawrence als positiv angesehen werden. Es ist unwahrscheinlich, daß wir in unseren Überlegungen zu einem allgemein anerkannten Schluß kommen, aber es ist schwer zu wissen, an welcher anderen Stelle man sonst beginnen sollte. Wir besitzen nur die melancholische Evidenz mächtiger und im Widerstreit stehender Bewegungen, die woanders beginnen. Wenn das zutrifft, so zählt jede erneuerte Affirmation.
Für Lawrence führte die Affirmation zu einer interessanten Erklärung des Glaubens an die Demokratie, die aber etwas ganz anderes war als die Demokratie eines — sagen wir — Utilitaristen:

So kennen wir den ersten großen Zweck der Demokratie, daß jeder Mensch ganz spontan er selbst sein soll — jeder Mann er selbst, jede Frau sie selbst, ohne daß irgendeine Frage der Gleichheit oder Ungleichheit dabei überhaupt eine Rolle spielt und daß kein Mensch versuchen soll, über das Sein eines anderen Mannes oder einer anderen Frau zu bestimmen[13].

Das sieht auf den ersten Blick nicht nach Demokratie, sondern nach einer Art romantischem Anarchismus aus. Doch ist es, obwohl ein sehr treffender Begriff, wesentlich mehr als dies. Für diejenigen, die das ablehnen, muß unsere Frage bei der Formulierung »kein Mensch soll versuchen, über das Sein eines anderen Mannes oder einer anderen Frau zu bestimmen«, verweilen. Wir müssen jeden, der eine Sozialphilosophie vertritt, fragen und auf eine Antwort insistieren, ob er dieses Prinzip akzeptiert oder ablehnt. Einige der großzügigsten sozialen Bewegungen sind gescheitert, weil sie dies im Herzen abgelehnt hatten. Und in der Wirkung kommt es sich gleich, ob eine solche Bestimmung über Menschen im Namen von Abstraktionen wie Produktion oder Dienst, von Ruhm, Rasse oder guten Bürgertums ausgeübt werden. Denn »zu versuchen, über das Sein eines anderen Menschen zu bestimmen«, ist tatsächlich, wie Lawrence betonte, ein arroganter und fundamentaler Zwang.
Für Lawrence bestand die Schwäche der modernen Sozialbewegungen darin, daß sie alle von der Annahme

auszugehen scheinen, daß es eine »festgelegte Aktivität« für den Menschen gäbe, eine auf feste Ideale verpflichtete »Lebensaktivität«. Er fand das

erschreckend wahr für den modernen Demokratie-Sozialismus, Konservativismus, Bolschewismus, Liberalismus, Republikanismus, Kommunismus und dergleichen. Alle diese *Ismen* werden von demselben Prinzip beherrscht: dem Prinzip der idealisierten Einheit der Besitzer von Eigentum. Der Mensch findet seine höchste Erfüllung als Besitzer von Eigentum: das sagen wirklich alle[14].

Daraus folgerte er:

Alles Diskutieren und Idealisieren des Besitzens von Eigentum, sei es seitens eines Individuums, einer Gruppe oder des Staates, gerät heute zu einem fatalen Betrug am spontanen Selbst. ... Eigentum gibt es nur, damit es gebraucht, nicht damit es besessen wird. ... Besitz ist eine Art Geisteskrankheit ... Wenn die Menschen einmal nicht mehr von dem Begehren, Eigentum zu besitzen oder von dem entsprechenden Begehren, jemand anderen daran zu hindern, Eigentum zu besitzen, besessen sein werden, dann und erst dann werden wir froh über seine Übergabe an den Staat sein. Unser Weg des Staatseigentums ist lediglich eine Farce, eine Veränderung der Wörter, keine in der Sache[15].

Hier steht Lawrence dem Sozialismus eines Morris sehr nahe, und es kann keinen Zweifel geben, daß Morris und er über vieles, was in der Folgezeit als Sozialismus ausgegeben wurde, ganz in der gleichen Weise gedacht hätten.

Lawrence' Haltung zur Frage der Gleichheit entspringt der gleichen Einstellung. Er schreibt:

Gesellschaft bedeutet das Zusammenleben von Menschen. Die Menschen *müssen* zusammenleben. Um zusammenleben zu können, brauchen sie einen Maßstab, einen *materiellen* Maßstab. Das ist der Punkt, an dem der Durchschnitt ins Spiel kommt. Dies wiederum ist der Punkt, an dem Demokratie und Sozialismus ins Spiel kommen, denn Demokratie und Sozialismus beruhen auf der Gleichheit der Menschen, was der Durchschnitt ist. Das ist solange eine solide Grundlage, als der Durchschnitt die realen grundlegenden materiellen Bedürfnisse der Menschheit repräsentiert. Die grundlegenden materiellen Bedürfnisse, darauf insistieren wir immer wieder. Denn Gesellschaft, Demokratie oder irgendein politischer Staat oder irgendeine Gemeinschaft existieren weder um des Einzelnen willen noch sollten sie jemals allein deretwegen existieren; sie sollen vielmehr einfach dafür existieren, den Durchschnitt zu schaffen, mit dem Ziel, das Zusammenleben möglich zu machen, das heißt: richtige Einrichtungen für die Bekleidung, Ernährung, Behausung, Arbeit, Schlaf, Geselligkeiten und Spiel eines jeden zu schaffen und zwar nach

Maßgabe seines Bedarfs als einer normalen Einheit, als Durchschnitt. Alles über diesen normalen Bedarf Hinausgehende ist seine alleinige Angelegenheit[16].

Diese Ideee der Gleichheit ist »solide genug«. Doch, wenn es keine Frage der materiellen Bedürfnisse, sondern eine des ganzen Menschen ist,

> können wir nicht sagen, daß alle Menschen gleich sind. Wir können nicht sagen A = B. Auch können wir nicht sagen, daß die Menschen ungleich sind. Wir können nicht erklären: A = B + C... Ein Mensch ist in bezug auf einen anderen weder gleich noch ungleich. Wenn ich mit einem anderen Menschen zusammenstehe und ich bin mein reines Selbst, bin ich mir dann der Gegenwart eines Gleichen, eines unter mir oder über mir Stehenden bewußt? Nein. Wenn ich mit einem anderen Menschen, der er selbst ist, zusammenstehe und ich wahrhaft ich selbst bin, dann bin ich mir nur eines Gegenwärtigen bewußt und der fremden Realität eines Andersseins. Es gibt mich und es gibt *ein anderes Wesen*. ... Es gibt kein Vergleichen oder Abschätzen. Es gibt nur das fremdartige Erkennen eines *gegenwärtigen Andersseins*. Ich kann mich über die Gegenwart des anderen freuen, wütend oder traurig sein, aber ein Vergleichen beginnt immer noch nicht. Der Vergleich setzt erst ein, wenn einer von uns sich aus seinem eigenen integralen Sein löst und in die materielle mechanische Welt eintritt. Dann setzen Gleichheit und Ungleichheit sofort ein[17].

Das scheint mir das beste, was in unserer Periode über Gleichheit geschrieben worden ist. Es legitimiert an keiner Stelle die Verteidigung der materiellen Ungleichheit, was ja in der Tat dasjenige ist, was gewöhnlich verteidigt wird. Aber es entfernt von der Gleichheitsidee das Element der mechanischen Abstraktion, die man so oft in ihr fühlen konnte. Die Betonung der Verwandtschaft, der Anerkennung und des Akzeptierens des »gegenwärtigen Andersseins« konnten vielleicht nur von einem Mann stammen, der Lawrence' besonderes »Abenteuer des Bewußtseins« unternommen hatte. Dieser Betonung sollten wir uns erinnern, wenn Lawrence unter den Belastungen seines Exils zeitweilig in eine dem späten Carlyle ähnliche Haltung verfällt und die Anerkennung eines »höheren« Wesens und die Notwendigkeit, sich zu neigen und sich ihm zu unterwerfen, betont. Dieses »der Macht nachfolgen« in Carlyles Wendung stellt immer einen Fehlschlag der von Lawrence hier beschriebenen Beziehung dar, der ungeduldige, frustrierte Rückfall in den Versuch, über das »Sein eines anderen Menschen zu bestimmen«. Lawrence kann uns klarer als irgendein anderer zeigen, wo er in dieser Frage selbst Fehler machte.

Ich habe auf die Zwänge des Exils verwiesen — dieser Aspekt des Lawrence'schen Werkes soll hier abschließend akzentuiert werden. In seinen Grundhaltungen steht er fest in der von uns verfolgten Tradition und hat so vieles mit Sozialisten wie einem Morris gemein, daß es zunächst schwierig zu verstehen ist, weshalb sein Einfluß in andere Richtungen zu führen schien. Ein schon angeführter Grund ist in der Verzerrung zu sehen, die ihn zu einem romantischen Rebellen, zum Typ des »freien Individuums« gemacht hat. Natürlich gibt es genug in seinem Leben und Werk, was eine solche Verzerrung verständlich macht. Doch kann sie nicht wirklich aufrechterhalten werden. Wir müssen uns nur an das Folgende erinnern:

Die Menschen sind frei, wenn sie in einem lebendigen Heimatland leben, nicht wenn sie streunen und ausbrechen[18].

Und:

Die Menschen sind frei, wenn sie einer lebendigen, organischen und gläubigen Gemeinschaft angehören, wenn sie tätig sind, um einen unerfüllten, vielleicht unrealisierten Zweck zu erfüllen[19].

Doch das war in Wirklichkeit der Schrei eines Verbannten, eines Mannes, der sich hingeben wollte und doch die Bedingungen der Möglichkeiten, sich hinzugeben, ablehnte. Lawrence' Ablehnung mußte so scharf sein, weil er, wenn er überhaupt klarkommen sollte, in eine Schwäche geführt werden würde, was seine Rationalisierung fand. Er wünschte weiterhin, in der Gesellschaft eine Veränderung sich vollziehen zu sehen, aber er konnte folgern:

Jeder Versuch einer vorigen Festsetzung einer neuen materiellen Welt fügt der Last, die schon so viele Rücken gebrochen hat, nur noch den letzten Strohhalm hinzu. Wenn wir unsere Rücken ungebrochen erhalten wollen, dann müssen wir jegliches Eigentum auf dem Boden deponieren und ohne es zu schreiten lernen. Wir müssen abseits stehen. Und wenn viele Menschen abseits stehen, dann stehen sie in einer neuen Welt, eine neue Welt des Menschen ist gekommen, um zu vergehen[20].

Das ist das Ende des Regenbogens. Die Fortsetzung zu dem Rananim, das einmal mehr den Versuch in einer

Reihe von Versuchen darstellte, das Problem zu umgehen: eine idealisierte Ersatzgemeinschaft, heiße sie nun Pantisokratie, Neue Harmonie oder Gilde des heiligen Georg. Worum es Lawrence geht, ist, daß sich Veränderung zuerst im Fühlen vollziehen muß; doch beinahe alles, wofür er Zeugnis gegeben hat, zeigt, wie »kopflastig« diese Schlußfolgerung war. Er wußte alles über die Prozesse des »Niederknüppelns«. Er wußte nicht weniger gut, wie Bewußtsein und Umgebung miteinander verbunden sind und wieviel es selbst einen außerordentlichen Menschen kostete, abgewrackt und atemlos zu entkommen. Etwas ist letztlich falsch an dem, wie er die materiellen Probleme und die des Fühlens voneinander zu trennen versucht, denn er hatte die Möglichkeit gehabt und auch wirklich gelernt zu verstehen, wie eng diese Probleme miteinander verwickelt waren. Das ist keine Frage der alten Debatte darüber, welche Bedingungen primär sind, vielmehr handelt es sich darum, daß in der Realität die Zwänge und deren neue Zwänge gebärenden Reaktionen einen ganzen Prozeß bilden, den

es gibt. Man braucht nicht zu versuchen, dahinter zu kommen. Wie Blätter versuchen, hinter die Sonne zu gelangen.

Lawrence kam soweit, sein eigenes notwendiges Exil zu rationalisieren und generalisieren und ihm den Anschein von Freiheit zu verleihen. Seine Abtrennung der materiellen Fragen von denen des Bewußtseins war ein Analogon seiner eigenen zeitweiligen Lage. Etwas daran ist im strengen Wortsinn verständlich. Der Versuch, die materiellen Bedürfnisse und ihre Befriedigungsweisen vom Sinn des Menschen und der Entwicklung des Seins und der Beziehung zu trennen, entspricht der Trennung von »Arbeit« und »Leben« der Vorstadt, die die verbreitetste Antwort auf all die Schwierigkeiten des Industrialismus war. Nicht, daß die Fragen des Bewußtseins, solange die der materiellen Ziele verfolgt werden, beiseitegeschoben werden sollten. Da der Prozeß ein Ganzes ist, muß auch die Veränderung ein Ganzes sein, ein Ganzes in der Konzeption und ein Gemeinsames in der Anstrengung. Die »lebendige, organische und gläubige Gemeinschaft«

wird nicht dadurch geschaffen, daß man abseits steht, obwohl die Anstrengung des Bewußtseins mindestens so wichtig für ihre Durchsetzung ist, wie die materielle. Lawrence' Tragödie, die des Jungen aus der Arbeiterklasse, besteht darin, daß er nicht lebte, um heimzukommen. Darüberhinaus ist es eine Tragödie, die verbreitet genug ist, um ihn von der Impertinenz eines persönlichen Vorwurfs zu befreien.

Das Abenteuer des Bewußtseins bleibt als hinreichendes Lebenswerk. Gegen sein Ende, als er das Bergbaugebiet, in dem die Zwänge der Industrialisierung am deutlichsten und offenkundigsten waren, wieder besucht hatte, formte er als schöpferische Antwort die Sinnlichkeit der unmittelbaren Beziehung, die *Lady Chatterley's Lover* beseelt und die er schon früher in *The Rainbow, Women in Love* und *St. Mawr* erforscht hatte. Dieser Roman ist lediglich die Klimax seiner Erforschung derjenigen Elemente der menschlichen Energie, die durch den »Zwang der Grundlage« verdrängt wurden und ihn doch überwinden konnten. Es ist von grundlegender Bedeutung, daß Lawrence seine Erforschung der sexuellen Erfahrung immer innerhalb dieses Kontextes vornimmt. Diese Erforschung isoliert zu betrachten, wie einige seiner Leser versucht waren, heißt nicht nur Lawrence mißzuverstehen, sondern ihn auch dem Skandal auszusetzen, unter dem er skandalöserweise sein Leben lang litt. »Das was wir aufhören müssen zu sein, damit wir dazu kommen, in ein anderes Sein überzuwechseln«[21], betont er durchgehend mit Nachdruck. Gerade so wie die Errettung des menschlichen Geistes von dem Zwang der Grundlage des Industrialismus in der Errettung der »schöpferischen Wirklichkeit, dem wirklichen lebendigen Fleisch selbst« liegen muß, so hängt diese Errettung von den Weisen ab, wie diese Wirklichkeit am unmittelbarsten erfahren werden kann: »die Quelle allen Lebens und Wissens befindet sich in Mann und Frau und die Quelle alles Lebenden besteht in dem wechselseitigen Austausch, Treffen und Mischen dieser beiden.«[22] Keinesfalls stellt die sexuelle Erfahrung »die Antwort« auf den Industrialismus oder auf seine Denk- und Fühlweisen dar. Lawrence argumentiert gerade im Gegenteil, daß die Gifte des »Zwangs der Grundlage« sich auch darauf ausgedehnt hätten. Am deutlichsten artikuliert er sich in dieser Frage in seinem Essay über Galsworthy, in dem er den Vorschlag der »Pa-assion« und der ihr verwandten Promiskuität als Alternativen zu der Betonung von Geld und Eigentum, die von Menschen, die nur »materiell und sozial bewußt« leben, ausgeht, verhöhnt. Die Idee des Sexus als Reservat des Gefühls oder als ein Mittel für eine Revolte gegen die Konventionen des Geldes und Eigentums à la Byron (ein Forsyte wird zu einem Anti-Forsyte) ist für Lawrence abstoßend. Leute, die so handeln, verhalten sich »wie der Rest der modernen Mittelklassen-Rebellen, die machen überhaupt keine Rebellion, sie sind bloß soziale Wesen, die sich anti-sozial gebärden«[23]. Die wahre Bedeutung des Sex, so argumentiert Lawrence, liegt darin, daß er »das Ganze eines Menschen erfaßt«. Die Alternative zu dem »Zwang der Grundlage«, der zum Wettbewerb nach Geld und Eigentum führt, heißt weder sexuelles Abenteuer noch mögliche sexuelle Betonung, sondern wieder Rückkehr zu dem »Fleisch des Selbst«, aus dem umfassende Beziehungen ebenso wie erfüllte Sexualbeziehungen erwachsen können. Die abschließende Betonung, die alle überzeugenden Erforschungen des »Fleisches des Selbst« von Lawrence sowohl erhellen als auch realisieren, findet sich in seiner Kritik an der industriellen Zivilisation:

Wenn uns unsere Zivilisation doch nur gelehrt hätte..., das Feuer der Sexualität rein und lebendig, flackernd oder glühend oder in all seinen Abstufungen der Stärke und Kommunikation flammend zu erhalten, so hätten wir alle unser Leben in Liebe verbringen können, das heißt, wir wären umsorgt und voller Genuß an allen möglichen Arten für alle möglichen Dinge gewesen[24].

Oder, als angemessene Zusammenfassung des ganzen »Abenteuers des Bewußtseins«:

Unsere Zivilisation... hat schon beinahe den natürlichen Fluß des einfachen Mitleids zwischen Männern und Männern und Männern und Frauen zerstört. Und das möchte ich ins Leben zurückrufen[25].

Kapitel II

R. H. Tawney

Der Autor von *Religion and the Rise of Capitalism* ist Historiker und damit den Disziplinen und Grenzen, die die Propheten und Kritiker des 19. Jahrhunderts nicht beobachtet hatten, verpflichtet. Es scheint richtig zu sein, daß das Werk einer ganzen Schule von Wirtschafts- und Gesellschaftshistorikern unseres eigenen Jahrhunderts im wesentlichen auf die Erforschung der allgemeinen Urteile gerichtet war, die sie vom 19. Jahrhundert ererbt hatten. Der Forschungsrahmen wurde übernommen und die Wissenschaftler wandten sich Detailfragen zu und zeitweilig auch deren Korrektur.

Tawney geht vielleicht deutlicher als irgendein anderer Historiker in diesem Jahrhundert stärker von den überkommenen Urteilen und Fragen aus als von dem vorgegebenen Forschungsrahmen (denn das ist wohl kaum ein diskriminierendes Merkmal). Ein Werk wie *Religion and the Rise of Capitalism* illustriert sehr deutlich den Unterschied zwischen einem professionellen Historiker und einem allgemeinen Kritiker. Wenn wir es nun mit einem Werk wie Southeys *Colloquies* vergleichen, das die Tradition mit anführt, so bemerken wir nicht nur den Gewinn — die Erarbeitung einer detaillierten Exposition gegenüber verstreuten Behauptungen —, ebenso fällt aber, moralisch gesprochen, die Kontinuität auf. Diese Betonung der Moral ist die wichtigste und Tawneys Werk gültig machende Qualität. Es ist kein Zufall, daß er neben seinen formalen, historischen Arbeiten Werke wie *Equality* und *The Acquisitive Society* publizieren sollte, die historisch gelehrt sind, aber darüberhinaus die besondere Qualität der persönlichen Erfahrung und festen Moralität besitzen, die sie als Bestandteil der großen traditionsreichen Debatte ausweisen. Tawneys Bedeutung liegt darin, daß er Gesellschaftskritiker und Moralist ist, der zu seiner Entlastung von diesen Aufgaben das besondere Rüstzeug des Historikers mitbringt.

Equality und *The Acquisitive Society* stellen wichtige

Beiträge für diese Tradition dar. *Equality* ist das wichtigere Werk, doch stellt *The Acquisitive Society* die gelungene erneute Darstellung und Neubewertung eines traditionellen Falles dar. Besonderen Nachdruck legen beide Werke auf etwas, das ein Satz aus dem zweiten Kapitel der *Acquisitive Society* bezeichnet:

Solange Menschen Menschen bleiben, kann keine Gesellschaft zu arm sein, um nicht eine gerechte Lebensordnung zu finden, noch eine reiche Gesellschaft zu reich, um nicht nach ihr trachten zu müssen[1].

Eine solche Haltung ist stets eine radikale Herausforderung. Die beiden wichtigsten Elemente in *The Acquisitive Society* sind: die allgemeine Diskussion des Wandels in der Gesellschaftstheorie und die Analyse des Begriffs des Industrialismus. Das erste wird wie folgt zusammengefaßt:

Der Unterschied zwischen dem England Shakespeares, das immer noch von den Geistern des Mittelalters heimgesucht wurde und dem England, das um 1700 aus den leidenschaftlichen Polemiken der letzten beiden Generationen entstand, lag eher in einem Unterschied der soziologischen bzw. politischen Theorie als im konstitutionellen und politischen Arrangement. Es waren nicht nur die Tatsachen, sondern auch die Geister, die sie priesen, gründlich verändert worden ... Das allmähliche Verschwinden des Begriffs des Zweckes aus der Gesellschaftstheorie war die natürliche Folge der Abdankung von Autoritäten, die, wie unvollkommen auch immer, für einen gemeinsamen Zweck in der Gesellschaftsordnung standen. Sein Platz wurde im 18. Jahrhundert vom Gedanken des Mechanismus eingenommen. Die Vorstellung einer miteinander vereinten Menschheit und einer in Gott vereinten Menschheit, eine Vereinigung, die aus beiderseitigen Verpflichtungen entsteht und aus ihren Beziehungen für ein gemeinsames Ziel hervorgeht, hörte auf, dem Geist der Menschen aufgezwungen zu werden[2].

Soweit wäre dieser Gedankengang Southey, Coleridge oder Arnold ebenso vertraut gewesen wie er den Grundton der beredten Proteste Burkes abgibt. Aber Tawney setzt ihn mit einem Lob auf den neuen Liberalismus fort, und das wäre ihnen unmöglich gewesen:

In dem modernen Umschwung gegen die ökonomische Tyrannei gibt es eine Disposition, Autoren, die auf der Schwelle des Zeitalters der kapitalistischen Industrie stehen, als Propheten eines Vulgär-Materialismus darzustellen, der jegliche menschliche Hoffnung dem Erwerb von Reichtümern opfern würde. Keine Interpretation könnte mehr in die Irre führen ... Der große Feind dieses Zeitalters war das Monopol. Der Schlachtruf, mit dem die

Aufklärung dagegen zu Felde zog, war: die Abschaffung des Privilegs. Ihr Ideal war eine Gesellschaft, in der jeder freien Zugang zu den ökonomischen Möglichkeiten hatte und den Reichtum, den er durch seine Anstrengungen geschaffen hatte, nutzen und sich seiner erfreuen konnte. Diese Schule vereinigte alles oder beinahe alles, was im Geiste dieses Jahrhunderts human und intelligent war. Es war individualistisch, nicht weil es Reichtümer als den Hauptzweck des Menschen ansah, sondern weil es einen hohen Sinn für die Würde des Menschen besaß und sich ersehnte, daß sie frei würden, sie selbst zu werden[3].

Die Bewegungen des Liberalismus und der Aufklärung waren, so argumentiert Tawney, vollkommen notwendig, doch ihre Lehrsätze hätten sich, »historisch gesehen, zu einem Zeitpunkt herausgebildet... als die industrielle Ordnung noch jung und ihre Auswirkungen noch unbekannt waren«. Der Individualismus des 19. Jahrhunderts, der dieses Erbe antrat, ist in einer anderen Phase:

Er scheint die Phrasen eines Zeitalters zu wiederholen, das — indem es sie hervorbrachte — erstarb; dabei tut er so, als wüßte er das nicht. Denn seit sie von ihren großen Meistern geprägt worden sind, hat ihre Flut das Aussehen der ökonomischen Gesellschaft verändert und sie zu wenig mehr als bloßen Phrasen gemacht[4].

Die alten befreienden Ideen wurden kritiklos auf eine neue Gesellschaft übertragen, deren Dogmen sie wurden:

Hinter ihrer politischen Theorie, hinter der praktischen Führung, die — wie Theorie stets — noch lange, nachdem sie in der Welt des Denkens in Mißkredit geraten ist, sich praktisch auswirkt, liegt die Annahme absoluter Rechte auf Eigentum und ökonomische Freiheit als nicht hinterfragte Grundvoraussetzung gesellschaftlicher Ordnung[5].

Tawneys ganze darauf folgende Argumentation ist eine Kritik dieser Dogmen. Er kritisiert das »absolute Recht auf Eigentum« ganz in der Sprache eines romantischen Konservativen (Tory): das Recht auf Eigentum wird als Bedingung für die Verpflichtung zu dienen angesehen. Er ist jedoch weniger beherzt im Glauben daran, daß das Insistieren auf diesem Prinzip bei den existierenden Besitzern von Eigentum irgendeine wahrnehmbare Veränderung bewirken wird. Er wird vielmehr dazu gezwungen, den Sozialismus als einziges erkennbares Mittel zu vertreten, um Idee und Realität des gesellschaft-

lichen Eigentums wieder herzustellen. Dieses Prinzip ist Grundlage für alle seine höchst bemerkenswerten Empfehlungen.
Seine Kritik des anderen Dogmas, des der ökonomischen Freiheit, ist ebenfalls sozialistisch. Doch verbindet er dies mit einer Kritik des »Industrialismus«, was zu dieser Zeit als eine radikale Kritik an vielem von sozialistischer Politik angesehen werden muß. Die Kritik am »Industrialismus« stützt sich sehr auf Ruskin und Arnold — vieles ist sogar genau in deren Sprache abgefaßt. Er betrachtet den Industrialismus als Fetisch: die Übertreibung eines der notwendigen Mittel, um die Gesellschaft für einen zentralen und herausragenden Zweck aufrecht zu erhalten. Er vergleicht ihn mit dem preußischen Fetisch des Militarismus und fährt fort:

Industrialismus ist nicht mehr das notwendige Merkmal einer ökonomisch entwickelten Gesellschaft als Militarismus ein notwendiges Merkmal einer Nation ist, die Militärkräfte unterhält... Das Wesen des Industrialismus... ist kein besonderes Industrieverfahren, sondern eine spezifische Wertschätzung der Bedeutung von Industrie, die darauf hinausläuft, sie für das einzige überhaupt wichtige anzusehen, so daß sie von der untergeordneten Stellung, die sie innerhalb der menschlichen Interessen und Tätigkeiten einnehmen sollte, überhöht wird zu einer Norm, an der alle anderen Interessen und Tätigkeiten gemessen werden[6].

The Acquisitive Society wurde 1921 abgefaßt und ist ein Maßstab für die darin formulierte Einsicht (ebenso wie ein Symptom für jene »praktische Führung, die Theorie erst, lange nachdem sie in der Welt des Denkens in Mißkredit geraten ist, auszudrücken fortführt«), daß die von Tawney für diese »Perversion« angeführten Beispiele noch eine ganze Generation danach so verblüffend für die Praxis der beiden großen englischen politischen Parteien gültig sind:

Wenn ein Kabinettsminister erklärt, daß die Größe des Landes vom Exportvolumen abhängt, so daß Frankreich, das vergleichsweise wenig exportiert und das Elisabethanische England, das beinahe überhaupt nichts exportierte, beide vermutlich bemitleidet werden müssen als geradezu niedrigstehende Zivilisationen, dann ist das Industrialismus. Er ist die Verwechslung eines kleinen Teils des Lebens mit dem Leben selbst... Wenn die Presse lauthals erklärt, daß das einzige, was diese Insel braucht, um aus ihr ein Arkadien zu machen, Produktivität, Produktivität und nochmals Produktivität ist, dann ist das Industrialismus. Er ist die Verwechslung der Mittel mit den Zwecken[7].

Tawneys Anleihe bei Arnold wird in dieser Passage ebenso bemerkt worden sein wie die bei Ruskin in der folgenden:

So mag denen, die wie viele heute tönten: »Produziert! Produziert!« eine einfache Frage gestellt werden: »Produziert was?« Nahrung, Kleidung, Wohnraum, Kunst, Wissen? Mit allen Mitteln! Aber wenn die Nation mit diesen Dingen nur notdürftig ausgestattet ist, wäre es dann nicht besser, die Produktion von einer ganzen Menge von Dingen zu stoppen, die nur die Schaufenster in der Regent-Street füllen? ... Was kann kindischer sein, als zu fordern, daß die Produktivkraft erhöht wird, wo ein Teil der vorhandenen Produktivkraft falsch angewandt wird[8]?

Zum Teil beruht diese Beobachtung auf dem traditionellen Appell nach der Ablehnung des »Übels« (illth), den Ruskin und Morris begrüßt hatten. Doch Tawney bringt das Argument eine wichtige Stufe voran. Nicht nur der Mangel an Zielgerichtetheit in der Gesellschaft leitet menschliche Anstrengungen in die Irre, sondern auch die Existenz und die Billigung von Ungleichheit. 1929 widmete sich Tawney vollkommen diesem letzteren Problem und zwar in Vorlesungen, die unter dem Titel *Equality* publiziert wurden.

Wieder steht hier Arnold am Anfang, aber wie zuvor weitet er eine moralische Beobachtung in ein detailliertes und praktisches Argument aus. Tawney geht, grundsätzlich gesehen, von der Existenz der ökonomischen Krise aus und folgert, daß Bemühungen, diese Krise dauerhaft zu meistern, ständig zum Scheitern verurteilt sind aufgrund der Tatsache der sozialen Ungleichheit. Er lenkt die Aufmerksamkeit auf das Erstaunen von ausländischen Beobachtern bei der Betonung von Klassen in England und fährt fort:

Hier ist ein Volk, sagen sie (die Beobachter), das mehr als jede andere Nation eine gemeinsame Kultur braucht, denn es hängt stärker als irgendein anderes von einem ökonomischen System ab, dessen jede Bewegung wechselseitiges Verstehen und kontinuierliche Kooperation verlangt, und das in höherem Maße als jedes andere Volk als Ergebnis seiner Geschichte die Materialien besitzt, mit denen eine solche gemeinsame Kultur inspiriert werden könnte. Und es scheint, daß sie, weit davon entfernt sich danach zu sehnen, nichts kennen, was sie weniger ersehnten[9].

Er insistiert, daß die Grundlagen einer gemeinsamen Kultur im Ökonomischen liegen. Ihr Zustand ist das Maß für die Gleichheit. Aber die Frage der Gleichheit in England aufzubringen, heißt, sofort auf »klagende Stimmen und ein Hin- und Hereilen« zu stoßen. Dem Fragesteller wird sofort gesagt werden, daß diese Lehre tödlich, verrückt und undurchführbar, in jedem Fall aber eine »wissenschaftliche Unmöglichkeit« sei. Tawney fährt fort:

Es ist offensichtlich, daß das Wort Gleichheit mehr als nur eine Bedeutung besitzt und daß zumindest zum Teil die es begleitenden Kontroversen deshalb aufkommen, weil der gleiche Begriff mit unterschiedlichen Konnotationen verwandt wird ... Andererseits mag das bestätigen, daß der Mensch insgesamt in seinen natürlichen Begabungen des Charakters und der Intelligenz sehr ähnlich ausgestattet ist. Andererseits mag es bestätigen, daß die Menschen, wenn sie auch als Individuen sich in Befähigung und Charakter grundlegend unterscheiden können, gleichermaßen mit Bedachtsamkeit und Respekt ausgestattet sind. Im ersten Fall ist die Behauptung der menschlichen Gleichheit eindeutig unhaltbar ... Die Anerkennung dieser Schlußfolgerung bewirkt indessen einen etwas kleineren Bruch bei den Gleichheitslehren als zeitweilig vermutet wird, denn diese Lehren sind kaum auf ihre Verneinung begründet worden ... Wenn Besucher aus den überseeischen Besitzungen oder aus dem Ausland von der Ungleichheit als einem besonderen und hervorstechenden Merkmal des englischen gesellschaftlichen Lebens betroffen sind, so meinen sie jedoch nicht, daß Unterschiede in den persönlichen Fähigkeiten in anderen Ländern von geringerer Bedeutung sind als in England. Sie meinen im Gegenteil, daß sie gewichtiger sind und daß sie in England eher verschleiert oder aus dem Bewußtsein verdrängt werden zugunsten von Unterschieden des Eigentums und Einkommens sowie der ganzen ausgetüftelten Fassade einer Gesellschaft, die, vergleichbar mit ihrer eigenen, geschichtet und hierarchisch zu sein scheint[10].

In England wird jedoch die Debatte über Gleichheit normalerweise so weitergeführt, als hieße der Vorschlag absolute Gleichheit des Charakters und der Befähigung. In Wirklichkeit aber

ist die Gleichheit, die all diese Denker als wünschenswert hervorheben, keine der Fähigkeit oder des Talents, sondern eine der Umstände und Institutionen sowie der Lebensweise. Die von ihnen beklagte Ungleichheit ist keine der persönlichen Gaben, sondern eine Ungleichheit der gesellschaftlichen und ökonomischen Umwelt. ... Nach ihrer Ansicht ... sollten, da Menschen Menschen sind, gesellschaftliche Institutionen — Eigentumsrechte, die Organisation von Industrie und das System des öffentlichen Gesundheits- und Erziehungswesens — geplant werden und zwar so umfassend wie möglich, nicht um die trennenden Klassenunterschiede zu betonen und zu verstärken, sondern um die gemeinsame Humanität, die sie vereint, zu stärken[11].

Tawney fügt noch zwei weitere Argumente an. Erstens, daß Gleichheit nicht mit der Begründung abgelehnt werden darf, daß die Menschen sich in ihren Bedürfnissen unterschieden: »Gleichheit des Vorrats ist keine Identität des Vorrats«. Zweitens (und meiner Meinung das wichtigste), daß

es notwendig ist, in der Absicht, Ungleichheiten der Umstände oder der Gelegenheiten durch Hinweisen auf Unterschiede der persönlichen Befähigung ... zu zeigen, daß die in Frage stehenden Unterschiede für die Ungleichheiten relevant sind[12].

Der Hinweis, daß Frauen schwächer als Männer sind, ist kein Argument gegen das Frauenwahlrecht und auch kein Argument für die Sklaverei, daß Männer unterschiedliche Intelligenz besitzen. Ferner stellt es kein Argument für ökonomische Ungleichheit dar, daß »jede Mutter weiß, daß ihre Kinder nicht gleich sind«: hier muß gefragt werden, »ob es dann Gewohnheit der Mutter sei, ihre ganze Pflege auf die Starken zu verschwenden und das Zarte zu vernachlässigen«. Auch ist es schließlich kein Argument für die Ungleichheit, daß sie von »ökonomischen Gesetzen« unterstützt wird. Diese Gesetze sind nach Maßgabe der Umstände und Institutionen relativ und diese durch »Werte, Vorlieben, Interessen und Ideale« bestimmt, »die in jedem Moment in einer gegebenen Gesellschaft herrschen«.

Viele der Überbleibsel von *Equality* sind der Verteidigung von Tawneys Spezial-Heilmitteln gewidmet. Insbesondere eine Erweiterung der sozialen Dienstleistungen und der Umwandlung der Industrie in eine soziale Funktion mit dem Status und den Standards eines Berufs. Man kann nur schwer der Humanität seiner Argumente widersprechen, doch fällt es ebenso schwer, nicht zu sehen, daß viele der Schriften in dieser Tradition, zwar das, was Tawney »den Löwen auf dem Weg« nennt, anerkennen, dennoch hoffen, den Weg dadurch zu Ende gehen zu können, daß der Reisende wie der Löwe zu einer gemeinsamen Humanität bekehrt werden können. Für Tawney, einen der edelsten Männer seiner Generation, ist diese Einstellung offensichtlich selbstverständlich. Ungleichheit und das vermeidbare Leiden seiner zeitgenössischen Gesellschaft sind, »wenn Menschen Menschen sind«, Gegenstand einer moralischen Wahl. Ist die Wahl getroffen, so ist es nur noch eine Frage der bewußten Organisation und der kollektiven Anstrengung. »Wenn die falschen Götter scheiden«, wie er mit einer anderen Metapher sagt, »gibt es zumindest etwas Hoffnung auf die Ankunft der wahren«. Tawney ist vor allem ein geduldiger Teufelsaustreiber. Er begegnet den falschen Göttern mit Ironie und wendet sich in der Zwischenzeit über ihre Köpfe hinweg an die Gemeinde mit der Sprache eines zuversichtlichen Humanismus. Indessen wirkt die Ironie zu Zeiten beunruhigend, obwohl sie für einen guten Teil des Charmes seiner Schriften verantwortlich ist:

Eine Nation ist nicht deshalb zivilisiert, weil eine Handvoll ihrer Mitglieder im Erwerb von großen Geldsummen und beim Überreden ihrer Gefolgsleute erfolgreich ist, daß eine Katastrophe eintreten wird, wenn sie es nicht tun, ebensowenig wie Dahomey zivilisiert, weil sein König einen goldenen Stuhl und eine Sklavenarmee besaß, oder Judäa, weil Salomon 1000 Frauen besaß, Affen und Pfaue importierte und die Verehrung von Moloch und Ashtaroth mit einem beeindruckenden Ritual umgab[13].

Diese Schreibweise ist für sein ganzes Werk sehr charakteristisch und bewirkt zeitweilig den Eindruck einer unbequemen Kombination von Argument und Filigran. Die Ironie, so argwöhnt man, ist Verteidigung, so wie sie es bei Arnold war, von dem sie sich im wesentlichen herleitet. Sie ist nicht bloßes literarisches Mittel zur gutgelaunten Aufnahme, wie es einigen Engländern zu obliegen scheint, wenn sie fühlen, daß sie sich gegen den Kern ihrer Gesellschaft wenden. Sie ist aber auch, so spürt man, ein Mittel, Spannung zu lockern, wenn sie gerade notwendig ist. Sie ist eine besondere Art der Wertschätzung der zu erwartenden Opposition, und ganz wesentlich ist sie auch eine Unterschätzung. Kein Gläubiger irgendeines Gottes wird von der lächelnden Beleidigung eines Missionars berührt sein, der sagt, daß des Gottes wahrer Name Mumbo-Jumbo ist. Er wird viel eher das Kompliment zurückgeben. Tawneys Haltung vor den Hohen Priestern ist unruhig. Er scheint wie Arnold zu fühlen, daß sie Leute seines Schlages sind und seine Sprache verstehen werden. Tun sie das nicht, braucht er sich nur zu wiederholen. Das Schauspiel kontrastiert negativ und unvorteilhaft mit Tawneys Art, hinter ihnen direkt zu sprechen: die ständige Erläuterung seines Arguments, daß die zeitgenössische Gesellschaft lediglich von einer ökonomischen Krise in die andere taumeln wird, wenn sie nicht sowohl ihre Werte als auch das sie verkörpernde System ändert. Diese erläuternde Haltung okkupiert glücklicherweise das meiste seines Werkes.

Die Diskussion von »Gleichheit und Kultur«, die ganz offensichtlich sehr wichtig ist, wird in beiden Stimmungen geführt, doch können wir fairerweise die Affen und Pfauen auslassen. Am Anfang deckte sich seine Position mit der traditionellen:

Was für eine Gesellschaft zählt, ist weniger, was sie besitzt, als was es ist und wie sie ihre Besitztümer gebraucht. Sie ist insofern zivilisiert als ihr Verhalten von einer gerechten Wertschätzung geistiger Ziele gelenkt wird und insofern, als sie ihre materiellen Resourcen dafür einsetzt, die Würde und Verfeinerung der einzelnen Menschen, aus denen sie besteht, voranzutreiben[14].

Soweit sagt Tawney etwas, was Coleridge oder Ruskin befürworten würden. Aber dann fährt er fort:

Krasse Gegensätze zwischen Reichtum und Macht sowie eine undifferenzierte Verehrung von Institutionen, durch die solche Gegensätze aufrechterhalten und vergrößert werden, bringen nicht die Erreichung solcher Ziele voran, sondern verkehren sie[15].

Die neue Erkenntnis ist richtig und gehört seiner Zeit an. Tawney ist weniger mit der Verteidigung der Kultur gegen den Industrialismus befaßt als mit der Schaffung einer »gemeinsamen Kultur«. Der Haupteinwand dagegen ist von Clive Bell formuliert worden: Kultur hängt von Normen ab, und Normen von einer kultivierten Minderheit. Eine kultivierte Minderheit ist inkompatibel mit der Verfolgung der Gleichheit; dies kann nur eine Niveausenkung auf die Mittelmäßigkeit bedeuten.

Tawneys Antwort auf diesen Einwand ist interessant, auch wenn es schwer fällt, zu sehen, daß er die Niveausenkung mit mehr als mit einem Mittel abwehrt, das die Aufmerksamkeit auf Nebensächliches wendet. Es besitzt keine wirkliche Bedeutung, darauf hinzuweisen, daß England schon jetzt »ein Todesniveau von Gesetz und Ordnung« besitzt und daß dies allgemein anerkannt wird. Er beobachtet richtig:

Nicht alle Geister, die sich in Metaphern kleiden, sind gleichermaßen substantiell, und ob ein Niveau bedauernswert ist oder nicht, das hängt letztlich davon ab, was nivelliert wird[16].

Doch das Argument bezieht sich auf die Nivellierung des Standards und hier hat Tawney nichts wesentliches zu sagen.

Das Wesen seiner Erwiderung ist mehr allgemein. Die Aufrechterhaltung ökonomischer Ungleichheit, so argumentiert er, tendiert dazu, das »was Mr. Bell den Sinn von Werten nennt, zu pervertieren«.

Menschen in der kräftigen Sprache des Alten Testaments zu veranlassen, »fremden Göttern zu huldigen«, was heute heißt, aufwärts zu starren mit rollenden Augen, aufgerissenen Mündern auf die Vorhallen eines Elysiums dritter Klasse und ihre armen Seelen oder was unter solchen Umständen noch davon übrig geblieben ist, damit zu quälen, sich in es hineinzuwinden[17].

Das nebengeordnete Argument, daß nämlich ökonomische Ungleichheit, während sie möglicherweise eine genuin kultivierte Minorität erhält, gleichzeitig und vordringliche »bedeutende Schein-Kriterien« aufrecht erhält, sticht. Wir können ebenfalls dem von Arnold übernommenen Punkt zustimmen, daß Erfahrung nicht nahelegt, daß

im modernen England die Plutokratie mit ihrer Verehrung der Maxime *privatim opulentia, publice egestas* überhaupt in irgendeinem Sinn der Wächter solcher Tätigkeiten ist (*die Arbeiten eines Künstlers oder Studenten*) oder daß, um mit Mäßigung zu reden, sie bemerkenswert intensiver als die Masse der Bevölkerung freiwillig etwas auf Kunst, Erziehung oder die Dinge des Geistes verwendet[18].

Indessen wäre es wie bei Arnold gleichermaßen eine zwingende Beobachtung, den Vorschlag umzukehren und zu fragen, ob die »Masse« ein verläßlicher Wächter sein würde. Wir können festhalten, daß das Argument von der Kultur nicht in sich selbst eins für ökonomische Ungleichheit darstellt, doch erfordert die Empfehlung einer umfassenden Kultur etwas mehr als ein *tu quoque*.

Wenn wir abschließend Tawneys zentrale Äußerung über Kultur betrachten, bemerken wir die gleiche Schwierigkeit. Er schreibt:

Es ist wahr, daß das Ausgezeichnete ohne strenge und anspruchsvolle Standards des Erreichens und der Wertschätzung unmöglich ist... Um aber einer Illusion zu entkommen, muß es nicht notwendig sein, einander zu umarmen. Wenn Zivilisation kein Produkt des Küchengartens ist, ist sie auch keine exotische Pflanze, die im Treibhaus gezogen werden muß... Kultur kann Mäkelei sein, doch Mäkelei ist keine Kultur... Kultur ist kein Sortiment von ästhetischen Zucker-Pflaumen für verwöhnte Gaumen, sondern eine Energie der Seele... Wenn sie sich von sich selbst ernährt, statt ihre Kraft aus dem gemeinsamen Leben der Menschheit zu ziehen, hört sie auf zu wachsen und wenn sie zu wachsen aufhört, hört sie auf zu leben. Damit sie nicht nur eine interessante Rarität im Museum, sondern ein tätiges Prinzip der Intelligenz und der Verfeinerung ist, mittels dessen Vulgarismen geprüft und Kruditäten korrigiert werden, ist es notwendig, nicht nur bestehende Standards des Ausgezeichneten zu bewahren, ihren Einfluß auszubreiten, sondern sie durch einen sich immer vergrößernden Bereich emotionaler Erfahrung und intellektuellen Interesses zu erweitern und anzureichern. Die Verbindung von Kultur mit einer begrenzten Klasse, die Kraft ihres Reichtums, die Kunst des Lebens auf ein hohes Niveau der Vollendung treiben kann, kann das erste, aber ohne Hilfe nicht das zweite erreichen. Sie mag tatsächlich oder nur scheinbar einige Bereiche einer Gemeinschaft verfeinern, doch verflucht sie andere und vernichtet letztlich mit dem Pesthauch der Sterilität die Verfeinerung selbst. Sie mag Kultur bewahren, kann sie aber nicht erweitern, und wahrscheinlich kann sie letztlich unter den heutigen Bedingungen nur durch Erweiterung werden[19].

Als Antwort auf das Problem der Minoritäts-Kultur ist das vernünftig. Nicht daß seine Sprache vollkommen bewunderungswürdig ist: die Zucker-Pflaumen gehören zu den Affen und Pfauen, während »Treibhaus«, »Museumsraritäten«, »Sterilität« usw. die Knotenpunkte einer vertrauten Art von Journalismus geworden sind. Die Unbestimmtheit der Sprache markiert in der Tat einen wichtigen Mangel an Gefühl. Der Kasus der Erweiterung (das ist genau das angemessene Wort) ist stark. Die Gefahren der Begrenzungen sind real und gegenwärtig. Doch von dem Problem als dem des »Eröffnens eines Museums« oder des Bringens von Raritäten auf den Marktplatz zu denken, heißt, vor einer ganz kümmerlichen Vorstellung von Kultur zu kapitulieren. Tawneys Position ist sowohl normal als auch menschlich. Doch gibt es einen ungelösten Widerspruch, den Phrasen vom Verbreiten und Anreichern nur verwischen, ein Widerspruch zwischen der Erkenntnis, daß eine Kultur wachsen muß und der Hoffnung, daß »die bestehenden Standards des Ausgezeichneten« intakt bewahrt werden können. Das ist ein Widerspruch, den die Verteidiger der Ungleichheit rasch ausbeuten werden. Die Frage, der es gilt, ins Auge zu sehen, um es für einen Augenblick mit Tawneys Analogien zu sagen, lautet: wird das bekannte Gold weiter verbreitet oder wird es in Wirklichkeit einen Währungsumtausch geben? Wenn die gesellschaftlichen und ökonomischen Veränderungen, die Tawney empfiehlt, wirklich berührt werden, dann kann letzteres — der Währungswechsel — mit Gründen erwartet werden. Denen, für die das ein befürchtetes Unglück ist, werden Tawneys Versicherungen nicht überzeugend klingen. Den anderen, die von Tawneys fester Humanität beeindruckt und von der Notwendigkeit einer radikalen gesellschaftlichen Veränderung überzeugt sind, wird die Analyse — obwohl angemessen — an Tiefe mangeln. Tawney ist die letzte wichtige Stimme in dieser Tradition, die versuchte, das moderne System der Gesellschaft mittels seiner eigenen besten Begriffe zu humanisieren. Das ist sowohl Zeichen seiner Leistung wie seiner Grenzen. Wir können indessen zu Recht mit einer Betonung seiner Leistung schließen, denn Tawney gehört zu den ganz wenigen Denkern dieses Jahrhunderts, die in der Qualität ihrer Ehrerbietung, Hingabe und ihres Mutes mit ihren Vorfahren im 19. Jahrhundert auf einer Stufe stehen.

Kapitel III

T. S. Eliot

Wir können von Eliot das sagen, was Mill von Coleridge sagte, daß ein »aufgeklärter Radikaler oder Liberaler frohlocken sollte angesichts eines solchen Konservativen«[1]. Wir können das selbst dann tun, wenn wir mit der Weisheit unserer Generation »aufgeklärt« als eine Art Beleidigung empfinden. Nicht nur wegen Mills Satz: »wenn eine konservative Philosophie auch eine Absurdität wäre, kalkuliert man gut, wenn man hundert schlimmere Absurditäten als die eigene vertreibt«, oder: weil solch ein Denker »das natürliche Mittel (ist), Wahrheiten vor dem Vergessen zu bewahren, die die Tories vergessen haben und die die vorherrschenden Schulen des Liberalismus niemals kannten«[2]. Ebenso kann man sehen, liest man Eliot mit Sorgfalt, daß er Fragen aufgeworfen hat, die selbst die beantworten müssen, die politisch anderer Meinung sind, es sei denn, sie räumen das Feld. Insbesondere in seiner Diskussion über Kultur hat er den Gedanken auf eine wichtige neue Stufe vorangetrieben und zwar soweit, daß die Wiederholung der alten Stücke lediglich ermüdend wäre.

Beim Abfassen von *The Idea of a Christian Society* übernimmt Eliot etwas von Coleridge nachdrücklich Betontes:

Mit der Verwendung des Begriffes »Idee« einer Christlichen Gesellschaft meine ich nicht vordringlich eine Vorstellung, die vom Studium irgendwelcher Gesellschaften, die wir christlich zu nennen gewählt haben: Ich meine etwas, das nur im Verstehen des Zieles gefunden werden kann, nach dem eine Christliche Gesellschaft, die ihren Namen verdient, ausgerichtet sein muß... Ich ...will mich... mit der Frage befassen, was — wenn es sie überhaupt gibt — ist die »Idee« der Gesellschaft, in der wir leben? Auf welches Ziel hin ist sie ausgerichtet[3]?

Hiervon ausgehend kritisiert er eine großartige öffentliche Platitüde:

Die gängigen Begriffe, mit denen wir unsere Gesellschaft beschreiben, die Gegensätze zu anderen Gesellschaften, mit denen wir — die »Westlichen Demokratien« — sie verklären, funktionieren nur, um uns zu täuschen und zu verdummen. Von uns selbst als einer Christlichen Gesellschaft im Gegensatz zum Deutschland von 1939 oder etwa Rußland zu sprechen, stellt einen Begriffsmißbrauch dar. Wir meinen damit lediglich eine Gesellschaft, in der niemand für das *formale Bekenntnis*, Christ zu sein, bestraft wird. Aber wir verbergen vor uns selbst das unangenehme Wissen der wahren Werte, durch die wir leben[4].

Die Wirkung dieser Beobachtung ähnelt stark der Coleridges über die Idee der National-Kirche. Mit dieser Präzisierung mögen die »hundert Absurditäten« als das angesehen werden, was sie sind.

Die Beobachtung ist für den Ton des ganzen Werkes charakteristisch. Eliots Untersuchung geht von einer Krise des Fühlens im September 1938 aus:

Es handelte sich nicht um eine Störung des Verstehens. Die Ereignisse selbst waren nicht überraschend. Auch war, wie zunehmend deutlicher wurde, unser Kummer nicht bloß Ergebnis der Mißbilligung mit der gegenwärtigen Politik und dem Benehmen. Das neue und unerwartete Gefühl war das der Erniedrigung, das einen Akt der persönlichen Bußfertigkeit, Demut, Reue und Besserung zu verlangen schien. Etwas war geschehen, in das man zutiefst verwickelt und für das man verantwortlich war. Ich wiederhole, es war kein Zweifel an einer Regierung, sondern ein Zweifel an der Gültigkeit einer Zivilisation. ... War unsere Gesellschaft, die stets ihrer eigenen Überlegenheit und Aufrichtigkeit so sicher war, so auf ihre unüberprüften Prämissen vertraute, um irgend etwas Dauerhafteres als einen Haufen Banken, Versicherungsgesellschaften und Industrien, und besaß sie irgendeinen wesentlicheren Glauben, als den an Abschlagzinsen und der Erhaltung von Dividenden[5]?

Die Art dieser Frage gehört ganz offensichtlich zu der Tradition. Und die Gefühle der Erniedrigung und des Verwickeltseins erinnern an frühere Gefühle in einer anderen Krise, an die Reaktion des Chartismus um 1830 und 1840.

Eine Christliche Gesellschaft, so argumentiert Eliot, »besitzt einen einheitlichen religiös-sozialen Verhaltenskode«[6]. Eine Christliche Gesellschaftsorganisation wäre eine, »in der das natürliche Ziel des Menschen — Tugend und Wohlsein in der Gemeinde — für alle anerkannt wird und das übernatürliche Ziel — Glückseligkeit — für alle, die Augen besitzen, es zu sehen«[7]. Wie indessen die Dinge liegen,

ist ein Großteil der Maschinerie des modernen Lebens lediglich eine Sanktionierung für unchristliche Ziele ... sie ist nicht nur der bewußten Verfolgung eines christlichen Lebens in der Welt durch einige wenige feindlich, sondern der Aufrechterhaltung jeder Christlichen Gesellschaft *auf der* Welt überhaupt[8].

Eine Christliche Gesellschaft wird nicht bloß durch eine Veränderung dieser »Maschinerie« realisiert werden, doch muß jede Kontemplation darüber führen zu

solchen Problemen wie die Hypertrophie des Motivs des Profits in ein gesellschaftliches Ideal hinein, die Unterscheidung zwischen dem *Gebrauch* natürlicher Resourcen und deren Ausbeutung, den Gebrauch von Arbeit und deren Ausbeutung, das unfairen Anhäufen der Vorteile beim Händler dem ursprünglichen Hersteller gegenüber, die Fehlleitung der Finanzmaschinerie, das Laster des Wucherns und andere Merkmale einer kommerzialisierten Gesellschaft, die ganz genau nach christlichen Prinzipien ausgesucht werden muß. ... Uns wird bewußt gemacht, daß die Organisation der Gesellschaft auf der Basis des Prinzips des privaten Profits wie die öffentliche Zerstörung beide durch einen nicht regulierten Industrialismus zu der Deformation der Menschheit und zur Erschöpfung der natürlichen Resourcen führen und daß für einen guten Teil unseres materiellen Fortschritts die nachfolgenden Generationen teuer zu bezahlen haben werden[9].

Ein nicht regulierter Industrialismus tendiert nicht dazu, eine Gesellschaft, sondern einen Mob zu schaffen. Der religiös-gesellschaftliche Komplex, auf dem eine christliche Gesellschaftsorganisation aufgebaut werden könnte, wird so geschwächt oder zerstört:

Ich bin erstaunt, daß die Leute in einer industrialisierten Gesellschaft wie in der Englands ein so hohes Maß an Christlichkeit bewahrt haben. ... In ihrer religiösen Organisation ist, so können wir sagen, die Christenheit auf einer Entwicklungsstand stehen geblieben, der einer einfachen Ackerbau- oder Fischereigesellschaft angemessen war und die moderne materielle Organisation — oder wenn »Organisation« zu sehr als Kompliment empfunden wird, wollen wir »Kompliziertheit« sagen — hat eine Welt hervorgebracht, für die die christlichen Sozialformen unvollkommen angepaßt sind[10].

In einem solchen Zustand der Desintegration oder des Ungleichgewichts können materielle oder physische Verbesserungen nur nebensächlich sein:

Ein Mob wird nicht weniger ein Mob sein, wenn er gut ernährt, ordentlich gekleidet und gut wohnt, sowie gut diszipliniert ist[11].

Vom Liberalismus werden wir wahrscheinlich nur die Früchte dieser Unordnung erben, während Demokratie in dem Sinne, in dem wir unsere sozialen Ziele zu definieren neigen, zu viele Dinge bedeutet, als daß es noch irgend etwas zu bedeuten vermöchte, nach dem eine Gesellschaft ihr ganzes Leben ausrichten könnte. Mit dieser Kritik am Liberalismus und der Demokratie wiederholt Eliot im wesentlichen Carlyle: beide Bewegungen wenden sich von etwas *weg* und beide kommen entweder bei etwas anderem, als ursprünglich beabsichtigt war, an oder andersherum, sie kommen — gesellschaftlich gesehen — bei überhaupt nichts Positivem an.

The Idea of a Christian Society dient in seiner allgemeinen Wirkung eher dazu, die Idee einer christlichen Gesellschaft von anderen Ideen zu unterscheiden, mit denen sie in Verbindung gebracht oder von denen sie evidentermaßen geleugnet worden ist, als auch nur irgend etwas zu formulieren, was der Programmatik entspräche. Eliots Geschäft ist das Bekenntnis einer Haltung und es ist ein wesentliches Moment dieser Haltung, daß die Ausformulierung von Programmen keine Priorität beanspruchen darf. So bemerkt er z. B. in einem Abschnitt, der direkt zu der Art von Untersuchung führt, die er in *Notes toward the Definition of Culture* durchgeführt hat:

Man kann in keinem Schema für eine Reform der Gesellschaft unmittelbar auf einen Zustand abzielen, in dem die Künste florieren werden. Diese Tätigkeiten sind wahrscheinlich Nebenprodukte, für die wir nicht bewußt die Bedingungen herstellen können. Andererseits kann ihr Niedergang immer als Symptom für ein gesellschaftliches Leiden angesehen werden, das untersucht werden muß[12].

Und er bemerkt ferner:

den ständigen Einfluß, der im Stillen in jeder profitorientierten Massengesellschaft an der Herabminderung der Kunstnormen und Kultur wirksam ist. Das sich vergrößernde Anzeigenwesen und die Propaganda — oder die Beeinflussung der Masse der Menschen durch jedes Mittel, nur nicht des ihrer Intelligenz — sind alle gegen sie. Das Chaos der Ideale und die Verwirrung des Denkens im großen Bereich unserer Erziehung der Massen ist gegen sie. Ebenso ist es das Verschwinden jeder Art von Menschen, die die öffentliche und private Verantwortung anerkennen, das Beste, das gemacht oder geschrieben worden ist, zu beschützen[13].

Dennoch: selbst dagegen und zwar aus dem angeführten Grund bietet Eliot nichts, was verständig als Vorschlag genannt werden könnte. Vielmehr beginnt er von hier aus seine durchdringende Überprüfung der Idee der Kultur in seinem nächsten Stück. In *Notes towards the Definition of Culture* wird Eliots Konservativismus wesentlich evidenter. Aber ich glaube, daß wir zu recht annehmen können, und viele, die ihn heute betrachten, erinnern sich vielleicht, daß dieser neuere Versuch lediglich vom Standpunkt dieser weitreichenden Kritik an der zeitgenössischen Gesellschaft sowie der zeitgenössischen Sozial-Philosophie, die *The Idea of a Christian Society* so ausdrücklich verkörpert, ausgeht.

Zu den *Notes towards the Definition of Culture* läßt sich nur schwer ein Zugang finden. Obwohl nur eine kurze Arbeit, so unterscheidet sie sich doch in Methode und Ernst in sich selbst sehr stark. Zeitweilig ist die Methode, z. B. in der Einleitung und den Notes of Education, kaum mehr als eine Bloßlegung von Sentenzen, die Eliot absurd oder schädlich gefunden hat. Dies wird mit einem kurzen fortlaufenden Kommentar verbunden, der sich plötzlich verwandelt und zur Argumentation wird. Diese Teile des Buches gleichen mehr den knurrigen Korrespondenten-Kommentaren als der Prosa des Geistes. Die zentralen Kapitel sind indessen wesentlich seriöser und in einigen dieser Abschnitte findet sich die Brillanz und kraftvolle Energie der Definition, die Eliots Kritik auszeichnet. Aber es gibt einen wichtigen Unterschied zur Literaturwissenschaft, deren Haupttugend immer in der spezifischen Eigenart, nicht nur in der Definition, sondern auch der Illustration liegt. In diesen Essays läuft die Nützlichkeit der Definitionen stets Gefahr, verloren zu gehen, da Eliot entweder unwillig oder unfähig ist, zu illustrieren. Er formuliert im Laufe seiner Argumentation eine Reihe wichtiger historischer Generalisierungen, die aber bestenfalls arbiträr sind, da sich kaum ein Versuch findet, sie zu illustrieren. Ein kurzes Beispiel:

Man kann nicht erwarten, alle Entwicklungsstadien gleichzeitig vorzufinden ... keine große Zivilisation kann zugleich große Volkspoesie auf einem hohen kulturellen Niveau und *Paradise Lost* auf einem anderen hervorbringen[14].

Das allgemeine Problem ist ganz offensichtlich von großer Bedeutung und fest in die darauffolgende Theorie eingebaut. Doch wünscht man sich angesichts des historischen Gegenstandes wesentlich mehr Diskussion mit wirklichen Beispielen, bevor man vernünftigerweise entscheiden kann, ob es wahr ist. Die von ihm gebotenen Beispiele scheinen beinahe daraufhin angelegt zu sein, Zweifel aufkommen zu lassen, da z. B. die Tatsache der Ko-Existenz von *Paradise Lost* und *The Pilgrim's Process* innerhalb einer Generation ein offenkundiger und für jeden, der über Kulturebenen nachdenkt, auch ein offensichtlich schwieriger Fall ist. Nicht, daß man sicher sein könnte, Eliot habe unrecht, sondern man kann noch weniger sicher sein, daß er recht hat. Die Substanz seiner allgemeinen Argumentation ist tastend und beiläufig, doch ist die Art, mit der sie vermittelt wird, oft bis zur Unverschämtheit dogmatisch. So schreibt er z. B. in seiner Einleitung:

Was ich zu sagen versuche ist: hier sind die, wie ich glaube, für das Gedeihen und Überleben von Kultur essentiellen Bedingungen[15].

Das ist ein fairer Anspruch und der Ton stimmt mit dem angebotenen Faktum überein. Doch diesem Satz folgt unmittelbar dies:

Wenn sie mit irgendeinem leidenschaftlichen Glauben des Lesers im Konflikt stehen — wenn ihn z. B. schockiert, daß Kultur und der Gleichheitsgrundsatz sich widersprechen können, wenn es ihm ungeheuerlich erscheint, daß irgend jemand durch Geburt Vorteile besitzen könnte — dann bitte ich ihn nicht, seinen Glauben zu ändern, ich bitte ihn lediglich, mit dem Lippenbekenntnis zur Kultur aufzuhören[16].

Von dem *zu sagen versuche* und *wie ich glaube* geht ein abrupter Übergang zu etwas ganz anderem: die fest, von den emotionalen Mitteln des *leidenschaftlich, schockiert, ungeheuerlich* und *Lippenbekenntnis* unterstützte Behauptung, daß wir, stimmen wir mit Eliots Bedingungen nicht überein, als selbstüberführte, Kultur gegenüber indifferente Menschen dastehen. Das ist, um das geringste zu sagen, nicht erwiesen; und dieser Sprung aus dem Akademischen in den Korrespondenten-Kommentar, dessen sich Eliot als außerordentlich befähigter und erfahrener Schriftsteller völlig bewußt sein muß, ist ein Beweis dafür, daß hinter diesem Werk andere Impulse stehen, als die geduldige Anstrengung zu definieren. Der Beweis, so ist man geneigt zu sagen, für den verbreiteten Zwang, die eigenen Vorurteile zu rationalisieren. Mr. Laski, Mr. Dent, Earl Attlee und die anderen, die am Schandpfahl stehen, können in solchen Augenblicken kaum beschuldigt werden, wenn sie nach Eliot schielen würden — nicht in Richtung des Gerichtssaals, sondern neben sich in der Erwartung, daß er gesteinigt wird.

Der wichtigste aus diesen Fehlern sich ergebende Nachteil des Buches ist, daß diejenigen von uns, die andere Vorurteile besitzen, mit einigem Recht über sie hinweggehen, während die wirklich wichtigen Punkte umgangen werden. Die Hauptbedeutung des Buches liegt meiner Meinung nach in zwei Diskussionen. Erstens: die Übernahme der Bedeutung von Kultur »als einer ganzen Lebensweise« und der sich daraus ergebenden Überlegung, was wir mit den Kultur-»Ebenen« darin meinen. Zweitens: Seine Anstrengung, zwischen »Elite« und »Klasse« zu unterscheiden, sowie die durchdringende Kritik der »Elite«-Theorien. Es ist beinahe eine physische Erleichterung nach den Irritierungen auf diese Erörterungen zu stoßen. Indessen scheint man über sie nur wenig nachgedacht zu haben. Der Sinn von »Kultur« als »einer ganzen Lebensweise« ist sehr häufig in der Anthropologie und Soziologie des 20. Jahrhunderts betont worden und Eliot steht, wie wir alle, zumindest gelegentlich unter dem Einfluß dieser Disziplinen. Die Entwicklung der Sozial-Anthropologie tendierte dazu, die Weisen wie eine Gesellschaft und ein früher aus der allgemeinen Erfahrung des Industrialismus ausgearbeitetes gemeinsames Leben beobachtet wurde, zu übernehmen und zu substantiieren. Die Betonung des »eine ganze Lebensweise« hält sich kontinuierlich von Coleridge bis Carlyle, doch was einmal eine persönliche Bestätigung des Wertes war, ist zur intellektuellen Methode geworden. Im gewöhnlichen Denken hat es zu zwei wichtigen Ergebnissen geführt. Erstens haben wir etwas neues über Veränderung gelernt: nicht nur, daß wir davor keine Angst zu haben brauchen, da alternative Institutionen und Akzentuierung sich als praktikabel und zufriedenstellend erwiesen haben, sondern auch, daß es sie nicht stückweise geben kann — kein Element kann in einem komplexen System verändert werden, ohne das Ganze ernsthaft zu beeinflussen. Zweitens (und das ist vielleicht von zweifelhafterem Wert) haben wir neue Illustrationen für eine alternative Lebensweise erhalten. Einfach gesagt, die mittelalterliche Stadt und das Dorf des 18. Jahrhunderts sind als Vorbilder durch zahlreiche Arten neuer einfacher Gesellschaften ersetzt worden. Sie können uns erneut darin bestärken, daß die uns vom Industrialismus aufgezwungene Version des Lebens weder universal noch dauernd ist, sondern auch zu einer Art schwächendem Luxus werden kann, wenn wir überredet werden, daß wir uns den ganzen Bogen menschlicher Möglichkeiten im Leben wie in den Dokumenten wählen können. Die Alternativen und Variationen, die zählen, sind die, die in unserer eigenen Kultur praktisch werden können. Die richtig betonte Disziplin treibt uns zurück, mehr die innerhalb unseres eigenen Komplexes zu betrachten, als auswärtige an anderem Ort und zu anderen Zeiten.

Eliots Betonung von Kultur als einer ganzen Lebensweise ist nützlich und bedeutsam. Ebenso bedeutsam ist, daß er, ist die Betonung einmal realisiert, mit ihr spielt:

Kultur ... impliziert all die für ein Volk charakteristischen Tätigkeiten und Interessen: Derby Day, Henley Regatta, den 12. August, ein Cup-Finale, die Hunderennen, das Anschlagbrett, die Dart-Zielscheibe, Wensleydale Käse, in Streifen geschnittener gekochter Kohl, Rote Beete in Essig, Gotische Kirchen aus dem 19. Jahrhundert und die Musik von Elgar[17].

Diese gefällige Miszelle ist evidentermaßen engstirniger als die ihr vorangegangene allgemeine Beschreibung. Die charakteristischen »Tätigkeiten und Interessen« würden ebenfalls Stahlerzeugung, Autotourismus, gemischte Bauernwirtschaften, die Börse, Kohlenbergbau und die Londoner Verkehrsbetriebe enthalten. Jede Liste müßte unvollständig sein, doch Eliots Kategorien heißen Sport, Ernährung und ein bißchen Kunst — ein charakteristische Beobachtung englischen Müßiggangs. Es gibt einen Hinweis, daß er nicht ganz den Sinn des »eine ganze Lebensweise« akzeptiert, sondern in diesem Beispiel den älteren, speziellen Sinn von »Kultur« (Künste, Philosophie) in »volkstümliche Kultur« (Sport, Ernährung und Gotische Kirchen) übersetzt. An anderen Stellen des Buches wird es evident, daß er sich zeitweilig zu diesem speziellen Sinn zurückwendet. Er sagt, daß es möglich sei, sich eine künftige Zeit vorzustellen, die »*keine* Kultur besitzen wird«[18], womit er mit Sicherheit nichts anderes meinen kann, als »wird nicht besitzen, was im Sinne einer Religion, der Künste, der Gelehrsamkeit als Kultur anzuerkennen ist«. Denn, wenn man auf diesen Satz die Bedeutung »eine ganze Lebensweise« anwendet, dann gipfelt er in der Aussage, daß eine Zeit vorstellbar wäre, in der es auf keiner Ebene ein gemeinsames Leben geben könnte. In dem Buch findet sich dieses Daneben — Definieren oft.

Eliot unterscheidet drei Bedeutungen von Kultur:

je nachdem, ob wir die Entwicklung eines *Individuums,* einer *Gruppe* oder *Klasse* oder die einer *ganzen Gesellschaft* vor Augen haben[19].

Er stellt fest, daß »Gebildete Moralisten« im allgemeinen die beiden ersten Bedeutungen diskutiert haben und insbesondere die erste ohne Bezugnahme auf die dritte. Das trifft kaum auf — sagen wir — Coleridge, Carlyle, Ruskin und Morris zu, ist aber wahrscheinlich richtig oder teilweise richtig bei Arnold, an den er zumeist zu denken scheint und den er mit Namen anführt. Die Bedeutung dieser Formulierung liegt nicht in ihr selbst, sondern in den beiden aus ihr gewonnenen Deduktionen: erstens, daß

ein gut Teil Konfusion verhütet werden könnte, wenn wir davon absähen, etwas der Gruppe vorzusetzen, was allein das Ziel des Individuums sein kann, und vor die Gesellschaft als ganze etwas zu setzen, was allein Ziel einer Gruppe sein kann[20],

und zweitens, daß

die Kultur des Individuums nicht von der der Gruppe isoliert werden kann und ... die Kultur der Gruppe nicht von der der ganzen Gesellschaft abstrahiert werden kann ... Unser Begriff von »Vollendung« muß allen drei Bedeutungen von »Kultur« gemeinsam gerecht werden[21].

Diese Schlußfolgerungen besitzen zunächst einen wichtigen negativen Wert. Sie machen jeden Versuch unmöglich, werden sie akzeptiert, die Suche des Invididuums nach Vollendung in ein vernünftiges gesellschaftliches Ideal umzuwandeln. Sie verunmöglichen ebenso die extremen Formen einer Idee der »Minderheits-Kultur«, nach der es möglich sein soll, daß die Kultur einer Gruppe nach Maßgabe eigener Vorstellung und innerhalb des eigenen Horizontes ohne Bezugnahme auf den Kulturfortschritt der Gesamtgesellschaft, von der die Gruppe ein Teil bildet, aufrechterhalten werden kann. Die als Ideen abgewiesenen Vorstellungen scheinen offenkundig unvollkommen, doch als Gefühl sind sie erstaunlich langlebig und ein gut Teil zeitgenössischen Bemühens scheint sich tatsächlich darauf zu gründen. Es ist ganz wesentlich und ideell die Funktion eines konservativen Denkers, ihre Unangemessenheit zu zeigen.

Aber für Eliot liegt der vitale Nutzen dieser Schlußfolgerungen in dem Satz: »ein gut Teil Konfusion könnte verhütet werden, wenn wir davon absähen, etwas ... vor die Gesellschaft als Ganzes zu stellen, was allein Ziel einer Gruppe sein kann.« Diese Feststellung initiiert und unterstützt seine ganze Theorie der Klassen, wie folgt:

Unter den primitiveren Gesellschaften enthüllen die höheren Typen mehr genau erkennbare Funktionsunterschiede unter ihren Mitgliedern als die unteren Typen. Auf einer noch höheren Stufe finden wir, daß einige Funktionen mehr geehrt werden als andere und diese Teilung treibt die Entwicklung von *Klassen* voran, in denen höhere Ehre und größeres Privileg der Person nicht bloß als Funktionsträger, sondern als Mitglied der Klasse entsprechen. Und die Klasse selbst besitzt die Funktion, denjenigen Teil der Gesamtkultur einer Gesellschaft aufrechtzuerhalten, der sich auf diese Klasse erstreckt. Wir müssen im Auge zu behalten versuchen, daß innerhalb einer gesunden Gesellschaft diese Aufrechterhaltung einer partikularen Kulturebene nicht nur zum Wohle der sie aufrechterhaltenden Klasse, sondern zu dem der Gesellschaft als Ganzem geschieht. Das Bewußtsein dieser Tatsache wird uns davor bewahren, anzunehmen, daß die Kultur einer »höheren« Klasse für eine Gesamtgesellschaft oder ihre Mehrheit etwas Überflüssiges ist und daß sie etwas gibt, das gleichermaßen von allen Klassen geteilt werden müßte[22].

Dieser Bericht bildet, wenn er zusammen mit dem Insistieren, daß Kultur »eine ganze Lebensweise« ist, gesehen wird, die Basis zweier wichtiger von mir angeführter Diskussionen: die der Kultur-»Ebenen« und die über das Wesen von »Klasse« in ihrer Unterscheidung zu »Elite«. Vielleicht ist es schon im derzeitigen Stadium nützlich anzumerken, daß Eliots Bericht über die Entwicklung von Klassen, historisch gesehen, uns kein volles Vertrauen zu seinen folgenden Äußerungen vermittelt. Der Übergang von der Funktionsdifferenzierung in primitiven Gesellschaften zu dem, was wir als *Klassen* kennen und benennen, ist pfiffig gemacht, aber er läßt zu viel aus. Insbesondere verengt die Ausklammerung des ökonomischen Faktors — der Tendenz der Funktion, sich in Eigentum zu verwandeln — den Blick auf das Problem Klasse und führt in die Irre. Eliot scheint stets als das normale Schema eine Gesellschaft in seinem Denken vor Augen zu haben, die sowohl stabiler als auch einfacher ist als jede, für die seine Diskussion relevant sein könnte. Das Aufkommen solcher »funktionaler« Gruppen wie den Händlern, den industriellen Kapitalisten und dann den Finanziers hat auf ganz offensichtliche Weise das von Eliot benutzte Schema verändert. Denn es ist gut möglich und ist auch weithin schon eingetreten, daß die Funktion von dem Eigentum, das sie in einem Stadium geschaffen hatte, getrennt wird und weiter, daß die Aufrechterhaltung von Eigentum oder im engeren Sinne von Geld zu einer neuen »Funktion« werden. Wenn dieser Zustand der Dinge über viele Generationen durch Erbschaften und Akkumulation kompliziert worden ist und er ferner durch das kontinuierliche Aufkommen von neuen ökonomischen Funktionen mit den ihnen angemessenen Klassen radikal durchdrungen und in Mitleidenschaft gezogen worden ist, dann wird es irreführend, Klasse mit Funktion gleichzusetzen oder selbst auch nur eine feste Beziehung zwischen ihnen als sicher anzunehmen. Die Erkenntnis dieser Tatsache hatte in der Konfusion der neuen industriellen Gesellschaft Eliots Vorgänger innerhalb dieser Tradition zu den Forderungen nach Veränderung geführt. Coleridge, Southey, Carlyle, Ruskin und auch Arnold haben, so kann man sagen, vor allem an dem Versuch gearbeitet, aus »Klasse« »Funktion« zu machen. Das Fehlen jeder festen Verbindung zwischen Klasse und Funktion war der hauptsächliche Klagepunkt ihrer Kritik an der industriellen Gesellschaft. Man hält Eliot manchmal tatsächlich für einen Zeitgenossen Burkes, der seinerseits die eigene Gesellschaft schon simplifizierte und idealisierte. Gewiß scheint er sich in seinem späteren Werk — obwohl, wie wir gesehen haben, nicht in *The Idea of a Christian Society* — der übelsten Abstraktionen und Fehler schuldig gemacht zu haben, die man sich vorstellen kann.

Die Diskussion der Kultur-»Ebenen« wird jedoch durch diesen Fehler weniger betroffen als man erwarten würde. Beim Nachdenken über Kultur als »einer ganzen Lebensweise« betonte Eliot, daß ein großer Teil unserer Lebensweise notwendig unbewußt ist. Ein großer Teil unseres gemeinsamen Lebens ist unser gemeinsames Verhalten und das ist der Hauptpunkt des Unterschiedes zwischen den beiden Bedeutungen von »Kultur«. Was wir manchmal »Kultur« nennen — eine Religion, einen moralischen Kode, ein Gesetzessystem, ein Kunstgebilde in den Künsten — ist lediglich als ein Teil — der bewußte Teil — der »Kultur« anzusehen, der die ganze Lebensweise ausmacht. Das ist evidentermaßen eine erhellende Weise über Kultur nachzudenken, obwohl es sofort sehr ernste Schwierigkeiten erkennen läßt. Denn ebensowenig wie wir eine Entsprechung zwischen Funktion und Klasse annehmen konnten, können wir jetzt eine zwischen bewußter Kultur und der ganzen Lebensweise finden. Denken wir an eine einfache und stabile Gesellschaft, so wird die Entsprechung gewöhnlich evident. Aber wo es Komplikation, Spannung und Veränderung gibt, ist das nicht mehr eine Frage der Ebenen, eines gegebenen Prozentsatzes des uniformen Ganzen. Das Bewußtsein kann ein falsches oder teilweise falsches Bewußtsein sein, so wie es — wie ich meine — Eliot in *The Idea of a Christian Society* gezeigt hat. Wo das so ist, da besitzt die Aufrechterhaltung dieses Bewußtseins, das so oft wahrscheinlich das unmittelbare Interesse einer einzelnen Klasse ist, in keinem positiven Sinne eine Funktion. Wir sollten daher weise sein und zwischen der allgemeinen, theoretischen Beziehung zwischen bewußter Kultur und einer ganzen Lebensweise sowie der tatsächlichen Beziehung oder den Beziehungen, die jederzeit in einer Gesellschaft existieren können, unterscheiden. In der Theorie mag die Metapher der »Ebenen« erhellend sein, in der Praxis führt sie, da sie von der Beobachtung nicht nur einer Kultur, sondern eines Systems sozialer Klassen sich ableitet und ferner, weil das Maß der bewußten Kultur so leicht mit dem Maß des gesellschaftlichen Privilegs vermengt wird, zu Mißverständnissen.

Indessen ist es evident, daß die Grade des Bewußtseins in jeder denkbaren Gesellschaft selbst mit einer gemeinsamen Kultur sehr weit variieren werden. Eliots Betonung dieses Umstandes ist so bedeutsam, daß sie zu einer Revision von einigen einfacheren Thesen über die demokratische Verbreitung von Kultur zwingt. Es gibt hier drei Punkte. Erstens: es scheint jetzt evident zu sein, daß die Idee nicht der Gemeinsamkeit, sondern der Gleichheit der Kultur — einer uniformen, gleichmäßig verbreiteten Kultur — ganz wesentlich ein Produkt des Primitivismus (der sich oft als Medievismus ausdrückt) ist, der eine außerordentlich wichtige Antwort auf die brutalen Kompliziertheiten der neuen industriellen Gesellschaft darstellte. Eine solche Idee ignoriert die *notwendige* Komplexität jeder Gemeinschaft, die hochentwickelte industrielle und wissenschaftliche Techniken anwendet. Und das Sehnen nach Identität von Situation und Fühlen, die einen so machtvollen emotionalen Appell bei Schriftstellern wie Morris hervorgebracht haben, stellen lediglich eine Form regressiven Sehnens nach einer einfacheren, nicht-industriellen Gesellschaft dar. Das muß jetzt klar sein: es wird in jeder Gesellschaftsform, auf die wir mit einiger Wahrscheinlichkeit uns zubewegen, weniger eine einfache Gleichheit (im Sinne von Identität), sondern vielmehr ein sehr komplexes System von spezialisierten Entwicklungen geben, deren Gesamtheit das Ganze der Kultur bilden wird, die jedoch als Ganzes keiner in ihr lebenden Gruppe oder Individuum verfügbar oder bewußt sein wird.

(Dieses komplexe System besitzt natürlich keine notwendige Beziehung zu einem System gesellschaftlicher

Klassen, dem ökonomische Unterschiede zugrunde liegen. Wo dies realisiert ist, wird die Idee der gleichen Verteilung gemeinhin auf wenige, ausgewählte Elemente, gewöhnlich den Künsten, übertragen. Man kann sich mit Sicherheit, so meine ich, eine Gesellschaft vorstellen, in der das Ausüben und Genießen der Künste wesentlich weiter verbreitet ist. Doch gibt es sowohl für die Künste wie für die ganze Kultur Gefahren, wenn die Verteilung dieses abstrakten Teils der Kultur als separates Unternehmen geplant und gedacht wird. Einen Aspekt dieser Gefahr kann man im zweiten Punkt sehen: daß die Ideen der Verbreitung der Kultur normalerweise einen dominierenden Charakter besessen haben und zwar aufgrund des partikularen und überholten Ideals einer existierenden Klasse. Das, was ich den Fabier-Ton in der Kultur nennen würde, kann am klarsten in einem Ideal gesehen werden, das weithin in unser Erziehungssystem eingebaut worden ist — das des Führens der Nicht-Aufgeklärten zu der besonderen Art von Licht, das die Anführer für sich selbst als zufriedenstellend ansehen. Eine spezifische Arbeit wird, obwohl sie als signifikantes Ganzes in dem Kontext existiert, in dem sie hervorgebracht wurde, auf mehr Personen ausgedehnt. Das dominierende Element erscheint in der Überzeugung, daß das Produkt nicht verändert zu werden braucht, daß Kritik lediglich die Zuflucht des Mißverstehens ist und schließlich, daß das ganze ausgeführt und das Produkt weithin verbreitet werden kann, ohne daß die allgemeine Situation radikal verändert wird. Das mag zusammenfassend der Glaube sein, daß eine Kultur (im engeren Sinne) weithin verbreitet werden kann, ohne daß die Kultur (im weiteren Sinne von »einer ganzen Lebensweise«), innerhalb derer sie existiert hat, verändert wird.
Eliots Argumente helfen uns, die Grenzen dieser Ideen zu erkennen, obwohl er die Diskussion kaum zu einem Ziel bringt. Was er sagt, besitzt größere Relevanz für den dritten Punkt, der sich aus dem zweiten ergibt, daß nämlich eine spezialisierte Kultur nicht ausgedehnt werden kann, ohne daß sie verändert wird. Seine Worte für Veränderung heißen natürlich »Verfälschung« und »in Verruf bringen«, und wir müssen

ihm für seine eigenen Zwecke seine eigenen Bewertungen zugestehen. Indessen ist sein Hinweis, daß jeder Ausdehnung eine Veränderung impliziert ist, willkommen, wenngleich wir andere Bewertungen vornehmen und »Variation« und »Bereicherung« als zumindest ebenbürtige Möglichkeiten, denen gegenüber, die Eliot voraussieht, betrachten. Nichts wird mit der Annahme gewonnen, daß die Werte einer Lebensweise unverändert auf eine andere übertragen werden können. Auch ist die Annahme nicht sehr realistisch, daß eine bewußte Auswahl der Werte vollzogen werden kann — die schlechten abgewiesen und die guten übertragen werden können. Eliot hat mit seinem Beharren darauf recht, daß ein wirres und seichtes Denken über Kultur zu solchen Positionen geführt hat.

Eliot hat von seiner Insistenz auf Kultur als »einer ganzen Lebensweise« die orthodoxen Theorien über die Verbreitung von Kultur wertvoll kritisiert, und es gibt in seiner Sicht nur noch ein weiteres Hindernis auf dem Wege zur Anerkennung seiner allgemeinen Sicht. Dieses Hindernis ist die primär mit Mannheim verbundene Theorie der Substitution von Klassen durch Eliten. Mannheims Argumentation kann fundamental gesehen als Epilog auf den langen Versuch des 19. Jahrhunderts angesehen werden, Klasse wieder mit Funktion zu identifizieren. Das nahm dann entweder die Form an, obsolete Klassen (wie in Coleridges Idee die Geistlichkeit) wiederzubeleben zu versuchen oder an die bestehenden Klassen zu appellieren, ihre Funktionen wieder zu übernehmen (Carlyle, Ruskin) oder neue Klassen, die zivilisierende Minderheit (Arnold) zu bilden zu versuchen. Mannheim realisiert zu recht, daß diese Versuche weithin fehlgeschlagen sind. Ferner weist er die Idee der auf Geburt oder Geld basierenden Klassen zurück und schlägt unter Betonung der notwendigen Spezialisierung und Komplexität der modernen Gesellschaft die Substitution der alten Klassen durch die neuen Eliten vor, die weder auf Geburt noch Geld begründet sind, sondern auf Leistung. In der Praxis kann man unsere eigene Gesellschaft als eine Mischung von den alten Ideen der Klasse und den neuen Ideen einer Elite ansehen: eine gemischte Ökonomie, wenn man das so sagen darf. Die Bewegung in Richtung auf Anerkennung der Idee der Elite ist natürlich machtvoll von den Doktrinen der günstigen Gelegenheit in der Erziehung und der wettbewerbswirksamen Wertschätzung des Verdienstes unterstützt worden. Der Umfang der notwendigen Spezialisierung und das imperative Erfordernis der Qualität haben ebenfalls einen starken und praktischen Druck ausgeübt.

Eliots Einwände gegen Mannheims Theorie lassen sich mit einem seiner Sätze zusammenfassen: »sie nimmt eine *atomistische* Sicht der Gesellschaft an«[23]. Die Phrase wird als zur Tradition gehörig erkannt werden. Das Gegenteil von *atomistisch* ist *organisch,* ein Wort, auf das sich Eliot (ohne es mehr als üblich zu definieren) weithin verläßt. Hier hat sein Instinkt recht. Die Theorie der Eliten ist im wesentlichen lediglich eine Verfeinerung der sozialen *laissez-faire.* Die Doktrin der günstigen Gelegenheit in der Erziehung ist bloße Silhouette der Doktrin des ökonomischen Individualismus mit der Betonung von Wettbewerb und »Weiterkommen«. Die Lehre der Chancengleichheit, die dies zu qualifizieren scheint, war in ihrer Konzeption großzügig, doch ist sie in der Praxis dem gleichen gesellschaftlichen Ziel verpflichtet. Die Definition von Kultur mit »einer ganzen Lebensweise« ist an diesem Punkt vital, denn Eliot hat ganz recht damit, hervorzuheben, daß die Übertragung der Kultur auf ein System der formalen Bildung zu begrenzen oder zu begrenzen versuchen heißt, eine ganze Lebensweise auf einen bestimmten Spezialismus einzugrenzen. Wenn ein solches begrenztes Programm mit Gewalt durchgesetzt wird, so ist es in der Tat schwer, einzusehen, wie das zu irgend etwas anderem als Desintegration führen kann. Was natürlich in der Praxis geschieht, wenn das Programm mit einer Lehre der günstigen Gelegenheit (so wie es heute weithin der Fall ist) kombiniert wird, ist das Entstehen neuer Arten von geschichteten Gesellschaften und die Schaffung neuer Arten von Abtrennungen. Die Orthodoxie in dieser Frage ist heute so allgemein und zuversichtlich, daß es schwer fällt, die eigene Ansicht zu vermitteln, wenn man sagt, daß eine geschichtete Gesellschaft, die sich auf Verdienst gründet, unter jedem menschlichen Aspekt ebenso abzulehnen ist, wie jede auf Geburt oder Geld beruhende Schichten-Gesellschaft. Wie die Idee einer solchen Gesellschaft sich innerhalb des überkommenen ökonomischen Systems entwickelt hat, hat sie sich als funktional autoritär erwiesen und besitzt sogar (aufgrund der Illusion, daß ihre Kriterien absoluter sind als die von Geburt und Geld und man gegen sie nicht in gleicher Weise Einspruch erheben kann) eine Art utopischer Sanktion, die Kritik schwierig oder unmöglich macht.

Eliots Einwände gegen eine elitäre Gesellschaft sind zunächst, daß die gemeinsame Kultur dürftig ist und dann, daß die Prinzipien der Eliten einen Wechsel der Personen in jeder Generation erforderlich machen und daß dieser Wechsel ohne die wichtige Garantie für eine Kontinuität, die umfassender als die der Elite eigenen, Spezialismen ist, berührt wird. Auch dieser Punkt ruht wieder auf dem Beharren, daß Kultur mehr »eine ganze Lebensweise« ist als gewisse Spezialfertigkeiten. Eliot befürchtet, daß eine Elite, wenn sie auch mehr notwendige Fertigkeiten besitzt als eine Klasse, sie dennoch einer breiteren sozialen Kontinuität ermangelt, die eine Klasse aber garantierte. Mannheim selbst hat die Bedeutung dieser Kontinuität betont, doch scheint die Idee der Auslese und erneuten Auslese der Eliten dem zu widersprechen, es sei denn, ein neues Prinzip wird eingeführt. Eliot betont den ganzen Gehalt von Kultur — die Spezialfertigkeiten sind ihres eigenen Heils wegen darin enthalten. Und sicherlich gibt es ein hohes Maß von Evidenz für die Koexistenz von feinen, besonderen Fertigkeiten mit mittelmäßigen allgemeinen Fertigkeiten in vielen Teilen unseres Erziehungs- und Ausbildungssystems. Ein Sachstand, der wichtige Auswirkungen nicht nur auf die Eliten, sondern auf das ganze gemeinsame Leben besitzt.

Eliot erkennt den Bedarf an Eliten oder vielmehr von einer Elite und befürchtet, daß wir, um allgemeine Kontinuität sicherzustellen, soziale Klassen zurückbehalten müssen und insbesondere die herrschende soziale Klasse, mit der die Elite sich überschneiden und beständig interagieren wird. Das ist Eliots fundamental konservative Schlußfolgerung, denn es ist klar, daß das, was er als substantiell empfiehlt, gesellschaftlich gesehen und einmal anders formuliert, genau dasjenige ist, was heute existiert. Er wird mit Notwendigkeit dazu gebracht, den Kampf für eine klassenlose Gesellschaft und ein nationales Erziehungssystem zu verurteilen. Er glaubt tatsächlich, daß diese Kampfmaßnahmen das nationale Leben und die von ihm unterstützten Werte schon entstellt haben. Im Hinblick auf diese Empfehlungen (die nicht immer auf dem gleichen Wege erreicht werden) zieht er heute eine bemerkenswerte Aufmerksamkeit und Unterstützung auf sich.

Ich habe schon angedeutet, daß ich seine Kritik bestimmter orthodoxer Vorstellungen von »Kultur« als wertvoll ansehe und glaube, daß er den gewöhnlichen, sozialdemokratischen Fall ohne viele wichtige Antworten gelassen hat. Als konservativer Denker hat er in der Erarbeitung der Begrenzung des orthodoxen »Liberalismus«, der allzu lang, zu allgemein und zu selbstzufrieden akzeptiert worden ist, die Nachfolge angetreten.

Ich unterscheide mich von ihm (und zwar radikal) in der Hauptsache nicht in seiner Kritik an diesem »Liberalismus«, sondern viel stärker in den Implikationen, wenn man Kultur als »eine ganze Lebensweise« betrachtet. Mir scheint, daß die theoretische Durchdringungskraft seiner Anschauung nur noch von seiner praktischen Weigerung — zu beobachten — überboten wird (eine Weigerung, die in bestimmten Punkten von *The Idea of a Christian Society* weniger zu Tage trat). Denn was für den neuen Konservativismus ganz klar ist (und das unterscheidet ihn vom Konservativismus eines Coleridge oder Burke außerordentlich und läßt ihn diesen gegenüber als niedriger erscheinen), daß er einen genuinen theoretischen Einwand gegen Prinzip und Auswirkung einer »atomisierten« individualistischen Gesellschaft verbindet, ja verbinden muß mit der Bewahrung der Prinzipien des ökonomischen Systems, das gerade auf dieser »atomistischen«, individualistischen Ansicht beruht. Die »freie Wirtschaft«, die das zentrale Ziel heutigen Konservativismus ist, widerspricht nicht nur den sozialen Prinzipien, die Eliot preist (wenn es lediglich dies wäre, könnte man ihn für einen unorthodoxen Konservativen ausgeben), sondern ist, und das ist die wirkliche Verwirrung, die einzig verfügbare Methode, um der Gesellschaft zu befehlen, die Interessen und Institutionen aufrecht zu erhalten, von denen Eliot glaubte, daß seine Werte von ihnen abhingen. Dem tatsächlichen und mächtigen Programm zur Aufrechterhaltung der gesellschaftlichen Klassen und dem industriellen Kapitalismus gegenüber, der tatsächlich die von ihm bestätigten menschlichen Aufteilungen aufrecht erhält, ist die gelegentliche Beobachtung der — wie tief auch immer empfunden — Immoralität von Ausbeutung und Wucher eine schwache Laune. Wäre Kultur nur ein Spezial-Produkt, so könnte man sie sich in einer Art Reservat abseits der tatsächlichen Strömungen der gegenwärtigen Gesellschaft schon leisten. Doch wenn sie, wie Eliot insistiert, »eine ganze Lebensweise« ist, dann muß das gesamte System bedacht werden und als Ganzes beurteilt werden. Im Prinzip muß man auf das Ganze insistieren. Die Praxis aber ist fragmentarisch. Der triumphierende Liberalismus der gegenwärtigen Gesellschaft, den die Praxis der Konservativen jetzt so hervorragend unterstützt, wird, wie jeder, der über eine »ganze Lebensweise« nachdenkt, erkennen muß, jeden Traditionswert färben. Der von Eliot beweinte Fortschritt ist tatsächlich das Produkt von all dem, was von der traditionellen Gesellschaft, von der er seine Werte abgeleitet hatte, am Leben blieb. Das ist die Blöße, die Eliots soziale Schriften mit Macht übermitteln. Seine Standards sind ihm zu viel, als daß er wie andere philosophische Konservative umkehren könnte zur Wiedereroberung von Burkes Gebeinen, dem Heimweh nach 1788. Die Blöße — eine Art Disziplin — ist gänzlich heilsam: der modische »Neue Konservativismus« ist viel zu leicht gewesen. Wenn Eliot bewirkt, daß dies Wohlbehagen am Liberalismus überprüft wird, so hat er doch auch bei kritischer Lektüre die Wirkung, daß der gefällige Konservativismus unmöglich gemacht wird. **Der nächste Schritt im Nachdenken über diese Fragen muß, da Eliot beinahe alle vorhandenen Wege gesperrt hat, in eine andere Richtung gehen.**

Kapitel IV

Zwei Literaturwissenschaftler

1. I. A. Richards

Es ist nicht zuviel gesagt, wenn man behauptet, daß die 1924 von I. A. Richards veröffentlichten *Principles of Literary Criticism* ein literaturwissenschaftliches Programm für eine ganze Generation enthielten. Man erstaunt bei der erneuten Lektüre, wenn man sieht, daß bestimmte Abschnitte zu ganzen — gewöhnlich von anderen Autoren verfaßten — Bänden erweitert worden sind. Richards hat selbst nur einen Teil von dem hierin Angeführten weiter verfolgt. Sein späteres Werk ist beinahe ausschließlich dem Studium der Sprache und Kommunikation gewidmet, worin er durchweg Pionierarbeit leistete. Aber die *Principles* und das kürzere 1926 veröffentlichte *Science and Poetry* stellen einen besonderen Begriff von Kultur zur Diskussion, der eine erneuerte Definition der Bedeutung von Kunst für eine Zivilisation darstellt.

Der Aufstand der Kritiker in den zwanziger Jahren ist als ein Aufstand gegen die romantische Theorie beschrieben worden. Doch handelt es sich dabei weniger darum als um eine Revolte gegen etwas Näheres und Bedrückenderes — nicht um romantische Theorie selbst, sondern um eine ihrer spezialisierten Konsequenzen: die ästhetische Theorie. Die Isolierung ästhetischer Erfahrung, die in England zwischen Pater und Clive Bell evident geworden ist und durch die die zwanziger Jahre zu einer Art Orthodoxie geworden waren, wurde von ganz verschiedenen Seiten angegriffen. Von Eliot kam die erneute Betonung von Tradition und Glauben, von Leavis die Wiederentdeckung der Größe der von Arnold der Kultur zugesprochenen allgemeinen Betonung und von den Marxisten die Anwendung einer neuen, umfassenden Interpretation von Gesellschaft. Von Richards kam der theoretische Angriff, wenn wir sein Werk insgesamt betrachten, über die sozialen Fakten der Sprache und Kommunikation. Doch das Urteil, auf das dieser Angriff sich gründete, ist (wie bei Leavis und mit ähnlicher Abhängigkeit von Arnold) eine Frage der Kultur insgesamt.

Die Bedingungen und die Möglichkeit des Menschen haben sich in hundert Jahren stärker verändert als in den vorangegangenen 10 000 Jahren und die kommenden fünfzig Jahre können uns, wenn wir nicht eine anpassungsfähigere Moral entwickeln, überwältigen. ... Wir gelangen in der Regel von einem chaotischen zu einem besser organisierten Zustand auf Wegen, über die wir nichts wissen; normalerweise über den Einfluß anderer Geister. Literatur und Künste sind die Hauptmittel, durch die diese Einflüsse verbreitet werden. Es sollte unnötig sein, auf das Ausmaß zu insistieren, in dem hohe Zivilisation, oder mit anderen Worten, freies, unterschiedliches und verschwenderisches Leben in einer Massengesellschaft von ihnen abhängt[1].

Das Wort »Massen« (numerous) weist auf Richards' Diagnose der Hauptveränderungen des Zustandes:

Mit dem Bevölkerungsanstieg stellt sich das, von dem Abgrund zwischen dem, was die Mehrheit bevorzugt und dem, was von der qualifiziertesten Auffassung als ausgezeichnet akzeptiert wird, bezeichnete Problem unendlich ernster und scheint uns in nächster Zukunft zu bedrohen. Denn aus einer Vielzahl von Gründen müssen die Standards mehr als je zuvor verteidigt werden[2].

Der Bevölkerungsanstieg steht im Zusammenspiel mit einem anderen von Richards identifizierten Element des Wandels, dem, was er die »Neutralisierung der Natur« nennt:

die Überleitung von der magischen Weltanschauung zur wissenschaftlichen. ... Die Wissenschaft kann uns über Stellung und Chancen des Menschen im Universum Auskunft geben ... Aber sie kann uns nicht sagen, wer wir sind, oder was diese Welt ist; nicht weil dies in irgendeinem Sinne unlösbare Fragen sind, sondern weil das überhaupt keine Fragen sind. Wenn schon die Wissenschaft diese Pseudo-Fragen nicht beantworten kann, wie könnten es dann Philosophie oder Religion. So lösen sich all die unterschiedlichen Antworten, die von ganzen Zeitaltern hindurch als die Schlüssel der Weisheit angesehen worden sind, zusammen auf. Das Ergebnis ist eine biologische Krise, die wahrscheinlich nicht ohne Schwierigkeiten entschieden werden kann[3].

Auf der einen Ebene stellt sich das Problem der Verteidigung der Standards, d. h. angemessene Gründe dafür zu finden, die Standards einer Minderheit gegen die Verwüstung eines Kommerzialismus zu unterstützen, der den Geschmack der Mehrheit kontrolliert. Auf einer anderen Ebene ist die Entdeckung dieser Gründe der notwendige Bewußtseinsfortschritt, den der Mensch machen muß, will er seine Bestimmung, wo heute die alten Orientierungen verloren sind, kontrollieren: nicht mehr länger »ein Felsen, um sich unter ihm zu schützen oder an ihn zu klammern«, sondern »ein tüchtiges Flugzeug, in dem man ... diesen stürmischen Tumult der Veränderung bereist«. Richards skizziert einen Lösungsvorschlag für diese Probleme in seiner »Psychological Theory of Value«. Wie Arnold bietet er Kultur als Alternative zur Anarchie an, doch muß Kultur als Begriff auf der Basis einer Konzeption gegründet werden, die nicht von den alten »Schüsseln der Weisheit« abhängt, sondern von etwas, das in dem neuen Bewußtsein entdeckt werden kann.

Richards ist vorsichtig genug, in seiner darauffolgenden Argumentation den versuchsweisen Charakter einer jeden solchen Entdeckung im gegenwärtigen Zustand unseres Wissens zu betonen. Aber er ist darauf vorbereitet, eine Interpretation oder Formel anzubieten, von der der größte Teil seiner darauffolgenden Arbeit abhängt. Der Lebensstil, sagt er,

> ist durch und durch ein Versuch, Impulse so zu organisieren, so daß für eine größere Anzahl oder Masse, für das wichtigste und gewichtigste System Erfolg erzielt wird[4].

Impulse lassen sich in »Neigungen« (»Bestrebungen«) und »Abneigungen«, die beide unbewußt sind, aufteilen. Dann

> ist alles wertvoll, was eine Neigung, ohne eine gleichberechtigte oder *wichtigere* Neigung zu frustrieren, befriedigt[5].

Wichtigkeit wird hier definiert als

> das Ausmaß der Störung anderer Impulse in den Tätigkeiten des Individuums, das es mit sich bringt, daß andere Impulse vereitelt werden[6].

Eine solche Störung ist die Desorganisation. Die Anpassung der Impulse ist der Prozeß der Organisation. Richtiges Verhalten wird so zur Frage dieser Anpassung und dieser Organisation. Wert ist eine Frage des Entstehens von Ordnung. Wird die Frage von der individuellen Sphäre auf die der Gemeinschaft übertragen, so kann sie ähnlich beantwortet werden. Das »größte Glück der Mehrheit«, um mit Bentham zu sprechen, wird »das höchste Maß der Organisation der Befriedigung der Impulse«. Ein gemeinsamer Standard wird einige Individuen darüber und einige darunter vorfinden. Die sich daraus ergebenden Spannungen sollten nicht durch Mehrheiten, sondern

nach dem tatsächlichen Ausmaß und Umfang der Befriedigung, die unterschiedliche, mögliche Systematisierungen von Impulsen bieten[7],

entschieden werden. Die Gefahr jedes öffentlichen Systems ist, daß es verfügbare Energie verschwenden und frustrieren wird. Gesellschaftliche Reformen sind eine Frage der Befreiung durch die Art der beschriebenen Organisation, obwohl der Prozeß nicht hauptsächlich bewußt geplant werden wird. Die Bedeutung der Literatur und der Künste liegt darin, daß sie die höchsten Beispiele solcher Organisationen bieten und damit »Werte« darstellen (keine Vorschriften oder Botschaften, sondern Beispiele eines notwendig gemeinsamen Prozesses). Durch die Erfahrung und Beachtung solcher Werte kann die umfassendere gemeinsame Reorganisation imitiert und aufrechterhalten werden. In diesem Sinne kann »Dichtung uns retten«.

Sie ist ein perfektes, mögliches Mittel, das Chaos zu überwinden[8].

So kehren wir zu Arnolds Verschreibung der Kultur als Mittel gegen Anarchie zurück, doch sind sowohl »Kultur« als auch »der Prozeß der Vollendung« neu definiert worden.

Richards setzt diese Theorie des Wertes fort mit der Beschreibung der Psychologie des Künstlers. Grundsätzlich liegt die Bedeutung des Künstlers in dem im Vergleich zu dem Normalbürger größeren ihm *zur Verfügung* stehenden Areal der Erfahrung. Oder, um es anders zu sagen, er hat mehr Verständnis für die Art der beschriebenen Organisation und kann daher »etwas mit wesentlich weniger Verwirrung« zugeben. Doch seine darin gegebene Nützlichkeit wird von seiner relativen Normalheit abhängen:

Die Arten..., auf die ein Künstler vom Durchschnitt abweichen wird, werden in der Regel ein immenses Maß an Ähnlichkeit voraussetzen. Sie werden Weiterentwicklungen von schon in der Mehrheit gut entwickelten Organisationen sein. Seine Abweichungen werden auf den neuesten, plastischsten und den am wenigsten fixierten Teil des Geistes begrenzt sein, den Teilen, deren Reorganisation am leichtesten ist[9].

Nicht allen dieser Variationen kann oder sollte man allgemein folgen. Doch es wird sich oft um bedeutende Fortschritte handeln, die als Modelle für den allgemeinen Fortschritt dienen können. Ferner bietet das Bestehen genau organisierter Antworten in den Künsten einen kontinuierlichen Standard, mittels dessen die, wie Richards sagt, »Stamm-Antworten« (»stockreponses«) gesehen und beurteilt werden können. Jederzeit können bestimmte, unvollkommene Anpassungen, gewisse unreife und nicht anwendbare Haltungen in Formeln fixiert und einem weiten Bereich vorgeschlagen und verbreitet werden:

Die durch solche künstlichen Fixierungen von Haltungen in Kauf genommenen Verluste sind evident. Durch sie wird der durchschnittliche Erwachsene schlechter und nicht besser an die Möglichkeiten seiner Existenz angepaßt als das Kind. Er ist sogar bei den allerwichtigsten Dingen funktional unfähig, den Fakten ins Auge zu sehen. Er kann machen, was er will, er kann nur Fiktionen betrachten, Fiktionen, die von seinen eigenen Stamm-Antworten projiziert werden. Gegen diese Stamm-Antworten werden die inneren und äußeren Konflikte des Künstlers ausgetragen und mit ihnen die Triumphe der populären Schriftsteller gemacht[10].

Die Ausbeutung dieser Stamm-Antworten durch kommerzialisierte Kunst und Literatur sowie das Kino ist eine bemerkenswerte Tatsache unserer eigenen Kultur. Während gute Kunst dem gemeinsamen Prozeß der feineren Organisation dienen mag, wird schlechte Kunst ihr nicht nur nicht dienen, sondern sie aktiv behindern:

Die von uns betrachteten Wirkungen hängen allein von dem Grad der Organisation, der der Erfahrung gewährt wird, ab. Wenn sie auf der Ebene unserer eigenen besten Versuche oder darüber liegt (doch nicht so weit darüber, daß sie unerreichbar wird), dann sind wir erfrischt. Wenn aber unsere eigene Organisation niedergebrochen, auf ein kruderes, verschwenderisches Niveau gezwungen wird, sind wir deprimiert und zeitweilig nicht nur begrenzt, sondern ganz allgemein unfähig ... es sei denn, die kritische Aufgabe der Diagnose ist in der Lage, Gleichmut und Fassung wieder herzustellen[11].

Auf diese Einstellung zu guter und schlechter Literatur sind ganze darauffolgende kritische und erzieherische Programme begründet worden. Es muß noch ein letzter Punkt von Richards behandelt werden: die gesellschaftliche Funktion der Kunst. Er verwendet die bekannte Theorie der Kunst als Spiel und gibt der Kunst mittels einer neuen Definition von Spiel wieder eine zentrale Position statt der Randstellung »des Freizeitbereichs«, die mit ihrer Beschreibung als Spiel nahegelegt zu werden schien. Diese neue Definition beruht wieder auf dem Kriterium der Organisation. Kunst ist in dem Sinne Spiel, daß

in einem voll entwickelten Menschen ein Zustand der Handlungsbereitschaft an die Stelle der Handlung treten wird, wenn die für Handlung völlig adäquate Situation nicht gegeben ist[12].

Spiel ist Training für Handlungsbereitschaft, sowohl in einem besonderen wie einem allgemeinen Feld. Die Kunst, die uns eine Situation schafft und anbietet, ist in diesem Sinne experimentell.

Im gewöhnlichen Leben hindern die meisten von uns tausende von Überlegungen an einer völligen Ausbildung unserer Reaktionen. Der Umfang und die Komplexität der damit verbundenen Impuls-Systeme ist geringer, das Bedürfnis nach Handlung, die vergleichsweise Unsicherheit und Vagheit einer Situation, das Eindringen zufälliger Bedeutungslosigkeiten, unbequeme zeitweilige Entfernung — die Aktion ist zu langsam oder zu schnell — all das verdunkelt das Ergebnis und verhindert die volle Entfaltung von Erfahrung. Wir müssen hastig nach einer plumpen und fertigen Lösung greifen. Aber in der »imaginativen Erfahrung« sind diese Hindernisse entfernt. Das, was hier geschieht, was präzise Akzente, was entfernte Beziehungen zwischen unterschiedlichen Impulssystemen hervorruft, welche zuvor nicht wahrgenommenen und unausführbaren Verbindungen hergestellt werden, ist eine Angelegenheit, die — wie wir deutlich sehen — den ganzen Rest unseres Lebens verändern kann[13].

Die literarische Erfahrung wird so eine Art Training für die allgemeine Erfahrung, ein Training im wesentlichen der Fähigkeit zu organisieren, die die einzige ergiebige Reaktion des Menschen auf seine veränderten und gefährlichen Lebensbedingungen darstellt.

Diese Zusammenfassung von Richards' Position dient in erster Linie dazu, das Ausmaß zu zeigen, in dem er Erbe einer allgemeinen Tradition ist und zweitens zu zeigen, in welchem Umfang er durch das Angebot eines positiven Berichts bestimmte zeitgenössische Ergebnisse dieser Tradition klärte. Es ist, soweit sie reicht, eine echte Klärung und ihre Anwendungen in der Kritik sind von hohem Wert gewesen. Einer der wichtigsten von Richards vorgeschlagenen Punkte ist die Rückkehr zu der Idee des relativ normalen Künstlers, die Wordsworth definiert hatte, aber von den späteren romantischen Schriften abgelehnt worden war. Herbert Read definiert die Kunst ebenfalls als eine »Art von Wissen« und beschreibt ihre gesellschaftliche Funktion ganz ähnlich wie Richards. Aber Read wiederholt, unterstützt von Freud, das Verständnis vom Künstler als des wesentlich anormalen, das so stark wie nichts anderes die gesellschaftlichen Beziehungen von Kunst verneinte. Read bietet das Modell der drei Schichten des Geistes an, wobei der Künstler als ein Beispiel für eine Art »Fehler« aufgefaßt wird, der jedem anderen die Schichten auf ungewöhnlichen Ebenen darbietet. Was eine experimentelle Psychologie angeht, so sind unsere Kunsttheorien noch beinahe gänzlich spekulativ, doch ist die Krudität von Freuds gelegentlichem Kommentar über den Künstler als »Neurotiker« hinlänglich evident. Reads Version des Kontaktes mit dem durch die »Fehler« vermittelten Kontakt mit den Tiefenschichten des Geistes und seine Version der tatsächlichen Herstellung von Kunst als einer Investition dieses Kontaktes »mit überflüssigem Charme ... damit uns die nackte Wahrheit nicht abstößt«[14], ist ebenso wenig zufriedenstellend. Das ganze Konzept der »Geistesebenen« ist, selbst wenn man es nur als Modell betrachtet, statischer als es die Erfahrung zu erfordern scheint. Wenn wir lieber von sich bewegenden Mustern und Beziehungen sprechen, so scheint das Problem der »wertvollen Unordnung« oder selbst der »Normalheit« beschränkt zu sein. Schöpfung und Ausführung voneinander zu trennen, ist das Kennzeichen der romantischen Desintegration von »Kunst« in die trennbaren Qualitäten »imaginativer Wahrheit« und »Kunstfertigkeit«. Insgesamt stellt Richards' Version der Kunst als »Organisierung« sowohl die Einheit der Konzeption und Exekution her und bietet auch eine Betonung an, die mit Erfolg erforscht werden kann. Wir sollten indessen hinzufügen, daß seit der Industriellen Revolution beinahe alle theoretischen Kunstdiskussionen durch den angenommenen Gegensatz zwischen Kunst und der tatsächlichen Organisation der Gesellschaft, die als das untersuchte historische Phänomen wichtig ist, aber kaum als absolutum genommen werden kann, verkrüppelt worden ist. Die Individual-Psychologie ist ähnlich durch den angenommenen Gegensatz zwischen Individuum und Gesellschaft eingeschränkt worden, was tatsächlich jedoch nur ein Symptom der vorübergehenden Desorganisation der Gesellschaft ist. Bis zu dem Zeitpunkt, wenn wir das durchlebt haben werden, werden wir wohl kaum mehr als nur eine begrenzte Kunsttheorie erhalten, doch können wir uns in der Zwischenzeit darüber freuen, daß der Ausgangspunkt, der uns so lange irregeführt hat — der notwendig anormale Künstler — allmählich von der Theorie zurückgewiesen wird und als praktisches Gefühl beinahe gänzlich von der Mehrheit der Künstler abgelehnt wird. Die erneute Betonung der Kommunikation ist ein wertvolles Zeichen unserer graduellen Wiederentdeckung der Gesellschaft.

Richards hatte viel Nützliches über Kommunikation zu sagen, doch gibt es innerhalb der allgemeinen Position, in der er das geäußert hat, zwei fragliche Punkte. Zum ersten: was Richards über die Erweiterung und Verfeinerung der Organisation sagt, ist offensichtlich nützlich und entspricht im allgemeinen der eigenen Erfahrung mit Literatur; es gibt aber in seinem Konzept der Beziehung zwischen Leser und Werk ein Element der Passivität, das letztlich unfähig macht. Was man am meisten über diesen Prozeß zu wissen wünscht, sind die Details dieses praktischen Vorgangs und zwar auf dem höchsten und schwierigsten Niveau. Dies kann, obwohl es selbst nicht die Theorie berührt, mit Richards' eigener literaturwissenschaftlicher Arbeit illustriert werden. Er ist immer ganz ausgezeichnet beim Demonstrieren einer wirklich kruden Organisation, so wie das von ihm in den *Principles* diskutierte Sonett von Wilcox. Aber er hat nicht genügend wirklich überzeugende Beispiele einer intensiven Realisierung reicher oder komplexer Organisationen geboten, die er allgemein oft beschrieben hat. Er merkt oft die Komplexität an, doch die sich dann anschließende Diskussion ist gewöhnlich eine Art Rückkehr zu sich selbst, eine Rückkehr zu der Kategorie »Komplexität« und weniger eine Bezeichnung jener äußersten Verfeinerung und Anpassung, die seinen höchsten allgemeinen Wert darstellen. Man hat den Sinn einer Manipulation der Objekte, die vom Leser abgetrennt und *dort draußen* in der Umgebung sind. Ferner findet sich zeitweilig, vielleicht als eine Konsequenz davon, dem literarischen Establishment eine gewisse Servilität gegenüber. Das von dem Autor zu sagen, der in *Practical Criticism* mehr als irgendein anderer tat, um die Behaglichkeit des literarischen Akademismus zu durchdringen, scheint erstaunlich. Das wird gern und dankbar zugestanden. Doch die Idee der Literatur als Übungsfeld für das Leben *ist* servil. Richards' Bericht über die Unangemessenheit der literarischen Reaktion ist mehr ein kulturelles Symptom als eine Diagnose. Große Literatur bereichert, befreit und verfeinert in der Tat, doch ist der Mensch immer und überall mehr als nur ein Leser, ja er muß sogar ein gut Teil mehr sein, ehe er ein angemessener Leser sein kann — es sei denn, er kann sich selbst dazu überreden, daß Literatur als eine ideale Sphäre erhöhten Lebens unter bestimmten Bedingungen als Ersatz funktionieren wird. »Wir werden dann... auf die Dichtung zurückgeworfen werden. Sie ist fähig, uns zu retten.« Die bloße Form dieses Satzes bezeugt die essentielle Passivität, die mich beunruhigt. Dichtung ist in dieser Konstruktion das neue Anthropomorph. Richards' allgemeiner Bericht kann in der Tat eine angemessene Beschreibung des besten *Gebrauchs* der Literatur sein, den der Mensch machen kann, und dieser Gebrauch wird, wenn er artikuliert wird, sich in bedeutender Literaturwissenschaft zeigen. Doch man hat das Gefühl, daß Richards, überwältigt von einer allgemein feindlichen Umwelt, bestimmte rettende Merkmale herausgepickt hat und sich darauf konzentriert, herauszufinden, wie diese Merkmale weniger gebraucht als befähigt werden, *auf* ihn oder andere zu *wirken*.

Dies ist mit meiner zweiten Frage verbunden, die sich bei meiner Lektüre von selbst mit der Beobachtung stellte, daß Richards geradezu solipsistisch veranlagt war. Dabei meine ich, zuerst glauben zu müssen, daß seine charakteristische Beziehung eben die eines einsamen Menschen einer totalen Umwelt gegenüber ist, die wiederum *dort draußen* als Objekt gesehen wird. Seine Diskussion in der Arbeit über die Theorie des Wertes von der Ausweitung auf »öffentliche Angelegenheiten« beruht wie bei Bentham charakteristischerweise auf einer winzigen ihn selbst beschützenden Abstraktion. Seine rationale Kritik der Gewohnheit ist wie bei den Utilitaristen oft nützlich. Doch die Grundhaltung der Gewohnheit gegenüber ist negativ. Der Kritiker fühlt sich nicht persönlich betroffen. Wenige Autoren haben sich öfter als Richards auf das bezogen, was man heute die globalen Probleme nennen kann, und sein eigenes Werk in Richtung auf »die Möglichkeiten der Welt-Kommunikation, die das Basic English gewährt«, kann als Beitrag zu ihrer Lösung angesehen werden. Doch ist diese Art von Interesse kaum im vollen Sinne gesellschaftlich. Seine Befürwortung der Herrschaft der Vernunft (in dem Schlußkapitel von *How to Read a Page*) ist natürlich, da gegen die von ihm und anderen analysierte Konfusion gerichtet, positiv. Aber wo, in welchen Körpern handeln Vernunft und Verwirrung? Wo und in welchen Beziehungen werden sie bestätigt oder abgelehnt? Diese Fragen — und gewiß müssen beide beantwortet werden, werden unabdingbar in den ganzen Komplex von Aktion und Interaktion hineinführen, die die Lebenspraxis ausmachen und die wir nicht zu einem Abstraktum wie »die zeitgenössische Situation« reduzieren können. Richards' Bericht von der Genese unserer Probleme stellt eine Selektion bestimmter Produkte dar und zwar nicht nur Wissenschaft als Produkt, sondern sogar die größere Bevölkerung als Produkt. Seine Aufgabe ist es daher, ein anderes teilendes Produkt zu finden. Doch diese Unschuld des Prozesses, die nur allzu natürlich aus dem Solipsismus hervorgeht, macht dazu unfähig. Wir werden nicht nur mit Produkten, sondern mit dem Atem, der Hand, die schafft, aufrechterhält, ändert oder zerstört, konfrontiert. All dies hat uns Richards über Sprache und Kommunikation gelehrt, und das, wofür wir unseren Dank aussprechen, muß schließlich, wenn wir uns solcher Kleidungsstükke wie des ästhetischen Menschen — allein in einer feindlichen Umgebung, seine Erfahrung aufnehmend und organisierend —, entledigt haben, dessen Erbe Richards selbst als brillanter Gegner tatsächlich war, erneut betrachtet werden.

2. F. R. Leavis

F. R. Leavis skizzierte in dem 1930 publizierten Pamphlet *Mass Civilization and Minority Culture* eine besondere Ansicht über Kultur, die weithin Einfluß bekam. Wie in seinen literaturwissenschaftlichen Arbeiten findet sich dort eine Gruppe von detaillierten Urteilen und ebenfalls ein Abriß der Geschichte. In dem zusammen mit Denys Thompson verfaßten und 1933 veröffentlichten *Culture and Environment* finden sich diese detaillierten Urteile wieder zusammen mit dem um wichtiges erweiterten Abriß der Geschichte. Später wird die Darlegung dieser wesentlichen Frage hauptsächlich in *Scrutiny* fortgeführt. Es ist natürlich, damit Bücher wie Q. D. Leavis' *Fiction and the Reading Public*, Denys Thompsons *Between the Lines* und *Voice of Civilization* sowie L. C. Knights' Arbeit in *Drama and Society in the Age of Jonson* und *Explorations* zu verbinden. *Leavis'* eigene, spätere Schriften auf diesem Gebiet, die mit seinen literaturwissenschaftlichen Arbeiten kontinuierlich interagieren, können in *Education and the University* und *The Common Pursuit* bequem untersucht werden. Aus diesem Werk, zu dem noch eine Unzahl kleinerer Beiträge anderer Autoren hinzugefügt werden müssen, geht der bedeutsame »Fall« klar genug hervor.

Die Grundlage des Falles und die der essentiellen Verbindung mit literarischen Studien erscheint auf den Anfangsseiten von *Mass Civilization and Minority Culture:*

In jeder Periode hängt die differenzierende Aufnahme von Kunst und Literatur von einer sehr kleinen Minderheit ab: nur ganz wenige sind (abgesehen von einfachen und vertrauten Fällen) fähig, ein unbeeinflußtes erstes Urteil abzugeben. Obwohl zahlenmäßig stärker, sind auch noch die, die auf solche unmittelbaren Urteile persönlich genuin zu reagieren vermögen, eine kleine Minderheit. Die anerkannten Bewertungen sind eine Art Papiergeld, das auf einer ganz kleinen Goldbasis beruht. Zu dem Status einer solchen Währung besitzen die Möglichkeiten der gepflegten Lebensart jederzeit eine enge Beziehung. ... Die kleine Minderheit, die nicht nur Dante, Shakespeare, Donne, Baudelaire, Hardy (um die wichtigsten Beispiele zu nennen) richtig würdigen können, sondern auch ihre jüngsten Nachfolger erkennen, konstituieren das Bewußtsein einer Rasse (oder einen ihrer Stämme) zu einer gegebenen Zeit. Denn diese Fähigkeit gehört nicht allein einem isolierten ästhetischen Gebiet an. Sie impliziert die Fähigkeit auf Theorie ebenso wie auf Kunst, Wissenschaft und Philosophie insoweit zu reagieren, als sie den Sinn der menschlichen Lebensbedingung und die Natur des Lebens berühren. Von dieser Minderheit hängt unsere Macht ab, aus der besten menschlichen Erfahrung der Vergangenheit zu profitieren. Sie bewahrt die subtilsten und vergänglichsten Teile der Tradition lebendig. Von ihnen hängen die implizierten Standards ab, die das feinere Leben eines Zeitalters regulieren, der Sinn, daß dies einen höheren Wert besitzt als jenes, eher in diese als jene Richtung gegangen werden muß oder daß das Zentrum eher hier als dort ist. Sie pflegen ... die Sprache, die sich verändernde Redeweise, von der die feine Lebensart abhängt und ohne die geistige Unterscheidung nie möglich und unzusammenhängend wäre. Mit »Kultur« meine ich den Gebrauch dieser Sprache[1].

In bestimmter Hinsicht ist dies eine neue Position in der Entwicklung des Kulturbegriffs. Doch leitet sie sich in der Hauptsache von Arnold ab, den Leavis ganz richtig als seinen Ausgangspunkt angibt. Was auf Arnold zurückgeht, geht auch — jedoch mit bedeutsamen Veränderungen — auf Coleridge zurück. Für Coleridge mußte die Minderheit eine Klasse, ein begüterter Stand, die Geistlichkeit, sein, deren Aufgabe die allgemeine Kultivierung (cultivation) war und die dem gesamten Gebiet der Wissenschaften verpflichtet war. Arnold verstand unter Minderheit einen letzten Rest von Menschen, die man in allen Klassen auffinden konnte, deren Hauptunterscheidungsmerkmal darin lag, daß sie den Grenzen des gewohnten Klassen-Gefühls entkommen waren. Für Leavis ist die Minderheit ganz wesentlich eine literarische Minderheit, die literarische Tradition und die feinsten Möglichkeiten der Sprache lebendig erhält. Diese Entwicklung ist lehrreich, denn die Dürftigkeit des Anspruches, ein »Zentrum« zu sein, wird unglücklicherweise immer deutlicher. »›Zivilisation‹ und ›Kultur‹ werden zu antithetischen Begriffen«, schreibt Leavis ein wenig später². Das ist die berühmte von Coleridge getroffene Unterscheidung und die ganze Entwicklung des Kulturbegriffs beruht auf ihr. Kultur wurde zu einer Entität, zu einem System von Errungenschaften und Gewohnheiten gemacht. Um exakt eine Lebensweise auszudrücken, die höher als die durch den »Fortschritt der Zivilisation« bewirkte zu bewerten sei. Für Coleridge sollte die Verteidigung dieses Standards in den Händen einer National-Kirche liegen, die die »Gelehrten aller Denominationen« in sich einschloß. Da dies nicht institutionalisiert werden konnte, mußte dies Wesen der verteidigenden Minderheit immer wieder neu von den Nachfolgern definiert werden. Der von Arnold eingeleitete Prozeß, als er »Kultur« virtuell mit »Literaturwissenschaft« gleichsetzte, wird von Leavis vollendet und ist ein wenig früher ganz ähnlich von I. A. Richards zu Ende geführt worden. Natürlich hat Leavis recht, wenn er sagt, daß viele der »subtilsten und vergänglichsten Teile der Tradition« in unserer Literatur und Sprache enthalten sind. Doch ist der Abstieg von Coleridges Verpflichtung allen Wissenschaften gegenüber unglücklicherweise real. »Wissenschaft und Philosophie, insofern sie den Sinn der menschlichen Lebensbedingung und das Wesen des Lebens berühren können«, klingt gewiß ein bißchen grollend. Ich stimme mit Leavis wie mit Coleridge, Arnold und Burke — den gemeinsamen Lehrern in diesem Punkt— überein, daß eine Gesellschaft, die von nichts anderem als ihrer unmittelbaren und zeitgenössischen Erfahrung lebt, in der Tat arm ist. Doch gibt es wesentlich mehr Möglichkeiten, uns anderer Erfahrung zu versichern, als bloß über Literatur. Wegen einer Erfahrung, die kodifiziert ist, wenden wir uns nicht nur an die reichen Quellen der Literatur, sondern auch an die der Geschichte, Baukunst, Malerei, Musik, Philosophie, Theologie, Politik- und Sozialwissenschaften, Naturwissenschaften, Anthropologie und natürlich an das ganze System der Gelehrsamkeit. Wir wenden uns, wenn wir weise sind, auch an anders übermittelte Erfahrung: Institutionen, Verhaltensweisen, Bräuche und Familienerinnerungen.

Die Literatur besitzt eine vitale Bedeutung, weil sie zugleich eine kodifizierte Erfahrung als auch in jedem Werk ein Überschneidungspunkt mit der Alltagssprache ist, in der wichtige Tendenzen unterschiedlich verewigt werden. Die Anerkennung der Literatur als des Systems all dieser Tätigkeiten und der Arten, wie sie perpetuiert werden und in unser Alltagsleben eintreten, war wertvoll und an der Zeit. Doch bestand stets die Gefahr, daß diese Anerkennung nicht nur eine Abstraktion werden würde, sondern tatsächlich eine Isolierung. Der Literatur oder genauer der Literaturwissenschaft die Verantwortung für die Kontrolle der Güte der gesamten Breite personaler wie sozialer Erfahrung aufzulasten, heißt, ein lebensnotwendiges Problem zerstörerischem Mißverständnis auszusetzen. Englisch ist gewiß ein integrales, wenn nicht sogar zentrales Moment jeder Erziehung, aber es ersetzt ganz gewiß keine umfassende Erziehung. Ähnlich kann eine wie auch immer humane Formal-Erziehung nicht das Ganze unseres Gewinns der gesellschaftlichen Erfahrung der Vergangenheit und Gegenwart sein. In seinen Vorschlägen für die Erziehung (in *Education and the University*) bezieht sich Leavis eindeutig auf das zuvor Gesagte und nur wenige Menschen haben mehr getan, die Tiefe und den Bereich der literarischen Studien mehr auszuweiten und sie mit anderen Interessen und Disziplinen in Verbindung zu setzen, als er. Doch die zerstörerische Formulierung über das Wesen der Minderheit bleibt bestehen. Leavis könnte geschrieben haben:

Die Minderheit, die nicht nur Shakespeare, das Englische Recht, die Lincoln Kathedrale, Sitzungsregeln, Purcell, das Wesen von Lohn und Arbeit, Hogarth, Hooker, Genetik und Hume (um die wichtigsten Beispiele zu nennen) würdigen kann, sondern entweder auch ihre Nachfolger oder ihre zeitgenössischen Veränderungen und Implikationen erkennt, die konstituiert das Bewußtsein der Rasse (oder eines ihrer Stämme) in einer gegebenen Zeit.

Hätte er so geschrieben (und sich für die Zufälligkeit der Auswahl entschuldigt), wäre sein Anspruch, daß »von dieser Minderheit unsere Macht abhängt, von den besten menschlichen Erfahrungen der Vergangenheit zu profitieren«, zu einem gewissen Grade sub-

stantieller gewesen. Das ist weniger eine Frage der Theorie als der Betonung. Wenn er nun aber einmal sich auf solche gefährlichen Listen eingelassen hat, hätte die ganze Frage des Wesens der Minderheit, ihrer gesellschaftlichen Stellung und die ihrer Beziehungen zu anderen Menschen wesentlich deutlicher gemacht werden müssen. Die Schwierigkeit des Kulturbegriffs liegt darin, daß wir ständig gezwungen werden, ihn zu erweitern, bis er beinahe mit unserem Alltagsleben identisch wird. Wenn wir das erkennen, dann sind die Probleme, denen wir uns seit Coleridge zugewandt haben, tatsächlich verwandelt worden. Wollen wir ihnen in Ehren begegnen, dann müssen wir sie mit sehr feinen und sehr schwierigen Anpassungen betrachten. Die Annahme einer Minderheit, verfolgt man sie nach Maßgabe ihrer eigenen Definition in der eigenen Sprache, scheint in der Praxis eine Art Beendigung dieser Verwandlung der Probleme zu bedeuten sowie die unserer eigenen konsequenten Anpassung. Die besondere Anschauung darüber, was wertvoll ist, wird in der Erfahrung als ein Ganzes angesehen. Der feste Punkt ist vorherbestimmt und wie in der Literaturwissenschaft wird ein Mythos, eine bedeutende Konstruktion unbewußt vermittelt. Leavis' Mythos scheint mir mächtiger als der seiner Konkurrenten zu sein, doch bei seiner Propagierung gibt es einen Punkt, an dem wir ihre Kanten und die Gefahr zu sehen beginnen, dann allerdings werden wir ihn wirklich unterschätzen.
Denn tatsächlich ist der Mythos, entgegen dem vorher Gesagten, in einem beträchtlichen Ausmaß für die von Leavis tatsächlich gegebenen Zwecke angemessen. Denn er wird — anders als Arnold — mit den Entwicklungen im 20. Jahrhundert von Presse, Werbung, Trivialromanen, Filmen, Rundfunk sowie der ganzen Lebensweise, für die Middletown (aus Lynds Studie über eine Stadt in Illinois) das Symbol ist, konfrontiert. Die Kritiker, die den Begriff der Kultur zuerst formulierten, waren mit dem Industrialismus, mit seinen Ursachen und Konsequenzen auf das Denken und Fühlen konfrontiert. Leavis wurde 1930 nicht nur damit, sondern auch mit in ungeheuer mächtigen Institutionen verkörperten Denk- und Fühlweisen konfrontiert, die

die von ihm und anderen geschätzten Formen zu überwältigen drohten. Sein Pamphlet mit der Bezugnahme auf Richards ist der wirkungsvolle Ursprung der praktischen Kritik dieser Institutionen, die im vergangenen Vierteljahrhundert von steigender Wichtigkeit war. Die Art, des in *Culture and Environment,* einem Erziehungshandbuch, angezeigten Trainings ist weithin imitiert und befolgt worden, so daß, hätten Leavis und seine Kollegen nur dies getan, es sie zu höchster Anerkennung berechtigt hätte. Natürlich ist die Bedrohung nicht geringer geworden, ja — man könnte sagen, sie sei ins Riesenhafte gewachsen. »Die vorsätzliche Ausbeutung der billigen Reaktion, die unsere Zivilisation kennzeichnet«, ist immer noch überall evident. Aber man darf die Institutionalisierung einer praktischen Methode, die Unterscheidungsfähigkeit zu üben, nicht übergehen — eine Methode, die weithin angewendet worden ist und dennoch in unserem gesamten Erziehungssystem außerordentlich ausgebaut werden kann. Da die Ausbeutung vorsätzlich geschieht und da ihre Techniken so mächtig sind, muß das erzieherische Training ebenso bewußt durchgeführt werden. Dabei stellt die großartige kontrastierende Vitalität der Literatur die essentielle Kontrolle und das Beiwerk dar.
Der Leavis, der diese Art von Arbeit vorantrieb, ist der Leavis des detaillierten Urteils. Indessen können die Denk- und Fühlweisen, die in Institutionen wie der Boulevard-Presse, Werbung und dem Kino verkörpert werden, offensichtlich nicht ohne Bezug auf einen Lebensstil kritisiert werden. Die Fragen weiten sich wiederum hartnäckig aus. Handelt es sich bei der vorsätzlichen Ausbeutung um ein vorsätzliches Verfolgen des Profits, durch den andere Erwägungen außer Acht gelassen oder verachtet werden? Wenn das so ist, warum sollten dann Billigkeit des Ausdrucks und der Reaktion Profit bringen? Wenn unsere Zivilisation eine »Massen-Zivilisation« ohne erkennbare Achtung für Qualität und Ernsthaftigkeit ist, wodurch ist es dazu gekommen? Was meinen wir tatsächlich mit »Masse«? Meinen wir eine auf allgemeinen Wahlen beruhende **Demokratie oder eine auf allgemeiner Erziehung beru**hende Kultur oder eine auf allgemeiner wissenschaft-

licher Bildung beruhende lesende Öffentlichkeit? Wenn wir die Produkte der Massen-Zivilisation so widerwärtig finden, identifizieren wir das Wahlrecht oder die Erziehung oder die wissenschaftliche Bildung mit den Ursachen des Niedergangs? Oder meinen wir alternativ dazu mit Massen-Zivilisation eine auf maschineller Produktion und dem Fabriksystem beruhende industrielle Zivilisation? Halten wir Institutionen wie die Boulevardpresse und die Werbung für die notwendigen Konsequenzen eines solchen Systems der Produktion? Oder halten wir wiederum sowohl die Maschinen-Zivilisation und die Institutionen für Produkte einer großen Veränderung und eines Abstieges des menschlichen Glückes? Diese Fragen, die Gemeinplätze unserer Generation, müssen sich unausweichlich dem differenzierten Urteil unterziehen. Hier hat Leavis, obwohl er niemals den Anspruch erhoben hat, eine Theorie dieser Fragen anzubieten, auf einer Reihe von Wegen sich selbst bestimmten allgemeinen Haltungen verpflichtet, die zu einer erkennbaren Haltung der modernen Geschichte und Gesellschaft gegenüber werden.

Die Haltung wird von denen, die das Wachsen des Kulturbegriffs verfolgt haben, schnell erkannt werden. Ihre hauptsächlichen, unmittelbaren Quellen sind D. H. Lawrence (dessen Beziehungen zu der früheren Tradition angemerkt worden sind) und die Bücher von George Sturt (»George Bourne«), insbesondere *Change in the Village* und *The Wheelwright's Shop* — Werke, die mit ihren originalen und wertvollen Beobachtungen im wesentlichen auf Cobbett zurückgehen. Eine charakteristische allgemeine Äußerung von Leavis und Thompson:

Sturt spricht vom »Tod des alten England und der Ersetzung der primitiven Nation durch einen ›organisierten‹ modernen Staat«. Das alte England war das England der organischen Gemeinschaft und in welchem Sinne es primitiver gewesen ist als das England, das seinen Platz eingenommen hat, erfordert Nachdenken. Doch was wir im Moment berücksichtigen müssen, ist die Tatsache, daß die organische Gemeinschaft verschwunden ist. Sie ist so kurz aus dem Gedächtnis verschwunden, daß der Versuch, irgend jemandem und sei er noch so gebildet klar zu machen, was sie war, sehr schwierig ist. Ihre Zerstörung (im Westen) ist das wichtigste Faktum der jüngsten Geschichte — sie ist wirklich sehr neu. Wie konnte diese folgenschwere Veränderung — diese weite und erschreckende Desintegration — sich in so kurzer Zeit vollziehen? Der Prozeß der Veränderung wird gemeinhin als Fortschritt beschrieben[3].

Darin sind verschiedene Punkte dunkel: insbesondere das exakte Gewicht des Adjektivs *organisch* und sein offensichtlicher Gegensatz zu *organisiert* (vgl. den Anhang am Ende dieses Kapitels). Doch scheint es von den zur Unterstützung zitierten Beispielen klar zu sein, daß die »folgenschwere Veränderung« die Industrielle Revolution ist. Die »organische Gemeinschaft« dagegen ist die ländliche Gemeinschaft:

Das »primitive« England repräsentierte eine animalische, doch entschieden menschliche Natürlichkeit, Sturts Dorfbewohner drückten ihre menschliche Natur aus, sie befriedigten ihre menschlichen Bedürfnisse in der natürlichen Umwelt. Und die von ihnen gemachten Dinge — Cottages, Scheunen, Schober und Wagen — bildeten zusammen mit anderen Beziehungen eine menschliche Umgebung und eine Subtilität der Anpassung und Adaptation als richtig und unausweichlich *(sic)*[4].

Diesem Lebensstil wird die städtische und vorstädtische, mechanisierte Modernität gegenübergestellt. Über sie sind Kommentare wie die folgenden möglich:

Der moderne Arbeiter, der moderne Angestellte, der moderne Bandarbeiter leben nur für ihre Muße mit dem Ergebnis, daß sie in ihrer Freizeit, wenn sie sie bekommen, nicht zu leben wissen. Ihre Arbeit bedeutet ihnen nichts, sie ist lediglich etwas, was sie um einen Lebensunterhalt zu verdienen, machen müssen und folglich ist, wenn ihre Freizeit kommt, diese sinnlos und alles, wozu sie sie benutzen können, fällt unter den Titel von dem, was Stuart Chase »Vernichtung« (»decreation«) nennt...[5]
...Der moderne Bürger weiß heute nicht mehr, wie die lebensnotwendigen Güter zu ihm kommen (er steht ganz ohne Kontakt mit der — wie wir sagen — »primären Produktion«), so daß er seine Arbeit nicht als einen wichtigen Teil in einer menschlichen Organisation begreifen kann (er verdient nur seinen Lohn oder macht Profit)[6].

Die Thesen sind vertraut, doch es ist unmöglich, sie als angemessen zu empfinden. Diese Version der Geschichte ist Mythos im Sinne bloßer Mutmaßung. Denn, wenn es auch möglich ist, Fragen wie der Adaptation an natürliche Umwelt, an Gebäude und Werkzeuge oder im Bereich der traditionellen Handwerksberufe wie dem des Zimmermanns insgesamt zuzustimmen, so kann man z. B. der These, daß »die menschliche Umgebung... ihre Beziehungen mit anderen tatsächlich ›richtig und unausweichlich« sei, insgesamt beipflichten. Das ist, denke ich, ein Ergeben in ein charakteristisch industrielles oder städtisches Heimweh — eine späte Version des Mediävismus, mit seinen Neigungen zu einer »angepaßten« Feudalgesellschaft. Wenn etwas über »die organische Gemeinschaft« sicher ist, ist es, daß sie schon immer vergangen war. In seinem Mythos ist das ländliche 18. Jahrhundert das positive Beispiel. Doch für Goldsmith war es schon in *The Deserted Village* (1770) vergangen. Für Crabbe war es in *The Village* (1733) schwerlich »richtig und unausweichlich«. Für Cobbett war es (1820) schon seit seiner Kindheit vorbei (dazu muß gesagt werden, daß es existierte, als Goldsmith und Crabbe schrieben). Für Sturt war es existent bis spät in das 19. Jahrhundert hinein. Für mich selbst (wenn man mir erlaubt, dies hinzuzufügen, denn ich wurde in ein Dorf und eine Familie von vielen Generationen von Farmarbeitern hineingeboren) war es selbst — oder die zitierten Aspekte, die ererbten Fertigkeiten der Arbeit, die langsame traditionelle Unterhaltung, die Kontinuität von Arbeit und Muße — noch in den dreißiger Jahren lebendig. Das Beobachtete ist — richtig abgewogen — wichtig. Es ist eine bedeutende Tradition gesellschaftlicher und produktiver Erfahrung, die aus lang andauernden Bedingungen erwachsen ist. Es ist nützlich, dies den Schwierigkeiten der vergleichbar vielfältigen Anpassung an die von Stadt und Fabriken geprägten Lebensbedingungen, die wir erst seit kurzem kennen, gegenüberzustellen. Doch es führt in die Irre, diese Gegenüberstellung isoliert vorzunehmen und es ist dumm und gefährlich, bei der sogenannten organischen Gesellschaft von der Armut, dem kleinen Terror, von Krankheit und hoher Sterblichkeit, Ignoranz und brachliegender Intelligenz, die dazu gehörte, abzusehen. Das sind keine materiellen Nachteile, die gegen spirituelle Vorteile aufgewogen werden dürfen. Eine solche Gemeinschaft lehrt eins: das Leben ist ein Ganzes und ein Kontinuum. Der ganze Komplex ist wichtig. »Was allgemein als Fortschritt beschrieben wurde«, rettete Geist und Blut.

Der grundsätzliche, intellektuelle Fehler von Formulierungen, wie in *Culture and Environment* ist erstaunlicherweise: Aspekte für das Ganze zu nehmen. Ein gültiges, detailliertes Urteil entwickelt sich zu rasch zu einem überredenden Entwurf. Die Tendenz, Erfahrung auf literarische Evidenz zu reduzieren, ist gemeinhin verführerisch. *Middletown* ist ein erschreckendes Buch. Viele Anzeigen und Zeitungen sind billig und gemein. Doch konstruieren wir nicht allzu leichtfertig von solcher Evidenz ausgehend eine geringschätzige Version vom Leben unserer Zeitgenossen, das wir ganz eng am Leben selbst überprüfen sollten, obwohl wir es recht leicht — so würde es zumindest scheinen — durch literarische Medien vermittelt überprüfen könnten? Ist es z. B. wahr, daß »dem modernen Arbeiter, dem modernen Angestellten, dem modernen Bandarbeiter ihre jeweilige Arbeit sinnlos« ist, außer als Mittel für Geld? Ist es wahr, daß »alles, was sie mit ihrer Freizeit anfangen können«, beinahe nur Vernichtung ist? Ist es wahr, daß »der moderne Städter kaum weiß, wie die zum Leben notwendigen Dinge zu ihm gelangen«? Wahr ist, so würde ich argumentieren, daß eine Reihe neuer, nicht befriedigender Arbeiten entstanden sind; ferner eine Reihe neuer billiger Unterhaltungen und eine ganze Anzahl neuer, sozialer Untergliederungen. Dagegen müssen neue Möglichkeiten befriedigender Arbeit gesetzt werden; ferner bestimmte offenkundige Verbesserungen und neue Chancen im Erziehungswesen sowie bestimmte neue Arten sozialer Organisation. Zwischen all diesen und anderen Faktoren muß der Ausgleich genauer hergestellt werden als es der Mythos zuläßt.

Der Grund, weshalb ich dies mit Bezug auf Leavis' Arbeit anführe, wo es doch auch anläßlich anderer Arbeiten, bei denen der Mythos greifbarer ist und die gelegentlich das Gefühl wesentlich stärker in die Irre führen, ebenfalls hätte gesagt werden können, ist, daß bei Leavis diese Elemente — wie es scheint — unentwirrbar mit der Befürwortung insgesamt wertvoller, die Erziehung betreffender Vorschläge, verbunden sind. *Culture and Environment* macht bestimmte Einschränkungen: »wir müssen vor einfachen Lösungen auf der Hut sein... es kann kein einfaches Zurück geben..., die Erinnerung an die alte Ordnung muß der Hauptantrieb für die neue sein«[7]. Das ist nützlich und bereitet darauf vor, daß er den Hauptakzent auf eine Erziehung legt, die die desintegrierenden und mindernden Kräfte zu kontrollieren sucht und zwar sowohl durch direktes »Verteidigungs«-Training als auch durch das Trainieren von Erfahrung, das die Literatur besonders gut anbietet. Der Aufbau und die Ausbreitung einer solchen Erziehung sind so essentiell, daß man bei seiner Befürwortung das Einbeziehen von zumindest zweifelhaften gesellschaftlichen Schlußfolgerungen und Haltungen bedauert. Dies muß auf das zuvor über das Wesen der »Minderheit« Gesagte zurückbezogen werden. Leavis konnte auf das, was ich dort geschrieben habe, mit Recht antworten, Literatur als etwas unter anderem anzusehen, hieße, Literatur überhaupt nicht zu erfassen. Dem würde ich zustimmen. Doch was ich hervorzuheben versuche ist, daß wir in einer Arbeit über Kontinuität und Veränderung gerade wegen der desintegrierenden Elemente die literarische Erfahrung nicht zum einzigen oder sogar zentralen Prüfstein machen können. Wir können sogar nicht einmal, so würde ich argumentieren, den entscheidenden Akzent auf die »Minderheit« setzen, denn die Vorstellung von der bewußten Minderheit ist in sich selbst nur ein Verteidigungssymptom gegen die allgemeinen Gefahren. Wenn Eliot die Vorstellung von einer Minderheiten-Kultur mit seiner Ablehnung der Demokratie-Idee verbindet, so befindet er sich auf festerem, wenn auch bestimmt strengerem Boden. Leavis hat eine Verbindung zwischen einer ganzen Lebensweise und der Befähigung zu wertvoller literarischer Erfahrung hergestellt. Damit ist er gewiß bei allem, was über die unmittelbar notwendigen Defensivmaßnahmen hinausgeht, einer Konzeption des Entstehens einer Gesellschaft sowie der ihr entsprechenden Lebensweise verpflichtet, die in angemessener Weise solche Arten von Erfahrungen verkörpert. Das ist weniger eine Frage der Verkündung irgendwelcher politischer Treuepflichten. Es handelt sich vielmehr in unserer gesamten gesellschaftlichen Erfahrung darum, zu erklären, daß »dieses mehr wert als

das ist und es diese eher als jene Richtung ist, in die wir gehen müssen«. Die Schwierigkeiten sind offenkundig, doch ich argwöhne, daß sie durch eine fortgesetzte Treue zu einem Geschichtsentwurf, der nahelegt, daß das »was wir gemeinhin als Fortschritt beschreiben«, beinahe insgesamt Abstieg ist, bis ins Unermeßliche vergrößert worden sind.
Ich habe Leavis' spätere Arbeiten so verstanden, daß er einerseits sich auf beständige Verteidigungs-Aktionen, andererseits sich, soweit möglich, in der Literatur-Wissenschaft auf das Wieder-Erschaffen (re-creation) konzentriert. Als Lebenswerk (und als ein noch unvollendetes) ist es eine große Errungenschaft. Andere haben die Kritik der Boulevard-Presse, der Werbung, des Kinos usw. aufgenommen, was heute beinahe schon ein Allgemeinplatz ist. Leavis hat, und das ist von höchstem Wert, seine Kritik der offensichtlichen Alternativen ausgedehnt auf die »bessere« Presse, die »besseren« Bücher. Er ist auch besonders in seiner Verteidigung von Lawrence wesentlich dichter zur Anerkennung von wichtigen Elementen der nachindustriellen englischen Gesellschaft vorgedrungen, die die Entwürfe von *Culture and Environment* vernachlässigt hatten. In seinen Äußerungen über Bunyan, Dickens und Mark Twain tritt er wesentlich stärker positiv für wirklich allgemeine gesellschaftliche Erfahrungen ein, als sein Konzept einer defensiven Minderheit (deren gesellschaftliche Erfahrung hauptsächlich aus der Vergangenheit stammt) zu erlauben schien. Er hat, was er die Vorherrschaft einer kleinen, in sich verfilzten Gruppe über die englische Geisteswelt nennt, angegriffen und die verbreitete Vorstellung von einer höheren Minderheit, die mit einer besonderen sozialen Klasse sich deckte, auf die ihr eigene Impotenz reduziert. Gleichzeitig hat er seine Angriffe auf die marxistische Version einer gesellschaftlichen Alternative intellektuell auf der Basis ihrer Abstraktion, gesellschaftlich auf der Basis ihrer Realisierung in Rußland attackiert. Heute stellt sich weniger die Frage, sein eigenes Lebenswerk abzuschätzen, als den Wert der von ihm initiierten Richtungen. Abschließend kann ich nur sagen, daß die außerordentlich wichtigen, den Erziehungs-

bereich betreffenden Vorschläge und die wichtigen und erhellenden Einzelurteile die wirklichen Gewinne darstellen, einigen z. T. schweren Verlusten gegenübergestellt werden müssen. Die über eine »zerstörte« Masse gestellte Konzeption einer kultivierten Minderheit tendiert in ihrer Einschätzung zu einer zerstörerischen Arroganz und zum Skeptizismus. Die Vorstellung einer gänzlich organischen und befriedigenden Vergangenheit, einer desintegrierenden und unbefriedigenden Gegenwart entgegengesetzt, tendiert dazu in ihrer Vernachlässigung der Geschichte, reale gesellschaftliche Erfahrung zu verneinen. Das kulturelle Training sollte ganz wesentlich ein Training in Demokratie sein, d. h. ein Training im unmittelbaren Urteilen. Doch haben die kontingenten Elemente in dem Mythos im schlechtesten Falle zu einem pseudo-aristokratischen Autoritarismus und bestenfalls zu einem gewohnheitsmäßigen Skeptizismus geführt, der sich selbst jedem zeitgenössischen und gesellschaftlichem Engagement gegenüber als intollerant gezeigt hat. Leavis' Integrität als Wissenschaftler und Lehrer wird nicht bezweifelt. Doch es ist desto notwendiger, will man auf der Integrität bestehen, daß die Unangemessenheiten und Gefahren von dem, was heute das Dogma der »Minderheits-Kultur« darstellt, erkannt werden.

Bemerkung zu »organisch«

Nur wenige englische Wörter sind schwieriger als »organic« — »organisch«. Es besitzt eine umfassende und komplizierte semantische Geschichte. Das Griechische ὄργανον bedeutete zunächst »Werkzeug« oder »Instrument« und ὀργανικός entsprach unserem »mecanical« — »mechanisch«. Doch gab es einen abgeleiteten Sinn von »physisches Organ« (das Auge als »Instrument des Sehens«) und hiervon ging die ganze folgende Assoziation mit Lebewesen aus. Im sechzehnten Jahrhundert sind »mecanical« — »mechanisch« und »organical« — »organisch« Synonyme, aber im achtzehnten Jahrhundert beginnen die physikalischen und biologischen Beziehungen zu dominieren. Dann beginnt »organisch« bei Burke und Coleridge zur Beschreibung von Institutionen und Gesellschaft gebraucht zu werden und eine der Bedeutungen von »mechanisch« (=»artificial« — »künstlich«) wird für die Herstellung eines neuen, vertrauten Gegensatzes verwendet. Der Gegensatz wird dann auf die »Organ«-Familie selbst ausgedehnt: »organ« — »Organ« = »Sinnesorgan« gibt dem Entstehen von lobenden Wörtern wie »organisch« und »Organismus« Auftrieb, während »organ« = Instrument, »organize« — »organisieren« und »organization« — »Organisation« hervorbringt. Burke gebrauchte »organisch« und »organisiert« als Synonyme, doch in der Mitte des neunzehnten Jahrhunderts werden sie im allgemeinen einander entgegengesetzt (»natürliche« vs. »geplante« Gesellschaft etc.).

Es gibt fünf zutage liegende Gründe, weshalb »organisch« so beliebt wurde: um die Idee der »Ganzheit« in der Gesellschaft, das Wachsen eines »Volkes« z. B. im Nationalismus, das »natürliche Wachsen« wie bei der »Kultur« mit besonderer Bezugnahme auf langsame Veränderung und Adaptation zu betonen und um »mechanistische« und »materialistische« Versionen von Gesellschaft abzuwehren und schließlich um den Industrialismus zugunsten einer »in enger Berührung mit den natürlichen Vorgängen« (d. h. Ackerbau) stehenden Gesellschaft zu kritisieren. Der Bereich ist zu groß und zu verführerisch, als daß er genau untersucht werden könnte. Auch wird das Wort heute von gänzlich entgegengesetzten Autoren gebraucht: z. B. betonen Marxisten »einen ganzen, geformten Staat«, Konservative »eine langsam sich anpassende Tradition und Gesellschaft«, Kritiker der maschinellen Produktion »eine vorwiegend agrarische Gesellschaft« und Bertrand Russell andererseits »eine vorwiegend industrielle Gesellschaft«: »Wenn wir dazu ermahnt werden, die Gesellschaft ›zu organisieren‹ (organize), dann werden wir notwendig unsere Modelle von der Maschinerie ableiten, da wir gar nicht wissen, wie wir die Gesellschaft zu einem Lebewesen machen sollen.« *(Prospects of Industrial Civilization)* Diese Komplikationen zeigen zumindest die Notwendigkeit an, vorsichtig zu sein, das Wort ohne sofortige Definition zu gebrauchen. Vielleicht sind alle Gesellschaften organisch (d. h. geformte Ganzheiten), doch sind einige organischer (agrarisch, industrialisiert, konservativ, geplant) als andere.

Kapitel V

Marxismus und Kultur

1.

Marx war ein Zeitgenosse von Ruskin und George Eliot, doch die marxistische Interpretation von Kultur kam erst in den dreißiger Jahren unseres Jahrhunderts in England zum Tragen. William Morris hatte die Sache der Kunst mit der des Sozialismus verbunden und sein Sozialismus war der des revolutionären Marxismus. Doch Morris' Termini waren älter, sie waren das Erbe einer allgemeinen Tradition, die über Ruskin zu ihm gekommen war. So erzählte er 1887 den Bergarbeitern in Northumberland:

Selbst wenn man unterstellt, daß er nicht begriff, daß es in der Ökonomie eine bestimmte Vernunft gab und daß das ganze System verändert werden könnte..., er wäre ein für alle Mal ein Rebell dagegen gewesen[1].

Die ökonomische Urteilskraft und das politische Versprechen erhielt er vom Marxismus. Die allgemeine Rebellion bediente sich einer älteren Sprache.

Marx hat selbst eine Kulturtheorie skizziert, jedoch niemals voll ausformuliert. Seine gelegentlichen Äußerungen z. B. über Literatur stellen weniger das dar, was wir marxistische Literaturwissenschaft nennen, als die Bemerkungen eines gelehrten, intelligenten Mannes seiner Zeit. Gelegentlich weitet sich sein außerordentlich gesellschaftlicher Einblick zu einem Kommentar aus, doch hat man niemals das Gefühl, daß er eine Theorie anwendet. Im allgemeinen ist nicht nur sein Ton bei der Diskussion dieser Fragen undogmatisch, sondern er ist auch bereit, sehr schnell das einzuschränken, was ihm in der Praxis oder der Literaturtheorie offensichtlich über-enthusiastisch schien oder was er als mechanische Ausweitung seiner politischen, ökonomischen und historischen Folgerungen auf Tatsachen anderer Art ansah. Obwohl Engels weniger behutsam zu sein gewohnt ist, zeigt er doch einen ganz ähnlichen Grundton. Das soll nicht heißen, daß Marx nicht auf die gelegentliche Ausweitung solcher Folgerungen oder der Ausfüllung seines Rahmens vertraute. Sein Genie erkannte lediglich die Schwierigkeit und die Komplexität der Probleme und seine persönliche Disziplin war eine Sachdisziplin.

Der von Marx entwickelte Rahmen, der sich als so fruchtbar und bedeutend erwiesen hat, wird im Vorwort seiner *Kritik der politischen Ökonomie* (1859) deutlich:

> In der gesellschaftlichen Produktion ihres Lebens gehen die Menschen bestimmte, notwendige, von ihrem Willen unabhängige Verhältnisse ein, Produktionsverhältnisse, die einer bestimmten Entwicklungsstufe ihrer materiellen Produktivkräfte entsprechen. Die Gesamtheit dieser Produktionsverhältnisse bildet die ökonomische Struktur der Gesellschaft, die reale Basis, worauf sich ein juristischer und politischer Überbau erhebt, und welcher bestimmte gesellschaftliche Bewußtseinsformen entsprechen. Die Produktionsweise des materiellen Lebens bedingt den sozialen, politischen und geistigen Lebensprozeß überhaupt. Es ist nicht das Bewußtsein der Menschen, das ihr Sein, sondern umgekehrt ihr gesellschaftliches Sein, das ihr Bewußtsein bestimmt. ... Mit der Veränderung der ökonomischen Grundlage wälzt sich der ganze ungeheure Überbau langsamer oder rascher um. In der Betrachtung solcher Umwälzungen muß man stets unterscheiden zwischen der materiellen, naturwissenschaftlich treu zu konstatierenden Umwälzung in den ökonomischen Produktionsbedingungen und den juristischen, politischen, religiösen, künstlerischen oder philosophischen, kurz, ideologischen Formen, worin sich die Menschen dieses Konflikts bewußt werden und ihn ausfechten[2].

Die erwähnte Unterscheidung besitzt offensichtlich große Bedeutung. Selbst wenn wir die Formel Basis und Überbau akzeptieren, so haben wir doch Marx' Wort, daß die Veränderungen in der letzteren notwendig einer anderen und weniger exakten Forschungsmethode unterworfen sind. Das wird durch das sprachliche Qualifizieren seines Textes verstärkt: »bestimmt den *allgemeinen* Charakter; *mehr oder weniger schnell* transformiert«. Der Überbau ist eine Angelegenheit des menschlichen, notwendig sehr komplexen Bewußtseins, nicht allein wegen seiner Vielfalt, sondern auch weil es immer historisch ist. Zu jeder Zeit enthält es Kontinuitäten aus der Vergangenheit und Reaktionen auf die Gegenwart. Marx begreift Ideologie zeitweilig als falsches Bewußtsein: ein System von Kontinuitäten, das in Wirklichkeit von dem der Veränderung unterminiert ist. Im *Achtzehnten Brumaire* schreibt er:

Auf den verschiedenen Formen des Eigentums, der sozialen Existenzbedingungen, erhebt sich ein ganzer Überbau verschiedener und eigentümlich gestalteter Empfindungen, Illusionen, Denkweisen und Lebensanschauungen. Die ganze Klasse schafft und gestaltet sie aus ihren materiellen Grundlagen heraus und aus den gesellschaftlichen Verhältnissen, die ihnen entsprechen. Das einzelne Individuum, dem sie durch Tradition und Erziehung zufließen, kann sich einbilden, daß sie die eigentlichen Bestimmungsgründe und den Ausgangspunkt seines Handelns bilden[3].

Wenn nun ein Teil des Überbaus bloßes Rationalisieren ist, dann wird die Komplexität des Ganzen noch weiter erhöht. Diese Anerkennung der Komplexität ist die erste Kontrolle bei jeder gültigen Annäherung an eine marxistische Kulturtheorie. Die zweite, kontroversere Kontrolle stellt das Verständnis der Formel von Basis und Überbau dar. Bei Marx ist diese Formel genau bestimmt, vielleicht aber nicht genauer als durch eine Analogie. Wenn wir auf den folgenden Kommentar von Engels stoßen, so müssen wir einhalten:

Nach materialistischer Geschichtsauffassung ist das *in letzter Instanz* bestimmende Moment in der Geschichte die Produktion und Reproduktion des wirklichen Lebens. Mehr hat weder Marx noch ich je behauptet. Wenn nun jemand das dahin verdreht, das ökonomische Moment sei das *einzig* bestimmende, so verwandelt er jenen Satz in eine nichtssagende, abstrakte, absurde Phrase. Die ökonomische Lage ist die Basis, aber die verschiedenen Momente des Überbaus — politische Formen des Klassenkampfs und seine Resultate — Verfassungen, nach gewonnener Schlacht durch die siegende Klasse festgestellt usw. — Rechtsformen, und nun gar die Reflexe aller dieser wirklichen Kämpfe im Gehirn der Beteiligten, politische, juristische, philosophische Theorien, religiöse Anschauungen und deren Weiterentwicklung zu Dogmensystemen, üben auch ihre Einwirkung auf den Verlauf der geschichtlichen Kämpfe aus und bestimmen in vielen Fällen vorwiegend deren *Form*. Es ist eine Wechselwirkung aller dieser Momente, worin schließlich durch alle die unendliche Menge von Zufälligkeiten (d. h. von Dingen und Ereignissen, deren innerer Zusammenhang untereinander so entfernt oder so unnachweisbar ist, daß wir ihn als nicht vorhanden betrachten, vernachlässigen können) als Notwendiges die ökonomische Bewegung sich durchsetzt. Sonst wäre die Anwendung der Theorie auf eine beliebige Geschichtsperiode ja leichter als die Lösung einer einfachen Gleichung ersten Grades[4].

Auch hier wird wieder die Komplexität betont, doch deren Folge ist eine Abschwächung der von Marx gebrauchten Formel. Basis und Überbau drücken als Begriffe einer Analogie zugleich eine absolute und eine fixierte Beziehung aus. Doch die von Marx und Engels erkannte Realität ist sowohl weniger absolut als auch weniger klar. Engels führt virtuell drei Realitätsschemata ein: die ökonomische Ebene, die politische Lage und den Zustand der Theorie. Indessen tut jede Formel von Ebenen wie Basis und Überbau den Faktoren der Bewegung, deren Wesen zu erkennen, Aufgabe des Marxismus ist, weniger als Gerechtigkeit an. Wir erreichen ein anderes Modell, in dem Realität als ein sehr komplexes Bewegungsfeld angesehen wird, innerhalb der die ökonomischen Kräfte sich letztlich als das organisierende Element enthüllen.

Engels gebraucht das Wort »Wechselwirkung«, aber impliziert das nicht jede Zurücknahme der Ansprüche der ökonomischen Priorität? Das wird von Plechanow in *Die Entwicklung der monistischen Theorie der Geschichte* (1895) klargemacht:

Wechselwirkung existiert ... nichtsdestoweniger erklärt sie *durch sich selbst* überhaupt nichts. Um Interaktion zu verstehen, müssen die Attribute der interagierenden Kräfte genau festgehalten werden. Diese Attribute aber können letztlich ihre Erklärung nicht in der Tatsache der Wechselwirkung finden, wieviel sie auch immer dieser Tatsache verdanken mögen. ... Die Qualitäten der interagierenden Kräfte und die einander beeinflussenden Attribute des gesellschaftlichen Organismus werden, langfristig gesehen, durch den uns bereits bekannten Grund erklärt: die ökonomische Basis dieser Organismen, die durch den Stand der Produktivkräfte bestimmt wird[5].

Plechanow räumt ein, daß es »besondere Gesetze ... in der Entwicklung des menschlichen Denkens« gibt. Marxisten werden z. B. nicht »die Gesetze der Logik mit den Gesetzen der Zirkulation von Bequemlichkeiten« identifizieren. Alles, was ein Marxist negieren wird, ist, daß die »Gesetze des Denkens« die primären Ursachen für die geistige Entwicklung sind. Die Hauptursache dafür ist der ökonomische Wandel. Er fährt fort:

Sensitive aber schwachköpfige Leute sind der Theorie von Marx ungnädig, weil sie deren erstes Wort auch für ihr letztes nehmen. Marx sagt: laßt uns bei der Erklärung des *Subjekts* sehen, in welchen wechselseitigen Beziehungen Menschen unter den Einfluß der *objektiven* Notwendigkeit geraten. Sind diese Beziehungen einmal bekannt, dann wird es möglich sein zu sagen, wie menschliches Selbstbewußtsein unter ihrem Einfluß entsteht. ...Die Psychologie adaptiert sich selbst an die Ökonomie. Doch diese Adaptation ist ein komplizierter Vorgang... einerseits die »eisernen Gesetze« der Bewegung der »Kette«... andererseits wächst auf der »Kette« und zwar genau wegen ihrer Bewegung das »Kleid des Lebens« der Ideologie[6].

Offensichtlich ist Plechanow hier auf der (überhaupt nicht erfolgreichen) Suche nach einem zufriedenstellenderen Modell als es das von Basis und Überbau ist. Er ist sich Marx' Zurückhaltung dem Studium der Ideen gegenüber bewußt und gibt zu:

> Vieles, noch sehr vieles liegt hier für uns im Dunkeln. Doch gibt es für den Idealisten noch mehr, was dunkel ist und sogar noch mehr für die Eklektizisten, die niemals die Bedeutung der Schwierigkeiten verstehen, denen sie im Glauben begegnen, daß sie stets jede offene Frage mit Hilfe ihrer berüchtigten »Wechselwirkung« klären könnten. In Wirklichkeit klären sie überhaupt nichts, sondern verstecken sich bloß hinter den ihnen begegnenden Schwierigkeiten[7].

Es ist also eine Wechselwirkung, doch diese kann nicht richtig verstanden werden, wenn nicht die organisierende Kraft des ökonomischen Elements anerkannt wird. Eine marxistische Kulturtheorie wird Vielfalt und Komplexität erkennen und Kontinuität im Wandel in Rechnung stellen, wird Chancen und begrenzte Autonomien zugestehen, aber wird mit diesen Einschränkungen die Tatsachen der ökonomischen Basis und der daraus folgenden gesellschaftlichen Beziehungen als den Leitfaden, um den herum eine Kultur gewoben wird, nehmen und mit dessen Hilfe man eine Kultur verstehen kann. Dies, immer noch eher eine Betonung als eine substantiierte Theorie, haben die Marxisten unseres eigenen Jahrhunderts von der Tradition erhalten.

2.

In England sind Niveau und Anlaß von marxistischen Schriften während der letzten vierzig Jahre außerordentlich uneinheitlich. Die politischen Schriften der dreißiger Jahre waren vor allem eine Reaktion auf die tatsächlichen Lebensbedingungen in England und Europa und weniger eine bewußte Entwicklung marxistischer Studien. Die Zustände rechtfertigten die Antwort selbst dort, wo sie unangemessen ausfiel. Doch als Ergebnis machten viele englische Leser ihre erste Bekanntschaft mit marxistischer Theorie in Schriften, die miteinander kaum verbunden, auch der Intention nach begrenzt und zeitgebunden waren. Natürlich war es möglich gewesen, davon eine Art Idioten-Galerie zusammenzustellen, die stets in jeder allgemeinen Bewegung auftreten. Ich vermag nicht einzusehen, daß diese Art von Ausräucherung eine faire Art ist, mit dem Marxismus als solchem umzugehen, doch sind Marxisten gut beraten, wenn sie sich daran erinnern, daß sie viele Fehler gemacht haben und daß diese aufgrund des Tones der dogmatischen Unfehlbarkeit, die einige der bekanntesten Schriften auszeichnet, nur schwer vergeben werden können. Eine Essay-Sammlung wie *The Mind in Chains* war stets qualitativ gemischt, doch das ist heute durch ihren zeitbedingten Charakter ganz deutlich gekennzeichnet und eben dies muß seinerzeit die Garantie ihrer Realitätsnähe ausgemacht haben. In der Einführung wird uns erzählt, daß der »Glaube, der sich wie ein Rückgrat durch das ganze Buch zieht«[8], R. E. Warners Schlußfolgerung ist:

Der Kapitalismus hat keinen weiteren Nutzen für Kultur. Einerseits bringt es die materielle Stagnation des Kapitalismus mit sich, daß immer weniger Gelehrte, Wissenschaftler und Techniker für den Produktionsprozeß gebraucht werden. Andererseits kann der Kapitalismus, da er sich selbst nicht mehr als progressive Kraft darstellen kann, nicht mehr die Unterstützung der allgemeinen Ideale von Kultur und Fortschritt einladen[9].

Das allgemeine hieran ist vertraut, doch wurde der Kapitalismus mit seinen Erholungskräften, auch wenn sie nur temporärer Natur sind, ganz eindeutig unterschätzt. Diese hatte ein ganzes System von Haltungen zur Folge, die aufgrund der Erfahrung der Depression zerfielen, als sich die ökonomische Situation veränderte. Beinahe jede politische Prophetie hatte sich als falsch herausgestellt, doch macht der marxistische Anspruch, eine besondere Einsicht in die Fragen von Leben und Tod eines ökonomischen Systems zu besitzen, das Zugeständnis eines Irrtums beinahe unmöglich. Aussagen wie die oben zitierte sind im allgemeinen nicht erneut durchdacht oder revidiert, sondern fallengelassen worden.

Indessen ist Warners allgemeine Aussage über Kultur vernünftig:

Der Fortschritt der Kultur hängt von dem Fortschritt der materiellen Bedingungen für Kultur ab, und insbesondere begrenzt die gesellschaftliche Organisation jeder historischen Periode die kulturellen Möglichkeiten dieser Periode. Dennoch zieht sich durch die Geschichte eine beständige Wechselwirkung zwischen Kultur und gesellschaftlicher Organisation. Kultur kann nicht, das ist wahr, über das Mögliche hinausgehen, doch die gesellschaftliche Organisation kann und bleibt auch tatsächlich hinter dem, was vom Standpunkt der Kultur aus sowohl möglich als auch wünschenswert wäre, zurück. Es gibt sowohl zwischen zahllosen gesellschaftlichen Organisationsformen als auch zwischen zahllosen Kulturformen Kontinuität, doch ist die kulturelle Kontinuität die markantere und zwar deshalb, weil es leichter ist, Möglichkeiten ins Auge zu fassen, als sie in Praxis umzusetzen und auch, weil interessierte Personen, die im Augenblick oben sind und durch jede Neuordnung innerhalb des Ganzen verlieren müssen, sich solange wie nur möglich gegen Veränderung und gesellschaftlichen Fortschritt gewehrt haben. Wir finden, daß in Zeiten, in denen ein historischer Wandel der gesellschaftlichen Organisation notwendig ist, die Kultur in Opposition zu dem von der Zeit hochgehaltenen gesellschaftlichen Standard gerät, Standards, die nebenbei bemerkt, durch die Kultur der Vergangenheit angemessen erhöht und geehrt worden sind, die sich aber als unangemessen und für einen weiteren, zukünftigen Fortschritt nicht inspirierend erwiesen haben[10].

Dies ist offensichtlich für die Entwicklung der bis hierhin verfolgten Ideen und Gefühle, die uns die modernen Bedeutungen von »Kultur« gegeben haben, wichtig. Doch bin ich mir nicht sicher, ob das tatsächlich eine marxistische Interpretation ist. Wenn auch die materielle Basis von Kultur anerkannt wird, so scheint sie sich doch sehr einer Definition — wie bei Arnold — zu nähern, nach der Kultur der ökonomischen und gesellschaftlichen Organisation voraus sein kann, indem sie die Zukunft ideell verkörpert. Bei vielen Engländern, die als Marxisten schreiben, habe ich das bemerkt. Eine in der Hauptsache von den Romantikern ausgehende Tradition, die durch Arnold und Morris auf uns gekommen ist, wird von gewissen marxistischen Wendungen ergänzt, funktioniert aber weiter in der alten Sprache. Vieles an den »marxistischen« Schriften der dreißiger Jahre war in der Tat der alte romantische Protest dagegen, daß es in der gegenwärtigen Gesellschaft für den Künstler und Intellektuellen keinen Platz gäbe, ergänzt um den neuen Zusatz, daß die Arbeiter das alte System nun beenden und den Sozialismus schaffen würden, der dann für sie einen Platz schaffen würde. Die damit in Beziehung stehenden Proteste gegen Arbeitslosigkeit, Armut und den Faschismus waren echt. Doch die Transformation der Sache der Arbeiter zu der der Intellektuellen drohte immer zusammenzubrechen. Entweder fanden die Intellektuellen auf andere Weise einen Platz oder die Sache der Arbeiter nahm eine Richtung an, die nicht so unmittelbar akzeptiert werden konnte oder die ungünstig war. Bei der Betrachtung des literarischen Marxismus der dreißiger Jahre in seinen allgemeinen Aspekten als einen neuen Fall »negativer Identifikation«, um es mit Gissing zu sagen, habe ich natürlich den Vorteil der Rückschau. Es ist ein Kennzeichen der negativen Identifikation, daß sie bei wirklichen gesellschaftlichen Krisen zerbricht und zu einer Gleichgültigkeit der Politik gegenüber, zu Widerruf oder auch zeitweilig zum gewalttätigen Angriff gegen die aufgegebene Sache wird. Weil ich das für ein Gesetz halte, dessen Aktionen dem immensen gesellschaftlichen Druck unterworfen sind, spüre ich nicht den Wunsch, Personalfragen erneut zu debattieren. Ich merke hier nur die Tatsache an, daß die »Kultur« nicht so weit voraus und auch nicht so eng mit der Zukunft verbunden war, wie man sich das damals dachte.

Alick Wests *Crisis and Criticism* (1937) schließt einen Bericht über die Kontinuität von romantischen und marxistischen Ideen ein. Er schreibt:

Die romantische Kritik war eine große Errungenschaft. Ihre Konzeption der gesellschaftlichen Beziehungen als Konstituenten für das Kunstschöne, ihre Konzeption des Konfliktes und Antagonismus' in diesen Beziehungen und die des in der Kunst versöhnten Konfliktes; die Konzeption der Dichtung als der Stimme der Humanität gegen Unterdrückung und Unrecht und der Pflicht der Poeten mit dem Ziel, sie zu beenden, zusammenzuarbeiten — all diese Ideen haben höchsten Wert. Statt sie zu mißbrauchen oder sie von ihrer gesellschaftlichen Bedeutung abzutrennen oder nur ihren Idealismus zu bewahren, müssen wir von ihnen Gebrauch machen. Wir können sie aber auf Grund ihres Idealismus nicht so einfach, wie sie dastehen, nehmen. Wie schon zuvor gezeigt, waren die romantischen Dichter nicht in der Lage, unter ihren besonderen Umständen ihren gesellschaftlichen Vorstellungen eine materielle Bedeutung zu geben. ... Folglich sind in der romantischen Kritik die gesellschaftlichen Beziehungen, die das Kunstschöne konstituieren, keine wirklichen gesellschaftlichen Beziehungen, sondern nur die Vorstellung dieser Beziehungen[11].

Es ist gewiß wahr, daß die Abstraktionen Kunst und Kultur ein Substitut für befriedigende gesellschaftliche Beziehungen sowohl in der Kunst selbst als auch im allgemeinen Leben waren. Ebenfalls ist wahr, daß die evidente Schwäche der noch folgenden Tradition in ihrem Fehlschlag lag, irgendeine angemessene gesellschaftliche Kraft zu finden, durch die die »höhere Realität« von Kunst und Kultur geschaffen und unterhalten werden könnte. West argumentiert von seiner Analyse ausgehend, daß Marx den romantischen Idealismus dadurch, daß er ihm den Inhalt materieller gesellschaftlicher Beziehungen gab, transformierte. Zumindest ist wahr, daß Morris, der von Marx lernte, etwas fand, was er als eine gesellschaftliche Kraft ansah, die für diese Ziele im Kampf der Arbeiterklasse für den Sozialismus richtig war. Doch ist das nicht notwendig exakt die Weise, wie Marxisten diese Frage fassen. E. P. Thompson schreibt in seiner marxistischen Arbeit über Morris:

Wenn sein dialektisches Verständnis von Veränderung, Wachsen und Niedergang stets in seinen Schriften präsent war, so sah er doch die ökonomische und gesellschaftliche Entwicklung des Menschen stets als den Hauptprozeß an und tendierte zu der Vorstellung, daß die Künste passiv vom gesellschaftlichen Wandel abhingen. ... Morris hatte die *ideologische* Rolle der Kunst, ihre aktive Tätigkeit bei der *Veränderung* der Menschen und der Gesellschaft als Ganzes sowie ihre Tätigkeit in der in Klassen geteilten Geschichte des Menschen nicht genügend betont[12].

Das ist eine sehr schwierige Frage, doch es überrascht sicherlich, daß ein Marxist Morris deswegen kritisiert, weil er »die ökonomische und gesellschaftliche Entwicklung des Menschen stets als den Hauptprozeß« ansah. Normalerweise war angenommen worden, daß Marx genau dies gelehrt hatte und Marxisten diese Position zu verteidigen wünschten. Man hatte verstanden, daß diese Künste »von dem gesellschaftlichen Wandel *abhingen;* aber vielleicht *passiv* abhingen«, das macht einen Unterschied aus. Morris vertrat manchmal die Ansicht, daß die Sache der Kunst warten müsse bis zum Sieg des Sozialismus und dies (obwohl ein rein gedankliches Argument, denn Kunst sowohl der einen wie der anderen Art wird auf jeden Fall weiter hervorgebracht) mag sehr wohl falsch sein. Doch falsch in welchem Sinn? Daß Kunst keiner solchen einfachen Gleichsetzung unterworfen ist, wie die meisten Nicht-Marxisten sagen würden? Daß gute Kunst ebenso in der Zeit des Kampfes wie in der des Sieges hervorgebracht werden kann, etwas, was englische Marxisten aus offenkundigen Gründen errichten zu wollen scheinen. Das aber ist in seinen Auswirkungen auf die grundsätzlich marxistische Position nur von allgemeinem Interesse. Morris' »Hauptprozeß«, den Thompson kritisiert, ist gewiß Marx' »reale Grundlage«, die »das Bewußtsein bestimmt«. Engels sprach von »den Reflexen all dieser tatsächlichen Kämpfe in den Gehirnen der Kombatanten«. Nach marxistischer Lesart ist die Kunst bestimmt einer dieser Reflexe. Diese Reflexe, sagte Engels, »üben ihren Einfluß auf den Verlauf der historischen Kämpfe aus und bestimmen in vielen Fällen schon vorweg ihre *Form*«. »Aber nur die Form«[13], insistiert Ralph Fox in *The Novel and the People*, einem weiteren marxistischen Beitrag zur Literatur. In welchem marxistischen Sinn besitzt dann aber die Kunst diese »aktive Tätigkeit bei der *Veränderung* der Menschen und der Gesellschaft als Ganzes«? Marx und Engels leugneten nicht die Rückwirkungen der »Reflexe« auf die Gesamtsituation, aber daß einer von ihnen — die Kunst — »die Menschen und die Gesellschaft als Ganzes verändern« könnte, stimmt kaum mit ihrer sonstigen Emphase überein. Daß Kunst diese Funktion besitzt, ist für die Romantiker ein Allgemeinplatz: der Dichter als Gesetzgeber. Von West hatte man gelernt, daß dies eine idealistische Einstellung war, die auf Unkenntnis der gesellschaftlichen Wirklichkeit beruhte. Es scheint wichtig, englische Marxisten, die sich für die Künste interessiert haben, zu befragen, ob hier nicht vielmehr der Romantizismus Marx absorbiert als daß Marx den Romantizismus transformiert. Es ist Ansichtssache, was man gerne geschehen lassen würde. Indessen wird die Situation in der einen oder anderen Weise geklärt werden müssen. Entweder hängen die Künste passiv von der gesellschaftlichen Realität ab — eine Position, die ich für einen mechanischen Materialismus oder eine vulgäre Fehlinterpretation von Marx halte, oder die Künste bestimmen als Bewußtseinsschöpfer die gesellschaftliche Wirklichkeit, eine Position, zu der die romantischen Dichter zeitweilig vordrangen. Oder die Künste reflektieren schließlich, da sie letztlich wie alles andere auch, von der realen ökonomischen Basis abhängen, diese Basis und die sich ergebende Realität und zum anderen Teil unterstützen *oder behindern* sie dadurch, daß sie die Einstellungen zur Realität berühren, die ständige Aufgabe, diese zu verändern. Ich finde, daß marxistische Kulturtheorien deswegen wirr sind, weil sie bei unterschiedlichen Gelegenheiten und bei verschiedenen Autoren von all diesen Vorschlägen, jeweils so wie sie es brauchen, Gebrauch machen.

Es ist deutlich, daß viele englische Autoren, die sich auch mit der Frage der Kultur befaßt haben und auch politisch gesehen Marxisten sind, vordringlich damit befaßt zu sein scheinen, einen Prozeß für seine Existenz zu führen. Sie argumentieren, daß das gegen eine bekannte Reaktion auf den Marxismus wichtig ist, die die Idee aufgebracht hat, daß Marx mit seiner Theorie von Basis und Überbau den bis hierher der intellektuellen und imaginativen Kreation zugebilligten Wert verringert hat. Gewiß hat es eine schockierende Unkenntnis von dem, was Marx geschrieben hat, gerade bei denen gegeben, die ihn bereitwillig kritisierten und mit dem Begriff »Überbau« ist als eine Art Fluch mit völlig lächerlichen Implikationen herumgeschlagen worden. Dabei haben offensichtlich politische Vorurteile ihre Rolle gespielt. Indessen vermag ich nicht zu sehen, wie es verneint werden kann, daß Marx in irgendeinem Sinne den Wert solcher Arbeit herabgesetzt hat. Nicht daß er ihr keinen Respekt zollte und sie nicht für eine große und wichtige menschliche Errungenschaft hielt, er negierte jedoch etwas, was bisher allgemein geglaubt worden war, daß diese Art von Arbeit die menschliche Entwicklung entschieden hat: »es ist nicht das Bewußtsein der Menschen, das ihr Sein bestimmt, sondern im Gegenteil ihr Sein bestimmt ihr

Bewußtsein«. Das war für die Denker und Künstler, die gewohnt waren, sich für die Pioniere der Menschheit zu halten, ein wirklicher Schock. Das bedeutete für sie eine Statusveränderung, wie die, die Darwins Theorie für den Menschen allgemein mit sich brachte. Viel von der künftigen Entwicklung des Marxismus sollte sich in der Frage der Kultur durch diese Reaktion als vorherbestimmt erweisen. Es mußte gezeigt werden, daß Marxisten der Kultur einen hohen Wert zubilligten, obwohl anderen Denkern der Beweis der Bedeutung von Kultur zumindest unnötig erschien. Es bleibt für anders Erzogene überraschend, daß ein marxistisches Buch — sagen wir über Literatur — mit dem Beweis beginnt, daß Literatur wertvoll ist. Das schien niemals in Frage gestellt worden zu sein und man wird an Mill erinnert, der das gleiche mit Bezug auf den Utilitarismus unternommen hatte. Doch da ein Teil solcher Arbeiten nur unter diesen Bedingungen verstanden werden kann, war eine Theorie der Kultur in dem Maße natürlich notwendig, aus dem der Marxismus eine gewichtige interpretative und aktive Bewegung wurde. Man glaubte, daß nicht nur die Kultur der Vergangenheit und Gegenwart in marxistischer Sicht interpretiert werden mußte, sondern daß genauso (und das hat sehr im Vordergrund gestanden, obwohl sehr zweifelhaft ist, ob das überhaupt marxistisch ist) die zukünftige Kultur vorausgesagt werden mußte. In England ist dies in der Hauptsache mit Bezug zur Literatur geleistet worden und wir müssen ihr Wesen betrachten.

Der normale Einstieg wird über das Wesen der Sprache — wie hier bei West — genommen:

Sprache ... entstand als eine Form gesellschaftlicher Organisation. Die Literatur setzt also dieses Wachstum als Kunst fort. Sprache lebt, sie führt die gesellschaftliche Aktivität fort, deren Schöpfung und Schöpfer die Sprache in ihrer reinen Existenz ist[14].

Hier werden wir sofort in die äußerst komplizierte Frage des Ursprungs der Sprache verwickelt. West verläßt sich auf Noire, Paget und Marr. Ferner auf Caudwell, dessen Aussage in *Illusion and Reality* sich von Darwin über Paget, aber ebenso von de Laguna abzuleiten scheint. Die linguistische Theorie ist sowohl hoch spezialisiert als auch stark kontrovers und die Frage nach den Ursprüngen ist bis zu einem gewissen Grad notwendig spekulativ. Eine allgemeine Betonung des gesellschaftlichen Charakters der Sprache kann bereitwillig akzeptiert werden und es könnte scheinen, daß Sprache in Praxis als eine Form gesellschaftlicher Organisation funktioniert und daß das, was sie repräsentiert, eher eine Aktivität als eine bloße Niederlegung ist. Doch das Ziel von Wests Argumentation ist schon in den besonderen und äußerst kontroversen Bedeutungen, mit denen er »Organisation« und »Aktivität« versieht, impliziert. Er fährt fort:

die Quelle des Wertes im literarischen Werk liegt in der gesellschaftlichen Energie und Aktivität, die die Vision des Autors zur Fortsetzung der Kraft zu sehen macht und in seinem Gebrauch der Sprache zu einer Verlängerung ... der Macht zu sprechen und nicht bloß in des Konsumenten Gebrauch von dem, was die Gesellschaft schon hervorgebracht hat. Unsere Wahrnehmung dieses Werkes ist die Stimulation eben dieser gesellschaftlichen Energie und Aktivität in uns selbst[15].

Das sagt viel weniger aus als es zu sagen scheint. Ich vermag mir niemanden vorzustellen, den die mittleren Wendungen überraschen würden. Und wieder wird das Ziel der Argumentation lediglich in Worten erreicht. Denn West kann nun fortfahren:

Der Wert der Literatur entspringt der Tatsache, daß sie die Organisationen der gesellschaftlichen Energie fortführt und verändert. Wir nehmen den Wert durch das Erwachen derselben Art von Energie in uns selbst wahr[16].

Von hier aus ist es leicht, wertvolle Literatur mit dem, was von der Teilhabe an »der aktivsten Gruppe und Tendenz seiner Zeit« hervorgeht zu identifizieren und dann in der Sprache unserer Zeit mit der »schöpferischsten Bewegung ... dem Sozialismus« gleichzusetzen. »Folgerichtig«

ist die Kritik unseres Lebens durch den Test, ob wir der schöpferischsten Bewegung unserer Gesellschaft voranhelfen —, die einzig wirksame Begründung für die Literaturwissenschaft[17].

Von hieraus ist es nur noch ein Schritt (obwohl ihn West, um ihm Gerechtigkeit widerfahren zu lassen, dadurch, daß er auf der Realität des ästhetischen Urteils beharrt, nicht tut) zu der Art von Literaturwissenschaft, die den Marxismus berüchtigt gemacht hat.

»Besitzt dieses Werk eine sozialistische Tendenz oder nicht? Hilft es der schöpferischsten Bewegung unserer Gesellschaft voran?« Hier wird Literatur allein in bezug auf ihre politischen Verbindungen definiert. Mehr als irgendein anderer muß ein Marxist solche Endprodukte in Theorie und Praxis gleichermaßen fest zurückweisen. Doch kann man erkennen, wie ein potentiell wertvolles Argument ganz und gar durch ein fälschlich angenommenes Bedürfnis entstellt wird, bei dieser Art von Schlußfolgerung oder einer ihr ähnelnden anzukommen. Es ist eine Schlußfolgerung, mit der darüberhinaus Marx in keiner Weise aufgezäumt zu werden braucht. Literatur ist ganz offenkundig in der allgemeinen Bedeutung des Wortes eine gesellschaftliche Aktivität, deren Wert in dem Zugang des Autors zu bestimmten Arten der Energie liegt, die in unmittelbar literarischer Sprache erscheinen und diskutiert werden können (das soll heißen: als eine Sprache gewordene Intention), die aber nach allgemeiner Übereinstimmung einen mehr als nur literarischen Ursprung haben und in dem ganzen Komplex der Beziehungen eines Autors zur Realität liegen. Die Identifikation dieser Energie mit der Teilhabe an einer spezifischen Art gesellschaftlicher oder politischer Aktivität ist zumindest nicht erwiesen. Die positive Evidenz, wo sich solche Energie manifestiert, legt diese einfache Gleichsetzung nicht nahe.

Christopher Caudwell ist der bekannteste dieser marxistischen Kritiker in England geblieben, doch ist sein Einfluß merkwürdig. Seine Theorien und Abrisse sind weithin gelehrt worden, obwohl er tatsächlich über Literatur selbst nur wenig zu sagen hat, was auch nur irgendwie interessant ist. Nicht nur, daß es nicht einfach ist, den literarischen Qualifikationen von jemandem zu trauen, der einen Bericht von der Entwicklung des mittelalterlichen Dramas zum elisabethanischen[18] gibt oder der die »Schlaf«-Zeile aus *Macbeth*[19] paraphrasiert, nein, auch weil der größte Teil seiner Diskussion zu unspezifisch ist, als daß sie falsch sein könnte. Andererseits produziert er außerordentlich viel Ideen auf einem ungewöhnlich breiten Interessengebiet. Heute ist es ziemlich schwer zu entscheiden, welche dieser Ideen angemessen als marxistisch beschrieben werden kann. Eine Kontroverse unter englischen Marxisten über den Wert von Caudwells Arbeiten enthüllte außerordentliche Meinungsunterschiede. Sie reichen von George Thomsons Ansicht, daß *Illusion and Reality* »der erste umfassende Versuch ist, eine marxistische Kunsttheorie auszuarbeiten«[20] mit der Implikation, daß dies gelungen sei, bis zu J. D. Bernals Schlußfolgerung:

Caudwells Werk übte und übt auch noch heute auf die Intellektuellen, besonders aber auf die literarischen Intellektuellen einen großen Reiz aus, der in der Hauptsache darauf zurückgeht, daß er von der Sprache der Populärwissenschaft Gebrauch machte[21].

Bernal fügt hinzu, daß die Formulierungen in Caudwells Büchern

die der zeitgenössischen bürgerlichen Wissenschaftsphilosophie ... und nicht die des Marxismus sind[22].

Diesen Streit zu lösen, wird wohl kein Nichtmarxist versuchen.

Indessen ist es den Hinweis wert, daß der Kern der marxistischen Kontroverse über Caudwell genau dem auf den vorangegangenen Seiten diskutierten Problem entspricht. Es ist eine Angelegenheit von einiger Bedeutung, daß eine Reihe von Autoren, die von der ökonomischen und politischen Nützlichkeit des Marxismus überzeugt sind, bei ihren Versuchen, das Werk des »Überbaus« und insbesondere das imaginative Werk der Künste zu erfassen, mit einer gewissen Konsequenz zu einer Einstellung gelangten, die andere Marxisten als »idealistischen Schlamm« beschreiben. Die Schwierigkeit wird besonders an einem zentralen Punkt deutlich, der über Caudwells Definition des Wertes der Kunst eingeführt werden soll:

Der Wert der Kunst für eine Gesellschaft liegt darin, daß durch sie eine emotionale Adaptation möglich ist. Die menschlichen Instinkte werden in der Kunst gegen die Formen der Realität gepreßt und durch eine besondere Organisation der so erzeugten Emotionen entsteht eine neue Haltung — eine Adaptation[23].

Dieser Prozeß im Künstler wird wie folgt beschrieben:

Der Künstler wird beständig von neuen, wenn auch noch nicht artikulierten Gefühlen bestürmt, er versucht ständig, noch unbekannte Schönheiten und Emotionen zu erfassen. In seinem Herzen spürt er beständig eine Spannung zwischen Tradition und

Erfahrung. Ebenso wie der Wissenschaftler ein Erforscher neuer Bereiche der äußeren Wirklichkeit ist, so entdeckt der Künstler ständig neue Königreiche des Herzens. Beide sind sie daher Erforscher und teilen sich daher auch notwendig in eine gewisse Einsamkeit. Aber wenn sie Individualisten sind, so nicht, weil sie un-sozial sind, sondern weil sie — genau gesagt — eine gesellschaftliche Aufgabe erfüllen. Sie sind nur in dem einen Sinn unsozial, daß sie in der gesellschaftlichen Welt Bereiche aufbrechen, die zur Zeit noch unsozial sind und daher einen Fuß in beiden Welten haben müssen[24].

Was die beiden Welten aber sind, das ist nach Caudwell die Grundlage der Kontroverse. In *Illusion and Reality* schreibt er:

Die Verbindung zwischen Wissenschaft und Kunst, der Grund, weshalb beide in der gleichen Sprache leben können, ist: das Subjekt einer Handlung ist das gleiche wie das Subjekt der Erkenntnis — der Genotyp. Das Objekt einer Handlung ist das gleiche wie das der Erkenntnis — die externe Realität. Da der Genotyp Teil der Realität ist, obwohl er sich selbst gegen einen anderen gestellt findet, interagieren beide. Es gibt eine Entwicklung, das Denken und die Gesellschaft des Menschen besitzen — eine Geschichte[25].

Auf den ersten Blick schiene es gewiß, als ob diese Version des mit der »externen Realität« interagierenden »Genotyps« in irgendeiner Weise von Marx stammt, doch findet sich das nicht nur in Caudwells frühesten Schriften, sondern auch in der Formel von den »beiden Welten« in dem späten Essay über Schönheit. Folge solcher Schriften, so würde es scheinen, müßte die Überprüfung von Marx' grundsätzlicher Konzeption der Beziehung zwischen »der wirklichen Grundlage« und dem »Bewußtsein«, also zwischen Basis und Überbau sein. Dieses Problem stellt sich in der Praxis als Kontroverse über die Rolle der Kunst und weiter der Kultur (intellektuelle und imaginative Arbeit) im allgemeinen. Es gibt eine deutliche Kontroverse zwischen Befürwortern des »Realismus« (einer analytischen und synthetischen Verkörperung von »typischen Charakteren unter typischen Umständen«, um es mit Engels' Worten zu sagen, wo die angemessene »Widerspiegelung« der Realität als der Zweck der Kunst angesehen wird) und auf der anderen Seite denen, die, wie hier bei Gorki, eine weitere Bedingung hinzufügen:

Mythos ist eine Erfindung. Mittel zu erfinden, um aus der Summe einer gegebenen Realität deren Kardinal-Idee herauszuziehen und sie in Bildern zu verkörpern — so erhalten wir den Realismus. Wenn wir aber zu der aus der gegebenen Welt extrahierten Idee das Ersehnte, das Mögliche hinzufügen dadurch, daß wir die Idee mittels der Logik der Hypothese ergänzen und so das Bild vollständig machen, erhalten wir den Romantizismus, der dem Mythos zugrunde liegt und der darin besonders wohltätig wirkt, daß er dazu tendiert, der Realität gegenüber eine revolutionäre Haltung zu provozieren, eine Haltung, die die Welt praktisch verändert[26].

Dies halte ich für die Fortentwicklung des Realismus zum »sozialistischen Realismus«, denn vermutlich wird die »revolutionäre Haltung der Realität gegenüber« nur dann provoziert werden, wenn »das Ersehnte, das Mögliche« sozialistisch ist. Der Prozeß wird durch Identifikation mit einer politischen Neigung definiert. Andererseits ließe sich die Methode angemessen als »sozialistischer Romantizismus« beschreiben, als die Transformation des Idealismus durch einen materiellen Inhalt, über den West schrieb.

Es bleibt die Schwierigkeit, daß die Quelle »des Ersehnten, des Möglichen« noch definiert werden muß. Es ist immer noch marxistisch, dies bei den sich herausbildenden gesellschaftlichen Kräften zu suchen, die schon in dem gesellschaftlichen Prozeß aktiv und bewußt sind. Doch es hat eine deutliche Tendenz bei englischen Autoren gegeben, »das Ersehnte, das Mögliche« in einer Art »innerer Energie« des Individuums zu sehen. Darüber hat Caudwell geschrieben. Wenngleich es eine Verbesserung von Marx sein könnte, scheint es doch seinen grundsätzlichen Vorschlag von »Sein« und »Bewußtsein« zu negieren. Tatsächlich, wenn wir die englischen Versuche für eine marxistische Kulturtheorie betrachten, so sehen wir eine Wechselwirkung zwischen der Romantik und Marx, zwischen der Idee der Kultur, die eine wichtige Tradition in England ist und Marx' brillanter Neubewertung. Wir müssen noch hinzufügen, daß diese Interaktion noch lange nicht vollendet ist.

3.

Das neunzehnte Jahrhundert mußte eine essentielle Lektion lernen — und zwar dringend aufgrund der bloßen Größe der Veränderungen—, daß nämlich die ökonomische Grundorganisation weder von ihren moralischen und intellektuellen Problemen losgelöst und ausgenommen werden kann. Gesellschaft und individuelle Erfahrung wurden gleichermaßen transformiert und diese treibende Tätigkeit, für deren Verständnis und Interpretation es keine angemessenen traditionellen Verfahren gab, mußte in ihrer Tiefe ins Bewußtsein gebracht werden. Außer Marx insistierten auch noch andere darauf und arbeiteten daraufhin, doch formulierte Marx mit seiner gesellschaftlichen und historischen Definition der vagen Idee des »Industrialismus« den entscheidenden Beitrag. Die Materialien, um ein umfassendes und angemessenes Bewußtsein unseres gemeinsamen Lebens wieder zu erstellen, sind uns in die Hände gegeben worden. In der Zwischenzeit werden unter Betonung des Gesagten die praktischen Mittel der Gesellschaft nur langsam mit der Erfahrung erlernt.

Marx' These ist in das allgemeine Bewußtsein eingedrungen, auch wenn seine besondere Lehre immer noch unweigerlich kontrovers ist. Die Fragen, die wir nun zu stellen haben, denn die Gültigkeit seiner ökonomischen und politischen Theorie kann hier nicht erörtert werden, beziehen sich auf die marxistische Frage, so wie sie zumeist gestellt wird. Sie lautet: determiniert das ökonomische Element wirklich? Ich habe die dazu gehörigen Kontroversen verfolgt, doch scheint mir das letztlich eine nicht beantwortbare Frage zu sein. Der konkurrierende Einfluß ökonomischer Veränderung ist natürlich nicht zu verkennen, am bemerkenswertesten innerhalb der hier im Buch behandelten Periode. Doch liegt die Schwierigkeit in der Einschätzung der Wichtigkeit, die einem Faktor letzthin zukommt, der in der Realität niemals isoliert auftritt. Wir können eine ökonomische Veränderung ebensowenig unter neutralen Bedingungen beobachten, wie wir den genauen Einfluß — sagen wir — der Vererbung beobachten können, der einem Studium nur verfügbar ist, wenn er schon in einer Umwelt verkörpert ist. Der Kapitalismus und der industrielle Kapitalismus, den Marx durch eine historische Analyse allgemein zu beschreiben in der Lage war, trat nur innerhalb einer bestehenden Kultur auf. Die englische wie die französische Gesellschaft befinden sich heute beide in bestimmten Stadien des Kapitalismus, doch sind ihre Kulturen aus historischen Gründen offensichtlich unterschiedlich. Daß sie beide kapitalistisch sind, kann letztlich bestimmend sein und das mag ein Leitfaden für gesellschaftliche und politische Aktion sein, doch sind wir, wenn wir die Kulturen verstehen wollen, auf das verwiesen, was manifestiert ist: die Lebensweise als Ganzes. Viele von uns haben geglaubt, daß die marxistische Kulturinterpretation durch Marx' Formel einer rigiden Methodologie verpflichtet zu sein scheint, so daß der, der — sagen wir einmal — eine Nationalliteratur zu studieren wünscht, zunächst mit der Wirtschaftsgeschichte, die zur Zeit der Literatur existierte, beginnen muß, um dann die Literatur dazuzunehmen, um sie in deren Licht zu interpretieren. Es ist wahr, daß man davon gelegentlich etwas lernen kann, doch scheint diese Prozedur im allgemeinen etwas Zwanghaftes und Oberflächliches zu implizieren. Denn selbst wenn das ökonomische Element determiniert, so determiniert es eine ganze Lebensweise, und damit müßte Literatur viel eher als mit dem ökonomischen System allein in Beziehung gesetzt werden. Das interpretative Verfahren, das nicht von dem gesellschaftlichen Ganzen, sondern mehr von den zufälligen Korrelationen der ökonomischen Situation und dem Gegenstand der Untersuchung beherrscht wird, führt sehr bald zu Abstraktionen und einer Irrealität. Ein Beispiel dafür ist Caudwells Beschreibung der modernen Dichtung (d. h. seit dem fünfzehnten Jahrhundert) als »*kapitalistische* Dichtung«[27], wo es doch gerade zu zeigen gilt, daß »kapitalistisch« überhaupt eine für Dichtung relevante Beschreibung ist. Es führt auch zum Übergehen von praktischen konkreten Beurteilungen durch Generalisierungen, wie z. B. bei Beschreibungen der westeuropäischen Literatur dieses Jahrhunderts als »dekadent«, weil ihr gesellschaftliches System als dekadent angesehen wird. Das ist ein Verfahren, das pauschal schlechte Elemente der Desintegration reflektierende und ausbeutende Kunst mit substantieller Kunst zusammenwirft, die durch die ganze Ernsthaftigkeit ihres Vorgehens die Desintegration in ihrem Fortschreiten zeigt und was es im einzelnen heißt, dadurch zu leben. Es führt auch — wie ich meine — zu einer sehr zweifelhaften Beschreibung einer Kultur als eines Ganzen. Das englische Leben, Denken und seine Imagination in den letzten dreihundert Jahren schlichtweg als »bürgerlich« zu beschreiben und die englische Kultur als »absterbend«, heißt die Realität zugunsten einer Formel aufzugeben. Ich freue mich zu sehen, daß diese Frage unter Marxisten immer noch kontrovers ist. Einige argumentieren, daß es in einer Klassengesellschaft »eine Polarisierung der geistigen Aktivität« um die herrschende Klasse herum gibt, so daß, wenn die herrschende Klasse »bürgerlich« ist, auch das gesamte geistige Leben »bürgerlich« ist. Andere lehnen das ab und argumentieren, daß das Bewußtsein einer ganzen Gesellschaft immer vielfältiger ist und nicht auf die herrschende Klasse beschränkt werden kann[28]. Welche dieser Ansichten auch immer am besten mit Marx übereinstimmen mag, so schiene es doch, als läge das Gewicht der Evidenz eindeutig bei der letzteren. Bei all diesen Punkten würde eine Unangemessenheit unter Marxisten beim Gebrauch von »Kultur« als Terminus vorzuliegen scheinen. Er bezeichnet normalerweise in ihren Schriften die intellektuellen und imaginativen Produkte einer Gesellschaft. Dem entspricht der ungenaue Gebrauch von »Überbau«. Aber von ihrer Betonung der Unabhängigkeit aller Elemente der gesellschaftlichen Realität und von ihrer analytischen Betonung von Bewegung und Veränderung würde es scheinen, als ob Marxisten »Kultur« logisch im Sinne von einer ganzen Lebensweise eines allgemeinen gesellschaftlichen Prozesses gebrauchen würden. Das ist kein nur verbales Problem, denn die Betonung im letzteren Sinne würde die von mir kritisierten mechanischen Verfahren unmöglich machen und eine Basis für ein substantielleres Verständnis bieten. Die Schwierigkeiten liegen jedoch in der ursprünglichen Formulierung von Marx: wenn man »Basis« und »Überbau« nicht als Termini für eine suggestive Analogie akzeptiert, sondern als Beschreibungen der Reali-

tät, dann ergeben sich die Irrtümer ganz natürlich. Selbst wenn diese Termini als die einer Analogie angesehen werden, bedürfen sie — wie ich zu zeigen versucht habe — der Hilfe.
Ein praktisches Ergebnis dieser Art marxistischer Interpretation der Vergangenheit kann in den anhaltenden Versuchen gesehen werden, die Kultur der sozialistischen Zukunft zu bestimmen. Wenn man sich daran gewöhnt zu denken, daß eine bürgerliche Gesellschaft ganz einfach und direkt eine bürgerliche Kultur hervorbringt, dann wird man auch wahrscheinlich denken, daß eine sozialistische Gesellschaft ebenso einfach und direkt eine sozialistische Kultur hervorbringen wird. Dann wird man glauben, daß es an einem selbst sei zu sagen, wie sie aussehen wird. Tatsächlich ist das meiste an Spekulation über die »sozialistische Kultur« der Zukunft nicht mehr als eine utopische Angewohnheit gewesen, man kann sie nicht sonderlich ernst nehmen. Doch in Rußland wurde das Problem praktisch. Dort ist z. B. die für die neue Gesellschaft angemessene Literatur im voraus definiert worden, als eine autoritative Vorschrift. Wenn es eine solche einfache und direkte Denkgewohnheit der Beziehung zwischen Literatur und Gesellschaft gibt, dann erscheint ein solches Verfahren plausibel. Auch eine Kampagne für den »sozialistischen Realismus« erscheint plausibel und natürlich wird man irgendeine Art Literatur als Antwort auf die Kampagne stets erhalten. Doch wenn wir mit Marx darin übereinstimmen, daß »Sein das Bewußtsein bestimmt«, dann werden wir es nicht besonders leicht finden, ein spezifisches Bewußtsein im voraus zu bestimmen, es sei denn natürlich (und so wird es theoretisch gewöhnlich gemacht) die Vorschreibenden können sich selbst irgendwie mit »Sein« identifizieren. Meiner eigenen Ansicht nach wird — sind einmal in einer sozialistischen Gesellschaft die grundlegenden kulturellen Fertigkeiten weit verbreitet worden und die Kommunikationskanäle ausgebaut und gereinigt und ist soviel wie nur möglich zur Vorbereitung getan worden — dann wird eine wirkliche und wertvolle Antwort auf die gesamte Realität hervortreten. Der andere Weg kann in den Worten Lenins gesehen werden:

Jeder Künstler ... hat ein Recht darauf, frei und seinen Idealen entsprechend zu schaffen, ohne von irgend etwas abhängig zu sein. Nur können wir Kommunisten natürlich nicht mit gefalteten Händen dastehen und das Chaos sich in jede beliebige Richtung entwickeln lassen. Wir müssen diesen Prozeß nach Maßgabe eines Planes steuern und seine Ergebnisse formen[29].

Dabei gibt es kein »natürlich« und das Wachsen des Bewußtseins wird dadurch in Verruf gebracht (wie in den mechanischen Beschreibungen der Vergangenheit), daß es als »Chaos« vorweggenommen wird. Hier handelt es sich letztlich nicht um eine Frage von weiser oder dummer, von freier oder totalitärer Politik, es geht vielmehr um die Frage der Unangemessenheit in der Theorie der Kultur.

Das Problem kann abschließend auf einer größeren Ebene behandelt werden. Die moderne kommunistische Praxis beruht zu einem großen Teil auf Lenin, und man kann vorbringen, daß Lenin in der Frage der Entwicklung des Bewußtseins nicht mit Marx übereinstimmt. Lenin schrieb z. B.:

Die Geschichte aller Länder zeigt, daß die Arbeiterklasse ausschließlich aus eigener Kraft nur ein Gewerkschaftsbewußtsein zu entwickeln in der Lage ist[30].

Die Arbeiterklasse, unfähig für sich selbst eine Ideologie zu entwickeln, wird entweder von der »bürgerlichen Ideologie« oder der sozialistischen Ideologie gefangen genommen werden, die später selbst von bürgerlichen Intellektuellen entwickelt werden wird. So viel hängt hier von der Bedeutung ab, in der »Ideologie« und »Bewußtsein« gebraucht werden, doch:

1. wenn Lenin ernsthaft daran festhielt, daß die Arbeiterklasse keine sozialistische Ideologie schaffen könnte, dann kann Marx' Darstellung der Beziehung zwischen Klasse und Ideologie sowie zwischen Sein und Bewußtsein nicht mehr aufrechterhalten werden,
2. wenn die »bürgerliche Intelligenzija«, indem sie allein arbeitet, eine »sozialistische Ideologie« schaffen kann, dann muß »Bewußtsein« neu definiert werden,
3. wenn sich die Arbeiter wirklich in dieser hilflosen Lage befanden, daß sie allein nicht das »Gewerkschaftsbewußtsein« übersteigen können (das ist mehr eine negative Reaktion auf den Kapitalismus als eine positive in Richtung auf den Sozialismus), dann können sie als Massen angesehen werden, die gefangengenommen werden, eher Objekte einer Macht als deren Subjekte. Dann kann beinahe alles gerechtfertigt werden.

Es läßt sich kein einziges Urteil über diese Fragen finden, das sich als endgültig und authentisch marxistisch erwiese. Das Problem ist essentiell, denn es scheint an der Wurzel von einer Reihe von Unterschieden zwischen dem Geist marxistischer Kritik und bestimmten beobachtbaren Aspekten kommunistischer Politik zu liegen. Wir interessieren uns heute für marxistische Theorie, weil Sozialismus und Kommunismus heutzutage wichtig sind. Wir werden in dem Maße, in dem wir ihre Anregungen schätzen können, fortfahren, nach ihrer Klärung des Gesamtgebietes der Kultur zu suchen.

Kapitel VI

George Orwell

»Das sind keine Bücher — das sind Welten«[1]. So Orwell über Dickens. »Das sind keine Bücher — das sind Tatsachen.« Das ist Orwell heute. Wir haben ihn seit seinem Tod als Grundlage für eine allgemeine Argumentation verwendet, aber weniger für eine Argumentation über Begriffe, sondern über Stimmungen. Nicht, daß er ein großer Künstler war, dessen Erfahrung wir allmählich aufzunehmen und zu schätzen haben. Nicht, daß er ein bedeutender Denker war, dessen Ideen wir interpretieren und untersuchen müssen. Das Interessante an ihm liegt fast gänzlich in seiner Offenheit. Wie wir ererbte er eine große und humane Tradition, wie wir versuchte er, sie auf die zeitgenössische Welt anzuwenden. Er wandte sich an Bücher und fand in ihnen das Detail von Tugend und Wahrheit. Er wandte sich an Erfahrung und fand in ihr die Praxis der Loyalität, Toleranz und des Mitleids. Doch am Ende

> war es ein klarer kalter Tag im April und die Glocken schlugen dreizehn. Winston Smith schlüpfte rasch, sein Kinn in seine Brust gewühlt, um dem scharfen Wind zu entgehen, durch die Glastüren des Victory Mansion, doch nicht rasch genug, um einen Wirbel sandigen Staubes davon abzuhalten, zusammen mit ihm einzudringen[2].

Der Staub gehört dazu: der scharfe, vom gemeinen Wind mitgeführte Staub. Demokratie, Wahrheit, Kunst, Gleichheit, Kultur: alle tragen wir sie in unseren Köpfen, doch in den Straßen, da ist der Wind überall. Die große und humane Tradition ist eine Art verdrehter Witz. In den Büchern war sie nützlich, doch leg' sie einmal hin und blicke um Dich. Du findest weniger eine Desillusion, als unsere Welt wie sie wirklich ist.

Die Situation ist paradox: diese Tradition, dieser Staub. Wir haben Orwell zur Figur dieses Widerspruchs gemacht: indem wir auf ihn reagieren, reagieren wir auf eine alltägliche Situation. England erlitt den ersten Schock des Industrialismus und seiner Folgen; daraus folgte, daß die menschliche Antwort einerseits zeitig, feinsinnig und tiefgründig war — die Ausbildung einer echten Tradition. Andererseits ergab sich, daß die materielle Konstitution von dem, was kritisiert wurde, in unser aller Leben hineingebaut wurde — eine mächtige und verbindliche Realität. Die Interaktion ist langwierig und zeitweilig verzweifelt gewesen. Ein Mann, der nach seinen eigenen Geboten lebt, wird außerordentlichen Pressionen ausgesetzt. Orwell lebte so und berichtete offen darüber: deshalb hören wir ihm zu. Gleichzeitig war Orwells Antwort, obwohl die Situation alltäglich war, eigenständig und muß so auch gewertet werden. Weder seine Beziehungen und Schwierigkeiten noch seine Desillusion dürfen als herkömmlich gelten. Für ein angemessenes Verständnis ist es wichtig, daß es sich bei ihm schließlich nicht so sehr um Tatsachen als um Bücher handelt.

Die Gesamtwirkung von Orwells Werk ist die des Paradox. Er war ein humaner Mensch, der ein extremes Maß inhumanen Terrors kommunizierte. Er war ein dem Anstand verpflichteter Mensch, der einen eigentümlichen Schmutz aktualisierte. Das sind vielleicht Elemente eines allgemeinen Widerspruchs. Doch gibt es andere spezifischere Paradoxe. Er war Sozialist und verbreitete eine strenge und destruktive Kritik sozialistischer Ideen und ihrer Anhänger. Er glaubte an Gleichheit und die Kritik der Klasse und gründete sein späteres Werk auf die tiefempfundene Annahme einer inhärenten Ungleichheit und eines unausweichlichen Klassenunterschieds. Das ist verwischt worden oder lediglich Gegenstand bloßer Parteigängerdebatten gewesen. Man kann sich ihnen nur durch die Beobachtung eines weiteren Paradoxons angemessen nähern. Er war ein bemerkenswerter Kritiker sprachlichen Mißbrauchs, praktizierte aber selbst bestimmte wichtige und typische Mißbräuche. Er war ein guter Beobachter des Details und wurde als Empirist angesehen, wo er sich doch zur selben Zeit selbst zu einer ungewöhnlichen Menge vernünftiger und auch gelungener Generalisierungen hingab. Auf diese Punkte, die im ganzen Material seines Werkes vorhanden sind, müssen wir uns zunächst konzentrieren.

Daß er ein guter Beobachter des Details war, setze ich als unbestritten voraus: daß ich das tun kann, ist das große Verdienst der Essays, für die *The Art of Donald McGill* typisch ist und zum Teil auch von *The Road to Wigan Pier*. Die Widersprüchlichkeit seiner Urteile erkennt man erst, wenn man sein gesamtes Werk liest; doch einige Beispiele mögen hier als Erinnerungsstützen folgen:

In jeder Variante des Sozialismus, die etwa seit 1900 auftrat, wurde das Ziel, Freiheit und Gleichheit zu errichten, immer offener aufgegeben[3].

Die britische Labour Party? Der Zunft-Sozialismus?

Mit der vierten Dekade des zwanzigsten Jahrhunderts waren alle Hauptströmungen politischen Denkens autoritär geworden[4].

England im Jahre 1945?

Das erste, was jedem außenstehenden Beobachter auffallen muß, ist, daß der Sozialismus in seiner entwickelten Form eine gänzlich auf die Mittelklasse beschränkte Theorie ist[5].

Ein Parteitag der Labour Party? Irgendeine Lokalpartei in einem Wahlkreis? Gewerkschaften?

Alle Links-Parteien sind in den hochindustrialisierten Ländern im Grunde Trug, da sie es sich zur Aufgabe machen, gegen etwas zu kämpfen, was sie nicht wirklich zu zerstören wünschen[6].

Aufgrund welcher Evidenz?

Die Energie, die wirklich die Welt formt, entspringt Emotionen — Rassenstolz, Führerkult, religiöser Glaube, Kriegsliebe —, die liberale Intellektuelle mechanisch als Anachronismen wegschreiben und die sie zumeist so vollständig in sich selbst zerstört haben, daß sie jede Kraft zu handeln verloren haben[7].

Aber entspringt diese formende Energie nur diesen Emotionen? Gibt es keine andere »Aktionskraft«?

Ein Humanist ist immer ein Heuchler[8].

Eine als Urteil maskierte Erregung?

Nimm z. B. die Tatsache, daß alle sensitiven Leute durch den Industrialismus und seine Produkte ... revolutioniert werden[9].

Alle? Durch alle Produkte?

Ich isoliere diese Beispiele nicht nur, um die Aufmerksamkeit auf diesen Aspekt von Orwells Methode zu lenken, sondern auch um anzuzeigen, daß die Desillusion insgesamt sehr überzeugend war. In vielen der

Urteile liegt ein Element von Wahrheit oder zumindest Rationalität, doch Orwells Manier ist es normalerweise, etwas zu behaupten, um dann innerhalb dieser Behauptung zu argumentieren. Als literarische Methode liegt der Einfluß von Shaw und Chesterton zu Tage.
Das ist die Methode des Journalismus geworden und wird zeitweilig als klare, aufrechte Äußerung gepriesen. Orwell äußerte in seinen Erörterungen über Sprache viel Nützliches über die Sprache der Propaganda. Doch ebenso, wie er sehr oft plausible Behauptungen als Generalisierungsmittel benutzte, glitt er sehr leicht, wenn er ein Vorurteil oft von derselben grundsätzlichen Art ausdrückte, in den emotionalen Mißbrauch des Propagandisten ab:

Manchmal hat man den Eindruck, als ob die bloßen Worte »Sozialismus und Kommunismus« jeden Fruchtsafttrinker, Nudisten, Sandalenträger, Sex-Maniac, Quäker, »Naturheil«-Salbader, Pazifisten und Feministen in England mit magnetischer Kraft an sich ziehen...[10].
... Vegetarier mit schlaffen Bärten, ... wirrköpfige Marxisten, die an Vielsilbern herumkauen, ... Fanatiker der Geburtenkontrolle und intrigante Labour Party Kriecher[11].

Oder man betrachte seinen ständigen Gebrauch des Adjektives »klein«:

Der typische Sozialist ist... ein sauberer kleiner Mann mit einem white-collar Job, gewöhnlich auch ein heimlicher Abstinenzler oft mit vegetarischen Neigungen...[12].
Ein ziemlich kleiner, gemeiner Mann mit einem weißen Gesicht und kahlen Kopf, der auf einer Plattform steht und Slogans ausposaunt[13].
... Die typische Schlange mit einem Bowler-Hut auf dem Kopf — Strubes »kleiner Mann« — der kleine gelehrige Bürger, der mit dem sechs-Uhr-fünfzehner nach Hause zu dem Abendmahl aus Cottage-Pie und gedämpften Konservenerbsen eilt[14].
In der gebildeten Welt »kommst Du voran«, wenn Du überhaupt »vorankommst«, dann nicht so sehr aufgrund Deiner literarischen Befähigung als deshalb, weil Du Leben und Seele von Cocktail-Parties bist und die Hintern von giftigen kleinen Löwen küßt...[15]

Natürlich kann man hierüber lachen und man wird, ist man ein Sozialist, Nudist, Feminist, Pendler usw. lediglich verärgert sein. Doch ich stimme mit Orwell darin überein, daß gute Prosa eng mit Freiheit und den gesellschaftlichen Möglichkeiten von Wahrheit verbunden ist. Ich stimme mit ihm ebenfalls darin überein (und füge so den Beweis zusammen), daß die schlechteste moderne Schriftstellerei ... lediglich darin besteht, lange Wortstreifen, die schon längst von jemand anderem ordentlich gesetzt worden sind, zusammenzukleben und das Ergebnis durch bloßen Humbug präsentabel zu machen[16].

Diese Praxis bei Orwell selbst zu übersehen, wäre lächerlich und schädlich.

Heute würde womöglich unter normalen Umständen jeder Autor, der jemals häufiger in der mit der obengegebenen Art der Beispiele geschrieben hätte, einfach mißachtet werden. Indessen ich verstehe dieses Paradox, daß ein Mann, der die Standards, die zu verurteilen er akzeptiert hat, sich erlaubt, so zu schreiben, als Teil des gesamten Paradox von Orwell, das ich gerne beschreiben möchte. Er macht solange echte Finten, bis man den Schlüssel für das Paradox, das ich den Widerspruch des Exils nennen möchte, findet. Denn Orwell gehörte zu einer bedeutenden Zahl von Männern, die, um ein ruhiges Leben oder einen Glauben betrogen, oder die das Ererbte zurückgewiesen hatten, in einer Art improvisiertem Leben Tugend und Bestätigung der Unabhängigkeit finden. Das ist eine ehrenwerte englische Tradition. Sie zieht viele der liberalen Tugenden an sich: Empirizismus, eine bestimmte Integrität, Offenheit. Sie besitzt ebenso als normales Kontingent die Tugend des Exils, bestimmte Wahrnehmungsqualitäten: insbesondere die Fähigkeit, Unangemessenheiten in den zurückgewiesenen Gruppen zu unterscheiden. Sie gewährt ebenfalls den Anschein der Stärke, obwohl das weithin illusorisch ist. Die Qualitäten sind, obwohl heilsam, zumeist negativ. Es gibt den Anschein der Härte (die strenge Kritik am Aberglauben, Zufriedenheit und Selbstbetrug), doch ist das gewöhnlich gebrechlich und zeitweilig auch hysterisch: die Substanz der Gesellschaft fehlt und die Spannungen unter Menschen von hoher Qualität sind sehr groß. Neben der zähen Zurückweisung von Kompromissen, die der Tradition ihre Tugend verleiht, fühlt man ihre gesellschaftliche Impotenz, die Unfähigkeit, sich ausbreitende Beziehungen zu bilden. D. H. Lawrence, immer noch der intelligenteste dieser Menschen in unserer Zeit, kannte diese Bedingung und hat sie beschrieben. Orwell mag sie ebenfalls gekannt haben.

Zumindest lebte er die Zurückweisungen mit einer Gründlichkeit aus, die uns aufmerksam macht.
Orwells Tugenden sind die, die wir bei dieser Tradition insgesamt erwarten und schätzen. Doch müssen wir zwischen Exil und Vagabundieren einen Unterschied machen. Es gibt im Exil gewöhnlich ein Prinzip, im Vagabundieren gibt es nur Entspannung. Orwell befindet sich in verschiedenen Teilen seiner Karriere sowohl im Exil als auch beim Vagabundieren. Der Vagabund ist, literarisch gesprochen, der »Reporter« und wo der Reporter gut ist, da hat sein Werk das Verdienst der Neuheit und einer spezifischen Unmittelbarkeit. Der Reporter ist ein Beobachter, ein Vermittler: es ist unwahrscheinlich, daß er das Leben, über das er berichtet (der Vagabund von seiner eigenen Gesellschaft oder seiner eigenen Klasse und schaut nach einer anderen, aber unausweichlich von außen), in einem tieferen Sinne versteht. Doch eine ruhelose Gesellschaft akzeptiert eine solche Art von Errungenschaft sehr leicht: auf der einen Ebene den Bericht über das Kuriose oder Exotische, auf der anderen, zumal wenn die Klasse oder Gesellschaft der eigenen des Reporters nahe steht, die anschauende Kritik. Das meiste von Orwells Werk gehört der einen oder anderen Art an *(Down and Out in Paris and London; The Road to Wigan Pier)*. Die frühen Romane sind ganz ähnlich fiktive Berichte: selbst der beste von ihnen, *Coming up for Air*, besitzt mehr von den Qualitäten eines virtuosen Reporters (indem er sich selbst als abstrakte, repräsentative Gestalt aufbaut) als die Intensität einer umfassenden imaginativen Realisierung. Wir hören Orwells Mr. Bowling zu und gehen mit ihm umher; dabei ist Orwell zum größten Teil präsent und bietet seinen Bericht dar.
Nun wäre es absurd, Orwell für diese »Vagabunden«-Erfahrung zu schmähen. Er besaß gute Gründe, das ihm normalerweise offenstehende Leben zurückzuweisen. Doch er sah ein, daß die Ablehnung schließlich durch ein Prinzip für rechtens erklärt werden müßte: das war die Bedingung, die aus dem Vagabundendasein ein Exil machte, das er aufgrund seiner Qualität als besser ansah. Das von ihm gewählte Prinzip hieß Sozialismus und *Homage to Catalonia* ist auch heute noch

ein mitreißendes Buch (ganz abgesehen von der politischen Kontroverse, die es mit sich bringt), weil es ein Bericht von dem entschiedensten Versuch ist, den er je gemacht hat, um Mitglied einer glaubenden Gemeinschaft zu werden. Auch kann ein solches Lob nicht eingeschränkt werden, weil der Versuch unter gleichbleibenden Bedingungen fehlschlug. Obwohl wir die Behauptung der Selbstgenügsamkeit des Vagabundendaseins wie des im Exil lebenden gleichermaßen zu recht hinterfragen, haben wir doch auch die Komplexität dessen, was zurückgewiesen wird und dessen, was gefunden werden kann, zu erkennen. Orwell hat dabei Hervorragendes geleistet.

Doch das nunmehr von ihm bekräftigte Prinzip konnte ihn noch nicht (so folgerte Orwell) direkt zur wirklichen Gesellschaft bringen. Er konnte tatsächlich aber nur im Streit leben. Orwells Sozialismus wurde das Prinzip des Exils, das er um jeden Preis vor Verletzungen bewahren wollte. Der Preis war in der Praxis die teilweise Aufgabe seiner eigenen Standards: er mußte oft wild fluchen, um andere fernzuhalten und zu vermeiden, daß er mit ihnen verwechselt wurde. Er griff weniger den Sozialismus an, der war sicher in seinem Geist, als Sozialisten, die es gab und die ihn hätten in die Sache verwickeln können. Was er am Sozialismus angriff, war dessen Disziplin und auf dieser Basis konzentrierte er seine Angriffe auf den Kommunismus. Seine Attacken auf die Verleugnung der Freiheit sind bewunderungswürdig: wir müssen alle unabhängig von der jeweiligen Loyalität die Grundfreiheiten der Vereinigung und des Ausdrucks verteidigen oder wir verleugnen den Menschen. Doch wenn der Mann im Exil von Freiheit spricht, so befindet er sich in einer merkwürdig ambivalenten Position, denn wenn auch die zur Debatte stehenden Rechte individuell genannt werden können, so ist doch die Bedingung ihrer Garantie unausweichlich gesellschaftlich. Der im Exil Lebende kann aufgrund seiner eigenen persönlichen Erfahrung letztlich nicht an irgendeine gesellschaftliche Garantie glauben: ihm ist, da das die Grundstruktur seiner Lebensweise ist, jede Vereinigung suspekt. Er fürchtet sie, weil er keine Kompromisse eingehen will (das ist oft seine Tugend, weil er sehr schnell die Perfidie, die bestimmte Kompromisse enthalten, durchschaut). Doch fürchtet er sie auch, weil er keinen Weg sehen kann, wie seine Individualität gesellschaftlich bestätigt werden kann. Das macht insgesamt die psychologische Bedingung des selbstgewählten Exils aus. So befindet er sich im Angriff auf die Negierung der Freiheit auf sicherem Boden und ganzherzig kann er die Versuche der Gesellschaft, ihn mithineinzuziehen, zurückweisen. Wenn er nun aber auf irgendeine positive Weise dazu gebracht wird, die Existenz von Freiheit zu bestätigen, dann ist er gezwungen, ihre unabänderliche gesellschaftliche Grundlage zu negieren: alles worauf er zurückgreifen kann, ist der Begriff einer atomistischen Gesellschaft, die Individuen in Ruhe lassen wird. »Totalitär« beschreibt eine bestimmte Art repressiver, gesellschaftlicher Kontrolle, doch ist jede reale Gesellschaft, jede angemessene Gemeinschaft auch notwendig eine Totalität. Zu einer Gesellschaft zu gehören, heißt Teil eines Ganzen sein und notwendigerweise die Disziplin zu akzeptieren, die man gleichzeitig zu definieren hilft. Dem im Exil Lebenden gilt Gesellschaft schlechthin als totalitär. Er vermag sich nicht selbst hineinzubegeben, er muß außerhalb bleiben.

Indessen war Orwell gleichzeitig auch zutiefst bewegt von dem, was er als vermeidbare oder heilbare Leiden und Armut ansah. Er war davon überzeugt, daß die Heilmittel gesellschaftlicher Natur waren, die Hingabe und Vereinigung umfaßten und in dem Maße, in dem es ihm ernst war, auch ihn selbst. In seinem Essay *Writers and Leviathan*, den er für eine Serie in *Politics and Letters* schrieb, erkannte Orwell diese Art von Zwickmühle und seine Lösung lautete, daß sich unter solchen Umständen der Autor teilen müsse: in einen unabhängigen und einen beteiligten. Das aber ist der Bankrott des Exils, doch der war vielleicht unvermeidbar. Er konnte nicht glauben (das ist keine Frage der intellektuellen Überzeugung, sondern vielmehr eine der ureigensten Erfahrung und Reaktion), daß *überhaupt eine* ordentliche Lebensweise existiert, in der die Individualität eines Menschen gesellschaftlich bestätigt werden kann. Des Autors Problem, so müssen wir jetzt erkennen, ist nur ein Aspekt eines allgemeinen Problems, das nun gewiß in unserer Zeit akut gewesen ist. Aber weil wir uns daran gewöhnt haben, die Bedingung des Exils als die für ein begabtes Individuum normale anzusehen, haben wir zu leicht die Art von Orwells Analyse als meisterhaft akzeptiert. Es ist in der Tat ein offener und ehrlicher Bericht, und unsere Art von Gesellschaft hat diesen Knoten immer wieder geknüpft. Doch was bei Orwell berichtet wird, ist die Erfahrung eines Opfers, eines Mannes, der die Konsequenzen einer atomistischen Gesellschaft zurückweist, indessen aber selbst deren charakteristischer Bewußtseinsweise tief verhaftet bleibt. Auf dem einfachen Niveau wird diese Spannung durch das Abbild der Gesellschaft als Spektakel vermittelt. Ein Mensch mag sich ihm sogar zugesellen, doch sagt er sich dabei selbst, daß er über das, was er tut, keine Illusionen hegt — er behält heimlich einen Teil seines Selbst als unverletzlich zurück. Auf den schwierigeren Ebenen, z. B. mit Menschen von Orwells eigenem Ernst, ist dieses Verfahren unmöglich und die Spannung kann nicht verringert werden. Die sich daraus ergebende Anspannung ist wirklich verzweifelt. Dies ist mehr als jede andere objektive Bedrohung, der Alptraum von *Nineteen Eighty-Four*.

Ein Marxist schmäht Orwell als »kleinen Bourgeois«, doch das ist, wenn man weiß, was es bedeutet, zu hohl. Ein Mensch kann nicht mit den Begriffen einer ursprünglichen Klassensünde interpretiert werden. Er steht, wo er steht und mit den Gefühlen, die er besitzt. Sein Leben muß mit seinen Erfahrungen gelebt werden und nicht mit denen von jemand anderem. Der einzige Punkt in bezug auf Klasse, der Orwell besorgt macht, ist, daß er extensiv über die englische Arbeiterklasse geschrieben hat und daß das, da es einflußreich gewesen ist, neu eingestuft werden muß. Über solche Fragen berichtet Orwell wieder als Reporter. Er beobachtet oft scharf und gibt oft auch wieder plausible Verallgemeinerungen. Da er von seiner Position her die Arbeiterklasse vor allem als Klasse ansah, nahm er allzu leicht an, daß die Beobachtung von einzelnen Menschen aus der Arbeiterklasse das des Verhaltens der gesamten Arbeiterklasse war. Da er aber überhaupt die Menschen betrachtete, ist er der Wahrheit oft näher als unvermeidbar: er beobachtete das Evidente, die externen Faktoren und erriet, was nicht evident war, die inhärenten Gefühlsstrukturen. Dieser Fehler ist in seinen Konsequenzen ganz offensichtlich: daß er beinahe gegen seinen Willen zu der Annahme kam, daß die Arbeiter wirklich hilflos waren, daß sie sich letztlich niemals selbst helfen könnten.

In *Animal Farm* erlaubt uns die Genialität der Stimmung und die Existenz einer langen Tradition des Vergleiches Mensch-Tier zu übersehen, daß es sich bei der beschriebenen Revolution um eine der Tiere gegen die Menschen handelt. Die Menschen (die alten Eigentümer) waren schlecht, aber die sich selbst überlassenen Tiere unterteilten sich in die Schweine (scheinheilige, hassende Politiker, die Orwell immer angegriffen hat) und in die anderen. Diese anderen besitzen viele Tugenden — Stärke, blinde Loyalität, Freundlichkeit; doch hier sind sie: das einfältige Pferd, der zynische Esel, die gackernden Hennen, das blökende Schaf, die dummen Kühe. Wo Orwells politische Wertschätzung liegt, ist ziemlich deutlich: seine Sympathien liegen bei den ausgebeuteten Schafen und den anderen dummen Tieren, doch das Problem der Regierung stellt sich den Säufern und den Schweinen. Soweit können die Dinge gehen. In *Nineteen Eighty-Four* wird das gleiche Problem deutlich, nur ist jetzt die Sprache direkt. Die verhaßten Politiker sind im Amt, während die dumpfe Masse der »Proles« sich ganz in der alten eigenen Weise verhält, beschützt von der eigenen Dummheit. Die einzige abweichende Meinung stammt von einem rebellischen Intellektuellen: das Exil gegen das ganze System. Orwell beschreibt den Fall so, weil er die gegenwärtige Gesellschaft so ansah und *Nineteen Eighty-Four* ist deshalb so verzweifelt, weil Orwell erkannte, daß eine solche Konstruktion es nicht erlaubte, daß das Exil gewinnt, und dann gäbe es überhaupt keine Hoffnung mehr. Oder vielmehr:

Wenn es Hoffnung gäbe, dann müßte sie bei den Proles liegen...
Überall stand die gleiche feste unbesiegbare Gestalt, durch Arbeit

und Kinderkriegen monströs geworden, von der Geburt bis zum Tode arbeitend und doch noch immer singend. Aus diesen mächtigen Lenden muß eines Tages eine Rasse bewußter Menschen hervorgehen. Euer war der Tod, ihrer die Zukunft. Doch Du konntest an dieser Zukunft teilhaben, wenn Du den Geist lebendig teiltest...[17]

Das ist die Schlußfolgerung in spezifisch marxistischer Sprache jedes marxistischen Intellektuellen, doch mit einem Unterschied einiger Marxisten, die das um jeden Preis sein wollen: daß die Proles heute wie die Tiere »monströs« und noch nicht »bewußt« sind — eines Tages aber werden sie es sein, und in der Zwischenzeit wird der im Exil Lebende die Wahrheit am Leben erhalten. Der einzige Einwand, den ich machen würde, wäre, daß diese Art, die Arbeiter zu betrachten, nicht von den Tatsachen und von Beobachtungen gewonnen worden ist, von dem Druck der verkannten Gefühle: andere Menschen werden als eine undifferenzierte Masse jenseits von einem selbst, der »monströsen« Gestalt, angesehen. Hier findet sich das Paradox wieder: die einzige Klasse, in die man seine Hoffnung setzen könnte, ist zurzeit als hoffnungslos abgeschrieben.

Ich halte weiter dafür, gegen andere, die Orwell kritisiert haben, daß er ein tapferer, großzügiger, offener und guter Mensch gewesen ist und daß der Widerspruch, der die Wirkung seines gesamten Werkes ausmacht, nicht allein als personales Problem verstanden werden darf, sondern als Ergebnis des Druckes einer Gesamtsituation. Ich würde gewiß darauf bestehen, daß seine Schlußfolgerungen keine allgemeine Gültigkeit besitzen, aber in der gegenwärtigen Gesellschaft ist es Tatsache, daß gute Männer immer wieder in diese Art Widerspruch getrieben wurden und daß die Denunziation, sie gehörten zu denen, »die ... mit ein paar Horror-Comics schreiend in die Arme der kapitalistischen Verleger laufen, die ihnen dann Berühmtheit und Vermögen einbringen«[18], arrogant und grob ist. Wir müssen vielleicht im Detail der Erfahrung zu verstehen suchen, wie die Instinkte der Menschheit unter Druck zu einem unmenschlichen Widerspruch zusammenbrechen können, ferner wie eine große und humane Tradition uns alle zeitweilig in einen kasuistischen Schmutz zu desintegrieren scheinen kann.

SCHLUSS

Schluß

Die Begriffsgeschichte des Wortes Kultur ist ein Dokument unserer Gefühls- und Denkreaktionen auf die veränderten allgemeinen Lebensverhältnisse. Unser Verständnis von Kultur stellt eine Erwiderung auf die Ereignisse dar, die ganz offensichtlich unser Verständnis von Industrie und Demokratie bestimmen. Aber diese Verhältnisse wurden von Menschen geschaffen und verändert. Die Geschichte dieser Ereignisse ist an anderer Stelle festgehalten, nämlich in unserer allgemeinen Geschichte. Die Geschichte des Kulturbegriffs ist das Zeugnis unseres Verständnisses und unserer Definitionen, doch können sie nur im Kontext unserer Handlungen verstanden werden.
Die Kulturidee ist eine allgemeine Reaktion auf eine umfassende und große Veränderung unserer Lebensverhältnisse. Ihr Grundelement ist das Streben nach totaler qualitativer Bewertung. Der Wandel in unserer ganzen Lebensweise bewirkte ihr gegenüber als notwendige Reaktion erhöhte Aufmerksamkeit. Ein spezifischer Wandel wird eine gewohnte Disziplin verändern und eine gewohnheitsmäßig ausgeführte Handlung verschieben. Wenn die allgemeine Veränderung zum Durchbruch gekommen ist, führt sie uns zu unseren allgemeinen Entwürfen zurück, die wir auch als Ganzes anzusehen wieder lernen müssen. Das Herausarbeiten der Kulturidee stellt wieder einen langsamen Griff nach Kontrolle über breitere Schichten oder Öffentlichkeit dar.
Die neuen Bedingungen, nach deren Verständnis die Menschen strebten, waren jedoch weder eintönig noch statisch. Im Gegenteil, von Anfang an enthalten sie eine extreme Mannigfaltigkeit der Situation, hohe und dynamische Spannung. Unsere allgemeine Untersuchung beschreibt den Kulturbegriff, aber unsere Schlußfolgerungen sind ebenso verschieden wie es unsere Ausgangspositionen waren. Das Wort »Kultur« kann nicht automatisch für irgendeine soziale oder persönliche Direktive dienstbar gemacht werden. Sein Auftreten in den modernen Bedeutungen markiert das

Streben nach totaler qualitativer Bewertung, doch kennzeichnet das einen Prozeß und keine Forderung. Die Gedanken, die sich unter dieser Überschrift gruppieren lassen, verweisen auf keine unvermeidbare Handlung oder Zugehörigkeit. Sie definieren auf einem allgemeinen Gebiet Zugangsmöglichkeiten und Schlußfolgerungen. Es bleibt uns überlassen zu entscheiden, ob wir überhaupt eine aufgreifen wollen; wenn ja, so fragt es sich, ob wir eine finden, die sich nicht unter der Hand in ihr Gegenteil verkehrt.

In jedem der drei wichtigen Bereiche Industrie, Demokratie und Kunst gab es drei Hauptphasen der Auffassungen. Bei dem Wort Industrie gab es zuerst wie bei der Maschinenproduktion und den im Fabriksystem verkörperten sozialen Beziehungen Ablehnungen. Darauf folgte isoliert eine Phase der wachsenden Gefühlsregung gegenüber der Maschine an sich. Schließlich wurde in unserer Zeit die maschinelle Produktion allmählich akzeptiert und dem Problem der sozialen Beziehungen innerhalb eines industriellen Produktionssystems erhöhte Bedeutung beigemessen.

Bei dem Wort Demokratie befaßte man sich in der ersten Phase mit der Bedrohung der Werte einer Minderheit durch das Aufkommen der Herrschaft des Volkes: eine Besorgnis, die durch das allgemeine Mißtrauen gegenüber der Macht der neuen Massen verstärkt wurde. Darauf folgte wiederum eine ganz andere Tendenz, in der die Gesellschaftsidee, die organische Gesellschaft, die sich gegen die herrschende individualisierte Ethik und Praxis richtet, betont wurde. Drittens wurden in unserem Jahrhundert die Befürchtungen der ersten Phase in dem spezifischen Kontext von dem, was in der neuen Welt der Massenkommunikation Massendemokratie genannt werden sollte, verstärkt wiederbelebt.

Im Bereich der Kunst wurde vor allem der unabhängige Wert der Kunst sowie die Wichtigkeit der von ihr für das allgemeine Leben verkörperten Qualitäten betont. Das zufällige Element des trotzigen Exils fiel in die zweite Phase, in der Kunst als Selbstwert betont wurde mit der gelegentlich offenen Abtrennung dieses Wertes vom gesellschaftlichen Leben. Drittens wurde

die freiwillige Anstrengung, sie in das Leben der Gesellschaft wieder einzugliedern, betont. Im Zentrum dieser Anstrengung stand das Wort »Kommunikation«.
Für diese drei Bereiche habe ich die Phasen in der Reihenfolge, in der sie auftraten, aufgeführt, aber natürlich sind Auffassungen hartnäckig, jede der drei Phasen könnte, sei es nun in Beziehung zu Industrie, Demokratie oder Kunst gleichermaßen durch Auffassungen unserer Tage dargestellt werden. Doch lassen sich rückblickend drei Hauptperioden erkennen, in denen je ein klarer Schwerpunkt ausschlaggebend ist. In der ersten Periode ungefähr zwischen 1790 und 1870 finden wir das beständige Bemühen, eine umfassende Haltung gegenüber den neuen Kräften Industrie und Demokratie herauszubilden; in dieser Periode wird die Hauptanalyse durchgeführt, und die wichtigen Anschauungen und Beschreibungen tauchen auf. Dann vollzieht sich ungefähr zwischen 1870 und 1914 ein Zusammenbruch der Fronten. Sie werden enger und sind durch einen eigentümlichen Spezialismus der Haltungen zur Kunst und allgemein durch die unmittelbare Beschäftigung mit Politik charakterisiert. Nach 1914 bestehen diese Definitionen weiter, aber nach 1945 erreicht die Beschäftigung mit Problemen, die nicht nur als traditionelle Fragen übernommen worden sind, sondern von neuen, sich aus der Entwicklung der Massenmedien der Kommunikation und dem allgemeinen Wachstum großer Organisationen ergebenden Fragestellungen, einen neuen Höhepunkt.
Ein großer Teil dessen, was in jeder dieser drei Perioden geschrieben wurde, behält seine Relevanz und Bedeutung. Es ist im einzelnen unmöglich, unsere Verpflichtung gegenüber der ersten großen kritischen Epoche zu sehr zu betonen. Sie hat uns den größten Teil unserer Sprache und die Zugangswege zu diesen Problemen gegeben. Aus allen Perioden sind in der Tat gewisse entscheidende Aussagen gültig geblieben. Jedoch wir stellen selbst, indem wir lernen, fest, daß die mit diesen Augen gesehene Welt auch, wenn sie ihr gleicht, nicht unsere Welt ist. Wir erhalten von der Tradition eine Reihe von Bedeutungen, aber nicht alle von ihnen

werden ihren Sinn behalten, wenn wir sie, wie es unsere Pflicht ist, von der momentanen Erfahrung abhängig machen. Ich habe diese Gegenüberstellung herzustellen versucht, und ich möchte die daraus folgenden Variationen und neuen Definitionen als persönliche Schlußfolgerung hier festhalten.

Masse und Massen

Wir benutzen heute den Begriff der »Massen« und die daraus abgeleiteten der »Massenzivilisation«, »Massendemokratie« und auch andere ganz selbstverständlich. Hier, so meine ich, liegt ein zentrales und sehr schwieriges Problem, das mehr als alle anderen überprüft werden muß.
Masse war ein neues Wort für Mob, und es ist ein sehr bezeichnendes Wort. Wahrscheinlich trugen drei gesellschaftliche Tendenzen zu seiner Bedeutung bei. Erstens: es gab die Bevölkerungskonzentration in den Industriestädten, eine physische Massierung von Menschen, die den großen Anstieg der absoluten Bevölkerung, der sich mit der kontinuierlichen Urbanisierung fortsetzte, betonte. Zweitens gab es die Konzentration der Arbeiter in den Fabriken: wiederum eine physische Massierung, die durch die maschinelle Produktion notwendig wurde, ebenso eine soziale Vermassung in den Arbeitsbeziehungen, die durch die Kollektivproduktion im großen Maßstab erforderlich wurde. Drittens gab es die sich daraus ergebende Entwicklung einer organisierten und sich selbst organisierenden Arbeiterklasse: eine gesellschaftliche und politische Vermassung. In der Praxis besaßen die Massen jeden dieser besonderen Aggregatzustände und weil die Tendenzen in einer wechselseitigen Beziehung zueinander standen, war es möglich, den Begriff als eine gewisse Einheit zu gebrauchen. Und dann entstanden auf der Basis jeder dieser Tendenzen die abgeleiteten Begriffe: aus der Urbanisierung die Massenversammlung, aus der Fabrik zum Teil mit Beziehung zu den Arbeitern, aber hauptsächlich mit Beziehung zu den hergestellten Dingen, die Massenproduktion; aus der Arbeiterklasse die Massen-Aktion. Indessen: Masse war ein neues Wort für

Mob und die traditionellen Charakteristika des Mobs blieben in ihrer Bedeutung erhalten: Leichtgläubigkeit, Unbeständigkeit, Gruppenvorurteil, Primitivität des Geschmacks und der Gewohnheit. Angesichts dieser Evidenz bildeten die Massen eine dauernde Bedrohung für die Kultur, Massendenken, Massensuggestion und Massenvorurteil würden das überlegte, individuelle Denken und Fühlen zu überwältigen drohen. Selbst die Demokratie würde sowohl als klassisches und als liberales Modell ihren Reiz verlieren, wenn sie zur Massendemokratie würde.

Nun kann Massendemokratie, um das letzte Beispiel aufzunehmen, entweder eine Wahrnehmung oder ein Vorurteil sein; manchmal trifft tatsächlich beides zu. Als Wahrnehmung lenkt der Begriff die Aufmerksamkeit auf bestimmte Probleme einer modernen demokratischen Gesellschaft, die von ihren Vorkämpfern nicht vorausgesehen werden konnten. Die Existenz immens machtvoller Massenkommunikationsmedien liegt diesen Problemen zugrunde, denn durch sie wurde die öffentliche Meinung nachweislich geformt und beeinflußt, oft mit zweifelhaften Mitteln, oft auch für zweifelhafte Ziele. Ich werde dieses Problem außer acht lassen und in Verbindung mit den neuen Kommunikationsmitteln behandeln.

Aber der Begriff Massendemokratie ist auch offensichtlich ein Vorurteil. Demokratie, so wie wir sie in England interpretiert haben, ist die Herrschaft der Mehrheit. Die Mittel dafür, Repräsentation und Meinungsfreiheit, werden allgemein geschätzt. Aber mit dem allgemeinen Wahlrecht wird die Herrschaft der Mehrheit, wenn wir an die Existenz der Massen glauben, zur Herrschaft der Massen. Wenn darüberhinaus die Massen im wesentlichen der Mob sind, wird die Demokratie die Herrschaft des Mobs sein. Dieser könnte schwerlich eine gute Regierung sein. Eher wird er die Herrschaft der Gemeinheit oder Mittelmäßigkeit sein. An diesem Punkt, an dem einige Denker mit großer Zufriedenheit anlangen, muß wieder gefragt werden: wer sind die Massen? In der Praxis, in unserer Gesellschaft und in diesem Kontext können es schwerlich andere als die Arbeiter sein. Aber wenn es so ist, so heißt das Problem nicht nur Leichtgläubigkeit, Unbeständigkeit, Gruppenvorurteil oder Primitivität des Geschmacks und der Gewohnheiten. Es ist auch die offen erklärte Absicht der Arbeiter, die Gesellschaft zu verändern; und zwar in vieler Hinsicht, auf Arten, die jene, denen das Wahlrecht früher allein vorbehalten war, stark mißbilligen. Bei dieser Betrachtung scheint mir nicht die Massendemokratie, sondern die Demokratie selbst in Frage gestellt zu werden. Wenn eine Mehrheit zugunsten dieser Veränderungen erreicht werden kann, ist das Kriterium für Demokratie erfüllt. Aber wenn man die Veränderungen mißbilligt, so kann man — wie mir scheint — eine offene Gegnerschaft zur Demokratie als solche vermeiden, indem man eine neue Kategorie — die Massendemokratie — erfindet, die nun ganz und gar nichts Gutes ist. Das implizierte Gegenstück heißt Klassendemokratie, in der Demokratie nur noch die Prozesse beschreiben wird, durch die eine herrschende Klasse ihre Regierungsgeschäfte führt. Doch bedeutet Demokratie, so wie sie in England in diesem Jahrhundert interpretiert wird, dies gerade nicht. Wenn daher die Veränderung einen Punkt erreicht, an dem sie sehr schmerzt und nicht akzeptiert werden kann, muß Demokratie entweder abgelehnt oder Zuflucht bei einem neuen Schimpfwort gesucht werden. Es ist klar, daß diese Problem-Verwirrung nicht geduldet werden kann. Massen = Mehrheit kann nicht leichtfertig mit Massen = Mob identifiziert werden.

Eine Schwierigkeit entsteht hier bei der Konzeption von Massen. Wir müssen die Bedeutungen unbedingt wieder mit den Erfahrungen konfrontieren. Unser normales öffentliches Verständnis vom Individuum ist z. B. »der Mann auf der Straße«. Aber niemand fühlt sich lediglich als Mann auf der Straße; wir alle wissen von uns wesentlich mehr. Der Mann auf der Straße ist ein Kollektivbild, aber wir wissen die ganze Zeit über, daß wir anders sind. Ebenso steht es mit »der Öffentlichkeit«, sie schließt uns mit ein, aber wir sind sie nicht. Der Begriff »Massen« ist etwas komplizierter, jedoch ziemlich ähnlich. Ich denke nicht an meine Verwandten, Freunde, Nachbarn, Kollegen und Bekannten

als Massen. Niemand von uns kann das oder tut es. Die Massen sind immer die anderen, die wir nicht kennen und auch nicht kennen können. Indessen sehen wir die anderen regelmäßig in ihren milliardenfachen Variationen. Wir stehen physisch neben ihnen. Sie sind hier, und wir sind hier bei ihnen. Und daß wir mit ihnen zusammen sind, ist natürlich das ganze Problem. Für andere Leute bilden wir ebenfalls die Masse. Masse, das sind die anderen.
Es gibt in der Tat keine Massen, es gibt nur Möglichkeiten, Menschen als Masse zu betrachten. In einer urbanen Industriegesellschaft gibt es für diese Sehweise viele Gelegenheiten. Das Problem liegt nicht darin, die Betrachtung der objektiven Bedingungen zu wiederholen, sondern in dem, was diese persönlich und kollektiv für unser Denken geleistet haben. Es ist sicher ein Faktum, daß eine für unsere Gesellschaft charakteristische Art zu sehen für politische und kulturelle Ausbeutung nutzbar gemacht wurde. Objektiv sehen wir andere Leute, viele andere uns unbekannte Menschen. In der Praxis machen wir sie zur Masse und interpretieren sie mit Hilfe einer gängigen Formel. Innerhalb ihrer Definitionen wird diese Formel tragfähig sein. Jedoch gilt es, die Formel und nicht die Masse zu untersuchen. Es mag uns helfen, wenn wir uns daran erinnern, daß wir von anderen stets als Masse betrachtet werden. Bis zu dem Grad, in dem wir die Formel für uns als unpassend empfinden, können wir auf andere die Höflichkeit ausdehnen, sie als Unbekannte anzuerkennen.
Ich habe die politische Formel als das Mittel erwähnt, mit dessen Hilfe es möglich zu sein scheint, die Mehrheit seiner Mitmenschen als Masse anzusehen und damit als etwas, das gefürchtet und gehaßt werden muß. Ich möchte jetzt eine andere Formel untersuchen, die dem Begriff der Massenkommunikation zugrunde liegt.

Massen-Kommunikation

Die Nachrichtenübermittlung macht heute große technische Fortschritte. Die älteste und noch immer die

wichtigste ist die Druckkunst, die im Laufe der Jahre viele technische Stadien durchschritten hat. Am bedeutendsten für ihre Entwicklung war im Jahr 1811 das Aufkommen der durch Dampf angetriebenen Maschinenpresse und 1815 die Erfindung der noch schnelleren Rotationsmaschine. Die enormen Fortschritte im Transportwesen, ob Land-, Schienen-, Luft- oder Seeweg, verfehlten nicht ihre Wirkung auf die Druckkunst. Eine schnellere Nachrichtensammlung war ebenso gegeben wie die Möglichkeit, sie in einem großen Umkreis wieder zu verteilen. Die Entwicklung des Telegraphen und des Telefons erleichterten später weitgehend die Nachrichtenverbreitung. Als neue Medien kamen Rundfunk, Kino und Fernsehen hinzu.
Um den Begriff der Massen-Kommunikation richtig zu verstehen, müssen wir uns noch einmal mit diesen uns zur Gewohnheit gewordenen Errungenschaften befassen, da sie für die Entstehung der Massen-Kommunikation verantwortlich sind. Alles in allem gesehen, haben uns diese Neuerungen mehr und billigere Bücher gegeben, Zeitschriften und Zeitungen, Plakate, eine Vielzahl von Rundfunk- und Fernsehprogrammen sowie Filme. Sicher wäre es nicht leicht, ein einfaches und endgültiges Werturteil über all diese verschiedenen Produkte zu fällen, obgleich sie zu bewerten unumgänglich ist. Die Frage bleibt, ob die Formulierung Massen-Kommunikation überhaupt angemessen ist.
Zweierlei ist evident: erstens die Tendenz, die Technik mit den Zwecken, für die sie in unserer gegebenen Gesellschaft eingesetzt wird, zu verwechseln und zweitens, beim genauen Betrachten dieser Zwecke unsere teilweise äußerst selektive Argumentation.
Die Technik ist in meinen Augen schlimmstenfalls neutral. Das einzig Wesentliche, was gegen sie vorgebracht werden kann, ist ihre relative Unpersönlichkeit im Vergleich zur älteren, dem gleichen Zwecke dienenden Technik. Während das Theater den Schauspieler präsentiert, zeigt das Kino seine Photographie. Während eine Versammlung den Redner selbst präsentiert, gibt das Radio seine Stimme wieder oder das Fernsehen Stimme und Photographie. Aussagen dieser Art sind wichtig, müssen aber sorgfältig überdacht wer-

den. Es ist unerheblich, einen Abend vor dem Fernsehgerät einen mit Gesprächen verbrachten entgegenzusetzen, obwohl gerade das häufig getan wird. Ich bin überzeugt, es gibt keine Art gesellschaftlicher Aktivität, die den Nutzen der technischen Errungenschaften ersetzt hat. Durch sie sind einfach die Akzente verschoben worden. Aber diese Änderungen sind offensichtlich nicht nur durch die Technik selbst, sondern durch die normalen Lebensumstände begründet. Der Einwand der Unpersönlichkeit besitzt oft einen lächerlichen Akzent. Zum Beispiel wird vermutet, daß die Unmöglichkeit für den Zuhörer zu antworten, ein Hindernis darstellt. Aber hätten wir dann nicht die gleiche Situation beim Lesen einer Lektüre? Die Druckkunst war das erste große, unpersönliche Medium. Genauso leicht, wie man eine Antwort an den Rundfunksprecher oder den Herausgeber einer Zeitung schicken kann, genauso einfach kann man sich an einen zeitgenössischen Autor wenden. Aber man versuche einmal, einem Aristoteles, Burke oder Marx zu antworten. Wenn wir so argumentieren, erkennen wir nicht, daß vieles, was wir Kommunikation nennen, nichts weiter als eine Übermittlung ist, eine Einweg-Sendung. Aufnahme und Wiedergabe, die eine Kommunikation ausmachen, hängen von anderen Faktoren ab als von der Technik.

Was als Tatsache über die Entwicklung der Technik beobachtet werden kann, ist ein ständiges Anwachsen dessen, was ich *Vielfach-Übermittlung* nennen möchte. Das gedruckte Buch ist dafür das erste große Beispiel, und die anderen technischen Neuerungen sind dem gefolgt. Ein neuer Faktor in unserer Gesellschaft ist die Ausdehnung der potentiellen Zuhörerschaft solcher Übertragungen in einem Maße, daß neue Probleme entstehen. Natürlich können wir eigentlich nichts gegen diese Vergrößerung einwenden, es sei denn, unsere Anschauung verliefe in höchst außergewöhnlichen Bahnen. Die Vergrößerung der Zuhörerschaft läßt sich auf zwei Faktoren zurückführen: auf eine allgemein höhere Bildung, die das Wachsen der Demokratie begleitet und die technische Vervollkommnung selbst. Im Lichte früherer Betrachtungen über »Massen« hätte schon diese Expansion den Namen Massen-Kommunikation tragen sollen.

Ein Redner oder Schriftsteller, der eine begrenzte Zuhörerschaft anspricht, hat in der Regel die Möglichkeit, diese so gut kennenzulernen, daß er eine persönliche Verbindung herzustellen vermag. Dies ist, da nun einmal die Zahl der Leser, Zuhörer und Zuschauer ins Unermeßliche angewachsen ist, natürlich nicht mehr möglich. Dennoch wäre es voreilig zu behaupten, dies wäre für beide Seiten nachteilig. Bestimmte uns ansprechende Formen, wie ernstzunehmende Kunst, eine Argumentation oder eine Exposition scheinen eine Unpersönlichkeit zu besitzen, die sie über ihre Zeit hinaus weiter lebendig sein läßt. Inwieweit diese äußerste Unpersönlichkeit von einer engen unmittelbaren Beziehung abhängt, sei dahingestellt. Aber solch ein Redner oder Schriftsteller wird kaum als Modell für die Kommunikation einen derart kruden Begriff wie »Massen« benutzen. Es scheint, daß der Begriff Massen-Kommunikation eher von der Absicht des Schreibenden als von der angewandten Technik abhängt.

Ein Redner, der ein mehrere Millionen umfassendes Publikum anspricht, hat das äußerst schwierige Problem zu lösen, sich allen verständlich zu machen. Wie groß aber auch die Schwierigkeiten sein mögen, ein guter Redner oder Schriftsteller wird sich immer der Verantwortung bewußt sein, die er der von ihm vermittelten Sache gegenüber trägt. Er kann aber auch nicht anders empfinden, wenn er sich seiner selbst als Quelle einer besonderen Übermittlung bewußt ist. Seine Aufgabe wird es immer sein, diese Quelle — sei sie ein Gefühl, eine Meinung oder eine Information — angemessen zu artikulieren. Soweit es ihm möglich ist, wird er sich dafür der Umgangssprache bedienen. Daß dieses Ergebnis dann vielfach verbreitet wird, ist ein weiteres Moment, das aber die Quelle selbst nicht tangiert. Selbstverständlich beschäftigen ihn bei der Artikulation dieser Quelle die Schwierigkeiten der Alltags-Erfahrung, der Konvention und der Sprache. Dennoch wird er die Würde seiner Aussage niemals in Abrede stellen, es sei denn um den Preis der Selbstverleugnung.

Wenn man jetzt in der Erkenntnis dieses grundlegenden Problems der Kommunikation den Begriff der Massen hinzunimmt, entsteht eine völlig neue Situation. Dieser Begriff entspringt nicht der Namenlosigkeit der zu bezeichnenden Personen, sondern daraus, daß sie nach Maßgabe einer Formel interpretiert werden. Hier stellt sich die Frage der Intention noch einmal ganz entscheidend. Unsere Formel kann heißen: ein rationales Wesen, das unsere Sprache spricht; oder: ein Interesse, das unsere Alltagserfahrungen teilt; oder aber — und hier funktioniert der Begriff »Massen« —: sie kann die des Mobs, des leicht beeinflußbaren, einfältigen Menschen sein. Die Formel, die zu gebrauchen ist, hängt also allein von der eigenen Intention ab. Zielen wir auf Kunst, Erziehung, Weitergabe von Meinung oder Information, so sprechen wir vom rationalen, interessierten Wesen; wollen wir aber das Fühlen, Denken und Handeln einer großen Zahl von Menschen bewußt manipulieren, dann lautet die gängige Formel: Masse.

Aber es gibt einen wichtigen Unterschied zwischen der Quelle, also einem, der eigene Gedanken verbreitet, und dem, der sie nur vermittelt. Wer eine Meinung, Absicht oder ein Gefühl vertritt und seine eigenen Gedanken weitergibt, hofft natürlich, daß sie von anderen in der von ihm bestimmten Form akzeptiert und nachvollzogen werden. Aber er bleibt die Quelle, der Ursprung dieser Gedanken, während der Mittler nur die wirkende Kraft darstellt, dessen Ausdruck einer nicht ausgewiesenen Intention untergeordnet ist. Er ist der Mittler und nicht die Quelle, weil die Intention von einer anderen Stelle ausgeht. Im gesellschaftlichen Bereich wäre er in jedem Fall einer höheren Instanz unterstellt, einer Regierung, einer Handelsfirma oder dem Eigentümer einer Zeitung. Diese Mittlerposition ist in jedem komplexen Verwaltungssystem unbedingt erforderlich; aber ihre Funktion als solche muß immer zu erkennen sein und kontrolliert werden. Somit wird der Mittler Bestandteil einer Kollektiv-Quelle, und er wird dafür Sorge tragen, nur insoweit Überbringer anderer Gedanken zu sein, als er mit ihnen übereinstimmt und sie jederzeit vertreten, ja in seiner

eigenen Person wieder erschaffen kann. Sollte er — für den Fall, daß er sie für sich selbst nicht akzeptieren könnte — dennoch sich überreden lassen, daß sie für andere, vermutlich unter ihm Stehende, so richtig sind, und daß seine Aufgabe lediglich darin besteht, daß sie möglichst effektiv angesprochen werden, so stellt er das schlechteste Beispiel eines Mittelsmannes dar, der in seinem Wert noch unter den kümmerlichsten Köpfen steht. Jede praktische Verleugnung der Beziehung zwischen Überzeugung und Kommunikation, zwischen Erfahrung und Ausdruck ist für den Individualisten wie für die gemeinsame Sprache gleichermaßen schädlich.
Dennoch ist es in unserer Gesellschaft eine Tatsache, daß viele Menschen, meist sogar intelligente — sei es in guter oder schlechter Absicht — eine solche Funktion und Tätigkeit akzeptieren. Die böswillige Billigung sollte eine Angelegenheit für das Gesetz sein, obwohl man sich hier noch nicht weit genug vorgearbeitet hat. Die Billigung in guter Absicht dagegen ist eine Frage der Kultur. Hierfür gäbe es sicher keine Gelegenheit, wenn diese Billigung nicht auf einer gewissen Vorstellung der Gesellschaft gründete, durch die die Mehrheit ihrer Mitglieder zum Mob degradiert wird. Der Begriff der Massen ist ein Ausdruck dieser Vorstellung und der Begriff der Massen-Kommunikation eine Erläuterung ihres Funktionierens. Hierin liegt die wahre Gefahr für die Demokratie, nicht in der Existenz der wirksamen und mächtigen Mittel der Vielfach-Übermittlung. Sie ist weniger ein Produkt der Demokratie als vielmehr ihre Negation. Diese entsteht aus jener Halbwelt der Gefühle, in der wir aufgefordert werden, unser Dasein zu verbringen. Wird das Prinzip der Demokratie akzeptiert, in seiner umfassenden und aktiven Praxis aber gefürchtet, dann wird der Geist eingelullt und beschwichtigt, allerdings nicht so sehr, daß ein launenhaftes Bewußtsein oder eine defensive Ironie ihn nicht doch heimsuchen könnten. Dabei könnten wir sagen: Demokratie ist schon gut; sie ist tatsächlich das, was wir persönlich bevorzugen würden, wenn es sich nicht um die jetzigen Menschen handelte. Daher werden wir — aus wie guten Beweggründen auch immer — versuchen, jene Stufe der

Kommunikation zu erreichen, von der unsere Erfahrung und unsere Ausbildung sagen, daß sie unter unserem Niveau liegt. Da die Menschen nun einmal so sind, wie sie sind, wird das schon gehen. Aber wir dürfen nicht außer acht lassen, daß wir in einem solchen Fall unsere eigene Erfahrung herabsetzen und die gemeinsame Sprache verfälschen.

Massen-Beobachtung

Indessen: das Volk bleibt, was es ist. So wird der Einwand zurückgewiesen. Natürlich sind die Massen nur andere Menschen, trotzdem gehören die meisten anderen Leute offensichtlich zum Mob. Im Prinzip wäre das nicht wünschenswert, die Tatsachen aber bestätigen es.
Hierin offenbart sich die negative Seite der Massen-Kommunikation. Der Beweis wird durch den Namen Massen-Kultur, der volkstümlichen Kultur bekräftigt. Dieser Beweis ist wichtig und im großen und ganzen unumstößlich. Das Problem seiner Interpretation bleibt allerdings bestehen. Wie vorher bereits erwähnt, sind unsere Argumente in dieser Angelegenheit teilweise äußerst selektiv. Ich will im folgenden versuchen, dies näher zu erläutern.
Wir werden heutzutage mit der Realität schlechter Kunst, schlechter Unterhaltung und Werbung, schlechten Journalismus' und schlechter Argumentation konfrontiert. Durch die bekannten, lediglich ablenkenden Argumente werden wir kaum von dieser Schlußfolgerung abgebracht werden können. Vieles von dem, das wir als schlecht verurteilen, wird schon von seinem Hersteller als schlecht erkannt. Man frage einen beliebigen Journalisten, irgendeinen kleinen Schreiberling, ob er die berühmte Definition akzeptiert: »Von Schwachsinnigen für Schwachsinnige geschrieben.« Wird er nicht antworten, daß dieses tatsächlich von fähigen und intelligenten Menschen geschrieben wurde, aber für eine Leserschaft, die nicht die Zeit, die Erfahrung oder — um direkter zu sein — nicht die Intelligenz besitzt, etwas Anspruchsvolleres zu lesen, etwas, das den angemessenen und erreichbaren Standards der

Darlegung und Argumentation näherkommt. Müßten wir nicht der Einfachheit halber sagen — etwas Gutes? Gut und schlecht sind harte Wörter — natürlich könnten wir abgeschwächtere finden. Die Witzblätter, Bier-Reklame, die Detektiv-Geschichten — sie sind nicht gerade gut zu nennen, aber sie sind gut innerhalb ihrer (womöglich schlechten) Kategorie. Ihnen gehört zumindest der Verdienst, attraktiv und populär zu sein. Natürlich muß dazu die Zeitung mit einer anderen, die Bier-Reklame mit einer anderen Produktbeschreibung, die Detektiv-Geschichte mit anderen Erzählungen verglichen werden. Bei Anwendung dieser Maßstäbe nicht mit Bezug auf irgendein Ideal, sondern mit Bezug auf das Beste, was die Menschen auf einem Gebiet erreicht haben und noch erreichen, können wir nicht mehr daran zweifeln, daß ein Großteil dessen, was hergestellt und auch verbreitet wird, minderwertig, wenn nicht sogar schlecht ist.

Aber das wird mit dem Begriff volkstümliche Kultur belegt, und ihre Beschreibung hat eine festgesetzte historische These. Nach der Einführung der allgemeinen Schulpflicht im Jahre 1870 entstand ein neues Massen-Publikum, das lesen und schreiben konnte, aber im Lesen ungeübt war und einen niederen Geschmack und ebensolche Gewohnheiten besaß. Als natürliche Folge wuchs die Massenkultur heran. Wenn von dieser These gesprochen wird, denke ich immer an eine ältere, nämlich an eine aus der zweiten Hälfte des 18. Jahrhunderts. Das entscheidende Datum lag damals zwischen 1730 und 1740, als mit dem Erstarken der mittleren Klassen eine neue mittelständische, lesende Öffentlichkeit zu Wohlstand kam. Das erste Ergebnis war jenes vulgäre Phänomen: der Roman. Tatsächlich enthalten beide Thesen einen guten Teil Wahrheit. Wenn diese frühere Epoche heute nicht so allgemein bekannt ist, so deshalb, weil das in einer Situation, da »Mittelklasse« und »gut« gleichwertig sind, unklug wäre. Auch können wir natürlich eine frühere Situation in ihrer richtigen Perspektive sehen. So brachte der Aufschwung der Mittelschicht neben dem Roman auch noch vieles andere mit sich, Gutes wie Schlechtes. Ferner sehen wir, daß jetzt, da die schlechten Romane

nicht mehr gedruckt werden, die guten aber zu unseren Klassikern gehören, sie nicht mehr schlechthin als vulgär abgestempelt werden können. Über die Lage nach 1870 können wir nicht mehr derart eindeutig sprechen. Einerseits können wir, da uns das Aufkommen dieser ganzen Frage immer noch spaltet, die kulturelle Situation aus politischen Gründen ablehnen und sie nicht realisieren. Andererseits können wir, da diese Epoche zur Geschichte geworden ist, in unserer Auswahl der Beweise viel subjektiver sein.
Das Jahr 1870 als Wende anzusetzen, ist tatsächlich fragwürdig. Weitverbreitete Literatur hat es ebenso wie die schlechte Massen-Presse bereits wesentlich früher gegeben. Das Ergebnis der neuen Erziehungsbestimmungen bewirkte tatsächlich eine Anhebung des Bildungsniveaus. Es war groß genug, um von Bedeutung zu sein, aber es war dennoch nicht derart, daß sich plötzlich alle Schleusentore öffneten. Für sich genommen ist es weit davon entfernt, für die Institution der heute typischen Merkmale von volkstümlicher Kultur verantwortlich gemacht werden zu können.
Weiterhin müssen wir bedenken, daß die neuen Institutionen nicht von den Arbeitern selbst eingeführt wurden. Andere hatten sie für sie geschaffen und zwar bewußt um eines politischen oder kommerziellen Vorteils willen (das wird am Beispiel der billigen Zeitung und der im großen Maßstab betriebenen kommerziellen Werbung besonders deutlich). Alle Dinge (radikale Zeitungen, politische Pamphlete und Publicity, Fahnen und Gewerkschafts-Abzeichen, die die Arbeiterschaft für sich selbst produzierte) waren, wenn auch keinesfalls immer positiv, zumindest in wichtigen Punkten anders. Aber es wäre auch falsch, anzunehmen, daß die neuen Institutionen einzig für die neue Klasse da waren. Die neuen Zeitungstypen und die Werbung sind von einer wesentlich breiteren Bevölkerung aufgenommen worden. Sollten mit den Massen diejenigen bezeichnet werden, für die die Institutionen sorgen und die sie heute mit sichtbarer Zufriedenheit akzeptieren, dann erstreckten sich die Massen weit über Kategorien wie den Arbeiter oder den Menschen mit einem Mindestmaß an Bildung hinaus. Dies ist wichtig, da

heutzutage nur allzu häufig »Masse = Arbeiter- und untere Mittelklasse« mit »Masse = Mob« verwechselt wird. Falls es den Mob tatsächlich gibt, ist wahrscheinlich beinahe jeder ihm näher, als ihm lieb sein dürfte. Wenn dies für die neuen Zeitungen und die Reklame zutrifft, so gilt das umso mehr für all die andere schlechte Arbeit im Roman, im Theater, Kino, in den Rundfunk- und Fernsehprogrammen. Wenn bei dieser Art der Unterhaltung von einem ständig sinkenden Niveau gesprochen wird, so sollten wir hier als dessen Beginn nicht mehr das Jahr 1870 einsetzen, sondern wenigstens das Jahr 1740. Eigentlich bin ich unsicher, ob die Rückdatierung hier wirklich schon zu recht aufhört, doch für einen früheren Zeitpunkt bin ich mir des kontinuierlichen Abfalls der gültigen Standards nicht mehr sicher. Die Multiplikation der Übermittlung und die Entdeckung mächtiger Medien scheinen mir bestimmte, lange gültige Geschmacksrichtungen und die Mittel, sie zu befriedigen, akzentuiert bzw. deutlicher gemacht zu haben. Ich werde hierauf, sobald ich einige weiterführende Bemerkungen über unsere Praxis der Selektion vorgebracht habe, zurückkommen.
Bei dem Problem der Selektion muß zweierlei unterschieden werden. Erstens: in dem Bemühen, ihre Sache als richtig zu erweisen — sie ist, wenn das Schlechte an ihr nicht herausgefordert werden soll, wirklich wichtig — neigten die zeitgenössischen Historiker der volkstümlichen Kultur dazu, sich dem Schlechten an ihr zuzuwenden und das Positive zu vernachlässigen. Wenn es viele schlechte Bücher gibt, so gibt es auch eine wichtige Anzahl von guten, und beide sind heute stärker verbreitet als in irgendeiner vergangenen Zeit. Ist die Zahl der Leser von schlechten Zeitungen angestiegen, so auch die der Leser besserer Zeitungen und Periodika; auch benutzen immer mehr Menschen die öffentlichen Bibliotheken, und die Zahl der Studenten in allen Fachrichtungen ist gleichfalls stark gestiegen.
Klassische Musik, Oper, Ballett finden inzwischen eine teilweise erstaunlich große Zuhörerschaft. Museen und Ausstellungen verzeichnen steigende Besucherzahlen. Selbst ein bemerkenswerter Anteil des Programmangebotes von Kino und Radio ist wertvoll. Zwar ist dieser

Anteil nicht so groß wie es wünschenswert wäre, doch darf man ihn nicht übersehen.

Zweitens: wer über eine Kultur urteilt, muß unbedingt daran denken, frei von subjektiven Anschauungen zu sein, er darf nicht seine eigenen Gewohnheiten zur Norm erheben. Wer sich mit guter Literatur befaßt, darf nicht voraussetzen, daß jeder andere das gleiche Interesse am Lesen von Schauspielen und Dramen besitzt. Wenn er aber seine eigene Lektüre mit der am meisten verbreiteten vergleicht, so vergleicht er keineswegs wirklich unterschiedliche Ebenen der Kultur miteinander. In Wirklichkeit vergleicht er etwas, das für die, deren Lebensaufgabe das Lesen ist, geschaffen wurde, mit etwas, das für Menschen gemacht wurde, die gerade daran, sagen wir einmal vorsichtig, nur mäßiges Interesse zeigen. Sobald der intensiv Lesende zu dem Punkt gelangt, da er einen Großteil seiner Gedanken und Gefühle seinem Lesestoff entnimmt, wird er — wieder fälschlicherweise — annehmen, die Mehrheit denke und fühle ähnlich. Aber — sei es nun gut oder schlecht — die Mehrheit der Menschen mißt dem Lesen doch noch nicht diese Bedeutung für ihr Leben zu. Sie werden im Denken und Fühlen noch immer von ihrer gesellschaftlichen und familiären Umgebung geprägt. Der intensive Leser gibt sich zu leicht der Täuschung hin, er könne über den Wert des allgemeinen Lebens allein durch die Lektüre von Kunstwerken urteilen. Er wird geradezu in diese Täuschung hineingedrängt, wenn er auch noch so wohlwollend bei seiner Vorstellung bleibt, von der Mehrheit der übrigen Menschen, die er als eine Art Block ansieht, von »Massen« zu sprechen. Dieser Fehler ähnelt den Behauptungen jener engstirnigen Reformer, die Farmarbeiter und Leute, die im Dorf schwere Arbeit verrichteten, lediglich deswegen, weil sie nicht lesen konnten, als ungebildet betrachteten. Tatsächlich gibt es viele hochgebildete Menschen, denen regelmäßige Lektüre zur stabilisierenden Gewohnheit geworden ist, so daß sie die Existenz anderer Formen der Geschicklichkeit, intelligenter und kreativer Tätigkeit nicht mehr wahrzunehmen vermögen: nicht nur die verwandten Formen wie Theater, Konzert, Kunstgalerien, sondern ganze Ge-

biete allgemeiner Fertigkeiten, angefangen bei Garten- und Metallarbeiten, dem Zimmerhandwerk bis hin zur aktiven Politik. Die Verachtung für viele dieser Tätigkeiten, die in jedem hoch Gebildeten steckt, kennzeichnet mehr die Grenzen des Beobachters als die der Sache selbst. Somit lautet das Ergebnis dieser parteiischen Selektion: eine Vernachlässigung der außergewöhnlichen Popularität vieler dieser Tätigkeiten als Beweis für den Lebenswert unserer heutigen Gesellschaft.
Dies erlangt besondere Bedeutung, wenn wir bedenken, daß die allgemeine Tendenz der modernen Entwicklung wesentlich mehr Kulturebenen in der Bildung vereinigte als je zuvor. Für viele Geschmacksrichtungen, die als literarisch galten, wird heute gesorgt, ja sie werden gedruckt. Oder anders gesagt: die historische Entsprechung einer modernen volkstümlichen Zeitung mit ihrer informierenden Funktion war nicht etwa eine frühere Minderheiten-Zeitung, sondern die Gerüchte und Geschichten der Reisenden fütterten damals die Mehrheit der Bevölkerung mit Nachrichten dieser Art. Natürlich soll das Gesagte nicht dazu auffordern, das beste an literarischer Bildung, das für alle Zeiten auch für neue literarische Funktionen Maßstäbe setzt, zu verdammen. Es soll nur helfen, einen angemessenen Sinn für Proportionen zu bewahren.
Heute stellt sich uns das Problem, unsere gesellschaftliche Erziehung einer zumeist literarischen Kultur anzupassen. Es ist selbstverständlich, daß die höchste Stufe der Bildung in der gegenwärtigen Gesellschaft von einem Grad der Instruktion und Ausbildung abhängt, die normalerweise kaum erreichbar ist. Aus diesem Grund ist es immer noch viel zu früh, zusammenfassend zu sagen, die Mehrheit besäße in kulturellen Fragen notwendigerweise einen niederen Geschmack. Die Gefahr eines solchen Urteils: es bietet eine untergeschobene Rechtschaffenheit an — die Pflicht, das Niveau gegen den Mob zu verteidigen. So kann aber eine angemessene Maßnahme nicht aussehen: es gilt hier vielmehr, sicherzustellen, daß den technischen Veränderungen, die unsere Kultur weitgehend von literarischen Formen abhängig gemacht haben, durch einen proportionalen Anstieg wahrhaft literarischer Bildung begeg-

net wird. Ganz offensichtlich haben wir zugelassen, daß die technischen Veränderungen den Veränderungen im Erziehungswesen fortgelaufen sind. Die Gründe für diese einfach dumme Vernachlässigung liegen in einer Mischung von Interesse und Trägheit, tief verwurzelt in der Gesellschaftsorganisation. Die Interpretation der Mehrheit als Mob hat paradoxerweise dazu gedient, das aktivste Bewußtsein vieler Menschen zu besänftigen oder zu schwächen. Tölpelhaftigkeit ist immer leicht, aber es gibt kaum etwas Dümmeres als am Ende einer langen Ausbildungs- und Lehrzeit sich umzudrehen und jene zu verhöhnen, die gerade am Anfang stehen und unruhig und unsicher, wie sie sind, die unvermeidbaren Fehler begehen.
Diese Sicht der Dinge erlaubte, die Angelegenheit als entschieden zu betrachten, wenn wir sicher sein könnten, daß unser einziges Problem darin besteht, sicherzustellen, daß die Ausbildungsbedingungen der Erweiterung der literarischen Bildung entsprechen. Die Arbeit einer Generation würde vor uns liegen, aber zumindest läge der Wert frei. Indessen können derartige Fragen nicht im Rahmen eines Spezialgebietes entschieden werden. Als Regel gesehen, entspricht der Inhalt der Erziehung und Ausbildung dem Inhalt unserer wirklichen sozialen Verhältnisse und wird sich nur innerhalb einer größeren Bewegung verändern. Weiterhin ist wegen ihrer ökonomischen Implikationen die tatsächliche Anwendung der neuen Technik äußerst kompliziert. Die technischen Errungenschaften machten ein enormes Ansteigen des Kapitalbestandes sowie der Kapitalkonzentration notwendig, und deren Kurve steigt immer noch an, wie aus dem Management von Zeitungen und Fernsehen klar hervorgeht. Diese Tatsachen haben in unserer Gesellschaft zu einer extremen Konzentration der Produktion dieser Art von Arbeit geführt und zu der außergewöhnlichen Notwendigkeit und dem entsprechenden Bedürfnis, ihre Verbreitung zu kontrollieren. Unsere neuen Dienstleistungen verschlingen dermaßen viel Kapital, daß nur eine große Empfängerzahl sie finanzieren kann. Da dieses potentielle Auditorium vorhanden ist, bietet das an sich keine Schwierigkeiten. Aber alles hängt allein

von der Haltung derjenigen ab, die für diese Leser- bzw. Hörerschaft die Kontrolle übernommen haben. Die BBC zum Beispiel interpretiert im allgemeinen vernünftig ihre besondere Verantwortung, selbst wenn sie keineswegs besser fundiert ist als durch eine rudimentäre Fürsorge der Regierung. Jedoch werden wir beständig darüber aufgeklärt, wie unsicher eine solche Interpretation sein muß, wenn sie dem Druck der Haltung eines anderen ausgesetzt wird. Die Höhe des investierten Kapitals hat Leuten Zugang verschafft, die vor hundert Jahren niemals daran gedacht hätten, jemals als Besitzer einer Zeitung oder gar eines Theaters zu fungieren. Die Möglichkeiten, die Schwierigkeiten einer Übergangskultur auszunutzen, waren gegeben und wir waren töricht genug, dies in großem Ausmaß zu erlauben. In den meisten Gesellschaften ist die Versuchung gegenwärtig, aus Unwissenheit und Unerfahrenheit Profit zu schlagen. In unserer Gesellschaft ließ die Existenz mächtiger Medien der Überredung und der Suggestion sie im Grunde genommen unwiderstehlich werden; ob in der Art des Vagabunden, der sich selbst an Huckleberry Finn gefesselt hat, oder mehr in der Art des gesetzten Individuums unserer Gesellschaft — der Marktschreier interpretiert seine Opfer immer als unwissenden Mob. Das ist seine Rechtfertigung. Jedoch stellt sich die Frage an die Gesellschaft, ob sie eine solche Interpretation und deren praktische Konsequenzen nicht nur der vergänglichen Existenz eines Vagabunden zugestehen will oder ob sie nur sich selbst, wie es heute geschieht, in einem der Sitze der Macht mit einer riesigen abgesicherten Organisation etablieren will.

Wie Kontrollen dieser Aktivität stattfinden können, ist allgemein bekannt; uns fehlt nur der Wille dazu. Ich möchte lediglich hervorheben, daß der Marktschreier Verbündete ganz überraschender Art hatte. Jeder, der seiner Interpretation des Mitmenschen zustimmt, ist sein Mitstreiter, auch jener alte Typ des Demokraten, der sich auf seiner angeborenen Vornehmheit ausruht. Die Täuschungen, die zu dieser unheiligen Allianz geführt haben, ergänzen sich wechselseitig. Der alte Demokrat ist sich der natürlichen Vornehmheit des Menschen nur allzuoft allzu sicher, als daß er sich mit den Mitteln ihrer Absicherung befassen würde. Der neue Skeptiker beobachtet, was geschieht, wenn dafür nicht mehr gesorgt wird, und sucht in der natürlichen Niedrigkeit des Menschen eine Erklärung. Die alte bäuerliche Kultur, die in weiten Kreisen (manchmal auch sentimental) bewundert wird, beruhte auf Generationen von Erfahrungen innerhalb einer allgemeinen Kontinuität alltäglicher Lebensbedingungen. Geschwindigkeit und Ausmaße der Veränderungen, die jenes Gleichmaß durchbrachen, wurden nie völlig erkannt, und falls dies doch einmal gelang, so konnte die Suche nach einer allgemeinen Kontrolle notwendigerweise nur langsam vorankommen. Somit wird es allmählich durch eine Reihe von Beweisen klar, daß eine Gesellschaft dazu imstande ist, ihre Mitglieder in fast jede Richtung hin zu erziehen und dabei nur gelegentlich zu versagen. Dieses Versagen wird dann je nach der Art der Umstände als Tugend oder Rückfälligkeit interpretiert. Aber nicht, daß wir alle formbar sind, ist von Bedeutung — jede Kultur und jede Zivilisation baut darauf auf —, sondern die Natur und der Ursprung des formenden Prozesses. Der Beitrag des alten Demokraten wie des neuen Skeptikers sind beide für diese entscheidende Frage belanglos und der Marktschreier ist angesichts der Bedeutungslosigkeit und der allgemeinen Verwirrung ins Geschäft gekommen.

Ausgerechnet die Lokal-Zeitung steht als wichtiger Beweis eines vorhandenen Kontrollsystems, denn sie wird von Leuten gelesen, die ebenso einfach sind, ebenso wenig Bildung besitzen wie jene Leser der schlechtesten Witz-Blätter. Dennoch entspricht sie in Methode und Inhalt — auch in ihren Fehlern — genau dem früheren Journalismus, der von der Minderheit gelesen wurde. Obwohl nicht die Mittel angewendet werden, die nötig sind, um den Durchschnitts-Verstand anzusprechen, wird die Zeitung allgemein gelesen und auch verstanden. Aufgrund seiner besonderen Umstände erhellt dieser Fall das allgemeine Problem. Für eine bekannte Gemeinschaft auf der Basis gemeinsamen Interesses und Wissens hergestellt, wird die Lokal-Zeitung nicht von einer »Massen«-Interpretation beherrscht. Ihre Kommunikation beruht in entschiedenem Gegensatz zu den meisten nationalen Zeitungen, die für einen nach »Massen«-Kriterien interpretierten Markt gedruckt werden, auf einer Gemeinschaft. Die Methoden einer Volkszeitung sind nicht in der Tatsache begründet, daß einfache Leute sie lesen, denn dann würde eine Lokalzeitung kaum gelesen oder verstanden werden. Sie beruhen vielmehr darauf, daß die Zeitung und ihre Leser in bestimmten ökonomischen und gesellschaftlichen Beziehungen stehen. Wenn wir dies wirklich erkennen, dann werden wir uns nicht mehr dem natürlich Guten oder Schlechten im Menschen zuwenden, sondern der Natur der gesellschaftlichen Kontrollinstanzen. Die Vorstellung vom Begriff »Massen« und die Technik, bestimmte Aspekte des Massen-Verhaltens — mehr selektierte Aspekte einer »Öffentlichkeit« als das Gleichgewicht einer echten Gemeinschaft — zu beobachten, haben die Ideologie jener geformt, die das neue System zu kontrollieren versuchten, um daraus Profit zu schlagen. In demselben Maße, in dem wir diese Art von Ausbeutung ablehnen, werden wir auch ihre Ideologie ablehnen und nach einer neuen Definition für Kommunikation suchen.

Kommunikation und Gemeinschaft

Jede regierende Körperschaft ist bemüht, die »richtigen« Ideen in die von ihr regierten Köpfe zu setzen, aber es existiert keine Regierung im Exil. Der Geist der Menschen wird von ihren gesamten Erfahrungen geformt, und auch der geschickteste Versuch, Gedankengut zu vermitteln, mit dem die Erfahrung nicht konform gehen kann, muß scheitern. Kommunikation besteht nicht nur aus Übermittlung, sondern auch aus Empfang und Antwort. In einer Übergangskultur wird es bei geschickter Vermittlung möglich sein, auf Aspekte der Handlungen und des Glaubens entscheidend einzuwirken. Aber irgendwie wird sich die Gesamtheit der Erfahrung behaupten und eine eigene Welt bewohnen. Die Massen-Kommunikation konnte ihre offenkundigen Erfolge in einem ihren Methoden entsprechenden Gesellschafts- und Wirtschaftssystem verzeichnen. Doch sie hat versagt und wird auch weiterhin darin versagen, wenn ihre Übermittlungen statt auf eine konfuse Vagheit auf eine wohldurchdachte und ausformulierte Erfahrung treffen.

Die Praktiker der Massen-Kommunikation befassen sich daher mit der Vervollkommnung dessen, was sie ihre Wissenschaft nennen, das heißt mit Bruchstücken angewandter Psychologie und Linguistik. Es ist von größter Wichtigkeit, auf ihr Treiben zu achten, aber: jede wirkliche Theorie der Kommunikation ist auch immer eine Theorie der Gemeinschaft. Die Techniken der Massen-Kommunikation werden für eine echte Theorie der Kommunikation nicht wichtig sein und zwar in dem Maße, in dem wir davon überzeugt sind, daß sie nicht durch eine Gemeinschaft, sondern durch ihr Fehlen oder ihre Unvollkommenheit bedingt ist. Es ist sehr schwer, sich eine klare Vorstellung über Kommunikation zu machen, denn normalerweise dominiert unsere gedankliche Struktur von Gemeinschaft. Daher neigen wir dazu, uns zumindest mit den herrschenden Techniken intensiv zu beschäftigen, wenn nicht sogar ganz in ihren Bann gezogen zu werden. Kommunikation wird so zu einer Wissenschaft, die den Geist der Massen durchdringt und dort Wirkungen registriert. Es ist nicht einfach, in einer anderen Richtung zu denken.

Wenn wir aus anderen Gründen eine auf Herrschen ausgehende Theorie für schlecht halten, ist es leicht, sie als das zu erkennen. Die Theorie, daß eine Minderheit davon profitieren soll, daß sie die Mehrheit in einen Krieg um Vorteile verwickelt, kann leicht geschmäht werden. Die Theorie, daß eine Minderheit davon profitieren sollte, daß sie eine Masse von Lohnsklaven beschäftigt, wird im allgemeinen ebenfalls verachtet. Auch die Theorie, daß eine Minderheit das Erbe menschlicher Erkenntnis für sich behalten und der Mehrheit vorenthalten sollte, wird gelegentlich verworfen. Aber (wie wir sagen) wenige, niemand oder nur sehr schlechte Menschen werden solche Theorien unterstützen. Heutzutage sind wir alle Demokraten, und so etwas ist undenkbar. Tatsache aber ist, daß die

Massen-Kommunikation all den eben erwähnten Theorien gedient hat und ihnen an einigen Stellen heute noch immer dient. Die gesamte Theorie der Massen-Kommunikation hängt im wesentlichen von einer Minderheit ab, die irgendwie die Mehrheit ausbeutet. Wir sind auch heute noch nicht alle Demokraten.
Dennoch ist »Ausbeutung« natürlich ein tendenziöser Begriff. Wie sieht es zum Beispiel dann aus, wenn sich eine Minderheit bemüht, einer Mehrheit zu ihrem eigenen Besten Bildung zu geben? Solche Minderheiten sind im Überfluß vorhanden. Sie suchen den Mehrheiten die Vorzüge des Kapitalismus, Kommunismus, der Kultur und Empfängnisverhütung zu vermitteln. Gewiß ist die Massen-Kommunikation hier nicht wichtig und notwendig, um die Neuigkeiten des guten Lebens, wie es zu erreichen ist, welche Gefahren auf dem Wege dorthin vermieden werden müssen, den voreingenommenen, unterwürfigen, unwissenden und sich vermehrenden Massen zu überbringen? Wenn die Arbeiter sich durch Einschränken ihrer Tätigkeit selbst und andere arm machen, wenn Bauern sich und andere verhungern lassen, weil sie sich vom Althergebrachten nicht trennen können, wenn Männer und Frauen in Unwissenheit aufwachsen, obgleich so vieles schon bekannt ist, wenn Familien mehr Kinder in die Welt setzen, als sie ernähren können. Müssen sie nicht dringlichst darauf hingewiesen werden — zu ihrem eigenen Besten?
Tatsächlich liegt das Problem nicht darin, irgend jemandem irgend etwas zu sagen. Es ist vielmehr eine Frage des Wie. Wie soll man es ihnen sagen, wie würde man erwarten, daß es einem selbst gesagt werden würde. Auch ist dies keine bloße Angelegenheit der Höflichkeit, wobei Höflichkeit sozusagen als die beste Politik gilt. Aber wirklich von Bedeutung ist, wie es einem selbst gesagt werden sollte: Reden als Bestandteil des Lebens, Lernen als ein Element der Erfahrung. Der große Fehler auf dem Gebiet der Übermittlung ist kein Zufall, sondern das Ergebnis eines falschen Verständnisses von Kommunikation. Dieser Fehler beruht auf einer arroganten Überbetonung der Übermittlung, was seinerseits auf die Annahme zurückgeht, daß die all-

gemein gültigen Antworten gefunden sind und nur noch angewandt zu werden brauchen. Aber die Menschen werden immer nur aus Erfahrung lernen (und kann man sie deswegen verurteilen?); das vollzieht sich normalerweise nur langsam und nur indirekt. Eine Regierung wird in ihrer Ungeduld oft durch Druck eine allerdings nur scheinbare Konformität erzwingen. Diese kann gelegentlich durch eine spätere Erfahrung substantiell werden. In der Tatsache, daß die Geschehnisse das bestätigen, was das Volk anfangs nicht akzeptieren wollte, liegt für jede herrschende Politik die größte Versuchung. Als politische Frage ist dies vielleicht das gegenwärtig schwierigste Problem. In bezug auf Kommunikation dagegen bestätigt dies nur das bereits Gesagte. Die Erfahrung wird es lehren. In einer Gesellschaft, der es an Erfahrung demokratischer Praxis fehlt, wird eine zielstrebig reformierende Minderheit oft gezwungen, derartige Chancen zu nützen. Aber selbst hier birgt das große Gefahren. Der Lernprozeß hängt so sehr von dem Bewußtsein der Notwendigkeit des Lernens ab, und von dieser Notwendigkeit ist nicht jeder so leicht zu überzeugen.

Auf der anderen Seite ist es klar, daß sogar in den gegenwärtigen demokratischen Gesellschaften die herrschaftsorientierte Einstellung gegenüber der Kommunikation noch immer ausschlaggebend ist. Fast jeder Führer scheint sich wahrhaftig davor zu fürchten, den Prozessen von Diskussionen und Entscheidungen durch eine Mehrheit zu trauen. In der Praxis ist dies allerdings auf eine bloße Formel reduziert, wofür augenscheinlich das festverwurzelte Mißtrauen gegenüber der Mehrheit, die als Masse — oder höflicher gesagt — als die Öffentlichkeit angesehen wird, die Verantwortung trägt. Auch die Theorie der Demokratie bleibt Theorie, und diese praktische Skepsis zieht eine theoretische Skepsis nach sich, die in unserer eigenen Gesellschaft wieder deutlich zur Gefahr wird. Aus beinahe jeder Sicht sind die Konsequenzen unbefriedigend. Wenn das Volk keine offizielle Demokratie haben kann, so erhält es eine inoffizielle in jeder nur möglichen Form, angefangen von bewaffneter Revolte und Aufruhr über »wilde« Streiks oder Arbeitseinschränkungen bis zur ruhigsten, aber alarmierendsten Form, einem allgemeinen Verdruß und dem Verlust jeglichen Interesses. Diesen Tatsachen gegenübergestellt, ist es immer leicht, auf die andere Seite der »Massen«-Interpretation zurückzugreifen, nämlich diese Symptome als Beweis der Unfähigkeit der Massen anzusehen — sie *wollen* aufrühren, sie *wollen* streiken, sie *wollen* kein Interesse haben; das ist die wahre Natur dieser Brut, dieses Mobs. Ich argumentiere aber gerade ganz im Gegenteil, daß die charakteristischen Merkmale unserer Zivilisation nicht so interpretiert werden dürfen. Die genannten Symptome sind vielmehr Symptome eines Grundversagens der Kommunikation. Eine solche Aussage ist möglich, und es läßt sich auch folgern, daß die Antwort in Erziehungs- und Ausbildungsprojekten, der Informationsversorgung oder in einer neuen publizistischen Bewegung liegt. Aber in diesem Fall wird weiterhin von Kommunikation allein unter dem Aspekt der Übermittlung gesprochen; das aber heißt lediglich, die schon so lange vorherrschenden Bemühungen mit neuen Mitteln wiederzubeleben. In der Praxis ist dies besonders schwierig, wenn z. B. eine Gruppe überzeugt ist, ihre Sache sei richtig und dringend und daß die Menschen um ihres eigenen Vorteils willen dazu gebracht werden müßten, dies zu erkennen.

Dennoch sind die unangenehmen Symptome eine exakte Antwort auf eine herrschaftsorientierte Organisation. In einer Revolte, in den meisten Unruhen, in vielen Streiks steckt eine positive Antwort: die Versicherung einer anderen Antwort. Die dann schließlich angenommene Antwort wird von dem Gleichgewicht der Kräfte abhängen. Oft aber wird sie wesentlich weniger artikuliert vorgebracht: in einer konfusen, undeutlichen Reaktion auf die vorherrschenden Gewohnheiten. Was ich vorher mit Verdruß bezeichnet habe, ist hierfür ein sichtbares Beispiel. Ich denke, er ist heute die häufigste Reaktion auf die herrschenden Formen der Massen-Kommunikation. Natürlich glauben die Menschen nicht alles, was sie in der Zeitung lesen, und das ist oft genauso gut. Aber auf eine kleine Auslese urteilsfähiger Leser — sie verdanken diese Befähigung fast immer allein der Übung und Bildung —

kommt die riesige Menge der generell argwöhnischen Ungläubigen. Dieser Unglaube kann bei besonderen Gelegenheiten prophylaktisch sein, wirkt aber als allgemeine Gewohnheit entnervend. Trägheit und Apathie wurden immer als vergleichsweise sichere Waffen gegen die Regierenden angewandt. Einige Regierungen mögen dies akzeptieren, wenn nicht, so unternehmen sie doch wenigstens nichts dagegen. Aber in unserer eigenen Gesellschaft ist der Grad des notwendigen allgemeinen Interesses und der wechselseitigen Bemühungen so hoch, daß jede Verminderung des Interesses in einem größeren Umfang, jedes Aufkommen einer Stimmung der Ungläubigkeit verheerend sein kann. Die Antwort darauf heißt allerdings nicht: Ermahnung, sondern vielmehr: Zustimmung zur Praxis der Demokratie, die allein die Theorie mit Substanz anfüllen kann. Sie liegt auf der Ebene der Kommunikation in der Annahme einer neuen Einstellung zur Übermittlung, und zwar einer Einstellung, die sicherstellen wird, daß sie wirklich verschiedenen Ursprüngen entspringt und daß alle Autoren und Urheber Zutritt zu den verfügbaren Kanälen haben. Dies ist nicht möglich, bevor nicht klar erkannt wird, daß die Übermittlung immer ein Angebot ist und daß diese Tatsache ihren Charakter bestimmen muß. Sie stellt keinen Versuch dar zu herrschen, sondern Kommunikation zu ermöglichen, Aufnahme und Reaktionen zu erzielen. Aktive Aufnahme und lebendiges Reagieren hängen von einer wirksamen Gemeinsamkeit der Erfahrung ab, und ihr Wert basiert ebenso gewiß auf der Anerkennung praktischer Gleichheit. Viele Arten von Ungleichheit, die noch immer unsere Gesellschaft teilen, machen eine effektive Kommunikation schwierig, wenn nicht gar unmöglich. Uns fehlt eine echte gemeinsame Erfahrung, wie wir sie nur in bestimmten seltenen und gefährlichen Krisenmomenten besitzen. Heute ist es offensichtlich, was wir für dieses Fehlen in jeder Währung zahlen müssen. Wir brauchen eine umfassende Kultur nicht um einer Abstraktion willen, sondern weil wir ohne sie nicht überleben werden.
Ich habe auf Gleichheit aufmerksam gemacht, doch nicht ohne einiges Zögern, denn dieses Wort verwirrt

heute allgemein. Die theoretische Betonung von Gleichheit ist in der modernen Gesellschaft generell gesehen eine oppositionelle Reaktion. Sie ist weniger ein positives Ziel als ein Angriff auf die Ungleichheit, die in der Praxis in genau demselben Maße betont wurde wie die Gleichheits-Ideen. Die einzig wichtige bzw. überhaupt denkbare Gleichheit ist die Gleichheit der menschlichen Existenz. Ungleichheiten bei den verschiedenen Aspekten der Menschen sind unumgänglich und sogar willkommen. Sie ist die Grundlage jedes vollen und komplexen Lebens. Ungleichheit, die schlecht ist, ist die Ungleichheit, die die unabdingbare Gleichheit der menschlichen Existenz leugnet. Diese Ungleichheit lehnt in der Praxis in jeder ihrer Formen andere menschliche Existenz ab, verschmäht sie, entwürdigt sie. Eine solche Praxis läßt sehr leicht Grausamkeit, Ausbeutung und Verkrüppelung menschlicher Energien entstehen. Ihr Testament sind in der menschlichen Theorie die Massen, die vorherrschende Gesinnung sowie die Kulturfeindlichkeit.

Eine allgemeine Kultur ist auf keiner Ebene eine gleichmäßige Kultur. Dennoch bedingt sie die Gleichheit des Seins, oder aber die allgemeine Erfahrung erfährt keine Wertschätzung. Eine umfassende Kultur kann den Zutritt irgendeiner ihrer Aktivitäten nicht einschränken: dies ist die Realität der Forderung nach Gleichheit der Chancen. Das Anrecht auf diese Möglichkeit basiert natürlich wieder auf dem Wunsch, gerade ungleich zu werden. Eine erwünschte Ungleichheit aber, die in der Praxis die notwendige Gleichheit der Menschen leugnet, ist unvereinbar mit einer alle Schichten umfassenden Kultur. Diese Ungleichheiten, die nicht gewährt werden dürfen, müssen beständig innerhalb der gemeinsamen Erfahrung ausgemacht werden. Aber es gibt auch viele Ungleichheiten, die die notwendige Gleichheit nicht stören, einige von ihnen sind so notwendig, daß sie sogar gefördert werden müssen. Dies wird durch Beispiele verständlicher werden. Eine Ungleichheit in anderem als dem persönlichen Eigentum — also eine Ungleichheit im Besitz der Mittel für Leben und Produktion — könnte als untragbar angesehen werden, da sie in der Praxis die

Gleichheit der menschlichen Existenz negiert. Ungleichheit auf einem bestimmten Gebiet dagegen oder die ungleiche Entwicklung von Wissen, Geschicklichkeit und Bemühungen dürfte die notwendige Gleichheit nicht in Abrede stellen: ein Physiker wird froh sein, von einem besseren Physiker etwas lernen zu können, und wenn er ein guter Physiker ist, wird er sich nicht für einen besseren Menschen halten als den guten Komponisten, den guten Schachspieler, den guten Zimmermann, den guten Läufer. In einer alle Schichten umfassenden Kultur wird er sich auch nicht für ein besseres menschliches Wesen halten als es ein Kind, eine alte Frau oder ein Krüppel ist, denen das (in sich selbst unangemessene) Kriterium, nützlich zu sein, fehlt. Der Respekt, den man sich selbst und der eigenen Arbeit gegenüber hat, der auch notwendig ist, um überhaupt weiter existieren zu können, ist etwas anderes als die Forderung nach einer Ungleichheit der menschlichen Existenz, die einen berechtigen würde, das Leben anderer zu negieren oder zu beherrschen. Jede Ungleichheit, die nicht toleriert werden darf, führt zu einer Absage oder Herrschaft.

Aber einige Tätigkeiten *sind* besser als andere — womit der Einwand zurückgegeben wird. Das Insistieren auf Gleichheit kann in der Praxis ein Leugnen von Werten sein. Muß nicht ein Lehrer das Kind beherrschen, damit es lernt? Einige Fakten werden richtig sein, andere falsch. Der Lehrer muß auf deren Unterscheidung beharren, ob es nun richtig ist zu beherrschen oder nicht. Dem ist zuzustimmen. Zumeist stellt jedes gute Lehren tatsächlich eine Vermittlung der Fähigkeit dar, dahergesagte Äußerungen von Schlußfolgerungen und Urteilen, die übernommen oder provisorisch angewandt worden sind, zu unterscheiden. Dieses Angebot einer Behauptung, die bekräftigt werden muß und den Mitteln der Entscheidung sehr ähnlich, ist die eigentliche Funktion von Kommunikation. Ein Kind wird nur Kenntnisse erlernen, wenn es sie auch praktiziert. Ein Lehrer wird nur dann geschickt sein, wenn er sich beim Unterrichten der dabei ablaufenden Prozesse bewußt ist. Die äußerste Betonung der Wertunterschiede in allem, was der Mensch macht oder tut, ist keine Betonung der Ungleichheit menschlicher Existenz. Sie stellt vielmehr einen allgemeinen Lernprozeß dar, der sich nur vollziehen kann, wenn das primäre Zugeständnis der Gleichheit aller Menschen gemacht worden ist, das ganz allein diesen Prozeß von der herrschaftsorientierten Sphäre trennen kann. Niemand kann das kulturelle Niveau eines anderen heben. Alles, was getan werden kann, ist, die Fertigkeiten zu vermitteln, die nicht persönlicher Besitz, sondern menschliches Allgemeingut sind, und gleichzeitig zu allem, was geschaffen worden ist, freien Zugang zu gewähren. Man kann weder ein Kind davon abhalten, Gruselgeschichten zu lesen, noch einen Mann Witz-Blätter zu lesen, und zwar weder durch Befehle (es sei denn, man machte den unwürdigen Versuch, physische Gewalt auszuüben) noch mit dem Argument, das sei schlecht. Man kann ihnen nur die Möglichkeit geben, das zu lernen, was im allgemeinen über das Lesen gelernt wurde, und darauf zu achten, daß ein jeder Zugang zu allem Lesbaren erhält. Letztlich wird es wirklich seine Wahl und damit auch die richtige sein. Des Menschen Bemühen um Werte — um Niveau — zeigt sich angemessen in seinen Bestrebungen, eine Gemeinsamkeit der Erfahrungen zu schaffen, auf denen diese Standards ruhen können. Wenn ferner sein Bestreben nach Werten mehr als nur ein Dogma ist, so wird er sich offen halten, weitere Werte in der Herausbildung einer neuen allgemeinen Erfahrung kennenzulernen. Die Verweigerung von beidem ist eine verdrießliche Ängstlichkeit. Wenn man nicht an die Menschen und an ihre gemeinsamen Bemühungen glauben kann, so wird man an sich selbst wahrscheinlich nur als Karikatur glauben können.

Kultur: aber welche?

Wir leben in einer Übergangsgesellschaft, und der Begriff Kultur wird allzuoft mit Kräften, die dieser Übergang enthält, gleichgesetzt. Kultur ist ein Produkt der alten wohlhabenden müßiggehenden Klassen, die nun versuchen, sie gegen neue und destruktive Kräfte zu verteidigen. Kultur ist aber auch das Erbe der neuen sich bildenden Klasse, die die Menschlichkeit der Zukunft umfaßt. Diese Klasse versucht heute, sie von ihren Restriktionen zu befreien. Wir sagen uns solche Dinge und sehen dabei finster drein. Das einzig Gute scheint daran zu sein, daß alle streitenden Parteien begierig nach Kultur sind, um mit ihr identifiziert zu werden. Aber keiner von uns ist in diesem Spiel der Unparteiische, wir sind alle beteiligt und spielen entweder in die eine oder die andere Richtung.

Ich möchte gern etwas über den Begriff der »Kultur der Arbeiterklasse« sagen, denn sie scheint mir ein Schlüsselproblem unserer eigenen Zeit zu sein und zwar eines, über das beträchtliche Mißverständnisse bestehen. Ich habe schon hervorgehoben, daß wir weder fair noch mit irgendeinem Gewinn die Masse des heutzutage durch die neuen Mittel der Kommunikation Produzierten als eine »Kultur der Arbeiterklasse« beschreiben können. Denn sie ist keineswegs exklusiv für diese Klasse entstanden, noch ist sie in nennenswertem Umfang von ihr hergestellt worden. Dieser Negativ-Definition müssen wir noch eine andere hinzufügen. Die »Kultur der Arbeiterklasse« darf in unserer Gesellschaft nicht als die kleine Menge vorhandener proletarischer Schriften oder Kunst verstanden werden. Das Entstehen dieser Werke war nützlich, nicht nur in ihren selbstbewußteren Formen, sondern auch in jenen nachindustriellen Balladen, die zu sammeln sich lohnte. Wir müssen von diesem Werk Kenntnis nehmen, und sie sollte als ein wertvolles abweichendes Element angesehen werden, aber nicht als Kultur. Die traditionelle volkstümliche Kultur Englands wurde, wenn nicht zerstört, so doch wenigstens durch die Wirren der Industriellen Revolution geschwächt und lädiert. Was übriggeblieben ist und unter den neuen Bedingungen wieder aufgebaut wurde, ist nur wenig und auch geographisch begrenzt. Es nötigt Respekt ab, ist aber keineswegs eine alternative Kultur.

Gerade diese Alternative ist theoretisch gesehen äußerst schwierig. Wenn im Sinne intellektueller und imaginativer Werke der Hauptteil unserer Kultur mit den Marxisten bürgerlich genannt werden soll, so ist es ganz natürlich, nach einer alternativen Kultur Ausschau zu halten und sie proletarisch zu nennen. Indessen ist es außerordentlich zweifelhaft, ob der Begriff »bürgerliche Kultur« überhaupt brauchbar ist. Die Gesamtheit der intellektuellen und imaginativen Werke, die jede Generation als ihre traditionelle Kultur erhält, ist immer und notwendigerweise mehr als nur das Produkt einer einzigen Klasse. Nicht nur, daß ein bedeutender Teil von ihr noch aus einer früheren Zeit als der der gerade vergangenen Gesellschaft übriggeblieben ist, so daß zum Beispiel die Literatur, Philosophie und andere Werke, die, sagen wir von vor 1600 überlebt haben, nicht als »bürgerlich« bezeichnet werden dürfen. Auch können sogar innerhalb einer Gesellschaft, in der eine bestimmte Klasse vorherrscht, auch andere zu dem gemeinsamen Schatz beitragen und trotz ihrer Mitwirkung nicht von der Idee und den Worten der herrschenden Klasse beeinflußt sein. Es scheint, als ob die Ära der Kultur eher in einem Verhältnis zur Ära der Sprache als zu der einer Klasse steht. Es ist wahr, daß die herrschende Klasse bis zu einem gewissen Ausmaß die Übermittlung und Ausbreitung des gesamten Allgemeinerbes kontrollieren kann. Wo solch eine Kontrolle existiert, muß sie als eine gegebene Tatsache dieser Klasse angemerkt werden. Es ist auch wahr, daß eine Tradition immer selektiv vorgeht und daß dieser Selektionsprozeß immer dazu neigen wird, in Beziehung zu den Interessen der herrschenden Klasse gebracht bzw. sogar von ihnen beherrscht zu werden. Diese Faktoren machen es wahrscheinlich, daß qualitative Veränderungen, sogar noch bevor eine neu aufsteigende Klasse das ihre beisteuert, innerhalb der traditionellen Kultur eintreten werden, sobald ein Machtwechsel der Klassen eintritt. Solche Aussagen müssen unterstrichen werden, aber die spezifische Bezeichnung unserer bestehenden Kultur als bürgerliche führt auf mehrere Weisen in die Irre. Sie kann z. B. jene ernsthaft irreführen, die von sich selbst annehmen würden, daß sie zur herrschenden Klasse gehören. Wenn sie — selbst von ihren Gegnern — ermutigt werden, von der bestehenden Kultur (im engeren Sinn) als von ihrem spezifischen Produkt zu sprechen, so betrügen sie sich selbst und andere. Denn sie werden ermutigt zu argumentieren, daß, wenn ihre Klassenposition untergeht, auch die Kultur untergehen wird und ferner, daß das Kultur-Niveau von der Eingrenzung auf die Klasse, die sie geschaffen hat und sie deshalb auch versteht, abhängt. Auf der anderen Seite werden jene, die glauben, Repräsentanten der neu entstehenden Klasse zu sein — falls sie den Vorschlag der »bürgerlichen Kultur« akzeptieren —, entweder versucht sein, das gemeinsame menschliche Erbe zu vernachlässigen oder, wenn sie intelligenter sind, darüber verwirrt sein, wie und wieviel von der bourgeoisen Kultur zu übernehmen ist. Die Kategorien sind auf beiden Seiten krude und mechanisch. Menschen, die eine gemeinsame Sprache sprechen, teilen auch das Erbe einer intellektuellen und literarischen Tradition, die notwendigerweise und beständig mit jeder Veränderung in der Erfahrung ihren Wert erneuert. Die Schaffung einer künstlichen Kultur der Arbeiterklasse als Gegensatz zu dieser verbreiteten Tradition ist schlechthin dumm. Eine Gesellschaft, in der die Arbeiterklasse herrschte, würde natürlich neue Wertmaßstäbe und neue Beiträge hervorbringen. Aber dieser Prozeß würde aufgrund der Komplexität des Erbes äußerst vielschichtig verlaufen. Auch kann heutzutage nichts dadurch erreicht werden, daß man diese Komplexität zu einem kruden Diagramm vereinfacht.

Der Gegensatz zwischen einer Minderheits- und einer Massenkultur kann kein absoluter sein. Es ist nicht einmal eine Angelegenheit von Ebenen, denn dieser Begriff beinhaltet auch verschiedene und unzusammenhängende Stufen, was keineswegs immer der Fall ist. In der russischen Gesellschaft des 19. Jahrhunderts findet man wahrscheinlich das beste Beispiel einer diskontinuierlichen Kultur innerhalb der neueren Geschichte. Sie wird durch ein substantielles Maß an Verleugnung selbst der gemeinsamen Sprache durch eine herrschende Minderheit charakterisiert; und das ist bemerkenswert. Aber in der englischen Gesellschaft gab es nie einen solchen Grad der Abtrennung, seit englisch zur allgemeinen Sprache wurde. Man bemerkte Ungleichmäßigkeit bei der Distribution, was manchmal auf einen virtuellen Ausschluß von der Mehrheit

hinauslief, und es hat auch eine Unebenmäßigkeit der Mitwirkung gegeben, obgleich niemals eine Mitwirkungsbeschränkung gegen Mitglieder einer Klasse auch nur angestrebt wurde. Weiterhin fiel es seit Beginn des 19. Jahrhunderts jedem Beobachter schwer, die Bewahrung der intellektuellen und imaginären Werke auch nur einer der bestehenden gesellschaftlichen oder ökonomischen Klassen anzuvertrauen oder sie mit ihr zu identifizieren. Wie wir gesehen haben, entwickelte sich in dieser Situation die ganze Vorstellung der Kultur.
In jeder Epoche, in der ein Wechsel der gesellschaftlichen Macht eintritt, stellt sich uns mit dem komplizierten Prozeß der Neubewertung ererbter Traditionen eine sehr schwierige Aufgabe. Die Alltagssprache bietet aufgrund ihrer Gespaltenheit selbst dafür ein ausgezeichnetes Beispiel. Es ist natürlich von vitaler Bedeutung für eine Kultur, daß ihre Sprache nicht an Kraft, Reichtum und Flexibilität abnimmt, daß sie darüberhinaus neuen Erfahrungen angemessen Ausdruck verleiht und die Veränderungen aufzuklären vermag. Aber eine Sprache wie das Englische entwickelt sich noch immer und durch das Überstülpen kruder Kategorien kann ihr großer Schaden zugefügt werden. Es ist offensichtlich, daß seit der Entwicklung des Standard-Englisch im 19. Jahrhundert einige spezifische Formen der Alltags-Sprache für Zwecke der Klassenunterscheidung mißbraucht worden sind. Indessen besitzt der Dialekt, der normalerweise mit dem Standard-Englisch gleichgesetzt wird, den anderen Dialekten gegenüber keinerlei Überlegenheit. Einige der grammatischen Erklärungen besitzen allgemeine Bedeutung. Auf der anderen Seite hat man einigen wenigen Tönen eine Autorität verliehen, die von keinem bekannten Sprachgesetz abgeleitet werden kann, sondern nur von der Tatsache, daß sie von Personen gebraucht werden, die aus anderen Gründen gesellschaftlichen und ökonomischen Einfluß besitzen. Die Umwandlung dieser zufälligen Selektion in ein Kriterium für »gutes«, »richtiges« oder »reines« Englisch ist lediglich eine Ausrede. Moderne Kommunikationen helfen dem Wachstum der Einheitlichkeit, aber die notwendige Selektion und Klärung sind im Ganzen gesehen aus Gründen ange-

ordnet worden, die ganz und gar nicht zur Sprache gehören. Es wird zum Beispiel immer noch geglaubt, daß eine doppelte Verneinung (I don't want one — ich möchte nicht niemanden) *unkorrektes* Englisch ist, obgleich Millionen von englischsprechenden Menschen sie ständig gebrauchen und zwar keineswegs, weil sie eine Regel mißachten, wobei man glauben könnte, daß sie zu dumm wären, um sie zu verstehen, sondern aufgrund einer Gewohnheit, die sich seit Chaucer durchgesetzt hat. Das breite »a« in Wörtern wie »class« — »Klasse« wird heute als Besonderheit der »Gebildeten« angesehen, obgleich es bis zum 18. Jahrhundert als bäuerliche Angewohnheit galt und als solche verachtet wurde. Oder »ain't«, das im 18. Jahrhundert ein Zeichen guter Herkunft war, wird heute als vulgär angesehen. In beiden Fällen ist die Bewertung völlig zufällig. Das außergewöhnlich Selbstgefällige der Spiranten, Sonanten, die Wahl des einen oder anderen Synonyms (»couch« — »sofa«) galt lange als ein normales Element des Mittelklassen-Humors. Es hat letzten Endes nichts mit gutem Englisch, sondern mit dem »Spießbürgertum« etwas zu tun. (Die gegenwärtige Kontroverse über die Sprachgewohnheiten der Oberschicht und der anderen Schichten illustriert dies deutlich. Dabei handelt es sich nicht um einen bedeutsamen Unterschied, sondern um die lang andauernde Schwierigkeit, zwischen den oberen und unteren Gruppen, innerhalb der *Mittel-Klasse* Trennungslinien zu ziehen.) Obgleich dies den Tatsachen entspricht, wird das Problem dadurch kompliziert, daß in einer Gesellschaft, in der eine bestimmte Klasse und weiterhin ein bestimmter Gebrauch der Alltags-Sprache vorherrscht, ein Großteil der Literatur, die Träger fast aller allgemeinen Erfahrung ist, zu der herrschenden Modesprache hingezogen wird. Gleichzeitig wird eine National-Literatur, wie es die englische immer war, dabei auch Elemente der gesamten Kultur und Sprache umfassen. Wenn wir den Prozeß einer selektiven Tradition verstehen wollen, werden wir weniger an einen exklusiven Bereich der Kultur denken als an unterschiedliche Grade wechselnder Zuneigungen und Interaktionen, die zu interpretieren eine krude Klassen- oder Niveautheorie nicht imstande ist.

Eine Kultur kann niemals, solange sie noch gelebt wird, auf ihre Kunsterzeugnisse reduziert werden. Dennoch ist die Versuchung, sich nur mit den äußerlichen Beweisen zu befassen, immer groß. Zum Beispiel wird argumentiert, daß die Arbeiterklasse verbürgerlicht, weil sie sich wie die Mittelklasse kleidet, in Zweifamilien-Häusern lebt und sich Autos, Waschmaschinen sowie Fernsehgeräte anschafft. Aber es ist keineswegs »bürgerlich«, Nützliches zu besitzen oder sich an einem hohen materiellen Lebensstandard zu erfreuen. Die Arbeiterklasse verbürgerlicht ebensowenig, wenn sie neue Produkte besitzt, wie der Bourgeois nicht deswegen aufhört, ein Bourgeois zu sein, weil seine Besitztümer andere werden. Jene, die eine solche Entwicklung innerhalb der Arbeiterklasse bedauern, sind die Opfer eines Vorurteils. Eine Bewunderung des »einfachen Armen« ist nichts Neues, aber sie war bisher nur selten zu finden außer als die verzweifelte Rationalisierung der Armen selbst. Sie ist entweder Produkt des Überdrusses oder des Urteils, daß die materiellen Fortschritte mit einem zu hohen Preis für die Menschheit erkauft worden sind. Der erste Grund sei denen überlassen, die übersättigt sind; der zweite aber, der wichtigere, kann falsch übertragen werden. Wenn die Fortschritte »bürgerlich« wären, weil sie auf ökonomischer Ausbeutung beruhten, würden sie dann nicht länger »bürgerlich« sein, wenn sie ohne Ausbeutung oder in geringerem Maße sichergestellt werden könnten. Der Neid des Arbeiters auf die Mittelklasse besagt nicht, daß er dazu gehören möchte, wohl aber, daß er gern den gleichen Umfang an Besitztum besäße. Wir alle denken gern von uns als von einem Normalmaß, und es ist wirklich schwer für die englische Mittelklasse anzunehmen, daß die Arbeiterschicht nicht unbedingt darauf erpicht ist, so wie sie zu werden. Ich glaube, von dieser Vorstellung muß man sich freimachen. Die große Mehrheit der englischen Arbeiterklasse wünscht sich lediglich den materiellen Standard der Mittelklasse, ansonsten möchten sie sie selbst bleiben. Man sollte dies nicht vorschnell als Vulgär-Materialismus abtun. Es ist nur allzu vernünftig, alle Mittel der Lebenserleichterung in dem möglichen Ausmaß besitzen zu wollen. Dies ist der Materialismus der materiellen Fürsorge, auf die wir alle mit Recht achten. Die Arbeiter, denen lange Zeit all diese Hilfsmittel vorenthalten wurden, wollen sie haben und, wenn sie können, behalten. Es wäre schon ein besserer Beweis als dieser nötig, um sie als primitive Materialisten abzustempeln oder zu zeigen, daß sie »verbürgerlichen«. Daher ergibt sich vielleicht die Frage, ob in dem Wort »bürgerlich« überhaupt noch eine Bedeutung geblieben ist. Liegt tatsächlich noch ein Sinn darin, weiterhin den Klassenbegriff zu gebrauchen? Bringt nicht die Industrialisierung durch ihre eigene Triebkraft eine Kultur hervor, die man am besten mit klassenlos bezeichnet? Solche Fragen erhalten heutzutage ein außerordentliches Maß an Zustimmung. Aber wenn sie auch aus den Unfähigkeiten verschiedener Arten der Klasseninterpretation Unterstützung ziehen, so beruhen sie doch auf einer äußerlichen Einstellung zu Kultur und Klasse. Wenn wir — und das ist wirklich wichtig — von der Kultur als einem System intellektueller und imaginativer Werke sprechen, erkennen wir, daß mit der Erweiterung der Ausbildung die Verbreitung dieser Kultur wesentlich gleichmäßiger wird und daß neue Arbeiten gleichzeitig ein größeres Publikum als nur eine einzelne Klasse ansprechen. Dennoch ist die Kultur nicht nur ein System intellektueller und imaginativer Arbeit, sie besteht hauptsächlich auch aus der gesamten Lebensweise. Die Grundlage für eine Unterscheidung zwischen bürgerlicher und Kultur der Arbeiterklasse liegt nur in zweiter Linie auf dem Gebiet der intellektuellen und imaginativen Arbeit, und selbst hier wird es, wie wir gesehen haben, durch die gemeinsamen Elemente, die auf einer gemeinsamen Sprache beruhen, kompliziert. Der primäre Unterschied muß in der gesamten Lebensweise gesucht werden, und auch hier dürfen wir uns wieder nicht auf solche Belege wie Wohnung, Kleidung und die Art und Weise des Zeitvertreibs beschränken. Die industrielle Produktion neigt dazu, hier Uniformität zu schaffen, aber der vitale Unterschied liegt auf einer anderen Ebene. Das entscheidende Element im englischen Leben seit der Industriellen Revolution ist nicht die Sprache, Kleidung oder Freizeit, denn diese Dinge tendieren tatsächlich zu einer Uniformität. Der entscheidende Unterschied liegt in den alternativen Ideen über die Natur der gesellschaftlichen Beziehungen.

»Bourgeois« ist ein bezeichnender Terminus, weil er jene Version einer gesellschaftlichen Beziehung bezeichnet, die wir normalerweise Individualismus nennen, d. h. eine Vorstellung von einer Gesellschaft als einer neutralen Ära, in der jedes Individuum frei seine eigene Entwicklung und seine eigenen Fortschritte als sein natürliches Recht verfolgen kann. Die neuere Geschichte wird durch einen langen kämpferischen Rückzug von diesen Ideen in ihrer reinsten Form bezeichnet, und für deren älteste Verteidiger scheinen die letzten jetzt das gesamte Feld verloren zu haben. Dennoch herrscht weiterhin die Interpretation vor, daß die Ausübung gesellschaftlicher Macht nur insoweit notwendig ist, als sie die Individualisten in ihrem Grundrecht schützen will, ihre eigene Richtung zu bestimmen. Die klassische Formel des Rückzuges lautet, daß auf bestimmte Weisen kein Individuum das Recht hat, andere zu bedrängen. Aber charakteristischerweise ist dieses Bedrängen primär in Verbindung mit der individuellen Beschäftigung interpretiert worden — kein Individuum hat das Recht, andere davon abzuhalten, *dies oder jenes zu tun.*

Die reformierende bürgerliche Modifikation dieser Version der Gesellschaft ist die Vorstellung der Dienstleistung, auf die ich zurückkommen möchte. Aber sowohl diese als auch die Idee der Individualisten kann mit der Vorstellung kontrastiert werden, die wir gewöhnlich mit der Arbeiterklasse assoziieren: eine Idee, die — ob Kommunismus, Sozialismus oder Kooperation genannt — die Gesellschaft weder als neutral noch als beschützend betrachtet, sondern als das positive Mittel für jede Art von Entwicklung einschließlich der individualistischen. Entwicklung und Fortschritt werden nicht individuell, sondern allgemein interpretiert. Die Versorgung mit Hilfsmitteln des Lebens wird wie in der Produktion und Distribution kollektiv. und wechselseitig sein. Eine Vervollkommnung wird nicht in der Möglichkeit, aus einer Klasse zu entfliehen

oder Karriere zu machen, erstrebt, sondern in dem gesamten und kontrollierten Fortschritt aller. Das menschliche Kapital wird in jeder Hinsicht als allgemein betrachtet und das Recht auf freien Zugang als durch die eigene Menschlichkeit konstituiert angesehen. Dieser Zugang — welcher Art auch immer — muß allgemein sein, oder er bedeutet nichts. Nicht der einzelne, sondern die gesamte Gesellschaft wird sich bewegen.
Der Unterschied zwischen diesen beiden Versionen von Gesellschaft wurde durch zwei Faktoren verwischt: der Begriff des Dienstes, die große Errungenschaft der viktorianischen Mittelklasse; sie wurde von ihren Nachfolgern übernommen. Wichtig war aber auch die Komplizierung des Begriffs der Arbeiterklasse durch die Tatsache, daß Englands Position als Imperialmacht dahin tendierte, den Gemeinschaftssinn auf nationale (und in diesem Kontext imperialistische) Grenzen einzuengen. Weiterhin werden die Versionen durch ein Mißverstehen der Natur von Klassen verwischt. Die Ideen und die konkurrierenden, aus ihnen hervorgehenden Taten sind Besitz der Leute, die durch die Gleichartigkeit ihrer Lage sich ihrer Stellung und ihrer eigenen Haltung dieser Position gegenüber bewußt geworden sind. Das Gefühl, zu einer Klasse zu gehören, ist mehr eine Stimmung als gleichmäßiger Besitz all derer, die wir einer Klasse zuordnen würden. Wenn wir zum Beispiel von dem Begriff der Arbeiterklasse sprechen, so heißt das nicht, das alle Arbeiter über ihn verfügen. Wir meinen vielmehr, daß es der bedeutende Begriff ist, der in den von dieser Klasse hervorgebrachten Institutionen und Organisationen verkörpert wird: die Bewegung der Arbeiterklasse mehr als Tendenz begriffen und nicht alle zur Arbeiterklasse Gehörenden als Individuen. Es ist unsinnig, Individuen mit starren Klassenbegriffen zu interpretieren, denn eine Klasse ist eine kollektive Erscheinungsform und keine Person. Dagegen können wir zur gleichen Zeit bei der Interpretation von Ideen und Institutionen den Begriff Klasse verwenden. Es hängt immer davon ab, mit welcher Art von Fakten wir uns befassen. Ein Individuum wegen seiner Klassenzugehörigkeit abzulehnen oder

Beziehungen zu ihm nur unter Klassengesichtspunkten zu beurteilen, hieße, Menschlichkeit auf ein Abstraktum zu reduzieren. Aber auch so zu tun, als gäbe es nichts Kollektives, wäre ein Verleugnen klarer Tatsachen.

Wir können nun verstehen, was »Kultur der Arbeiterklasse« wirklich heißt. Keine proletarische Kunst, keine Versammlungshäuser oder ein Sprachgebrauch, sie ist vielmehr die fundamentale, kollektive Idee zusammen mit den von ihr ausgehenden Einrichtungen, Gewohnheiten der Gedanken und Intentionen. Die bürgerliche Kultur ist in ähnlicher Weise die fundamentale Idee des Individuums zusammen mit den von ihr abgeleiteten Einrichtungen, Gewohnheiten der Gedanken und Intentionen. In unserer gesamten Kultur besteht eine ständige Wechselwirkung zwischen diesen Lebensweisen und einem Gebiet, das beiden gemeinsam ist oder beiden zugrunde liegt. Seit der Industriellen Revolution hat die Arbeiterklasse aufgrund ihrer Stellung keine Kultur im engeren Sinn hervorgebracht. Die Kultur, die sie geschaffen hat und die anzuerkennen wichtig ist, sind die kollektiven demokratischen Einrichtungen, heißen sie Gewerkschaften, Genossenschaftsbewegungen oder politische Parteien. Die Kultur der Arbeiterklasse ist in dem Stadium, das sie durchschritten hat, eher sozial (dadurch, daß sie Institutionen geschaffen hat) als individuell (insbeondere auf dem Gebiet intellektueller oder imaginativer Werke). Wenn sie in dem richtigen Zusammenhang betrachtet wird, kann sie als eine außerordentlich bemerkenswerte schöpferische Leistung gesehen werden.

Diese Leistung wird vielleicht für jene, die den Sinn einer Kultur in intellektueller und imaginativer Arbeit sehen, bedeutungslos sein. Die Werte, die ohne Zweifel damit verbunden sind, scheinen zeitweise überwältigend. Hier sei nur hervorgehoben, daß, während es für Burke noch begründet schien, vorherzusagen, daß durch den Ausbruch der »schweinischen Menge« die Gelehrsamkeit niedergestampft würde, es aber tatsächlich nicht eingetroffen ist und eben die »schweinische Menge« sehr viel dazu beigetragen hat, dies zu verhindern. Die Geschichte der Arbeiterbewegung in ihrer Einstellung zu Erziehung, Ausbildung und Kunst ist insgesamt gut. Sie hat manchmal falsche Auffassungen vertreten, oft sogar Dinge, über die sie nichts wußte, völlig vernachlässigt. Aber es ist niemals versucht worden, diese Kultureinrichtungen zu zerstören, im Gegenteil, sie hat für ihre Verbreitung, größere gesellschaftliche Anerkennung gesorgt und in unserer Zeit auch dafür, daß ein größerer Teil unserer materiellen Mittel für deren Erhaltung und Entwicklung aufgebracht wird. Eine solche Geschichte steht mehr als nur der jener Klasse gegenüber, die die Arbeiterklasse höchst aktiv bekämpfte. Dies ist tatsächlich der merkwürdige Vorfall mit den Schweinen in der Nacht. Als es hell wurde und wir uns umsahen, wurde es allen klar, daß das Trampeln, das wir alle gehört hatten, nicht von ihnen stammte.

Der Begriff »Gemeinschaft«

Die Entwicklung des Kulturbegriffs war immer eine Kritik an dem, was der bürgerliche Gesellschaftsbegriff genannt wurde. Diejenigen, die zu dieser Bedeutung beigetragen haben, begannen alle an weit auseinandergelegenen Positionen und haben auch alle die unterschiedlichsten Vorlieben und Loyalitäten erreicht. Aber sie waren sich alle darin einig, daß sie von der Gesellschaft als etwas dachten, das mehr war als nur ein neutraler Bereich oder ein abstrakt regelnder Mechanismus. Die Betonung ist auf die positive Funktion der Gesellschaft gelegt worden, auf die Tatsache, daß die Werte des Individuums in der Gesellschaft verwurzelt sind, und auf die Notwendigkeit, in diesen gemeinsamen Begriffen zu denken und zu fühlen. Dies bildete tatsächlich eine gründliche und nützliche Reaktion auf den desintegrierenden Druck, dem man ausgesetzt war.
Den unterschiedlichen Positionen entsprechend hatte man von dem Begriff der Gesellschaft — dem jeder im allgemeinen zustimmte — doch recht unterschiedliche Auffassungen und definierte ihn auch jeweils anders. Wir selbst verfügen heute hauptsächlich über zwei Interpretationen, die einander ebenso feindlich gegenüber-

stehen, wie sie zusammen den bürgerlichen Liberalismus bekämpfen. Da dominiert einerseits die Vorstellung des Dienens, auf der anderen die der Solidarität. Beide wurden hauptsächlich von der Mittelklasse respektive von der Arbeiterklasse entwickelt. Von Coleridge bis Tawney wurde die Funktion hervorgehoben, später im Gegensatz zur individualistischen Forderung, der des Dienstes an der Gesellschaft. Diese Betonung wird noch gefestigt durch das Training von Generationen, das die moralische Ausübung unserer Berufe, unseres öffentlichen und staatlichen Dienstes bekräftigt. Diese große Leistung hat, da gegen die Praxis des *laissez-faire* und des Eigennutzes gerichtet, viel für den Frieden und das Wohl unserer Gesellschaft getan. Aber auch das moralische Moment der Solidarität der Arbeiterklasse war eine große Errungenschaft und gerade der Unterschied zu der Vorstellung vom Dienen muß nun hervorgehoben werden.

Ein großer Teil der englischen Mittelklassen-Erziehung widmet sich der Schulung von Dienern. Dies charakterisiert sie viel stärker als die Ausbildung von Führungspersönlichkeiten, wie die Betonung von Fügsamkeit und Respekt vor Autorität zeigen. Insoweit als die Schulung höherer Diener gemeint ist, schließt das natürlich das Vorhandensein eines Vertrauens ein, das die höheren Diener befähigt, unter ihnen Stehende zu unterweisen und zu befehligen. Durch ein gutes Management muß hier die Ordnung aufrechterhalten werden — damit aber ist die Funktion nicht länger Dienst, sondern Regieren. Dennoch darf der höhere Diener nicht an seinen eigenen Vorteil denken. Er muß ihn einem höheren Gut unterordnen, dem Frieden der Königin oder der nationalen Sicherheit, dem Gesetz und der Ordnung oder dem Allgemeinwohl. Dies war die Charta vieler tausender, ergeben geführter Leben; und das muß auch dann respektiert werden, wenn wir nicht zustimmen können.

Ich bin nicht zu dieser Moral erzogen worden und als ich in späterer Jugend darauf stieß, mußte ich viel Zeit darauf verwenden, sie zu verstehen und zwar mit Hilfe von Menschen, die ich respektierte und die durch sie geformt worden waren. Wenn ich diese Moral jetzt kritisiere, so geschieht es in guter Absicht. Sie erscheint mir unzulänglich, da sie in der Praxis auf jeder Ebene dazu dient, den *status quo* zu erhalten und zu festigen. Dies war in meinen Augen falsch, denn der *status quo* leugnete in der Praxis die Gleichheit von Männern und Frauen, unter denen ich aufgewachsen war, den unteren Dienern, über deren Leben durch die herrschende Besitzverteilung Entlohnung, Erziehung, Respekt verfügt wurde. Die wahre persönliche Selbstlosigkeit, der das Wort Dienst zukommt, schien mir innerhalb einer noch größeren Selbstlosigkeit zu liegen, die nur deswegen nicht gesehen werden konnte, weil sie als die notwendige Form der Zivilisation idealisiert wurde oder als natürliche Zuteilung je nach Wert, Bemühen und Intelligenz rationalisiert wurde. Ich konnte diesen Versionen nicht zustimmen, denn ich dachte und denke noch immer, daß die niedrigen Diener ein wirklich vorhandenes Unrecht als solches empfanden. Man kann nicht, sobald man dazu eingeladen wird, bewußt zu einem höheren Diener eben des Establishments werden, das man radikal ablehnt.

Es ist natürlich wahr, daß ein gut Teil dieses Dienstes der Verbesserung der Lebensbedingungen eben der »niedrigen Diener« gedient hat, doch war das aufgrund seiner Eigenart eine system-immanente Verbesserung, die man im großen Ganzen als gewaltfrei ansah. *How we are Governed* ist als Erklärung der Demokratie ein Ausdruck der Vorstellung vom Dienen an ihrer psychologischen Grenze. Der Durchbruch zum »How we govern ourselves« — »wie wir uns selbst regieren« ist auf der Basis einer solchen Erziehung unmöglich; das Verlangen nach Konformität, nach Respekt vor Autorität ist zu stark. Natürlich sind diejenigen, die im Geiste des Dienstes für die Verbesserung der Lage der Arbeiterklasse gearbeitet haben, ehrlich bestürzt, wenn die Arbeiter nicht vollkommen auf sie eingehen, weil sie von der Idee des Dienstes beherrscht werden. Dann heißt es: sie spielten nicht mit, sie hätten keinen Team-Geist, vernachlässigten das nationale Interesse. Dies ist eine Bewußtseinskrise für viele Demokraten und Sozialisten der Mittelklasse gewesen. Indessen begreifen Arbeiter nicht in dem gleichen Sinne wie die über ihnen, daß das ihre Gesellschaft *ist*. Auch wird Erziehung sie nicht von ihrer Verantwortlichkeit für eine derart angelegte Gesellschaft überzeugen. Der Begriff des Dienstes bricht zusammen, da die höher gestellten Diener imstande waren, sich mit dem Establishment zu identifizieren, die niederen Diener aber nicht. Was »sie« entscheidet, ist immer noch die praktische Erfahrung von Leben und Arbeit.

Die Idee des Dienens ist letztlich kein Ersatz für die Idee aktiver wechselseitiger Verantwortung, die die andere Seite der Gesellschaft ausmacht. Nur wenige Menschen können ihr Bestes als Diener geben, das aber ist die Reduktion des Menschen auf seine bloße Funktion. Weiterhin kann ein Diener, falls er ein guter Diener sein soll, niemals ernsthaft die Ordnung der Dinge in Frage stellen; sein Autoritätssinn ist zu stark. Für den Durchbruch, zu dem wir unser Leben machen wollen, brauchen wir Qualitäten, die der Begriff des Dienens nicht nur nicht garantiert, sondern denen er durch die Beschränktheit unseres Geistes aktiv schadet. Der Begriff des Dienstes an der Gesellschaft wurde der Arbeiterklasse als eine Interpretation der Solidarität angeboten, aber unter diesen Umständen nicht völlig akzeptiert, weil er von ihnen als niedrig empfunden wird. Eine andere Alternative zur Solidarität, die einigen Erfolg hatte, ist die Idee der Chancen des Einzelnen auf der Stufenleiter des Erfolgs. Diese Leiter wurde zum Hilfsmittel in der Industrie, der Erziehung und auf anderen Gebieten. Und viele Führer der Arbeiterklasse, Männer, die tatsächlich die Leiter benutzt haben, wurden von dieser Alternative zur Solidarität geblendet. Die Leiter ist indessen ein perfektes Symbol der bürgerlichen Vorstellung von einer Gesellschaft — sie bietet zwar die Möglichkeit, hinaufzuklettern, doch kann immer nur einer allein nach oben steigen — individuell. Das ist natürlich ein typisches Beispiel der Bourgeoisie: es soll dem Menschen immer erlaubt sein, sich zu verbessern. Das gesellschaftliche Bewußtsein, das den Begriff des Dienstes hervorgebracht hat, argumentierte, daß der Arbeiterklasse keine größere Hilfe gegeben werden könnte, als diese Leiter bis zu ihr zu verlängern. Der wirkliche Reformprozeß hat, sofern er nicht durch den Druck der Arbeiterklasse beeinflußt wurde, somit weithin sich auf die Gewährung der Chance, sich emporzuarbeiten, beschränkt. Viele sind tatsächlich hinaufgestiegen und sind weggegangen, um auf der anderen Seite weiterzuspielen, andere haben es versucht und dabei versagt. Für sich gesehen ist es offensichtlich richtig, daß jeder Arbeiter oder jedes Kind einer Arbeiterfamilie befähigt werden muß, die unterschiedlichen, seinen Fähigkeiten entsprechenden Arbeiten auszuführen. Gerade deshalb hat die Idee der Leiter einen realen Konflikt des Wertes innerhalb der Arbeiterklasse selbst hervorgerufen. Nach meiner persönlichen Ansicht muß die Leiter-Version der Gesellschaft aus zwei einander verwandten Gründen abgelehnt werden. Erstens schwächt sie das Prinzip der allgemeinen Verbesserung, die ein absoluter Wert sein sollte, zum anderen versüßt sie das Gift der Hierarchie, indem sie die Hierarchie des Verdienstes als etwas von der Hierarchie des Geldes und der Geburt verschiedenes anbietet. Auf der Erziehungsleiter freut sich der Junge, der von einer Volksschule nach Oxford oder Cambridge gegangen ist, natürlich darüber und sieht keine Veranlassung, sich dafür nach irgendeiner Seite hin zu entschuldigen. Aber es kann nicht von ihm erwartet werden, daß er der Behauptung zustimmt, solch eine Möglichkeit mache bereits eine Bildungsreform aus. Einige wenige Stimmen werden vielleicht, durch seinen Aufstieg beschwichtigt, sagen, was von ihnen offensichtlich erwartet wird. Wenn er indessen aus einem irgendwie bewußten Teil der Arbeiterklasse stammt, wird der Junge zögern, die vorgeschlagene Version zu bezweifeln. Für den Jungen war die Ausbildung die Anstrengung wert, aber er sieht keinen Grund darin, warum sie als »Leiter« interpretiert werden sollte. Denn die Leiter ist mit all ihren außer-erzieherischen Implikationen lediglich das Image einer bestimmten Version von Gesellschaft. Wenn er diese Version ablehnt, lehnt er auch das Image ab. Nimmt man das Leiter-Image weg, so wird das Interesse auf sein wahres Ziel zurückgewendet: auf die Erschaffung von allgemeinen Erziehungseinrichtungen, auf die gleiche Verteilung der materiellen Güter; auf den Prozeß, eine Tradition, eine Gemeinsamkeit der Erfahrung zu schaffen, die immer eine selektive Organisation der Vergangenheit und Gegenwart ist. Dies zu verstehen, sind ihm besondere Möglichkeiten geboten worden. Die Leiter, die dafür stellvertretend steht, muß mit all ihren Implikationen verstanden werden. Jeder — und es werden immer mehr —, der den Stempel der »Leiter« auf seiner Stirn trägt, sollte dies sich selbst und seinen eigenen Leuten erklären, denen es — als Klasse gesehen — sehr schaden könnte. Denn letzten Endes wird die Leiter niemals funktionieren. Sie ist das Produkt einer gespaltenen Gesellschaft und wird zusammen mit ihr fallen.

Die Entwicklung einer alle Schichten umfassenden Kultur

Durch die Definition des allgemeinen Interesses als des wahren Selbstinteresses der hauptsächlich in der Gemeinschaft gefundenen Verwirklichung des Individuums ist die Idee der Solidarität potentiell gesehen die reale Basis der Gesellschaft. Dennoch ist sie in unserer Zeit zwei bedeutenden Schwierigkeiten ausgesetzt. Denn die natürliche Mentalität der langen Belagerung war im Grunde eine defensive Haltung. Teilweise hing sie sozusagen vom Feind ab. Die dadurch hervorgebrachten negativen Elemente müssen in einer im umfassenden Sinne demokratischen Gesellschaft in positive umgesetzt werden. Da die mit darin verwickelten Gefühle fundamental sind, wird das noch bestenfalls die grundlegende Schwierigkeit sein.
Das Problem kann folgendermaßen definiert werden: hier muß die Vielfalt innerhalb einer echten Gemeinschaft, die über die Macht der Mehrheit verfügt, substantiiert werden. Das Gefühl der Solidarität ist — obgleich notwendig — ein primitives Gefühl. Es hing bislang von einer substantiellen Identität von Bedingungen und Erfahrungen ab. Dennoch wird jede prophezeibare Zivilisation von einer großen Mannigfaltigkeit hoch spezialisierter Kenntnisse abhängen, die aber bei bestimmten Teilen der Kultur eine Fragmentierung der Erfahrungen nach sich ziehen wird. Die Verknüpfung

eines Privilegs mit bestimmten Arten von Kenntnissen war aufgrund von Traditionen klar und dies bis zu dem Grad zu verlernen, der notwendig ist, wenn substantielle, allgemeine Bedingungen gesichert werden sollen, ist sehr schwer. Eine neue alle Schichten umfassende Kultur wird nicht mehr die harmonische Gesellschaft vergangener Träume sein. Sie wird eine sehr komplexe Organisation sein, die ständiger Anpassung und neuer Entwürfe bedarf. Letztlich ist das Gefühl der Solidarität das einzig begreifbare Element der Stabilisierung in einer derart schwierigen Organisation. Aber ihre Aufgaben werden immer wieder neu definiert werden müssen, und es wird viele Versuche geben, alte Gefühle einem sich entwickelnden Partikularinteresse dienstbar zu machen. Ich möchte hier nur betonen, daß die erste Schwierigkeit, die Vereinbarkeit der ständig anwachsenden Spezialisierung mit einer wahren allgemeinen Kultur, nur im Kontext mit einer materiellen Gesellschaft und durch einen demokratischen Prozeß gelöst werden kann. Eine Fertigkeit ist nur ein Aspekt des Menschen und scheint dennoch manchmal sein gesamtes Sein zu umschließen. Dies ist eine Krise, die nur überwunden werden kann, wenn der Mensch sich bewußt wird, daß der Wert, den er seiner Fertigkeit zumißt, die Differenzierung, die er darin findet, letztlich dann nur bestehen wird, wenn er nicht nur die Fertigkeit anderer respektiert und bestätigt, sondern auch die wesentlich umfassendere Gesellschaft festigt und stärkt. Die Vermittlung dieses Problems ist tief im persönlichen Fühlen gelegen, doch gibt es genügend Anzeichen dafür, daß sie möglich ist. Außerdem kann es keine effektive Teilnahme an der Kultur allein auf der Basis von Fertigkeiten geben, die jeder erlangen kann. Die Teilnahme hängt von allgemeinen Kräftereservoirs ab und führt Menschen zueinander. Für ein Individuum dagegen wird eine alles umfassende Mitwirkung unmöglich sein, da die Kultur hierfür zu komplex ist. Eine aktive Teilnahme war jedoch jederzeit möglich. Sie wird immer aus der Kultur als Gesamtheit auswählen, und es wird Unterschiede und Ungleichheiten in der Selektion ebenso geben wie in der Art der Beteiligung. Diese Selektion und Ungleichheit können mit der tatsächlichen Kulturgemeinschaft nur durch eine echte und wechselseitige Verantwortlichkeit und Gerechtigkeit in Übereinklang gebracht werden. Das stellt die Umwandlung des defensiven Elements der Solidarität in eine größere und positive Praxis der Nachbarschaft dar. Für jeden Menschen bedeutet das eine langwierige Umstellung der zur Gewohnheit gewordenen Ablehnung; eine allmähliche und zutiefst persönliche Bejahung, daß sich die Gesellschaft ausdehnt. Zynismus, Ablehnung und Uneinigkeit werden vielleicht nur dann über Bord geworfen, wenn sie als das erkannt werden, was sie wirklich sind: Relikte des praktischen Versagens im Leben. Zusammenbrüche — die muntere Härte der »Outsider« — werden ihren gegenwärtigen Glanz verlieren, wenn sich die allgemeine Erfahrung in eine andere Richtung bewegt. Niemand wird mehr stolz darüber sein, sich abzukapseln, alles abzulehnen oder persönliche Mißerfolge mit Sorglosigkeit gutzuheißen.

Die zweite Schwierigkeit in der Entwicklung des Solidaritätsbegriffs hängt mit der ersten zusammen, denn es stellt sich wiederum das Problem, Vielfalt ohne Partikularisationen hervorzubringen. Solidarität als Gefühl ist offenkundig der Starrheit unterworfen, was in einer Epoche der Veränderungen gefährlich sein kann. Der Aufruf zu gemeinsamen Taten ist richtig, birgt aber stets die Gefahr, daß das gemeinsame Verständnis unzureichend ist und richtige Aktionen dadurch verhindert oder gehemmt werden. Keine Gesellschaft, keine Kultur wird sich ihrer selbst je völlig bewußt sein, sich selbst je völlig kennen können. Das Wachsen des Bewußtseins ist normalerweise unterschiedlich, individuell und experimentell. Solidarität besonders zu betonen, kann — absichtlich oder zufällig — dieses Wachstum unterdrücken und großen allgemeinen Schaden anrichten. Innerhalb der gemeinsamen Loyalität muß Raum für Variationen und sogar für Meinungsverschiedenheiten gegeben werden. Dennoch kann man nur schwer entscheiden, ob selbst in der englischen Arbeiterbewegung mit ihrer alten demokratischen Tradition diese Notwendigkeit klar und praktisch erkannt worden ist.

Eine Kultur ist in der Zeit, in der sie noch durchlebt wird, teilweise immer noch unbekannt oder unrealisiert. Das Entstehen einer Gesellschaft ist immer eine Erforschung, denn Bewußtsein kann der Erschaffung nicht vorausgehen, und es gibt keine Formel für unbekannte Erfahrungen. Eine gute Gesellschaft, eine lebendige Kultur wird aus diesem Grund allen Raum gewähren und die ermutigen, die zum Fortschritt des Bewußtseins als dem allgemeinen Bedürfnis beitragen können. Von welcher Position wir auch immer ausgegangen sind, müssen wir doch auf andere hören, die von anderen Positionen ausgingen. Wir müssen jede Zuneigung, jeden Wert mit unserer ganzen Aufmerksamkeit untersuchen, denn wir kennen die Zukunft nicht und können nur allem, was uns angeboten wird, gut zuhören, es genau betrachten und davon annehmen, was wir nur können.
Die praktische Freiheit von Gedanken und Ausdruck ist weniger ein natürliches Recht als eine allgemeine Notwendigkeit. Das Wachsen des Verständnisses ist so schwierig, daß niemand von uns für sich selbst, eine Institution oder eine Klasse das Recht beanspruchen kann, seine einzelnen Kanäle des Fortschritts festzusetzen. Jedes Ausbildungssystem reflektiert den Gehalt einer Gesellschaft, jede nachdrücklich betriebene Erforschung beruht auf einer Notwendigkeit für die Gesellschaft. Kein System, keine Emphase kann angemessen sein, wenn sie keine echte Flexibilität oder echte alternative Richtungen erlaubt. Diese praktischen Freiheiten zu verneinen, hieße die gemeinsame Saat verbrennen. Nur dieses oder nur jenes nach Maßgabe einer vorgegebenen Formel zu tolerieren heißt: sich der Phantasie zu unterwerfen, die sich der Zukunft bemächtigt hat und sie in fruchtbare oder unfruchtbare Felder eingezäumt hat. Daher sollte, wenn auch die geballte Faust ein notwendiges Symbol der Bewegung der Arbeiterklasse ist, das Ballen der Faust niemals so sein, daß die Hand sich nicht mehr öffnen kann, um die Finger auszustrecken und die sich neu bildende Gesellschaft zu entdecken und zu formen.
Wir müssen planen, was nach Maßgabe unserer gemeinsamen Entscheidung geplant werden kann. Aber

der Nachdruck auf dem Begriff Kultur ist richtig, wenn er uns daran erinnert, daß eine Kultur im wesentlichen nicht planbar ist. Wir müssen die Mittel zur Lebensbewältigung und die Mittel der Gesellschaft sicherstellen. Was aber dann mit Hilfe dieser Mittel gelebt werden wird, können wir weder wissen noch sagen. Der Begriff der Kultur beruht auf einer Metapher: das Streben nach natürlichem Wachsen. Und tatsächlich muß auf das Wachsen und Werden — als Metapher und als Tatsache — der äußerste Nachdruck gelegt werden. Hier liegt das Gebiet, das wir neu interpretieren müssen. Sich selbst von der Vorstellung der objektiven Existenz der »Massen« zu befreien und sich in Richtung einer realistischen und aktiveren Konzeption von Menschen und ihren Beziehungen zu bewegen, bedeutet in der Tat die Erkenntnis einer neuen Freiheit. Wo dies erlebt werden kann, wird die gesamte Substanz des eigenen Denkens verwandelt. Es gibt eine weitere, damit verwandte Verschiebung der Erfahrung, wenn wir wieder und nun in einer von der so lange vorherrschenden verschiedenen Gesinnung an das menschliche Wachsen und dessen menschliche Neigung denken. Die Mächte, die unsere Welt verändert haben und noch weiter verändern, heißen Industrie und Demokratie. Das Verstehen dieser Veränderung, dieser langen Revolution, liegt auf einer Bedeutungsebene, die nicht so leicht zu erreichen ist. Rückblickend können wir die herrschende Stimmung als eine der Haupttriebfedern der Industrie sehen: die Theorie und Praxis der Menschen, ihre natürliche Umwelt zu meistern und zu kontrollieren. Wir sagen dies immer noch aus Erfahrung nach, obwohl wir lernen, wie dumm es ist, einen Teil dieser Umwelt isoliert auszubeuten. Wir lernen nur allmählich, unsere Welt als ein Ganzes zu betrachten und unsere Werte aus diesem Ganzen abzuleiten und nicht aus ihren Fragmenten, bei denen ein schneller Erfolg einen langen Verlust mit sich bringen kann. In Verbindung mit dieser Art zu lernen, kommen wir langsam zur Erkenntnis, daß dort, wo sich die herrschaftsorientierte Stimmung auf den Menschen selbst ausbreitet, wo Menschen auch isoliert und ausgebeutet werden — mit welchem temporären Erfolg auch immer — das

Ergebnis des langen Rennens eine Entwertung der gesamten Möglichkeit bedeutet, die dem Menschen durch die materiellen Vorteile geboten werden. Es ist ein Knoten gebunden worden, der wahrscheinlich unser gesamtes Leben in diesem Jahrhundert strangulieren wird. Wir leben in einer fast überwältigenden Gefahr, auf dem Gipfel unserer Kontrolle. Wir reagieren auf die Gefahr, indem wir versuchen, zu kontrollieren, dennoch müssen wir für den Preis des Überlebens versuchen, die ererbte herrschaftsorientierte Einstellung zu verlernen. Der Kampf für Demokratie ist das Vorbild für diese Neubewertung, dennoch ist vieles, was sich als Demokratie ausgibt, mit der Praxis ihrer erklärten Feinde verwandt. Es scheint so, als ob wir heutzutage — aus Furcht oder aufgrund einer Vision — alle entschlossen Hand an unser Leben legten, um es unserer eigenen Vorstellung anzupassen, und dann ist es natürlich nicht gut, über die Verdienste der konkurrierenden Vorstellungen zu diskutieren. Das ist eine echte Barriere des Geistes, die niederzurennen zeitweilig beinahe unmöglich erscheint: ein Zufluchtsort, um die schöpferischen Lebensfähigkeiten zu akzeptieren; eine Bestimmung, um die Wachstumskanäle zu begrenzen und zu beschränken; eine Denkgewohnheit, die besagt, daß die Zukunft durch irgendeine Befehlsstelle in unserem Geist festgelegt werden muß. Wir projizieren unsere alten Vorstellungen in die Zukunft und achten darauf, daß wir selbst und andere die Energien in Richtung auf diese Substantiierung zwingen. Wir handeln so als Konservative und versuchen, alte Formen zu verlängern; wir handeln so als Sozialisten und versuchen, den neuen Menschen vorzuschreiben. Ein großer Teil des gegenwärtigen Widerstandes gegen bestimmte Arten von Veränderungen, die in sich selbst ganz offenkundig nützlich sind, läuft auf ein undeutliches Mißtrauen gegen diese Bemühung um Herrschaft hinaus. Diejenigen, die sich an alte Privilegien klammern wollen, sind gegen die Veränderung feindselig gestimmt. Auch gibt es eine Feindschaft dagegen, daß das eigene Leben von einer wie auch immer markierten Macht, sei es Idealismus oder Wohlwollen, beherrscht wird. Die zuletzt erwähnte Feindseligkeit ist wertvoll und muß von der zuerst erwähnten, mit der sie so oft — erstaunlicherweise — verwechselt wird, unterschieden werden. Es ist die Entrüstung jedes gefühlten Lebens gegen die Hände, die seinen Verlauf bestimmen wollen; und dies bleibt, da das immer den demokratischen Impuls ausmacht, innerhalb der neuen Gesellschaftsdefinition. Es gibt noch größere materielle Schranken vor der Demokratie, aber diese Schranken existieren auch in unserem Geist, von dem aus wir gern die Hand an andere legen, um von unseren eigenen Konstruktionen her ihre Richtung zu bestimmen suchen. Dagegen ist der Begriff der Kultur notwendig als Begriff der Neigung zu *natürlichem* Wachstum zu verstehen. Jede Art der Lebensprozesse — auch teilweise — zu kennen bedeutet, ihre außergewöhnliche Verschiedenheit und Komplexität zu erkennen und zu bewundern. Das Leben eines Menschen selbst nur zum Teil zu kennen heißt, seine außerordentliche Vielseitigkeit und seinen großen Reichtum an Werten zu erkennen und zu bewundern. Wir müssen mit unseren eigenen Neigungen leben, aber wir können alle nur dann im vollen Wortsinn leben, wenn wir die Neigungen anderer garantieren und es zu unserer gemeinsamen Aufgabe machen, die Kanäle des Werdens offen zu halten. Niemals sind bisher in der großen Struktur der Tradition und der Reaktion zwei völlig identische Individuen geformt worden. Dies ist mehr als alles andere unser menschlicher Maßstab. Der Begriff einer alle Schichten umfassenden Kultur bringt in der spezifischen Form gesellschaftlicher Beziehungen die Vorstellung des natürlichen Werdens mit der ihres Bestrebens zusammen. Das erstere ist für sich genommen der Typ des romantischen Individualismus, das letztere ist für sich genommen der Typ eines autoritären Trainings. Indessen markieren beide im Rahmen einer umfassenden Sicht eine notwendige Betonung. Der Kampf um Demokratie ist der Kampf um die Erkenntnis der Gleichheit des Seins, oder aber er bedeutet überhaupt nichts. Nur in der Anerkennung menschlicher Individualität und Verschiedenheit kann die Verwirklichung einer gemeinschaftlichen Regierung bestehen. Wir betonen das natürliche Wachsen, um die gesamte potentielle Energie anzudeuten und nicht, um Energien aufzuzählen, die der gleichen herrschaftsorientierten Stimmung, auszuwählen, passen. Gleichzeitig aber betonen wir die gesellschaftliche Realität, die Gerichtetheit. Jede Kultur ist in ihrem Gesamtprozeß eine Selektion, eine Emphase, eine spezifische Gerichtetheit. Die Unterscheidung einer allgemeinen Kultur bedeutet, daß die Selektion frei, allgemein und wiederholt vorgenommen wird. Das zielgerichtete Streben beruht auf einer allgemeinen Entscheidung, das in sich selbst die wirklichen Variationen des Lebens und Wachsens enthält. Das natürliche Wachsen und das zielgerichtete Werden sind Momente eines wechselseitigen Prozesses, der durch das fundamentale Prinzip von der Gleichheit des Seins garantiert wird.

Die offensichtlichen Probleme unserer Zivilisation sind für jeden zu hautnah und zu ernst, als daß eine Emphase als Lösung vorgeschlagen werden darf. Bei jedem Problem brauchen wir harte und detaillierte Untersuchungen und Verhandlungen. Indessen kommen wir zunehmend zu der Erkenntnis, daß unser Vokabular, die Sprache, in der wir Aktionen untersuchen und über sie verhandeln, kein nebensächlicher Faktor, sondern ein praktisches und radikales Element in sich selbst ist. Eine Bedeutung aus der Erfahrung herzuleiten und sie zu aktivieren zu versuchen, ist in der Tat unser Prozeß des Wachsens. Einige dieser Bedeutungen übernehmen und erfinden wir erneut. Andere müssen wir uns selbst schaffen und versuchen, sie zu vermitteln. Die menschliche Krise ist immer eine Krise des Verstehens: was wir wirklich verstehen, das können wir auch tun. Ich habe dieses Buch geschrieben, weil ich glaube, daß die Tradition, über die es berichtet, einen wichtigen Beitrag für unser aller Verständnis und ein wichtiges Inzitament für ihre unbedingt notwendige Erweiterung darstellt. Es gibt Ideen und Denkweisen, die den Keim des Lebens in sich tragen, und es gibt vielleicht tief in uns andere mit dem Keim des allgemeinen Todes. Unser Erfolg, sie beide zu erkennen, sie beim Namen zu nennen und ihre allgemeine Entlarvung zu ermöglichen, mag buchstäblich der Maßstab für unsere Zukunft sein.

Register

Aristoteles 65, 68, 166, 361
Arnold, M. 27, 30, 32, 102, 115, 141, 144–164, 177, 184, 190, 192, 202, 203, 207, 208, 211, 212, 213, 223, 224, 226, 235, 263, 265, 266, 269, 271, 282, 284, 288, 293, 294, 295, 296, 304, 307, 323
Arnold, Th. 147, 148
Attlee, C. 280

Bateson, F. W. 7
Baudelaire, Ch. 304
Bell, C. 45, 270, 271, 293
Bellchambers, E. F. 7
Belloc, H. 228, 229, 230
Bentham, J. 76, 77, 81, 82, 83, 84, 85, 86, 88, 90, 98, 224, 296, 302
Bernal, J. D. 331
Blake, W. 55, 56, 57, 64, 65, 190
Bourne, G. 309, 310, 311
Brydges, E. 61
Bunyan, J. 314
Burke, E. 25–36, 43, 44, 46, 49, 59, 63, 64, 90, 91, 105, 110, 145, 149, 150, 152, 154, 158, 162, 164, 177, 178, 232, 234, 255, 263, 285, 291, 292, 305, 315, 316, 361, 392
Burns, R. 113
Butler, S. 201
Byron, Lord 46, 56, 57, 261

Carlyle, T. 43, 63, 93, 98, 100–115, 125, 128, 133, 134, 138, 141, 146, 149, 152, 167, 169, 170, 172, 177, 178, 179, 185, 186, 188, 206, 223, 224, 226, 227, 244, 252, 257, 277, 280, 282, 284, 288
Caudwell, Ch. 328, 330, 331, 332, 333, 335
Chadwick, E. 125
Chase, St. 310
Chateaubriand, F. R. 62
Chaucer, G. 387
Chesterton, G. K. 228, 343
Clark, K. 166
Clarkson 45
Clifford, W. K. 202

Cobbett, W. 25, 26, 36–44, 46, 52, 79, 84, 86, 107, 110, 111, 125, 126, 127, 131, 137, 189, 190, 195, 255, 309, 311
Cole, G. D. H. 228, 232, 233
Coleridge, S. T. 43, 44, 46, 56, 57, 63, 72, 76–100, 114, 115, 129, 144, 145, 147, 148, 149, 162, 163, 167, 177, 185, 187, 201, 254, 263, 270, 274, 275, 280, 282, 284, 288, 291, 304, 305, 307, 315, 394
Collins, C. 7
Collins, H. 7
Colman, S. J. 7
Crabbe, G. 311

Dante 304
Darwin, Ch. 328
Dent, H. 280
Dickens, Ch. 42, 108, 123–129, 188, 218, 314, 340
Disraeli, B. 110, 128, 129, 130, 131, 132, 135, 136
Donn, J. 304

Eliot, G. 134–142, 151, 170, 201, 317
Eliot, T. S. 235, 238, 274–293, 313
Engels, F. 317, 319, 320, 326, 332

Fane, V. 202
Fox, R. 43, 326
Freud, S. 299

Galsworthy, J. 261

Gaskell, E. 117–124, 135, 136, 216
Gissing, G. 213–222, 324
Goethe, J. W. v. 62, 100
Goldsmith, O. 311
Gorki, M. 218, 219, 332
Green, T. H. 99

Hardy, Th. 304
Harrison, F. 162
Haydon, B. 66
Hayek, F. A. 228
Hazlitt, W. 53
Hennell, S. 170
Herder, J. G. 166
Hobson, J. A. 177, 228

Hogarth, W. 306
Homer 188
Hooker, R. 306
Hopkins, G. M. 195
Horaz 166
Hough, G. 171
House, H. 7
Hulme, T. E. 202, 233–239
Humboldt, W. v. 157
Hume, D. 306
Huxley, A. 188, 202

Jean Paul 100
Johnson, S. 113
Jowett, B. 202

Keats, J. 55, 56, 57, 59, 71, 72, 73, 208, 211
Kingsley, Ch. 110, 132, 133, 134, 135, 146, 216
Kirk, R. 219
Klingender, F. 7
Knights, L. C. 303

de Laguna 328
Laski, H. J. 280
Lawrence, D. H. 118, 201, 243–261, 309, 314, 344
Leavis, F. R. 76, 123, 171, 245, 252, 293, 294, 303–315
Leavis, Q. D. 303
Lenin, W. I. 337, 338
Lingard, J. 43
Longinus 166
Lynd, R. u. H. 307

Macauley, T. B. 146
MacCarthy, D. 245
McLean, A. 7
Mallock, W. H. 202, 203, 204, 205, 206, 233
Malthus, T. 85, 110, 111
Mankowitz, W. 7
Mannheim, K. 288, 290
Marr, N. 328
Marx, K. 44, 102, 166, 317–338, 361
Maurice, F. D. 146, 147
Mill, J. 83
Mill, J. S. 76–98, 125, 141, 208, 224, 226, 274, 328
Montesquieu 166
Moore, T. 61

Morris, W. 43, 68, 166, 169, 178, 187–197, 201, 221, 224, 225, 226, 230, 255, 256, 258, 266, 282, 286, 317, 323, 325, 326

Newman, J. H. 144, 145, 147, 149, 150, 161, 162, 163, 164, 210
Noire 328
Novalis 100

Orage, A. 228
Orwell, G. 216, 218, 340–350
Owen, R. 25, 44–54

Paget, R. 328
Paine, T. 56
Pater, W. 202, 206–213, 293
Penty, A. J. 228, 230, 231
Plato 62
Plechanow, G. V. 320, 321
Price, R. 30
Pugin, A. C. 167
Pugin, A. W. 25, 43, 166, 167, 168, 169, 173, 184, 188

Read, H. 238, 299
Renan, E. 158
Richards, I. A. 208, 293–302, 305, 308
Rousseau, J. J. 62, 79, 80, 113, 234
Ruskin, J. 43, 66, 68, 93, 98, 152, 166–188, 190, 193, 194, 202, 203, 209, 223, 224, 230, 265, 266, 270, 282, 284, 288, 317

Savage, R. 167
Schiller, R. 62, 100
Shairp, J. C. 162
Shakespeare, W. 263, 304
Shaw, G. B. 167, 201, 206, 221–228, 343
Shelley, P. B. 46, 55, 56, 57, 59, 68, 69, 70, 75, 113, 114, 207, 211
Sibree, J. 134
Sleary 126
Smith, A. 14, 60, 61
Smith, H. P. 7
Smythe, C. 46
Sorel, G. 237

Southey, R. 25, 44—51, 56, 57, 262, 263, 284
Spencer, H. 202
Strachey, L. 170
Sturt, G. (cf. Bourne, G.) 309, 310, 311

Tawney, R. H. 152, 262—273, 394
Thompson, D. 303, 309, 310
Thompson, E. P. 325, 326
Thomson, G. 331
Turgenjew, I. S. 222
Twain, M. 314

Vico, G. B. 166

Warner, R. E. 322, 323
Waymark 220

Webb, S. 224, 225, 226, 228
Weekley, E. 14
Wells, H. G. 206
West, A. 324, 325, 326, 328, 329, 333
Whistler, J. A. McN. 206, 209, 210, 211
Wilcox, E. W. 300
Wilde, O. 201, 206, 211, 212, 213
Wilenski, R. 171
Windham, W. 25
Wordsworth, W. 55, 56, 57, 59, 66, 67, 68, 73, 74, 94, 96, 207, 210, 299
Wyatt, J. 167

Young, E. 63, 64, 65, 71

Nachweise

Seite Anm.-Nr.	Einführung
14	1. Words Ancient and Modern, E. Weekley, 1926, S. 34

TEIL I

Kapitel I

1

26	1. Letter, 21. November 1791, to Fitzwilliam, zitiert nach *Edmund Burke, A Life,* Philip Magnus, London, 1939, Appendix 5, S. 348
27	2. *Essays in Criticism,* M. Arnold (1918 edn.), S. 18
28	3. Lord Charlemont, 19. August 1797, zitiert Magnus, op. cit., S. 296
28	4. *Reflections on the Revolution in France,* Edmund Burke (World's Classics edn.), 1950, S. 184—185
29	5. Ibid., S. 186—187
30	6. *Letter to a Noble Lord, Works,* Vol. V., S. 186
30	7. *Reflections,* S. 12
30	8. Ibid., S. 138
31	9. Ibid., S. 65
32	10. Ibid., S. 95
32	11. *Appeal from the New to the Old Whigs, Works,* Vol. III, S. 82
32	12. *Reflections,* S. 105—106
33	13. Ibid., S. 107
33	14. *Thoughts on French Affairs,* ibid., S. 375
34	15. *Reform of Representation in the House of Commons, Works,* Vol. VI, S. 147
35	16. *Reflections,* S. 168
35	17. Ibid., S. 156
36	18. *The Bloody Buoy,* 1796, Vol. III, *Porcupine's Works* (1801)
36	19. *Porcupine's Works,* Vol. XII, S. 1
37	20. *Political Register,* 28. Februar 1807
37	21. Ibid., 15. März 1806
37	22. Ibid., 6. Dezember 1806
37	23. Ibid., 12. Juli 1817
37	24. Ibid., 21. November 1807
38	25. Ibid., 14. April 1821
38	26. Ibid., 10. Juli 1824
38	27. Ibid., 8. März 1834
39	28. Ibid., 16. Juli 1808
39	29. Ibid., 13. November 1830
39	30. Ibid., 2. Mai 1812
40	31. Ibid., 25. Juli 1812
40	32. Ibid., 19. Dezember 1818
40	33. Ibid., 19. Dezember 1818
40	34. Ibid., 27. August 1825
41	35. *Lectures on the French and Belgian Revolutions,* I, S. 1

Seite Anm.-Nr.	Einführung
41	36. *Political Register*, 7. Dezember 1833
43	37. Letter to T. J. Street, 22. März 1817, Nonesuch Coleridge, S. 668–669
43	38. *Political Register*, 8. Juni 1816

2

44	1. *Sir Thomas More: or, Colloquies on the Progress and Prospects of Society*, Robert Southey, 2 vols., 1829, VI, S. 132
45	2. Ibid., S. 132
45	3. Ibid., S. 132–133
46	4. *The Vision of Judgment*, Stanza XCVI, *Poetical Works of Lord Byron* (1945), S. 168
46	5. Zitiert nach *William Morris, Mediaevalist and Revolutionary*, M. Grennan, King's Crown Press, New York, 1945, S. 12
47	6. *Letters of Robert Southey*, Hrsg. Fitzgerald S. 273
47	7. *Colloquies*, VII, S. 193–194
47	8. Ibid., S. 197
47	9. Ibid., VII, S. 170
48	10. Ibid., S. 174
48	11. Ibid., Vol. 2, Coll. XIII, S. 246
48	12. Ibid., Vol. 2, S. 262
49	13. Ibid., Vol. 2, Coll. XV, S. 424–425, et supra
49	14. Ibid., Coll. IV, S. 79
49	15. Ibid., Vol. 2, Coll. XV, S. 418
49	16. Ibid., S. 420
50	17. Ibid., VIII, S. 206
50	18. *Observations on the Effect of the Manufacturing System, with hints for the improvement of those parts of it which are most injurious to health and morals, dedicated most respectfully to the British Legislature*, London, 1815, S. 5
51	19. Ibid., S. 10–11
51	20. *A New View of Society*, London, 1813, *Essay First on the Formation of Character*, Reprint, *A New View of Society and other Writings*, by Robert Owen, Hrsg. Cole, Everyman, 1927, S. 16
52	21. Address prefixed to Third Essay, *A New View of Society*, Hrsg. Cole, S. 8–9
52	22. *The Life of Robert Owen, by Himself*, Reprint London, 1920, S. 186–189 *passim*
53	23. Ibid., S. 122–123
53	24. Ibid., S. 105
54	25. *A New View of Society*, S. 178–179

Kapitel II

59	1. *Wordsworth's Poetical Works*, Hrsg. Hutchinsons, Oxford, 1908, S. 953
60	2. Ibid., S. 952

| Seite | Anm.-Nr. | Einführung |

60	3. Aus: *The Wealth of Nations*, in *Adam Smith as Student and Professor*, W. R. Scott, S. 344
61	4. Ibid., S. 345
61	5. *The Autobiography of Sir Egerton Brydges*, 1834, Vol. II, S. 202—203
61	6. *Memoirs, Journal and Correspondence of Thomas Moore*, Vol. VII, S. 46
63	7. *Conjectures on Original Composition*, Edward Young, 1759, S. 12
63	8. Ibid., S. 19
64	9. *William Blake*, Nonesuch edn. (Keynes), S. 664
64	10. Ibid., S. 624
65	11. Ibid., S. 637
66	12. *Poetical Works*, S. 260
67	13. Ibid., S. 938
67	14. Ibid., S. 951—952
68	15. Ibid., S. 938—939
68	16. Ibid., S. 938
69	17. *A Defence of Poetry*, P. B. Shelley, Reprint *English Prose of the Romantic Period* (Macintyre and Ewing), S. 270
69	18. Ibid., S. 271
71	19. *Letters of John Keats*, Hrsg. Forman, Letter 90, S. 223
72	20. *Coleridge's Essays and Lectures on Shakespeare*, Everyman, S. 46
72	21. Op. cit., S. 130
72	22. Ibid., S. 67—68
73	23. Ibid., S. 72
73	24. Ibid., S. 67
73	25. *Poetical Works*, S. 941
74	26. Ibid., S. 939
74	27. Ibid., S. 939
75	28. Op. cit., S. 273
75	29. Ibid., S. 274
75	30. Ibid., S. 275

Kapitel III

77	1. *Coleridge*, Reprint *Mill on Bentham and Coleridge*, Einf. F. R. Leavis, London, 1950, S. 105
78	2. Ibid., S. 105
78	3. Ibid., S. 105
79	4. Ibid., S. 106
80	5. Ibid., S. 106—107
80	6. Ibid., S. 107
81	7. Ibid., S. 108
81	8. Ibid., S. 99
81	9. Ibid., S. 84
82	10. Ibid., S. 63

Seite	Anm.-Nr.	Einführung
82	11.	Zit. nach *John Stuart Mill*, K. Britton, London, 1953, S. 13
82	12.	*Letters of John Stuart Mill*, Hrsg. Elliot (1910), Vol. I, S. 88
84	13.	*Bentham*, Reprint *Mill on Bentham and Coleridge*, S. 84
84	14.	Ibid., S. 148
85	15.	Ibid., S. 70
85	16.	Ibid., S. 73
85	17.	*On the Constitution of Church and State* (1837), S. 67
85	18.	Table Talk, berichtet von T. Allsop, Reprint. Nonesuch Coleridge, S. 476–477
87	19.	*Coleridge*, Reprint *Mill on Bentham and Coleridge*, S. 129–130
87	20.	Ibid., S. 131–133
88	21.	Ibid., S. 140
89	22.	*On the Constitution of Church and State*, V.
89	23.	Ibid., V.
90	24.	*Bentham*, Reprint *Mill on Bentham and Coleridge*, S. 66
91	25.	*Church and State*, V.
92	26.	Ibid., V.
92	27.	Ibid., V.
92	28.	Ibid., VI.
93	29.	Ibid., VI.
93	30.	*Coleridge*, Reprint *Mill on Bentham and Coleridge*, S. 147
94	31.	*Autobiography*, J. S. Mill, Reprint World's Classics, S. 125
94	32.	Ibid., S. 113
97	33.	Letter to Wordsworth, 30. Mai 1815, Reprint, Nonesuch Coleridge, S. 661
97	34.	*The Friend*, Section 2, Essay II
97	35.	Letter to Poole, 23. März 1801
97	36.	Notebooks (1801), Reprint, Nonesuch Coleridge, S. 158
97	37.	*The Friend* (1818), Section 2, Essay II
99	38.	Notebooks (1801), Reprint, Nonesuch Coleridge, S. 159

Kapitel IV

101	1.	*Works of Thomas Carlyle*, Vol. II, S. 233
101	2.	Ibid., S. 233
101	3.	Ibid., S. 233–234
102	4.	Ibid., S. 234, 235, 236
102	5.	Ibid., S. 238
102	6.	Ibid., S. 239–240
102	7.	Ibid., S. 245
102	8.	Ibid., S. 247

Seite	Anm.-Nr.	Einführung

103	9.	Ibid., S. 248−249
103	10.	Ibid., S. 249
103	11.	Ibid., S. 249
103	12.	Ibid., S. 244−245
104	13.	Ibid., S. 250−252
105	14.	*Works*, Vol. VI (1869), S. 154
105	15.	*Reflections on the French Revolution*, S. 12
107	16.	*Works*, Vol. VI, S. 109−110
107	17.	Ibid., S. 111
108	18.	Ibid., S. 152
108	19.	Ibid., S. 153
108	20.	Ibid., S. 137
108	21.	Ibid., S. 145
109	22.	Ibid., S. 144
110	23.	Ibid., S. 174−175
111	24.	Ibid., S. 183
111	25.	Ibid., S. 178
111	26.	Ibid., S. 175
112	27.	*Past and Present, Works*, Vol. VII, S. 231
112	28.	*Shooting Niagara, and After*, 1867, S. 4
112	29.	Ibid., S. 10
113	30.	*Works*, Vol. VI, S. 154
113	31.	*On Heroes, Hero-Worship and the Heroic in History, Works*, Vol. VII, S. 147
113	32.	Ibid., S. 148
114	33.	Ibid., S. 154
115	34.	Ibid., S. 156
115	35.	Ibid., S. 143

Kapitel V

119	1.	Zit. nach *Elizabeth Gaskell: her life and work*, A. B. Hopkins, 1952, S. 77
119	2.	Ibid., S. 77
123	3.	*North and South*, E. Gaskell (1889 edn.), Ch.li, S. 459
123	4.	*The Great Tradition*, F. R. Leavis, London, 1948, S. 228
125	5.	Zit. nach: *Life of John Stuart Mill*, M. St. J. Packe, 1954, S. 311
126	6.	*Hard Times*, C. Dickens, Book the Third − *Garnering* K. VIII
127	7.	Ibid., K. VI
129	8.	*Sybil, or the Two Nations*, B. Disraeli, Reprint, Penguin edn., 1954, S. 40
130	9.	Ibid., S. 71−72
131	10.	Ibid., S. 267
131	11.	Ibid., S. 216−217
131	12.	Ibid., S. 280
133	13.	*Alton Locke, Tailor and Poet, an Autobiography*, C. Kingsley (1892), K. XXXVII, S. 285−287

Seite	Anm.-Nr.	Einführung
134	14.	Ibid., *Preface to the Undergraduates of Cambridge*, S. XXXI
134	15.	Letter to J. Sibree, Februar 1848, in *George Eliot's Life, as related in her letters and journals*, Hrsg. Cross, 'New Edition' (n. d.), S. 98—99
136	16.	*Felix Holt the Radical*, G. Eliot (1913 edn.) 2 vols. Vol. 2, S. 41 (K. XXVII)
138	17.	Ibid., Vol. 2, S. 89 (K. XXX)
139	18.	Ibid., Vol. 1, S. 266—267 (K. XVI)
140	19.	*Address to Workingmen, by Felix Holt*, George Eliot, Blackwood's, 1868, Reprint, *Essays and Leaves from a Notebook*, Blackwood, 1884, S. 341—342
140	20.	Ibid., S. 333 und 348

Kapitel VI

144	1.	*On the Scope and Nature of University Education*, J. H. Newman, 1852, S. 201—202
145	2.	Ibid., S. 255
145	3.	Ibid., S. 197—198
145	4.	*On the Constitution of Church and State*, S. T. Coleridge, V.
146	5.	*Chartism*, T. Carlyle
146	6.	*Alton Locke*, C. Kingsley (1892 edn.) S. XXX—XXXI
147	7.	Zit. nach: *Continuation Schools in England and Elsewhere*, Sadler, London, 1908, S. 38—39
147	8.	Ibid.
148	9.	*Englishman's Register*, of *Life and Correspondence*, K. VI
148	10.	*13 Letters on our Social Condition*, *Sheffield Courant*, 1832, Letter II, S. 4—5
148	11.	Letter XII, *Hertford Reformer, Misc. Works*, S. 481
148	12.	Letter VI, *Hertford Reformer, Misc. Works*, S. 453 seq.
148	13.	Letter XVI, *Hertford Reformer, Misc. Works*, S. 500
148	14.	*Culture and Anarchy*, M. Arnold (Murray), S. VIII
149	15.	Ibid., S. XI
149	16.	Ibid., S. 10
150	17.	Ibid., S. 12—13
150	18.	Ibid., S. 13
151	19.	*Friendship's Garland*, M. Arnold (1903 edn.), S. 141
152	20.	Ibid., S. 141
153	21.	*Culture and Anarchy*, S. VIII und S. 8
153	22.	Ibid., S. 9
153	23.	Ibid., S. 150
154	24.	Ibid., S. 27
154	25.	*Reflections on the French Revolution*, S. 107

| Seite | Anm.-Nr. | Einführung |

155	26. *Culture and Anarchy*, S. 43
156	27. Ibid., S. 70
157	28. Ibid., S. 164
157	29. Ibid., S. 87
158	30. Ibid., S. 88
158	31. Ibid., S. 37
159	32. Ibid., S. 42
159	33. Ibid., S. 160
159	34. Ibid., S. 157–158, Hervorhebungen von mir
161	35. Ibid., S. 30
161	36. *The Scope and Nature of University Education*, S. 313
162	37. *Culture and Religion, in some of their relations*, J. C. Shairp, 1870, S. 5
162	38. *The Choice of Books*, Harrison, S. 103
163	39. *Democracy*, in *Mixed Essays* (1903 edn.), S. 47
164	40. *Culture and Anarchy*, S. 28

Kapitel VII

166	1. *The Gothic Revival*, Kenneth Clark, London (2. rev. edn.), S. 188
168	2. *Contrasts*, A. W. Pugin, London, 1841 (2. edn.), S. 49–50
170	3. *Life of George Eliot*, J. W. Cross, London, n. d. S. 239
171	4. *Ruskin*, D. Larg, London, 1932, S. 95
172	5. *Modern Painters*, II, Part III, Sec. I, Kap 3, para. 16
173	6. *Lectures on Art*, Library edn., Vol. XX, S. 39
173	7. Im Manuskript als Anhang zu *Modern Painters* (Library edn.), Vol. 2, S. 388–389, gedruckt.
174	8. *Stones of Venice*, Vol. I, Appendix 15.
176	9. *Praeterita*, II, S. 205
176	10. *Modern Painters*, II, Part. III, Sec. I, K. 3, para. 16
178	11. *John Ruskin, Social Reformer*, J. A. Hobson, London, 1889, S. 82
179	12. *Stones of Venice*, Vol. 2, K. VI, *The Nature of Gothic* (1899 edn.), S. 165
180	13. Ibid., S. 163 und 165
180	14. *Unto this Last*, Essay IV, *Ad Valorem* (1900 edn.), S. 118–119
181	15. *Munera Pulveris* (1899 edn.), S. 1
181	16. *Unto this Last*, Essay III, *Qui Judicatis Terram* (1900 edn.), S. 102
182	17. *Unto this Last*, S. 123
182	18. *The Two Paths* (1887 edn.), S. 129–131
183	19. *The Crown of Wild Olive* (1886 edn.), S. 73
183	20. Ibid., S. 101
185	21. *Time and Tide*, paras. 138, 139
186	22. *Sesame and Lilies*, para. 52
186	23. *The Two Paths* (1887 edn.), S. 125

Seite	Anm.-Nr.	Einführung
187	24.	a, b, c. *How I Became a Socialist*, Reprint Nonesuch Morris, S. 657–658
189	25.	Ibid., S. 659, Hervorhebungen von mir
190	26.	Letter to *Pall Mall Gazette*, in *Letters of William Morris*, Hrsg. Henderson, S. 262
190	27.	Letter to *Daily News*, in *Letters*, S. 242–243
191	28.	*Art and Socialism*, Reprint, Nonesuch Morris, S. 630
191	29.	*The Aims of Art*, Reprint, Nonesuch Morris, S. 598–599
191	30.	*Communism*, Reprint, Nonesuch Morris, S. 669
192	31.	*The Beauty of Life*, Reprint, Nonesuch Morris, S. 542–543
192	32.	*The Aims of Art*, Reprint, Nonesuch Morris, S. 592–593
193	33.	*The Art of the People*, Reprint, Nonesuch Morris, S. 527
193	34.	*Art and Socialism*, Reprint, Nonesuch Morris, S. 635
193	35.	Ibid., S. 636
193	36.	*How we Live and How we might Live*, Reprint, Nonesuch Morris, S. 581 und S. 584–585
195	37.	*Communism*, Reprint, Nonesuch Morris, S. 660
195	38.	Ibid., S. 661
196	39.	Ibid., S. 660
196	40.	Ibid., S. 662–663
196	41.	*The Art of the People*, Reprint, Nonesuch Morris, S. 520
197	42.	*Communism*, Reprint, Nonesuch Morris, S. 663
197	43.	Ibid., S. 665

TEIL II

INTERREGNUM

1

203	1.	*The New Republic* oder *Culture, Faith, and Philosophy in an English Country House*, W. H. Mallock, Reprint, London, 1945, S. 147
203	2.	Ibid., S. 155
203	3.	Ibid., S. 157
203	4.	Ibid., S. 281–282
204	5.	*The Limits of Pure Democracy*, London, 1918, S. 351
204	6.	Ibid., S. 348
204	7.	Ibid., S. 352
204	8.	Ibid., S. 392
205	9.	Ibid., S. 280
205	10.	Ibid., S. 288

| Seite | Anm.-Nr. | Einführung |

2

207	1.	*Appreciations, with an Essay on Style*, Walter Pater, London, 3., 1907, S. 62—63
207	2.	*The Renaissance*, Walter Pater, 1904 hrsg., S. 239
208	3.	Ibid., S. 229
209	4.	*Mr Whistler's 'Ten O'Clock'*, London, Chatto & Windus, 1888, passim.
210	5.	*Whistler v. Ruskin, Art and Art Critics*, 4. Aufl. o. O., o. J., S. 14—15
210	6.	*'Ten O'Clock'*, S. 7
210	7.	Ibid., S. 9
210	8.	Ibid., S. 29
211	9.	*Wilde v. Whistler, being an acrimonious correspondence between Oscar Wilde and James A. McNeill Whistler*, London, 1906, Privatdruck, S. 8
211	10.	*The Soul of Man under Socialism*, Oscar Wilde, Reprint, *Essays* by Oscar Wilde (Hrsg. Pearson), London, 1950, S. 232
211	11.	*The Critic as Artist*, Ibid., S. 157
211	12.	Ibid., S. 156—157
211	13.	*The Decay of Lying*, Ibid., passim
211	14.	*The Critic as Artist*, Ibid., S. 152—153
212	15.	*The Soul of Man under Socialism*, Ibid., S. 245
212	16.	Ibid., S. 227
212	17.	Ibid., S. 266
212	18.	Ibid., S. 230—231
212	19.	Ibid., S. 228
213	20.	*The Critic as Artist*, Ibid., S. 125

3

214	1.	*New Grub Street*, G. Gissing, Reprint, London, 1927, Kap. I, *A Man of his Day*, S. 4—5
215	2.	Ibid., Kap. XXXIII, *The Sunny Way*, S. 419
215	3.	Ibid., Kap. XXXIV, *A Check*, S. 436
216	4.	*The Nether World*, G. Gissing (1890 neu hrsg.), Kap. XI, S. 392
216	5.	Ibid., S. 391—392
217	6.	*The Unclassed*, G. Gissing (neu hrsg., Reprint, 1901), Kap. XXV, *Art and Misery*, S. 211
219	7.	*Demos, a story of English Socialism*, G. Gissing (1897 neu hrsg.), Kap. XXXI, S. 407
219	8.	*The Conservative Mind*, R. Kirk, London, 1954, S. 337
219	9.	*Demos*, Kap. XV, S. 202
221	10.	Ibid., Kap. XXIX, S. 381
221	11.	Ibid., Kap. XXXVI, S. 470

4

221	1.	*Death of an Old Revolutionary Hero*, Bernard Shaw.

Seite	Anm.-Nr.	Einführung
222	2.	*The Intelligent Woman's Guide to Socialism and Capitalism*, Bernard Shaw, London, 1928, S. 219
222	3.	Ibid., S. 456
224	4.	*Fabian Essays in Socialism* (1931 hrsg.), S. 186–187
225	5.	Ibid., S. 31–35 *passim*
225	6.	*Signs of Change*, W. Morris, London, 1888, S. 46
225	7.	*Fabian Essays*, S. 37
225	8.	Review in *Commonwealth*, 25. Januar 1890
225	9.	Ibid.
226	10.	*Fabian Essays*, Einführung z. Ausg. v. 1920 in der Ausg. v. 1931, S. XXI–XXIX *passim*
226	11.	Ibid., Vorwort zur Ausg. v. 1931, S. IX
226	12.	*Intelligent Woman's Guide*, S. 452–453
226	13.	Ibid., S. 164
226	14.	Ibid., S. 454
226	15.	Ibid., S. 459

5

229	1.	*The Servile State*, H. Belloc, 3., 1927, S. 53 und S. 72
229	2.	Ibid., S. 53
229	3.	Ibid., S. 51
229	4.	Ibid., S. 116
230	5.	Ibid., S. 127
230	6.	Ibid., S. VIII
230	7.	*Guilds and the Social Crisis*, A. J. Penty, London, 1919, S. 46
230	8.	Ibid., S. 46–47
231	9.	Ibid., S. 47
231	10.	Ibid., S. 57
231	11.	*Old Worlds for New: a study of the post-industrial State*, A. J. Penty, S. 28–29
231	12.	Ibid., S. 33
231	13.	Ibid., S. 33
231	14.	Ibid., S. 35
231	15.	Ibid., S. 176
232	16.	*Essays in Social Theory*, G. D. H. Cole, London, 1950, S. 90
232	17.	Ibid., S. 93

6

234	1.	*Speculations: essays on humanism and the philosophy of art*, T. E. Hulme, hrsg. H. Read, London, 2. Aufl., Reprint, 1954, S. 116
234	2.	Ibid., S. 255–256
234	3.	Ibid., S. 32–34
235	4.	Ibid., S. 117
235	5.	Ibid., S. 118
236	6.	Ibid., S. 37
237	7.	Ibid., S. 254

Seite Anm.-Nr.	Einführung
237	8. Ibid., S. 259, Anm.
237	9. Ibid., S. 259, Anm.
238	10. Ibid., S. 133
238	11. Ibid., S. 127
238	12. Ibid., S. 120
238	13. Ibid., S. 77 et al.
238	14. Ibid., S. 77
238	15. Ibid., S. 104

TEIL III

Kapitel I

244	1. *Climbing down Pisgah, Selected Essays* (Penguin), S. 50
244	2. Ibid., S. 53
245	3. *Nottingham and the Mining Country, Selected Essays,* S. 120
245	4. *Democracy, Selected Essays,* S. 94
245	5. *Nottingham and the Mining Country,* S. 119
246	6. *Lady Chatterley's Lover, Works,* Reprint, 1950, S. 173−174
247	7. *Nottingham and the Mining Country,* S. 119
250	8. Ibid., S. 121−122
253	9. *Democracy, Selected Essays,* S. 88
253	10. Ibid., S. 89
253	11. Ibid., S. 91−92
254	12. Ibid., S. 89
255	13. Ibid., S. 93
256	14. Ibid., S. 94
256	15. Ibid., S. 95
256	16. Ibid., S. 76
257	17. Ibid., S. 92−93
258	18. *Studies in Classic American Literature,* S. 12
258	19. Ibid.
258	20. *Democracy, Selected Essays,* S. 95
260	21. *Letters,* S. 286
260	22. Ibid., S. 196
261	23. *John Galsworthy, Selected Essays,* S. 227
261	24. *Sex versus Loveliness, Selected Essays,* S. 18
261	25. *The State of Funk, Selected Essays,* S. 100−101

Kapitel II

263	1. *The Acquisitive Society,* R. H. Tawney, London, 1921, S. 7
263	2. Ibid., S. 12−14
263	3. Ibid., S. 19−20
264	4. Ibid., S. 21
264	5. Ibid., S. 19
265	6. Ibid., S. 47−48
265	7. Ibid., S. 48−49
266	8. Ibid., S. 42

Seite	Anm.-Nr.	Einführung
266	9.	*Equality*, R. H. Tawney, London, Überarbeitete Ausgabe, 1931, S. 30–31
267	10.	Ibid., S. 46–50, *passim*
267	11.	Ibid., S. 50
268	12.	Ibid., S. 53
269	13.	Ibid., S. 103
270	14.	Ibid., S. 103
270	15.	Ibid., S. 103
271	16.	Ibid., S. 112
271	17.	Ibid., S. 113
271	18.	Ibid., S. 116
271	19.	Ibid., S. 116–117 und S. 106

Kapitel III

274	1.	*Mill on Bentham and Coleridge*, introduction F. R. Leavis, London, 1950, S. 140
274	2.	Ibid., S. 167
274	3.	*The Idea of a Christian Society*, T. S. Eliot, London, 1939, S. 8
274	4.	Ibid., S. 9
275	5.	Ibid., S. 64
275	6.	Ibid., S. 34
275	7.	Ibid., S. 34
275	8.	Ibid., S. 33
276	9.	Ibid., S. 33 und S. 61–62
276	10.	Ibid., S. 30–31
276	11.	Ibid., S. 21
277	12.	Ibid., S. 39
277	13.	Ibid., S. 39–40
278	14.	*Notes towards the Definition of Culture*, T. S. Eliot, London, 1948, S. 25
279	15.	Ibid., S. 16
279	16.	Ibid., S. 16
281	17.	Ibid., S. 31
282	18.	Ibid., S. 19
282	19.	Ibid., S. 21
282	20.	Ibid., S. 22
282	21.	Ibid., S. 24
283	22.	Ibid., S. 35
289	23.	Ibid., S. 37

Kapitel IV

1

294	1.	*Principles of Literary Criticism*, I. A. Richards, London, 1924, S. 56–57
294	2.	*Principles*, S. 30
294	3.	*Science and Poetry*, I. A. Richards, London, 1926, S. 47 und S. 53–54
295	4.	*Principles*, S. 46
295	5.	Ibid., S. 48

Seite Anm.-Nr.	Einführung
295	6. Ibid., S. 51
296	7. Ibid., S. 55
296	8. *Science and Poetry*, S. 82−83
296	9. *Principles*, S. 196
297	10. Ibid., S. 203
297	11. Ibid., S. 236
298	12. *Science and Poetry*, S. 20
298	13. *Principles*, S. 237−238
299	14. *Art and Society*, Herbert Read, S. 94−95

2

303	1. *Mass Civilization and Minority Culture*, Cambridge, 1930, S. 3−5
305	2. Ibid., S. 26
310	3. *Culture and Environment: the Training of Critical Awareness*, F. R. Leavis und Denys Thompson, London, 1933, S. 87
310	4. Ibid., S. 91
310	5. Ibid., S. 68−69
310	6. Ibid., S. 91−92
313	7. Ibid., S. 96−97

Kapitel V

317	1. *Newcastle Chronicle*, 12. April 1887, zit. *William Morris, Romantic to Revolutionary*, E. P. Thompson, London, 1955, S. 522
318	2. Karl Marx, *Kritik der Politischen Ökonomie*, Vorwort, Marx Engels Werke, Bd. 13, S. 8 f.
319	3. Karl Marx, *Der Achtzehnte Brumaire des Louis Bonaparte*, Marx Engels Werke, Bd. 8, Berlin, 1969, S. 139
319	4. *Briefe*, Friedrich Engels, Engels an J. Bloch, 21. September 1890, Marx Engels Werke, Bd. 37, Berlin, 1967, S. 463
320	5. *In Defence of Materialism*, G. V. Plekhanov, ins Englische übers. von A. Rothstein, London, 1947, V., S. 207
320	6. Ibid., S. 223 und 237
321	7. Ibid., S. 237
322	8. *The Mind in Chains* (Hrsg.) C. Day Lewis, London, 1937, S. 15
322	9. Ibid., S. 24
323	10. Ibid., S. 21−22
324	11. *Crisis and Criticism*, Alick West, London, 1937, S. 88−89
325	12. Op. zit., S. 770 und 763
326	13. *The Novel and the People*, Ralph Fox, London, 1937, S. 22
328	14. Op. zit., S. 114
329	15. Ibid., S. 133
329	16. Ibid., S. 138

Seite	Anm.-Nr.	
329	17.	Ibid., S. 138–139
330	18.	*Illusion and Reality*, C. Caudwell (neu hrsg.), 1946, S. 257
330	19.	Ibid., S. 214
331	20.	Ibid., *Biographical Note*, bei G. T., S. 5
331	21.	*Modern Quaterly*, New Series, Vol. 6, Nr. 4, Herbst 1951, S. 346
331	22.	Ibid., S. 346
331	23.	*Studies in a Dying Culture*, C. Caudwell, London, 1938, Reprint, 1948, S. 53–54
331	24.	*Further Studies in a Dying Culture*, C. Caudwell, London, 1949, S. 109
332	25.	*Illusion and Reality*, S. 265
333	26.	Zit. M. Slater, *Modern Quarterly*, New Series, Vol. 6., Nr. 3, Sommer 1951, S. 265
335	27.	*Illusion and Reality*, S. 55
336	28.	Vgl. Cornforth, *Modern Quarterly*, New Series, Vol. 6., Nr. 4, Herbst 1951, S. 357
338	29.	Zitiert nach Blunt, *Art under Capitalism and Socialism*, in: *Mind in Chains*, S. 122 (›Remarks to Clara Zetkin‹)
338	30.	*Collected Works*, Lenin, Vol. IV, Buch 2, A. 114

Kapitel VI

340	1.	*Critical Essays*, George Orwell, London, 1946, S. 45
340	2.	*Nineteen Eighty-Four*, George Orwell, London, 1951, S. 5
342	3.	Ibid., S. 208
342	4.	Ibid., S. 210
342	5.	*The Road to Wigan Pier*, Orwell, London, 1937, S. 205
342	6.	*Rudyard Kipling*, in *Critical Essays*, London, 1946, S. 103
342	7.	*Wells, Hitler and the World State*, in *Critical Essays*, S. 84
342	8.	*Rudyard Kipling*, *Critical Essays*, S. 103
342	9.	*Politics and Letters*, Sommer 1948, S. 39
343	10.	*The Road to Wigan Pier*, S. 206
343	11.	Ibid., S. 248
343	12.	Ibid., S. 205
343	13.	*Coming up for Air*, London, 2. Ausgabe, 1948, S. 148
343	14.	*Keep the Aspidistra Flying*, London, 1936, S. 64
343	15.	*The Road to Wigan Pier*, S. 196
344	16.	*Politics and the English Language*, in *Shooting an Elephant*, S. 93
349	17.	*Nineteen Eighty-Four*, S. 73 und 227
350	18.	*George Orwell*, bei J. Walsh, *Marxist Quarterly*, Vol. 3, Nr. 1, Januar 1956, S. 35–36

In der Reihe Passagen sind bisher erschienen:

Theodor W. Adorno, Hanns Eisler
Komposition für den Film
214 Seiten, mit Notenbeilagen. DM 12,—.

Anita Albus, Frank Böckelmann, Bazon Brock, Peter Gorsen, Hazel E. Hazel, Rita Mühlbauer
Maskulin — Feminin
Ca. 208 Seiten. DM 12,—.

Hugo Ball
Zur Kritik der deutschen Intelligenz
328 Seiten. DM 14,—.

Frank Böckelmann
Befreiung des Alltags
188 Seiten. 9 Abbildungen. DM 8,—.

Brecht-Dialog 1968
Politik auf dem Theater
356 Seiten. 32 Abbildungen. DM 14,—.

Hans Bunge
Fragen Sie mehr über Brecht
Hanns Eisler im Gespräch
394 Seiten. 23 Abbildungen. DM 15,—.

Die Schriften zu J. G. Fichtes Atheismus-Streit
Herausgegeben und eingeleitet von Frank Böckelmann.
256 Seiten. DM 12,—.

Gustave Flaubert
Wörterbuch der Gemeinplätze
(Zweisprachig)
184 Seiten. 37 Abbildungen von Honoré Daumier.
DM 9,—.

Gisèle Freund
Photographie und bürgerliche Gesellschaft
158 Seiten. 24 Abbildungen. DM 9,50.

Edmond de Goncourt
Tagebuch der Belagerung von Paris 1870/71
198 Seiten. DM 9,—.

Alexander Herzen
Vom anderen Ufer
260 Seiten. DM 12,—.

Neuer Roter Katechismus
Herausgegeben von Karl Freydorf.
268 Seiten. DM 5,—.

Hugh Kenner
Von Pope zu Pop
10 Abbildungen. 216 Seiten. DM 10,—.

Alexandra Kollontai
Autobiographie einer sexuell emanzipierten Kommunistin
116 Seiten. 12 Abbildungen. DM 6,—.

Asja Lacis
Revolutionär im Beruf
156 Seiten. 24 Abbildungen. DM 10,—.

W. I. Lenin
Hefte zu Hegels Dialektik
256 Seiten. DM 10,—.

Elisabeth Lenk
Der springende Narziß
André Bretons poetischer Materialismus.
274 Seiten. DM 15,—.

Gert Mattenklott
Bilderdienst
Ästhetische Opposition bei Beardsley und George.
388 Seiten. 25 Abbildungen. DM 16,—.

Jean Meynaud, Heiner Stück, Jutta Matzner, Robert Jungk
Spekulationen über die Zukunft
272 Seiten. DM 13,—.

Irmtraud Morgner
Gauklerlegende
Eine Spielfraungeschichte. 116 Seiten. 6 Farbtafeln.
DM 10,—.

Paul Scheerbart
Glasarchitektur
216 Seiten. DM 10,—.

J. Stalin
Marxismus und Fragen der Sprachwissenschaft
und N. Marr
Über die Entstehung der Sprache
Revidierte Neuauflage. 148 Seiten. DM 9,—.

Sun Tze
Die dreizehn Gebote der Kriegskunst
108 Seiten. DM 8,—.

Hella Tiedemann-Bartels
Versuch über das artistische Gedicht
Baudelaire, Mallarmé, George.
160 Seiten. DM 15,—.

Raymond Williams
Gesellschaftstheorie als Begriffsgeschichte
432 Seiten. DM 20,—.

Charlotte Wolff
Innenwelt und Außenwelt
268 Seiten. DM 15,—.

Neu im II. Halbjahr 72

André Breton
Die kommunizierenden Röhren
(Les vases communicants).
Deutsch von Elisabeth Lenk.
Ca. 224 Seiten mit 8 Abbildungen. Paperback.
DM 15,—.

Wolfgang Fietkau
Schwanengesang — *Studien zu Marx, Baudelaire und Benjamin.*
Ca. 300 Seiten mit ca. 40 Abbildungen auf Kunstdruckpapier. Paperback. DM 18,—.